統計學實驗與實訓
Excel在統計學的應用

主編 甘倫知　　副主編 張春國

財經錢線

前言

統計實驗與實訓教學是將統計數據、統計方法、統計軟件和實際問題相結合，培養學生動手能力和實踐創新能力，是統計學理論學習的繼續、補充和發展。本書的編寫按照這種要求，融入當前統計學教學改革的研究成果，著力培養學生分析問題和解決實際問題的能力。本書可以獨立使用，也可以與《統計學》（張春國主編，甘倫知副主編）配套使用，作為本科生、大中專學生、統計工作者學習統計基本理論的指導教材和開展統計學實驗與實訓教學活動的專門教材。

全書共分為11章，第1~10章統一按統計知識、統計實驗、統計實訓、實訓題解四個模塊安排內容結構，第11章內容為統計綜合實驗指導。

統計知識部分：本部分對統計學的基本知識、基本方法等內容進行歸納、總結和點撥，既是指導統計理論學習，也是為順利開展統計實驗與實訓活動做必要準備。

統計實驗部分：由於Excel具有大眾化特點，也具有強大的數據管理和數據分析能力，因此，本部分以Excel為基本平臺，結合章節內容設計統計實驗，明確實驗目的和實驗內容。在具體實驗操作指導中，以圖文並茂的形式對統計數據整理和統計分析等過程進行實驗指導，內容除了具體實驗步驟外，還包括解決問題的簡要思路分析、對實驗結果的解讀和分析結論等。同時，每個實驗都分別提出了三個需要學生獨立思考、動手完成的實驗實踐問題，以期提高實驗效果，逐步培養學生的動手能力及解決實際問題的能力。

統計實訓部分：本部分結合現實社會經濟問題，以各種題型為載體，對理解統計知識和運用統計方法解決實際問題展開實訓，與統計實驗結合，培養統計思想和統計方法應用的自覺性。

實訓題解部分：統計學自學難度相對較高，而大學生一般都有自學的學習習慣，因而，本部分內容通過對實訓題目的較詳細解析，解決學生學習中只知其然而不知其所以然的問題，引導學習者舉一反三，達到靈活運用統計知識和統計方法的目的。

統計綜合實驗部分：本部分對開展統計綜合實驗與實訓進行指導。統計學綜合實驗一般完成難度大，本書對綜合創新實驗除加強選題、數據搜集、數據分析等方法的一般性指導外，特意挑選了兩份比較有代表性的案例予以點評，為初學者提供

一個參照學習、應用統計方法解決實際問題的模板。其中，選例一是主要基於初級資料的實驗案例，點評中針對選題、數據搜集、整理分析、結論與結果等各方面進行了重點點評。選例二是基於次級資料的統計分析案例，重點對統計研究論文的寫作進行點評。綜合實驗部分意在全面培養學生運用統計方法開展定量分析的能力，使學生的實踐能力和論文寫作技能在參與發現問題、分析問題、解決問題的過程中得到切實提高。

附錄一給出了4套統計學模擬測試題，可以作為學習者自我檢測學習效果的工具。附錄二附上了《中華人民共和國統計法》，便於讀者學習和瞭解統計實務工作中的一些基本要求。值得一提的是，書中不少地方對「$\sum_{i=1}^{n} x_i$」採用了一般常用的簡記形式「$\sum x_i$」或「$\sum x$」，類似記號不再特別說明。

本書第1、2、3、9、10章的「統計知識、統計實訓、實訓題解」、模擬試題1-2、綜合實驗選例一等內容由張春國編寫，其餘內容由甘倫知編寫並統稿。

由於編者水準所限，書中疏漏之處在所難免，敬請讀者提出寶貴意見，我們將不斷完善。謝謝！

編　者

目錄

第一章　概論　　1

一、統計知識　　1
二、統計實驗　　4
三、統計實訓　　10
四、實訓題解　　15

第二章　統計數據的搜集、整理和顯示　　19

一、統計知識　　19
二、統計實驗　　23
三、統計實訓　　35
四、實訓題解　　44

第三章　描述分析的基本指標　　49

一、統計知識　　49
二、統計實驗　　57
三、統計實訓　　63
四、實訓題解　　76

第四章　概率和抽樣分佈　　　　　　　　　　　　　　　　84

　一、統計知識　　　　　　　　　　　　　　　　　　　　84

　二、統計實驗　　　　　　　　　　　　　　　　　　　　88

　三、統計實訓　　　　　　　　　　　　　　　　　　　　95

　四、實訓題解　　　　　　　　　　　　　　　　　　　　100

第五章　參數估計　　　　　　　　　　　　　　　　　　107

　一、統計知識　　　　　　　　　　　　　　　　　　　　107

　二、統計實驗　　　　　　　　　　　　　　　　　　　　110

　三、統計實訓　　　　　　　　　　　　　　　　　　　　115

　四、實訓題解　　　　　　　　　　　　　　　　　　　　122

第六章　假設檢驗　　　　　　　　　　　　　　　　　　134

　一、統計知識　　　　　　　　　　　　　　　　　　　　134

　二、統計實驗　　　　　　　　　　　　　　　　　　　　137

　三、統計實訓　　　　　　　　　　　　　　　　　　　　142

　四、實訓題解　　　　　　　　　　　　　　　　　　　　147

第七章　方差分析　　　　　　　　　　　　　　　　　　155

　一、統計知識　　　　　　　　　　　　　　　　　　　　155

　二、統計實驗　　　　　　　　　　　　　　　　　　　　158

　三、統計實訓　　　　　　　　　　　　　　　　　　　　163

　四、實訓題解　　　　　　　　　　　　　　　　　　　　170

第八章　相關與迴歸分析　　　　　　　　176

一、統計知識　　　　　　　　176
二、統計實驗　　　　　　　　180
三、統計實訓　　　　　　　　188
四、實訓題解　　　　　　　　196

第九章　時間數列分析　　　　　　　　206

一、統計知識　　　　　　　　206
二、統計實驗　　　　　　　　211
三、統計實訓　　　　　　　　221
四、實訓題解　　　　　　　　232

第十章　統計指數　　　　　　　　237

一、統計知識　　　　　　　　237
二、統計實驗　　　　　　　　242
三、統計實訓　　　　　　　　245
四、實訓題解　　　　　　　　252

第十一章　統計綜合實驗　　　　　　　　256

一、實驗目的　　　　　　　　256
二、實驗內容與要求　　　　　　　　256
三、實驗指導　　　　　　　　257
四、實驗評分　　　　　　　　261
五、統計調查分析參考選題　　　　　　　　262
六、綜合實驗選例一　　　　　　　　263

七、綜合實驗選例二　　　　　　　　　　　　　　273

附錄一：統計學模擬試題　　　　　　　　　281

模擬試題一　　　　　　　　　　　　　　　　282
模擬試題一參考答案及評分標準　　　　　　　287
模擬試題二　　　　　　　　　　　　　　　　292
模擬試題二參考答案及評分標準　　　　　　　298
模擬試題三　　　　　　　　　　　　　　　　303
模擬試題三參考答案及評分標準　　　　　　　310
模擬試題四　　　　　　　　　　　　　　　　313
模擬試題四參考答案及評分標準　　　　　　　320

第一章　概論

● 一、統計知識

(一) 統計的含義

抽象的「統計」一詞包含統計工作、統計資料和統計學三個內涵，具體的「統計」只有其中某一個特定含義。

統計工作是統計人員對社會、經濟、自然等現象的數量進行搜集、整理和分析工作的總稱。統計資料又叫統計信息、統計數據，是指統計工作各個階段取得的成果，包括原始資料、綜合資料和分析報告。統計學是指系統闡述統計理論和方法的學科。

統計工作是基礎，統計工作與統計資料之間是實踐活動與成果的關係；統計工作與統計學之間是實踐活動與理論研究的關係。

(二) 統計的研究對象及特點

1. 統計工作的研究對象

統計工作的研究對象是社會、經濟以及自然等現象的數量方面及數量關係。

統計工作的研究對象具有以下四個特點：

(1) 數量性。它包括三個層次：①數量多少；②現象之間的數量關係；③現象由量變到質變的界限。

(2) 總體性。統計總是研究總體現象的數量，不以研究個別事物為目的。

(3) 具體性。統計研究的數量是客觀存在的，不是抽象的。

（4）變異性。變異是指個別事物之間的差異，變異是統計研究的前提條件。

2. 統計學的研究對象

統計學是研究社會、經濟以及自然等現象數量方面的方法論科學。

統計工作的研究對象與統計學的研究對象既有區別也有聯繫。

（三）統計學研究的基本方法

圖1-1列出了統計研究中有關數據搜集、數據分析的基本方法。

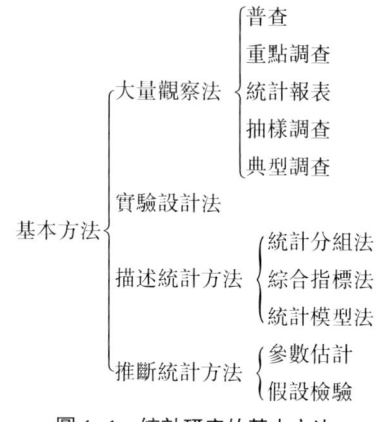

```
                    ┌ 普查
                    │ 重點調查
        ┌ 大量觀察法 ┤ 統計報表
        │           │ 抽樣調查
        │           └ 典型調查
        │
        │ 實驗設計法
基本方法 ┤
        │           ┌ 統計分組法
        │ 描述統計方法┤ 綜合指標法
        │           └ 統計模型法
        │
        │           ┌ 參數估計
        └ 推斷統計方法┤
                    └ 假設檢驗
```

圖1-1　統計研究的基本方法

（四）統計學的產生與發展

1. 古典統計學時期（17世紀中期至18世紀中期）

（1）國勢學派。其主要代表人物是赫爾曼‧康令、哥特弗萊德‧阿亨瓦爾。阿亨瓦爾首次提出了「統計學」這一名稱，該學派「有統計學之名，無統計學之實」。

（2）「政治算術」學派。其主要代表人物是威廉‧配第和約翰‧格朗特，威廉‧配第開創了以數量研究社會經濟問題的方法。該學派被稱為「有統計之實，無統計學之名」。

2. 近代統計學時期（18世紀末至19世紀末）

（1）數理統計學派。其主要代表人物是拉普拉斯和凱特勒。凱特勒對統計學的發展做出了重大貢獻，被推崇為「近代統計學之父」。

（2）社會統計學派。其主要代表人物是恩格爾和梅爾，該學派不強調以數量研究社會經濟問題，未成為統計學的主流。

3. 現代統計學時期（20世紀初至今）

統計學受計算機、信息論等現代科學技術的影響，新的研究領域層出不窮，如多元統計分析、隨機過程、非參數統計、時間序列分析，等等。這一時期的統計學有了進一步完善，新的研究分支不斷增加，統計應用領域不斷擴展。統計方法在各學科領域的應用又進一步促進了統計方法研究的深入和發展。

第一章　概論

（五）統計學中的幾個基本概念

1. 統計總體、總體單位與樣本

（1）統計總體與總體單位。總體是統計研究對象的全體，它是由許多具有相同性質的個別事物組成的集合體。構成總體的個別事物叫總體單位。

在一定的條件下，總體和總體單位之間可以相互轉化。總體可以分為有限總體和無限總體兩類。根據統計研究的具體目的不同，總體單位可以是人、事物、機構組織、行為、事件、時間等。統計總體具有客觀性、同質性、大量性和變異性四個特徵。

（2）樣本。從總體中隨機抽出的一部分總體單位組成的整體叫樣本。樣本具有不確定性、隨機性，而總體具有確定性、唯一性。

2. 標志與標志表現

（1）標志：說明總體單位特徵或屬性的名稱。標志按其表現形式不同，有品質標志與數量標志之分；按其在所有總體單位上的表現是否一致，可以分為不變標志和可變標志兩類。

（2）標志表現。總體單位在任一標志上表現出來的結果叫標志表現。品質標志的標志表現是文字，即分類計量和順序計量；數量標志的標志表現是數值，即間距計量和比率計量。通常把數量標志的標志表現稱作標志值。

3. 變異與變量

（1）變異。變異是指總體單位之間的差異，統計上所指的變異是一種普遍現象。變異是統計研究的前提條件。

（2）變量。可變的數量標志叫變量。變量按取值不同分為連續型變量和離散型變量。總體單位在某一變量上表現出來的結果叫變量值，變量值必須是標志表現，也一定是標志值。

4. 統計指標

（1）統計指標的概念。說明總體數量特徵的概念（指標名稱）和具體數值（指標數值）叫指標。完整的統計指標應包括時間、空間範圍、指標名稱、指標數值、計量單位五個基本要素。

推斷統計中，說明總體的統計指標稱為參數，比如總體均值、總體標準差、總體比例等；說明樣本的指標稱為統計量，比如樣本均值、樣本標準差、樣本比例等。

（2）統計指標的分類

① 統計指標按其性質不同分為數量指標和質量指標。

② 統計指標按其表現形式不同分為總量指標、相對指標和平均指標。數量指標以總量的形式表現出來，質量指標以相對數和平均數的形式表現。

③ 統計指標按其在管理上所起的作用不同分為考核指標與非考核指標。

(3) 統計指標與標志的區別和聯繫

區別：① 二者說明的對象不同，標志是說明總體單位特徵的，而統計指標是說明總體數量特徵的；② 二者的表現形式不同，標志既有不能用數值表示的品質標志，也有能用數值表示的數量標志，而統計指標必須是用數值表示。

聯繫：① 指標名稱與數量標志之間可以相互轉化；② 基本的統計指標數值是通過總體各單位的標志表現進行匯總而獲得的。

學習上述基本概念，一定要把握好概念之間的相互關係。上述概念關係中，標志處於最核心的位置，其他概念都直接或間接與標志產生聯繫。

（六）統計計量的層次

統計計量就是指的標志表現，又稱為統計資料。

1. 統計計量按功能不同分為分類計量、順序計量、間距計量和比率計量四種

（1）分類計量。只具有分類功能的品質標志表現，如男、女等。

（2）順序計量。具有分類、順序功能的品質標志表現，如教授、副教授等。

（3）間距計量。具有分類、順序和差值計算功能的標志值，如溫度值、手機號、學號等，這類數據取值0，表示「具有某種水準」的意思。

（4）比率計量。具有分類、順序、差值計算和比率計算功能的標志值，如產量、銷售收入、利潤等，這類數據取值0，表示「沒有」。

四種計量獲得的數據也相應稱之為分類數據、順序數據、間距數據和比率數據。

2. 統計計量按收集方法分為觀察數據和實驗數據兩類

3. 統計計量按時間狀況不同分為截面數據和序時數據兩類

● 二、統計實驗

（一）實驗目的

熟悉 Excel 2010 界面，掌握 Excel 的一些基本操作。

（二）實驗內容

（1）通過觀察和試驗操作，熟悉 Excel 2010 工作界面。

（2）通過典型案例實操，掌握 Excel 的一些基本操作。

（3）通過典型案例實操，掌握 Excel 的一些常用函數。

第一章 概論

(三) 實驗操作

1. 熟悉 Excel 2010 工作界面

隨著版本的不斷提高，Excel 軟件強大的數據處理功能和操作的簡易性逐漸走入了一個新的境界。它除了可以做一些一般的計算工作外，還有眾多函數用來做統計、財務、數學、字符串等操作以及各種工程上的分析與計算。Excel 系統擁有大量格式的圖表可供選用，用戶只需簡單操作就可以製作精美的圖表。Excel 2010 的工作界面如圖 1-2 所示。

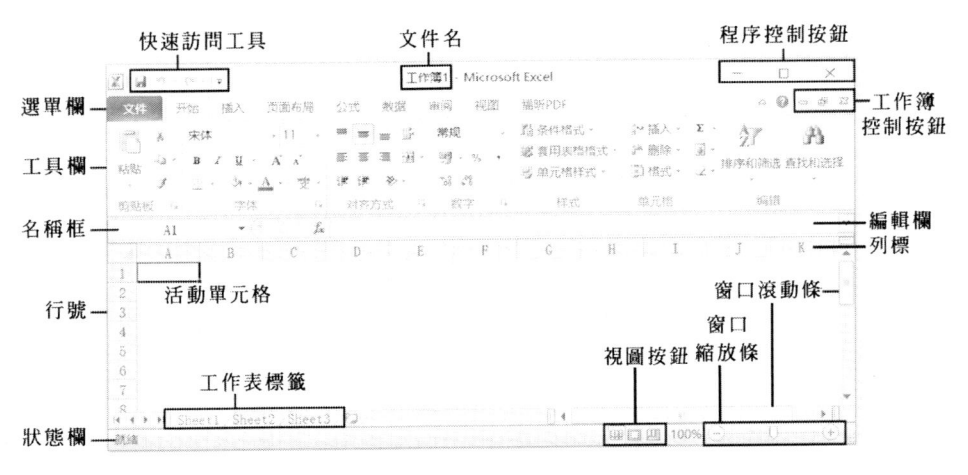

圖 1-2　Excel 2010 工作界面

點擊菜單名稱，與之相應的工具欄會隨之出現，熟悉這些常用工具能大大提高工作效率。獲得更多工具的方式是點擊工具欄各工具模塊右下角的箭頭。單擊不同的工作表標籤可在工作表之間進行切換。用鼠標右鍵單擊工作表標籤，在彈出的對話框中選擇「重命名」，可對默認的工作表標籤名「Sheet1、Sheet2、……」逐一更名。也可以根據需要添加或刪除工作表。

2. 掌握一些 Excel 基本操作

2.1 設置單元格格式

在「開始」菜單欄的「數字」區域，有設定好的常用格式，比如數值、貨幣、百分數、日期、分數、文本等，默認為「常規」，直接單擊「常規」顯示框右邊的向下箭頭，即可選擇完成常用的格式定義。也可以點擊「數字」右邊指向右下的小箭頭，在彈出的對話框中根據提示完成更特殊的單元格格式定義（參見圖 1-3）。

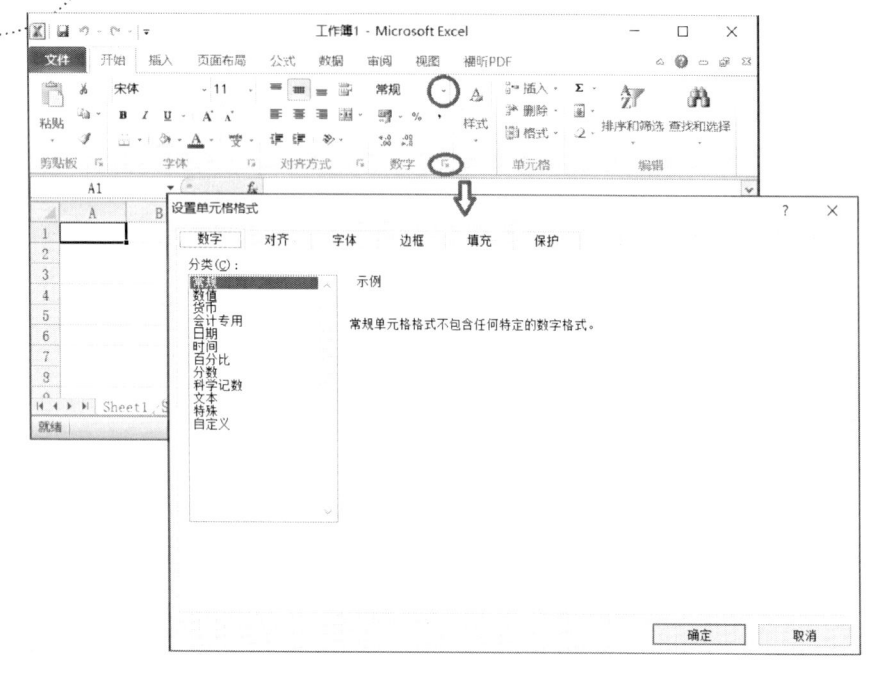

圖1-3　Excel設置單元格格式操作

2.2 靈活使用單元格引用

在單元格引用時，在行號或列號前加入「＄」符號，可使對應的行號或列號成為絕對引用。使用單元格相對引用複製粘貼公式時（或通過拖曳填充柄的方式填充公式），粘貼後公式的引用將被更新。而採用絕對引用的單元格引用位置在公式複製時是不會改變的。所以，如果希望在橫向填充公式時某些列號引用不變，只需在相應的列號字母前加入「＄」符號；而如果希望在縱向填充公式時某些行號引用不變，只需在相應的行號數字前加入「＄」符號。

當剪切粘貼（即移動）公式時，公式中的單元格無論是絕對引用還是相對引用，移動後公式的內容均不改變。

2.3 靈活使用選擇性粘貼

1. 實現區域內容行列互換（轉置）

首先複製需要轉置的區域，然後右鍵單擊目標單元格，在彈出的快捷菜單中單擊「選擇性粘貼」，在彈出的對話框中選中「轉置」，如果只想粘貼數值（而不是公式，也不含單元格格式等），則只需單擊選擇「數值」，最後單擊「確定」即可。

2. 通過數據複製進行數據運算

例如，將原來以「萬元」為單位的數據全部轉換為以「億元」為單位，只需在空白單元格E1輸入10,000（如圖1-4所示），複製該單元格，選中要進行轉換的目標區域，右鍵單擊，在彈出的快捷菜單中單擊「選擇性粘貼」，在彈出的對話框中

選中「除」，如果還不想改變目標區域的格式，則同時選擇「數值」，最後單擊「確定」即可。

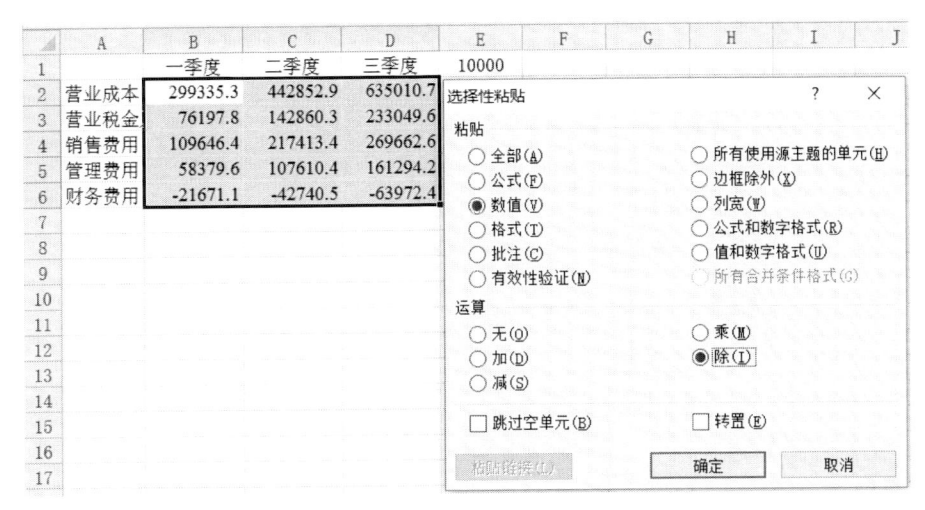

圖 1-4　通過選擇性粘貼轉換數據量綱

2.3 名稱引用

使用名稱可以更容易地辨識對應單元格的內容和含義。定義名稱的規則：①名稱中只能包含下列字符：漢字、A-Z、0-9、小數點和下劃線；②名稱的第一個字符必須是字母、文字或小數點；③名稱中不能有空格，小數點和下劃線可以用作分字符，如「First. Q1」或「班級_123」；④名稱可以包含大、小寫字符，但 Excel 在名稱中不區分大小寫；⑤名稱不能與單元格引用相同，如不用 A2、＄B＄1、C3D5 等作為名稱；⑥避免使用 Excel 中的固定詞彙。

主要操作有：

（1）為單元格或單元格區域定義名稱：①選定單元格或單元格區域；②單擊編輯欄左側的名稱框；③為單元格鍵入名稱；④回車確認。

（2）使用已有的行列標志為單元格定義名稱：①選定需要命名的區域，包括行列標志；②在「公式」菜單中，單擊「根據所選內容創建」；③在彈出的對話框中，通過選定「首行」「最左列」「末行」或「最右列」復選框來指定標志名稱的位置，具體參見圖 1-5。

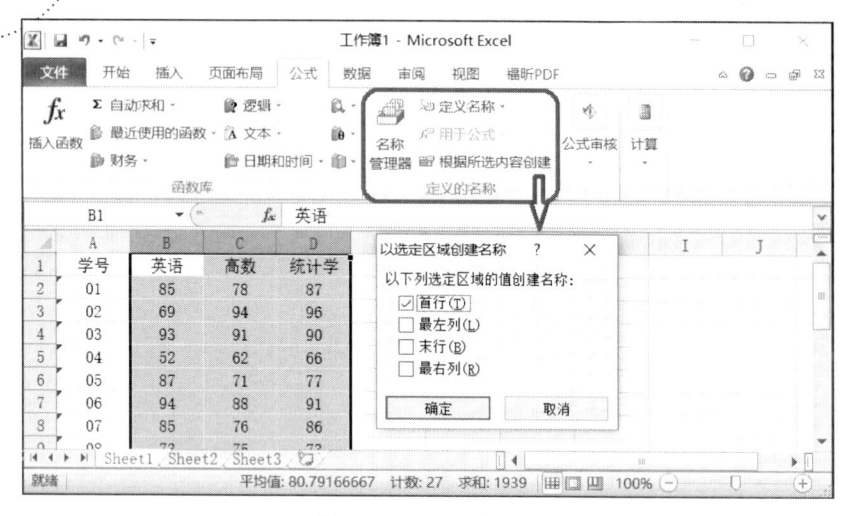

圖1-5 Excel定義名稱

（3）編輯修改名稱：①在「公式」菜單中，單擊「名稱管理器」；②在彈出的「名稱管理器」對話框中，選中想要編輯的名稱；③單擊「編輯」或「刪除」按鈕，根據提示即可完成名稱的修改、刪除等操作。

（4）引用名稱：在公式插入點直接鍵入欲引用的單元格或單元格範圍的名稱，或者點擊「公式」菜單中的「用於公式」工具，從中選擇已經定義好的名稱，如「=AVERAGE(統計學)」。

3.熟悉一些常用的函數

Excel中一些使用頻率高的函數的功能、使用方法如表1-1所示。

表1-1　　　　　　　　Excel中一些使用頻率高的函數

函數名	功能	示例	說明
ABS	求出相應數字的絕對值	=ABS(A2)	返回A2單元格中數字的絕對值
SQRT	開平方，返回正平方根	=SQRT(16)	返回16的平方根(4)
LN	返回一個數的自然對數，是EXP函數的反函數	=LN(EXP(3))	e的3次冪的自然對數(3)
LOG	按所指定的底數，返回一個數的對數	=LOG(8,2)	以2為底時8的對數(3)
ROUND	將某個數字四捨五入為指定的位數	=ROUND(-1.475,2)	將-1.475四捨五入到兩位小數(-1.48)
INT	將數值向下取整為最接近的整數	=A2-INT(A2)	返回單元格A2中正實數的小數部分
MAX	求出一組數中的最大值	=MAX(A2:A6)	返回A2到A6數字中的最大值
MIN	求出一組數中的最小值	=MIN(A2:A7)	返回A2到A7數字中的最小值

第一章 概論

表1-1(續)

函數名	功能	示例	說明
SUM	計算所有參數數值的和	=SUM(A2:A4,15)	將單元格 A2 至 A4 中的數字相加,然後將結果與 15 相加
SUMIF	對滿足條件的單元格求和	=SUMIF(A2:A5,">60",B2:B5)	A2:A5 中屬性值高於 60 的單元格對應的 B2:B5 單元格之和
SUMIFS	對區域中滿足多個條件的單元格求和	=SUMIFS(A2:A9,B2:B9,"=四川*",C2:C9,">1%")	對滿足 B2:B9 中以「四川」開頭,且 C2:C9 中大於 1%條件的 A2:A9 單元格求和
COUNT	計算區域中包含數字的單元格個數	=COUNT(A2:A8)	計算單元格區域 A2 到 A8 中包含數字的單元格的個數。
COUNTIF	統計單元格區域中符合指定條件的單元格數目	=COUNTIF(A2:A5,A4)	單元格區域 A2 到 A5 中包含 A4 內容的單元格個數
COUNTIFS	將條件應用於跨多個區域的單元格,並計算符合所有條件的次數	=COUNTIFS(B2:B5,">60",C2:C5,"=是")	統計 B2 到 B5 大於 60,且 C2 到 C5 為「是」的單元格個數
AVERAGE	求出所有參數的算術平均值	=AVERAGE(A2:A6)	單元格區域 A2 到 A6 中數字的平均值
RANK	返回某一數值在一列數值中的排位	=RANK(A3,A2:A6,1)	A3 中數字在 A2:A6 中的排位(升序 1),0 或省略為降序
IF	根據對指定條件的邏輯判斷,返回相對應的內容	=IF(A2<100,A2+B2,"否")	如果單元格 A2 中的數字小於 100,則計算 A2 與 B2 的和;否則,返回「否」

(四) 實驗實踐

1. 下表是調查得到的 12 名同學的成績:

編號	性別	語文	數學
01	男	87	74
02	男	77	67
03	女	92	82
04	男	95	87
05	女	98	83
06	女	99	84
07	男	68	59
08	女	88	78
09	男	94	81
10	男	79	91
11	女	83	78
12	女	73	71

(1) 用 Excel 函數統計男生、女生的人數。

(2) 用 Excel 函數統計男生中語文成績在 80 分以上的人數。

(3) 用 Excel 函數統計數學成績在 80~90 分之間的人數。

2. 對第 1 題的資料，定義名稱「性別」「語文」「數學」，通過名稱引用而不是單元格引用來完成有關統計。

3. 某學院 4 個專業二年級學生政治面貌統計資料見下表（單位：人），試在 Excel 中只編寫一個公式，然後通過填充計算出各種政治面貌的學生占本專業總人數的比例（計算結果顯示為帶兩位小數的百分比格式）。

政治面貌	會計學	工商管理	人力資源管理	市場行銷
黨員	82	57	42	61
團員	156	80	71	64
群眾	22	12	10	15

三、統計實訓

（一）單項選擇題

1. 統計工作的研究對象是（　　）。
   A. 抽象的數量特徵和數量關係　　B. 客觀現象的規律性
   C. 客觀現象的數量特徵和數量關係　D. 社會現象變動的原因及規律性

2. 有同學說「我之前還沒有學過統計」，這裡的「統計」是指（　　）。
   A. 統計工作　　B. 統計資料　　C. 統計學　　D. 統計標誌

3. 構成統計總體的個別事物稱為（　　）。
   A. 調查單位　　B. 標誌值　　C. 品質標誌　　D. 總體單位

4. 對某地區高新技術企業進行設備普查，總體單位是（　　）。
   A. 高新技術企業全部設備　　B. 高新技術企業每一臺（套）設備
   C. 每個高新技術企業的設備　　D. 每一戶高新技術企業

5. 提出「統計學」名稱的學派是（　　）。
   A.「政治算術」學派　　B. 記述學派
   C. 社會統計學派　　D. 數理統計學派

6. 關於標誌表現，以下說法正確的是（　　）。
   A. 它有品質標誌值和數量標誌值兩類
   B. 品質標誌具有標誌值
   C. 數量標誌具有標誌值

第一章　概論

D. 品質標誌和數量標誌都具有標誌值

7. 被評價為「有統計學之名，無統計學之實」的學派是（　　）。
   A. 國勢學派　　　　　　　　B. 「政治算術」學派
   C. 數理統計學派　　　　　　D. 社會統計學派

8. 統計所指的「變異」是（　　）。
   A. 總體之間有差異
   B. 總體單位之間在某一標誌表現上有差異
   C. 總體隨時間變化而變化
   D. 總體單位在不同時間上的表現有差異

9. 工業企業的設備臺數、產品產值（　　）。
   A. 都是連續型變量
   B. 都是離散型變量
   C. 前者是連續型變量，後者是離散型變量
   D. 前者是離散型變量，後者是連續型變量

10. 幾位同學的統計學考試成績分別是 78 分、88 分、89 分、96 分，則「考試成績」可以稱為（　　）。
    A. 品質標誌　　B. 數量標誌　　C. 標誌值　　D. 數量指標

11. 約翰‧格朗特、威廉‧配第是（　　）的主要代表人物。
    A. 國勢學派　　　　　　　　B. 「政治算術」學派
    C. 數理統計學派　　　　　　D. 社會統計學派

12. 在全國人口普查中（　　）。
    A. 「男性」是品質標誌　　　B. 人的「年齡」是變量
    C. 人口的「平均壽命」是數量標誌　D. 「全國人口」是統計指標

13. 下列指標中屬於相對指標的是（　　）。
    A. 產品合格率　B. 平均月工資　C. 產品總成本　D. 人口總數

14. 以下屬於比率計量的是（　　）。
    A. 性別　　　　B. 學歷　　　　C. 學號　　　　D. 銷售收入

15. 指標是說明總體特徵的，標誌是說明總體單位特徵的，因此（　　）。
    A. 標誌和指標之間的關係是固定不變的
    B. 標誌和指標都必須用數值表示
    C. 數量標誌和指標名稱之間可以相互轉化
    D. 只有指標才可以用數值表示

16. 統計指標按所反應的數量特點不同可以分為數量指標和質量指標兩種。其中數量指標的表現形式為（　　）。
    A. 平均數　　　B. 相對數　　　C. 絕對數　　　D. 百分數

17. 取值「0」，表示「具有某種水準」的計量層次是（　　）。

A．分類計量　　B．順序計量　　C．間距計量　　D．比率計量

18．某地區有 2,670 家工業企業，要研究這些企業的產銷情況，總體是（　　）。

A．每個工業企業　　　　　　B．2,670 家工業企業
C．所有工業企業　　　　　　D．全部工業產品

（二）多項選擇題

1. 要瞭解某地區的就業情況，（　　）。
   A．全部成年人是研究的總體　　B．成年人口總數是統計指標
   C．成年人口就業率是數量標志　D．每個成年人的「年齡」是變量
   E．某人職業「教師」是標志表現

2. 統計學研究的基本方法包括（　　）。
   A．大量觀察法　B．實驗設計法　C．描述統計法　D．推斷統計法
   E．對比分析法

3. 抽象的「統計」一詞包含（　　）。
   A．統計工作　　B．統計指標　　C．統計學　　D．統計表
   E．統計資料

4. 在全國人口普查中（　　）。
   A．全國人口總數是統計總體　　B．「男」是品質標志表現
   C．「年齡」是變量　　　　　　D．每一戶是填報單位
   E．人口的平均年齡是統計指標

5. 統計工作的研究對象具有以下（　　）特徵。
   A．數量性　　B．總體性　　C．隨機性　　D．具體性
   E．變異性

6. 在工業普查中（　　）。
   A．所有工業企業是統計總體
   B．每個工業企業的「銷售收入」是連續型變量
   C．所有工業企業的「資產總額」是統計指標
   D．每個工業企業既是調查單位，又是填報單位
   E．每個工業企業的「職工人數」是離散型變量

7. 描述統計方法主要包括（　　）。
   A．統計分組法　B．實驗設計法　C．統計模型法　D．綜合指標法
   E．大量觀察法

8. 推斷統計方法主要包括（　　）。
   A．統計分組法　B．參數估計　　C．統計模型法　D．假設檢驗

第一章　概論

　　E. 綜合指標法

9. 下列統計指標中,屬於質量指標的有（　　）。
　　A. 營業收入發展速度　　　　B. 單位產品成本
　　C. 男女性別比例　　　　　　D. 人口密度
　　E. 合格品率

10. 下列各項中,屬於連續型變量的有（　　）。
　　A. 基本建設投資額　　　　　B. 島嶼數量
　　C. 國內生產總值（GDP）　　　D. 居民消費價格指數（CPI）
　　E. 就業人口數

11. 統計學的發展大致經歷了（　　）幾個階段。
　　A. 古典統計學時期　　　　　B. 近代統計學時期
　　C. 中期統計學時期　　　　　D. 現代統計學時期

12. 下列名稱屬於數量標志的有（　　）。
　　A. 銷售額　　B. 工種　　C. 月工資　　D. 民族
　　E. 職工年齡

13. 某班統計學期末考試成績的前 3 名分別為 94 分、90 分、87 分。則 94、90、87 可以稱為（　　）。
　　A. 標志表現　　B. 指標數值　　C. 標志值　　D. 變量
　　E. 變量值

14. 根據研究的對象不同,總體單位可以是（　　）等。
　　A. 人　　B. 物　　C. 基層單位　　D. 事件
　　E. 行為

15. 統計計量按計量功能不同可以分為以下（　　）幾種。
　　A. 分類計量　　B. 順序計量　　C. 定性計量　　D. 間距計量
　　E. 比率計量

16. 關於總體和總體單位的描述,以下正確的是（　　）。
　　A. 構成總體的總體單位必須具有相同的特徵,即所謂同質性
　　B. 構成總體的各總體單位之間在諸多方面存在差異,即所謂變異性
　　C. 總體不能脫離總體單位而獨立存在
　　D. 統計研究的對象是總體單位
　　E. 總體和總體單位之間在一定的條件下可以相互轉化

17. 某班統計學期末考試成績的前 3 名分別為 94 分、91 分、90 分,則「考試成績」可以稱為（　　）。
　　A. 標志　　B. 數量標志　　C. 可變標志　　D. 變量
　　E. 連續型變量

18. 關於統計指標與標志,以下說法正確的是（　　）。

13

A. 統計指標既只能用數值表示，不能用文字表示
B. 標誌既有用文字表示的品質標誌，也有用數值表示數量標誌
C. 數量標誌與指標名稱可以相互轉化
D. 對品質標誌表現和標誌值進行匯總，可以得到指標數值
E. 因為總體與總體單位可以相互轉化，所以統計指標與標誌也可以相互轉化

（三）判斷題

1. 統計學是研究客觀現象數量方面的一門方法論科學。　　　　　　（　　）
2. 運用大量觀察法，必須對研究對象的所有單位進行觀察、研究。　（　　）
3. 統計學是對統計實踐活動的經驗進行總結和理論概括的結果。　　（　　）
4. 一般而言，指標總是依附在總體上，而總體單位則是標誌的直接承擔者。
　　　　　　　　　　　　　　　　　　　　　　　　　　　　　　（　　）
5. 在任何情況下，「統計」一詞都包含統計工作、統計資料與統計學三個含義。
　　　　　　　　　　　　　　　　　　　　　　　　　　　　　　（　　）
6. 統計資料就是統計調查、整理以及分析過程中獲得的各種信息，它的主要特徵是數量性。　　　　　　　　　　　　　　　　　　　　　　　（　　）
7. 統計工作與統計資料之間是實踐活動與成果的關係。　　　　　　（　　）
8. 統計研究事物的數量特徵和數量關係，其最終目標是用數量揭示事物的本質特徵。　　　　　　　　　　　　　　　　　　　　　　　　　　　（　　）
9. 質量指標是反應工作質量等內容的，所以一般不能用數值來表示。（　　）
10. 總體和總體單位可能隨著研究目的變化而相互轉化。　　　　　（　　）
11. 威廉·配第被稱為「近代統計學之父」。　　　　　　　　　　　（　　）
12. 以絕對數形式表示的指標都是數量指標，以相對數或平均數表示的指標都是質量指標。　　　　　　　　　　　　　　　　　　　　　　　　（　　）
13. 構成統計總體的條件是總體各單位之間的差異性，構成統計研究的前提條件是總體各單位之間的同質性。　　　　　　　　　　　　　　　　（　　）
14. 變異是指各種標誌或各種指標之間名稱上的差異。　　　　　　（　　）
15. 「教授」是品質標誌。　　　　　　　　　　　　　　　　　　　（　　）
16. 數量指標可以由數量標誌值匯總得到，質量指標是由品質標誌表現匯總得到。
　　　　　　　　　　　　　　　　　　　　　　　　　　　　　　（　　）
17. 統計學和統計工作的研究對象是完全一致的。　　　　　　　　（　　）

（四）簡答題

1. 統計工作、統計資料與統計學三者之間是什麼關係？
2. 記述學派與「政治算術」學派各自的主要特點是什麼？

第一章　概論

3. 統計標誌與統計指標有何區別與聯繫？
4. 統計資料有哪些類型？

(五) 綜合思考題

統計是研究社會、經濟以及自然現象數量方面以及數量關係的，而數學、會計等學科也研究數量，統計研究的數量與數學、會計等學科研究的數量有什麼關係？

四、實訓題解

(一) 單項選擇題

1. 答案：C。本題涉及統計工作和統計學的研究對象。一般來講，統計工作研究的對象是客觀現象的數量方面，包括數量特徵和數量關係；而統計學的研究對象是關於客觀現象數量方面的方法論，即統計方法和理論。

2. 答案：C。抽象的「統計」一詞包含統計工作、統計資料和統計學三層意思，而把「統計」放到具體的一句話裡，就只具有其中某一個含義了。注意本題可變化。

3. 答案：D。構成總體的個別事物稱為總體單位。

4. 答案：B。本題需要搞清楚總體和總體單位兩個基本概念。很顯然，本題要研究的對象是高新技術企業的全部設備，因而總體應該是本市高新技術企業所有設備，總體單位就是本市高新技術企業每一臺（套）設備。注意本題可變化。

5. 答案：B。這裡需要清楚地知道各相關學派在統計學發展中的具體貢獻。記述學派又稱國勢學派或國情學派，提出了「統計學」名稱，屬於「有統計之名，無統計之實」；「政治算術」學派創建了統計學，但沒有提出「統計學」名稱，屬於「有統計之實，無統計之名」；數理統計學派在推動統計學發展上做出了巨大貢獻；社會統計學派對統計學的發展有一定的貢獻。

6. 答案：C。標誌表現分兩類，一類是品質標誌的標誌表現，它用文字或符號表現出來，不會使用數字；另一類是數量標誌的標誌表現，它用數字表現出來，這種數字習慣上稱為標誌值。

7. 答案：A。參見第 5 題解析。

8. 答案：B。變異就是總體單位之間存在的差異，差異會在品質標誌或數量標誌上體現出來。

9. 答案：D。本題需要搞清楚連續型變量和離散型變量的特徵：連續型變量既可以取小數值，也可以取整數值；離散型變量只能取整數值，不能取小數值。注意本題可變化。

10. 答案：B。課程「考核成績」如果以等級方式表現出來，如：優秀、良好等，屬於品質標誌；如果以數值表現出來則屬於數量標誌。注意本題可變化。

11. 答案：B。需要搞清楚各學派的主要代表人物。記述學派的主要代表人物是郝爾曼·康令、戈特弗萊德·阿亨瓦爾；「政治算術」學派的主要代表人物是威廉·配第、約翰·格朗特；數理統計學派的主要代表人物是拉普拉斯、阿道夫·凱特勒；社會統計學派的主要代表人物是恩格爾和梅爾。

12. 答案：B。人口普查中的總體是「全國全部人口」或「全國總人口」，總體單位則是其中的每一個人。在這個前提下去判斷標誌、標誌表現、標誌值、變量、離散型變量、連續型變量、變量值、指標等相關概念。注意本題可變化，只有把各基本概念之間的關係搞清楚了才能做出正確判斷。

13. 答案：A。相對指標是兩個相互聯繫的指標數值相除，用來表明事物相對水準（不是平均水準）的指標，它是一個比率。注意本題可變化。B 為平均指標，C、D 皆為總量指標（絕對指標）。

14. 答案：D。本題著眼點在於弄清楚統計計量的四種層次。A 屬於分類計量，B 屬於順序計量，C 屬於間距計量。注意本題可變化。

15. 答案：C。本題檢驗統計指標與標誌之間的關係。

16. 答案：C。數量指標以絕對數或總量表現，質量指標以相對數和平均數形式表現。

17. 答案：C。間距計量取值 0，表示「具有某種水準」；比率計量取值 0，表示「沒有」。

18. 答案：C。研究對象為所有工業企業，具體產銷情況屬於研究內容（通過標誌體現出來）。B 答案是在描述指標，而不是描述總體。

（二）多項選擇題

1. 答案：ABDE。本題的關鍵在於正確判斷總體和總體單位。顯然，本題的研究對象是具有就業能力的群體，因此總體就是全部成年人。注意本題可變化。

2. 答案：ABCD。

3. 答案：ACE。參見單項選擇題第 2 題解析。

4. 答案：BCDE。本題的關鍵在於正確判斷總體和總體單位。注意答案 A 是描述統計指標，而不是描述總體。本題的總體是全國總人口或全國全部人口。注意本題可變化。

5. 答案：ABDE。

6. 答案：ABCDE。參見第 1 題、第 4 題解析。注意本題可變化。

7. 答案：ACD。

8. 答案：BD。

第一章　概論

9. 答案：ACDE。數量指標與質量指標是一對概念，數量指標用總數或絕對數表現，而相對指標以除法運算。注意本題可變化。

10. 答案：ACD。本題需要正確判別連續型變量和離散型變量。注意本題可變化。

11. 答案：ABD。

12. 答案：ACE。本題需要正確判別數量標志和品質標志。注意本題可變化。

13. 答案：ACE。本題需要把統計學中基本概念之間的關係理解清楚，並用來解決實際問題。本題可設計的答案很多。

14. 答案：ABCDE。因為不同的研究目的所涉及的總體具有複雜性，目的不同，總體就有差異。總體單位也就可能表現出不同的形態。

15. 答案：ABDE。

16. 答案：ABCE。

17. 答案：ABCDE。參見第 13 題解析。注意本題可變化。

18. 答案：ABCD。

（三）判斷題

1. 答案：√。統計學就是為統計工作提供研究方法的。
2. 答案：×。大量觀察法中也可以使用非全面調查。
3. 答案：√。統計學與統計工作之間的關係：理論來源於實踐，又反過來指導實踐。
4. 答案：√。這是描述基本概念之間的關係。
5. 答案：×。參見單項選擇題第 2 題解析。
6. 答案：√。
7. 答案：√。
8. 答案：√。
9. 答案：×。統計指標都必須用數量表示。
10. 答案：√。
11. 答案：×。統計學發展經歷了古典時期、近代時期和現代時期三個階段。威廉·配第是統計學的創始人，他是古典統計學之父；阿道夫·凱特勒對統計學的發展做出了巨大貢獻，是近代統計學之父。
12. 答案：√。
13. 答案：×。構成統計總體的前提條件是總體各單位之間的同質性，構成統計研究的前提條件是總體各單位之間的差異性。
14. 答案：×。變異是總體單位之間的差異，只能體現在標志上。
15. 答案：×。「教授」是職稱的一種類型，屬於標志表現，「職稱」才是品質

標志。

16. 答案：×。不論是對標志值進行匯總還是對品質標志表現進行匯總，都會得到數量指標。

17. 答案：×。

(四) 簡答題

略。

(五) 綜合思考題

略。

第二章 統計資料的搜集、整理和顯示

一、統計知識

(一) 統計調查

1. 統計調查的概念

統計調查是統計工作的第一階段，以收集資料為目的。統計調查收集的資料分原始資料和次級資料兩種。統計調查的基本要求是準確、及時、全面。

2. 統計調查的分類

(1) 統計調查按調查對象的範圍不同分為全面調查和非全面調查。全面調查需要調查所有總體單位，而非全面調查只需要調查一部分總體單位。

(2) 統計調查按調查時間是否連續分為經常性調查和一次性調查。經常性調查是連續、不間斷的調查，收集時期數據；一次性調查是間斷、不連續調查，收集時點數據。

(3) 統計調查按其組織形式不同分為統計報表和專門調查，專門調查又包括普查、重點調查、典型調查和抽樣調查四種。

統計報表主要用在政府統計工作中，為各級政府瞭解基本信息，為日常管理和決策提供資料。企業內部也大量使用統計報表。統計報表通常屬於經常性、全面調查。

普查主要用來收集重大國情、國力以及資源情況等全面資料，為最高決策機構進行重大決策提供資料。普查屬於一次性全面調查。

重點調查的前提是所研究的數據高度集中在極少數總體單位上，通過選取重點

統計學實驗與實訓

單位進行調查能夠瞭解事物的主要情況，而不是全貌。重點調查能夠讓決策機構付出較少的調查成本、抓住主要矛盾和主要問題，迅速做出決策。重點調查屬於非全面調查，根據需要可經常性開展，也可一次性調查。經常性重點調查往往結合統計報表使用。

典型調查適合研究社會生活中具有一定影響且人們較為關注某些較為特殊的社會經濟問題，如留守兒童問題、校園貸問題等。通過選擇一些較為典型的事物進行深入研究，較為全面地揭示其可能的負面危害，為相關各方正確面對問題、解決問題提供有益的參考。典型調查屬於非全面調查，根據需要可經常性開展，也可一次性調查。

（4）統計調查按收集資料的方法不同分為直接觀察法、報告法、訪問法、問卷法和實驗設計法五種。

3. 抽樣調查

（1）抽樣調查的概念。抽樣調查是從總體中隨機抽選一部分總體單位形成樣本，在對樣本進行全面調查的基礎上以樣本數據研究總體數量特徵。抽樣調查在現實當中的應用非常廣泛。

（2）抽樣調查的特徵。隨機抽選調查單位，不同於重點調查和典型調查；用樣本數據研究總體數據；存在抽樣誤差，但誤差可以計算並控制。

（3）抽樣調查中的有關概念

① 總體和樣本。總體具有確定性、唯一性，樣本具有隨機性、不確定性。

② 總體參數和樣本統計量：常用的總體參數一般有：總體均值（μ）、總體標準差（σ）、總體方差（σ^2）、總體比率（π）、總體比率的標準差（σ_π）和總體比率的方差（σ_π^2）。總體參數是確定的、唯一的。常用的樣本統計量一般有：樣本均值（$\bar{X}$）、樣本標準差（S）、樣本方差（S^2）、樣本比率（P）、樣本比率的標準差（σ_p）和樣本比率的方差（σ_p^2）。樣本統計量是隨機的、不確定的。

③ 重複抽樣和不重複抽樣

④ 樣本容量和樣本數目

⑤ 抽樣組織形式：簡單隨機抽樣（純隨機抽樣）、等距抽樣（機械抽樣）、類型抽樣（分層抽樣）、整群抽樣（集團抽樣）。

（二）統計調查方案

統計調查方案主要涉及以下六個方面的內容：

（1）明確統計調查目的和任務。調查目的是要清楚為什麼而展開調查，調查任務需要搞清楚為達到預定目的的需要獲取哪些資料。

（2）確定統計調查對象、調查單位和報告單位。總體單位、調查單位和報告單位三者的定位有區別，也有聯繫。

第二章　統計資料的搜集、整理和顯示

（3）確定調查項目，擬定調查提綱或調查表。
（4）確定調查時間和調查工作期限。
（5）確定調查地點和調查方法。
（6）制定調查工作的組織實施計劃。

(三) 統計資料的整理

1. 統計整理的概念
2. 統計整理的內容和步驟
（1）設計統計整理方案；
（2）對原始資料進行審核；
（3）統計分組，統計分組是統計整理的關鍵；
（4）統計匯總；
（5）製作統計圖表；
（6）發布統計數據，累積統計資料。
3. 統計分組
（1）統計分組的概念

統計分組同時具有「分」與「合」兩層含義，統計分組以後，每一組內的總體單位具有同質性，各組之間的總體單位具有差異性。

（2）統計分組的作用
① 劃分總體現象的類型；
② 研究總體現象的內部結構；
③ 揭示現象之間的相互依存關係。
（3）統計分組的原則
科學性、完整性、互斥性
（4）統計分組的種類
① 按選擇分組標志的性質不同分為品質分組和變量分組；
② 按選擇分組標志的多少以及排列方式不同分為簡單分組、平行分組與複合分組。
（5）統計分組的方法

科學的統計分組是統計整理的前提條件，而正確選擇分組標志又是統計分組的關鍵。

① 正確選擇分組標志的原則
Ⅰ 根據研究的目的選擇分組標志；
Ⅱ 選擇最能反應事物本質特徵的標志作為分組標志；
Ⅲ 考慮現象所處的具體歷史條件選擇分組標志。

②統計分組的方法

Ⅰ 品質標志分組的方法；

Ⅱ 數量標志分組的方法。

數量標志有單項式分組和組距式分組兩種方法。

組距式分組涉及以下幾個問題：組限、上限、下限、組距、等距分組、異距分組、組中值、開口組與閉口組、同限分組和異限分組等。開口組的組距等於相鄰組。同限分組時，應遵循「上限不在內」的原則。

（四）分佈數列

1. 分佈數列的概念及分類

分佈數列有兩個構成要素：一是總體按照某一個或幾個標志分組後形成的各組；二是各組的頻數或頻率。

分佈數列有品質數列和變量數列兩種類型。變量數列又分為單項式變量數列和組距式變量數列兩類，組距式變量數列又分為等距數列和異距數列兩類。

2. 變量數列的編製

（1）單項式變量數列的編製

單項式變量數列適用於變動範圍很小且變量值高度集中的離散型變量。

（2）組距式變量數列的編製

組距式變量數列適用於變動範圍較大的離散型變量以及所有的連續型變量。

一組原始數據，如果編製組距數列，需要經過以下四個步驟：

① 將所有原始數據按大小順序排列，並計算全距；

② 確定組數和組距；

③ 確定各組組限，代表質變的變量值必須作為組限；

④ 匯總各組總體單位數量，計算各組頻率，形成組距式變量數列。

（3）累計頻數和累積頻率

在累計頻數和頻率的過程中，有向上累計和向下累計兩種方式。

3. 頻數分佈的類型

社會經濟現象的頻數分佈特徵主要有三種類型：鐘形分佈、U 形分佈和 J 形分佈。鐘形分佈中又有正態分佈、左偏分佈和右偏分佈三種情形。

（五）統計表

1. 統計表的含義及結構

從外表形式上看，統計表是由縱橫交叉的線條組成的一種表格，包括總標題、縱欄標題、橫行標題和指標數值四個部分。從內容上看，統計表由主詞欄和賓詞欄兩個部分組成。

第二章 統計資料的搜集、整理和顯示

2. 統計表的分類

（1）統計表按主詞欄分組的情況不同分為簡單表、簡單分組表和複合分組表三類。

（2）統計表按用途不同分為調查表、整理表和分析表。

3. 統計表賓詞欄的設計

賓詞設計主要是關於統計表指標體系的設計，一般有平行排列和層疊排列兩種。

4. 統計表設計的要求

統計表的設計必須目的明確，內容具體，美觀簡潔，清晰明了，科學實用。

（六）統計圖

（1）品質數列的圖示方法。其中分類數據分佈數列的圖示方法主要有條形圖、柱形圖、帕累托圖以及餅圖，而順序數據除了可以使用分類數據的圖示方法以外，還可以使用累計頻數（頻率）分佈圖、環形圖等。

（2）數值型數據的圖示方法。數值型數據的圖示方法主要有散點圖、直方圖、折線圖、曲線圖、線圖、氣泡圖、雷達圖等類型。

二、統計實驗

（一）實驗目的

掌握數據的搜集方法，能夠借助 Excel 進行隨機抽樣。掌握對不同類型的調查資料進行整理的方法，學會使用軟件完成數據分組頻數的統計。能夠使用恰當的圖形表現數據，並能對所繪製的圖形做進一步修飾編輯。

（二）實驗內容

1. 使用 Excel 產生滿足一定要求的隨機數。
2. 借助 Excel 完成隨機抽樣。
3. 使用軟件完成數據分組頻數的統計，獲得頻數分佈表。
4. 製作和修飾統計圖。
5. 結合統計圖表，對數據的分佈特徵做出初步分析。

（三）實驗操作

1. 借助 Excel 進行隨機抽樣

抽樣調查是常用的統計調查形式，這裡介紹一下如何借助 Excel 進行抽樣。

統計學實驗與實訓

【例2.1】假定總體有300個單位，如何在這300個單位中隨機抽取20個單位組成隨機樣本？

【分析】借助Excel進行抽樣，首先需要將各總體單位進行編號，得到抽樣框。編號可以按隨機原則，也可以按有關標志或無關標志排序，此例假定已經從1到300進行了編號。接下來就可以借助Excel產生20個1～300範圍內的隨機整數，這些整數對應的編號單位就是被抽中的單位。

【操作步驟】

【方式一】產生隨機數方式。這種方式適用於連續編號的情況。

(1) 使用函數產生隨機數。借助Excel函數「RANDBETWEEN (a, b)」生成 [a, b] 區間範圍內的隨機整數。在Excel單元格中輸入：

=RANDBETWEEN (1, 300)

回車後可以獲得一個隨機整數，然後通過「填充」（使用單元格填充柄即可）得到等於樣本容量個數的隨機數，這些隨機數對應編號的個體即被抽出。注意，Excel有可能產生出重複的編號，這可以理解為重複抽樣，如果需要不重複抽樣，則需要剔除重複的編號。

如果函數「RANDBETWEEN」不可用，並返回錯誤值「#NAME?」，則需要加載「數據分析」工具，方法及有關注意事項見提示2.1。

提示2.1：

1. Excel 2010的加載「數據分析」工具的方法是：點擊Excel工作表左上角的「文件」，選擇「選項」，在彈出的對話框中點擊「加載項」，點擊「分析工具庫」，點擊「轉到」，在彈出的對話框中勾選「分析工具庫」，然後點「確定」加載。如果您的Excel是不完整安裝的，可能會提示插入Office安裝光盤。

2. 在Excel中，函數「RAND( )」產生0到1範圍的隨機實數，所以使用「RAND( )*(b-a)+a」可以得到a到b之間的隨機實數。再四舍五入也可以得到這個範圍內的隨機整數：ROUND(RAND( )*(b-a)+a,0)，其中「ROUND」函數的調用方法也可參見提示1.2。

3. 在Excel工作表的每次操作中，用函數產生的隨機數會被自動重新生成。如果不希望這些隨機數再改變，可以複製後選擇另外的空白區域，點擊「開始」菜單中「粘貼」工具下的小三角形，選擇「粘貼數值」中的「值」，這樣粘貼出來的數值就不會再改變了。另外，如果在「公式」菜單中的「計算選項」中選擇「手動」計算，則隨機數函數也將會與其他函數一起不被自動重算，只在點擊「開始計算」或「計算工作表」工具時才重新計算。

第二章 統計資料的搜集、整理和顯示

（2）使用宏工具產生隨機數。單擊「數據」菜單，點擊「數據分析」（如果「數據」菜單中沒有「數據分析」工具，需加載「分析工具庫」宏，方法見提示 2.1），從中選擇「隨機數發生器」，在彈出的對話框中，「變量個數」輸入「1」（相當於 1 列。Excel 通常把一列數據視為一個變量的取值），「隨機數個數」輸入「20」（相當於 20 行），「參數」欄填入介於「1」與「300」，「隨機數基數」可以不用指定，「輸出選項」這裡指定「輸出區域」從「A1」單元格開始（如圖 2-1），點「確定」後即可獲得 1~300 範圍內的 20 個隨機實數，再四捨五入獲得隨機整數，近似為整數的方法見提示 2.2。

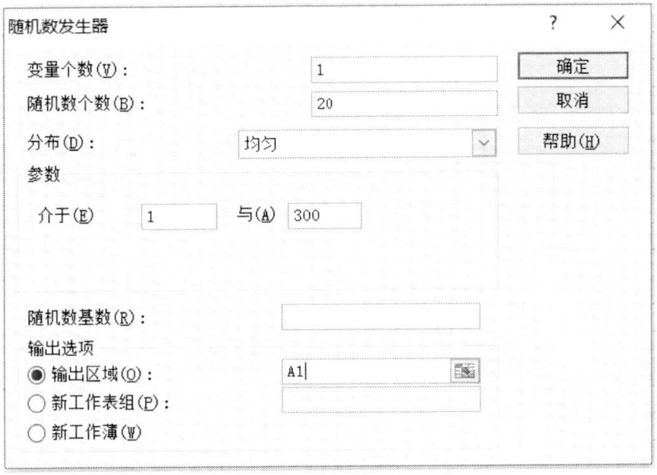

圖 2-1　隨機數發生器

提示 2.2：

將隨機實數按四捨五入法近似為隨機整數的方法：

方法 1：選中需要操作的數據，重複點擊工具欄「減少小數位數」按鈕「」，直至顯示整數。注意，這種方式只是 Excel 的一種自動進行四捨五入後的數據顯示形式，數據本身是沒有改變的，以後依然可以通過「增加小數位」的逆向操作還原到原來的實數顯示形式。

方法 2：使用四捨五入函數「ROUND（A1，0）」，對已有數據進行舍入計算。其中，「A1」是原實數所在單元格的引用，「0」是指保留 0 位小數。

【方式二】隨機抽樣方式。這種方式既適用於連續編號的情況，也適用於非連續的任意號碼情況。

（1）錄入編號。將各總體單位的編號輸入工作表時，如果編號是無規律的非連續編號，則需要手工逐個輸入；如果是等差或者等比例連續編號，則可以使用「填充」功能快捷輸入。例如將 1~300 輸入 A1：A300，首先在 A1 單元格輸入 1，選中

A1 單元格，單擊「開始」菜單中的「填充」工具，選擇「系列」，如圖 2-2，在彈出的序列對話框中，「序列產生」選擇「列」。

「類型」選擇「等差數列」，在「步長值」填上「1」，在「終止值」輸入「300」，最後點擊「確定」即可。

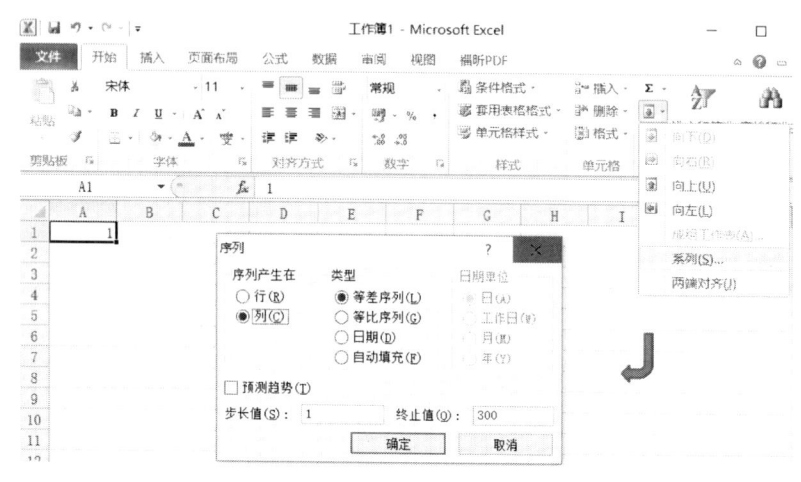

圖 2-2　填充等差數列

（2）抽樣。單擊「數據」菜單中的「數據分析」工具，在彈出的「分析工具」對話框中選擇「抽樣」，彈出抽樣對話框，如圖 2-3。在「輸入區域」框中輸入總體單位編號所在的單元格區域，本例是 A1:A300，如果輸入區域的第一行或第一列為標志項（縱欄標題或橫行標題），要注意勾選「標志」復選框；在「抽樣方法」中選擇「隨機」，在「樣本數」框中輸入樣本容量「20」；最後指定「輸出選項」，這裡指定「輸出區域」從「B1」單元格開始，單擊「確定」後即得到抽樣編號。

圖 2-3　抽樣對話框

第二章 統計資料的搜集、整理和顯示

2. 借助 Excel 進行統計分組

借助 Excel 統計變量分組數列各組的頻數，主要有兩種方法：一是利用數組函數 FREQUENCY；二是利用「數據分析」中的「直方圖」工具。

【例 2.2】某公司 120 名職工的月工資數據見表 2–1，請編製變量數列予以分析。

表 2–1　　　　　　某公司 120 名職工的月工資（單位：元）

4,300	4,800	2,500	4,400	2,200	3,500	3,500	4,400	4,200	3,800	3,600
4,460	3,500	3,500	2,800	4,500	3,400	3,200	5,200	4,610	4,300	5,000
3,840	4,400	4,650	4,800	4,600	4,670	5,800	4,700	3,300	4,710	4,100
4,200	3,500	3,800	4,700	6,100	3,900	4,000	4,500	3,900	4,720	4,600
2,900	5,100	3,200	3,800	4,100	5,300	4,400	3,800	4,700	5,700	2,600
4,000	4,700	4,780	5,600	4,300	6,000	5,800	4,500	4,200	5,600	5,200
4,100	5,200	3,900	4,800	2,300	3,200	4,810	3,700	5,500	4,200	3,700
2,900	3,100	4,000	4,830	3,000	5,200	3,600	4,850	4,050	5,100	4,700
4,300	4,880	5,400	5,700	4,600	4,900	5,100	4,800	3,400	5,500	5,100
4,910	4,500	5,000	4,700	4,400	3,700	4,200	4,800	4,940	5,400	3,000
4,000	5,300	5,500	4,970	5,300	2,000	6,500	6,300	5,400	5,900	

【分析】這組數據屬於數值型數據，取值較多，應視為連續型變量進行等距分組（對一組數據應當如何分組、如何確定組數、組限等問題，請參見《統計學》教材）。Excel 可以在明確了分組的各組上限值之後，完成頻數統計等複雜工作。此例最小值為 2,000，最大值為 6,500，這裡採用的分組組限是（當然可以嘗試其他組限劃分方式）：

2,000~2,750；2,750~3,500；3,500~-4,250；4,250~5,000；5,000~5,750；5,750 以上

接下來就可以借助 Excel 統計各組的頻數，獲得頻數分佈表，或進一步做出直方圖觀察這些數據的分佈特徵了。

【操作步驟】

【方法一】利用 FREQUENCY 函數：

（1）錄入原始數據和分組上限。把原始數據錄入在 A1：K11 單元格，將分組上限「2,749、3,499、4,249、4,999、5,749、6,500」逐個輸入 A14：A19 單元格，輸入上限時應注意的問題見提示 2.3。為便於閱讀，可在 A13 到 E13 單元格輸入相應的列標題文字（如圖 2–4）。

提示 2.3：

分組的上限值在 Excel 中應當按升序排列。對於數值型數據，Excel 在統計時把「上限值」包含在了該組內，是按 (a, b] 區間模式計數的，這與統計學上的習慣規定「上組限不在內」不同。因此，針對這個問題建議輸入的分組上限值是：2,749、3,499、4,249、4,999、5,749、6,500。注意此例分組的末組為開口組，在 Excel 中輸入該組的上限值時應該輸入一個大於或等於這些數據最大值

統計學實驗與實訓

	A	B	C	D	E	F
1	4300	4800	2500	4400	2200	3500
2	4460	3500	3500	2800	4500	3400
3	3840	4400	4650	4800	4600	4670
4	4200	3500	3800	4700	6100	3900
5	2900	5100	3200	3800	4100	5300
6	4000	4700	4780	5600	4300	6000
7	4100	5200	3900	4800	2300	3200
8	2900	3100	4000	4830	3000	5200
9	4300	4880	5400	5700	4600	4900
10	4910	4500	5000	4700	4400	3700
11	4000	5300	5500	4970	5300	2000
12						
13	分組上限	頻數	頻率	向上累計頻數	向下累計頻數	
14	2749	=FREQUENCY(A1:K11,A14:A19)
15	3499	FREQUENCY(data_array, **bins_array**)
16	4249	
17	4999	
18	5749	
19	6500	

圖 2-4　利用 Frequency 函數匯總頻數

（2）調用函數統計頻數。選中輸出區域 B14：B19，然後插入函數「FREQUENCY」，在「Data_array」位置輸入原始數據所在區域的單元格引用「A1:K11」，在「Bins_array」位置輸入分組上限值所在區域的單元格引用「A14：A19」，最後敲組合鍵「Ctrl+Shift+Enter」，Excel 即返回頻數統計結果。數組函數的操作比較特殊，請仔細閱讀提示 2.4。

提示 2.4：

對於像 FREQUENCY 這樣的數組函數的操作需特別注意以下問題：

1. 應當先選中輸出區域後再輸入函數；

2. 函數輸入後不能直接敲「回車」，而必須按組合鍵「Ctrl+Shift+Enter」才能得出正確的結果，具體操作時可左手摁下「Ctrl」和「Shift」鍵，右手再去敲回車；

3. Excel 不允許對數組函數輸出結果的一部分進行修改，如果想刪除數組函數的輸出結果，需選中該函數的整個輸出區域後敲「Delete」鍵。若進入數組函數的部分修改狀態，Excel 會彈出提示「不能更改數組的某一部分」，這時需要點擊公式編輯欄左邊的「✗」符號取消編輯，退出這種狀態。

4. 如果改變分組上限值，Excel 將自動重新統計出各組頻數。

（3）計算頻率和累計頻數。在 C14 單元格編寫公式計算頻率「=B14/sum(B$14:B$19)」（注意恰當使用單元格的絕對引用符號「$」），回車後得到該組頻率，然後向下填充得到其餘各組頻率。如果要把頻率顯示為百分數形式，選中輸出結果後點擊「開始」菜單中的「％」工具即可。在 D14 單元格編寫公式計算向上累計頻數「=sum(B$14:B14)」，然後向下填充得到其餘各組的向上累計頻數。在 E14 單

第二章　統計資料的搜集、整理和顯示

元格編寫公式計算向下累計頻數「=sum(B14:B$19)」，並向下填充得到其餘各組的向下累計頻數。

【方法二】利用「直方圖」工具：

(1) 錄入原始數據和分組上限。這一步與用數組函數的操作一致，也是先把原始數據錄入在 A1:K11 區域，並在 A14:A19 分別輸入分組的上限「2,749、3,499、4,249、4,999、5,749、6,500」這些值。

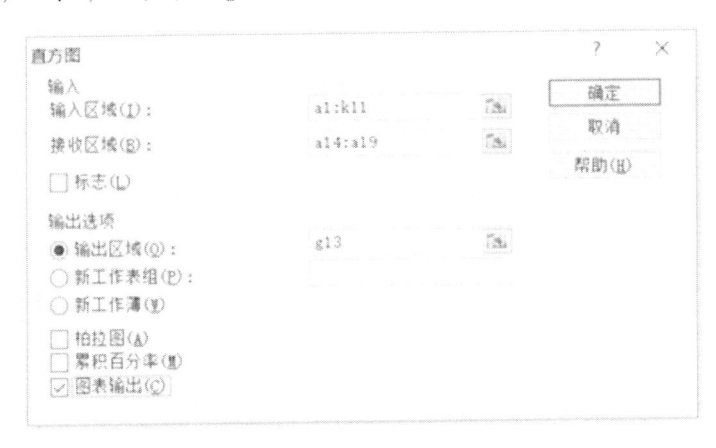

圖 2-5　「直方圖」對話框

(2) 調用「直方圖」工具。在「數據」菜單中單擊「數據分析」工具，從彈出的分析工具列表中選擇「直方圖」，打開直方圖對話框（如圖 2-5）。在「輸入區域」輸入需要分組的原始數據所在區域「A1:K11」，在「接收區域」輸入定義接收區域的邊界值（即分組的上限）的單元格引用「A14:A19」，選擇「輸出區域」，鍵入「G13」作為起始的輸出位置，勾選「圖表輸出」，可以得到直方圖。如果勾選「柏拉圖」，可得到按降序排列的柱形圖——帕累托圖；勾選「累計百分率」，Excel將在直方圖上添加累積頻率折線。點擊「確定」後 Excel 返回的結果如圖 2-6 所示，返回結果中的「頻率」實際是統計學中的「頻數」。

接收	頻率
2749	5
3499	12
4249	31
4999	42
5749	23
6500	7
其他	0

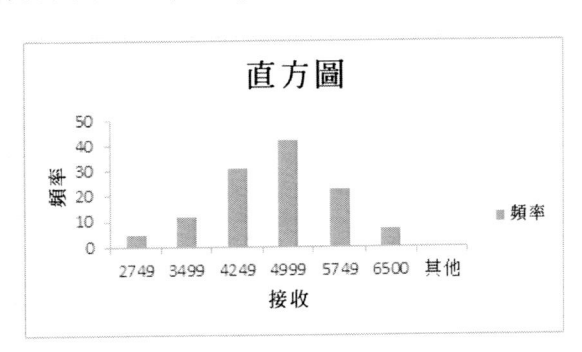

圖 2-6　直方圖

(3) 圖形修飾。在圖 2-6 中，Excel 輸出的圖形實際上是一個「柱形圖」的形式，若要把它變成「直方圖」形式，需要如下操作：用鼠標右鍵單擊任一長方形柱條，在彈出的快捷菜單中選擇「設置數據系列格式」，在「系列選項」標籤中把「分類間距」寬度改為「0」（如圖 2-7 所示），點擊「關閉」即可。對得到的直方圖，選中圖形後，點擊「圖表工具」中的「格式」菜單，選擇自己喜歡的「形狀樣式」可以進行快速修飾。

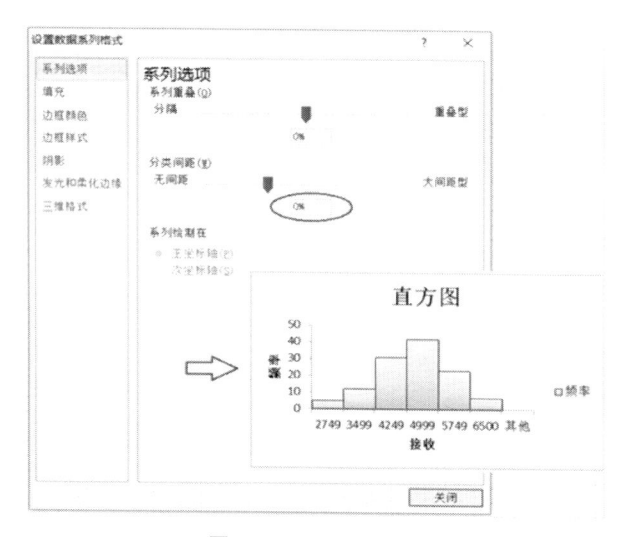

圖 2-7　無間距直方圖

從直方圖可以看出，本例 120 名職工的月工資在 4,250～5,000 之間的人數最多，占總人數的 35%，高工資與低工資的人數都相對較少，人數分佈基本呈現中間多、兩頭少的鐘形對稱分佈特徵。

3. 借助 Excel 做統計圖

Excel 提供的統計圖有很多種，包括柱形圖、條形圖、折線圖、餅圖、散點圖、面積圖、環形圖、雷達圖、曲面圖、氣泡圖、股價圖、圓柱圖、圓錐圖等，各種圖形的作法大同小異。

【例 2.3】某地區企業的所有制分組情況見表 2-2，請使用恰當的圖形表現這些數據。

表 2-2　　　　　　　　　　某地區企業的所有制情況

按所有制分組	企業數
全民	3,204
集體	1,286
私營	152
中外合資	212
外商獨資	102
其他	44
合計	5,000

第二章　統計資料的搜集、整理和顯示

【分析】該例數據是針對分類數據進行統計分組得到的頻數分佈數列。如果目的是想把各種類型企業進行數量上的對比，則可以使用柱形圖；如果目的是想說明該地區企業的所有制結構特徵，說明各類型企業的占比情況，則使用餅圖為好。這裡談談餅圖的繪製方法。

【操作步驟】

（1）繪製基本圖形。把表 2-2 的分組名稱及數據錄入 A1:B7 區域，然後選中這個區域，單擊「插入」菜單中餅圖工具「●餅圖▼」旁邊的小三角形，選擇「三維餅圖」（選擇其他類型將得到對應的其他類型圖形），則得到基本圖形（參見圖 2-8）。

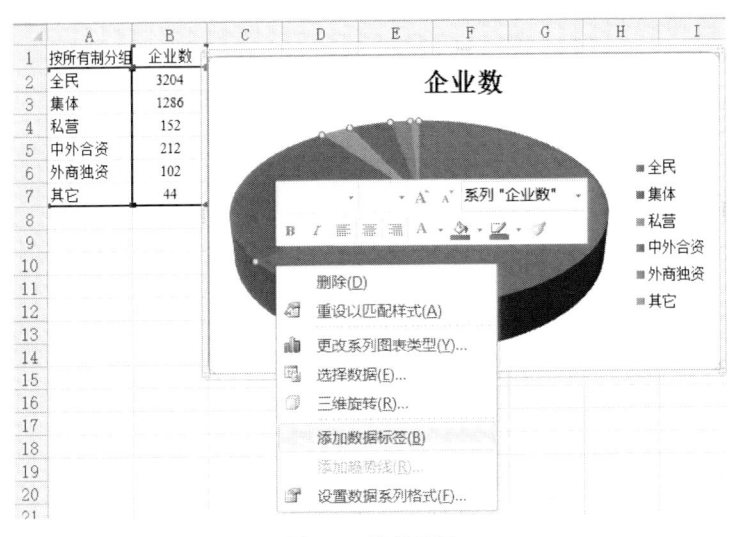

圖 2-8　繪製餅圖

（2）添加數據標籤。鼠標右鍵單擊餅圖的任一扇形區域，彈出圖 2-8 所示的快捷菜單，選擇「添加數據標籤」，則 Excel 會在各個扇形區域標明具體企業數。如果需要顯示為占比，則再右鍵單擊任一扇形區域，在彈出的快捷菜單中選擇「設置數據標籤格式」（如圖 2-9），在對話框中去掉「值」前面的鈎，勾選「百分比」後關閉對話框即可。另外，還可以嘗試在「設置數據標籤格式」及「設置數據點格式」（兩次左鍵單擊後選中指定的扇形區域，再右鍵單擊彈出快捷菜單）對話框中選擇其他相應選項，對圖形做更加個性化的修飾。這些操作也可以在選中圖形後，通過「圖表工具」中的「設計」「佈局」或「格式」菜單下的相應工具來完成。

從已經繪製出的圖形可以看出，後面 4 種類型的企業占比都很小，單一餅圖的表現不夠細膩、充分，所以可以考慮繪製「複合餅圖」，將占比較小的若干類提取進入第二個子圖。操作方法是：

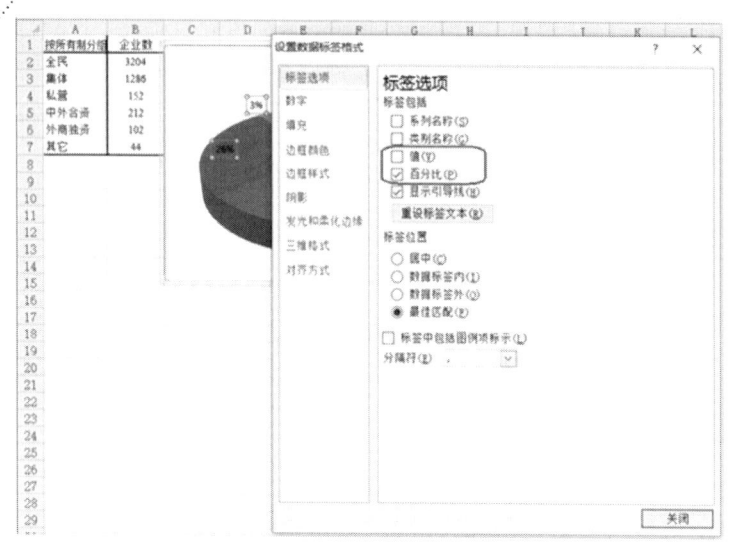

圖 2-9　添加數據標籤

（1）繪製基本圖形。選中分組名稱及數據所在的區域 A1：B7 後，單擊「插入」菜單中餅圖工具「餅圖▼」旁邊的小三角形，選擇「二維餅圖」中的「複合餅圖」（第三個圖標），則得到基本圖形。

（2）圖形編輯。在所得基本圖形中用鼠標右鍵單擊任意扇形，彈出快捷菜單，選擇「設置數據系列格式」，在彈出的對話框中，在「系列選項」中把「第二個繪圖區包含最後一個」的類別數目改為「4」（參見圖 2-10），然後點「關閉」即可。如果需要對圖形做其他修飾，操作方法與前述一致。

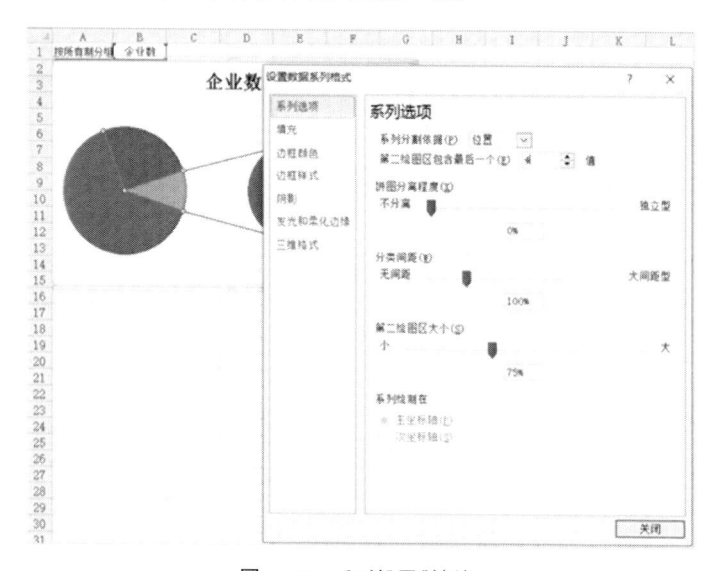

圖 2-10　系列設置對話框

第二章 統計資料的搜集、整理和顯示

【例 2.4】在 Excel 中繪製左右兩個不同坐標軸的圖形來表現表 2-3 所示數據。

表 2-3　　　　　　2006—2011 年中國 GDP 及 GDP 增長率

年份	GDP（億元）	增長率（%）
2010	413,030	10.6
2011	489,301	9.5
2012	540,367	7.9
2013	595,244	7.8
2014	643,974	7.3
2015	689,052	6.9

【分析】GDP 水準數和增長率數值差異巨大，要在一個圖形中同時表現兩個變量的動態變化，需要使用雙軸圖形。

【操作步驟】

（1）繪製基礎圖形。把變量名及數據錄入 A1:C7 區域，選中整個區域 A1:C7，點擊「插入」菜單中「柱形圖」下方的小三角形，選擇二維「簇狀柱形圖」（第一個圖標），得到基礎圖形。

（2）設置次坐標軸。在得到的基礎圖形中選中表示「增長率」的柱條，鼠標右鍵單擊，在彈出的快捷菜單中選擇「設置數據系列格式」，然後在「系列選項」中的「系列繪製」欄選擇「次坐標軸」，最後點擊「關閉」，這樣就在圖表右邊又添加了一個坐標軸。

（3）更改圖表類型。在得到的二維柱形圖中，選中「增長率」類別的柱形，鼠標右鍵單擊，在彈出的快捷菜單中選擇「更改系列圖表類型」，選擇折線圖中的「帶數據標記的折線圖」「確定」後得到所需圖形。最後對圖形稍作修飾，用鼠標右鍵對「增長率」圖形單擊彈出快捷菜單，選擇「添加數據標籤」在圖上標出數值；用鼠標右鍵對「圖例」單擊彈出快捷菜單，選擇「設置圖例格式」，在彈出的對話框中選擇圖例位置「靠上」，把圖例位置從圖形右邊調整到圖形上邊，即可得到如圖 2-11 所示的圖形。

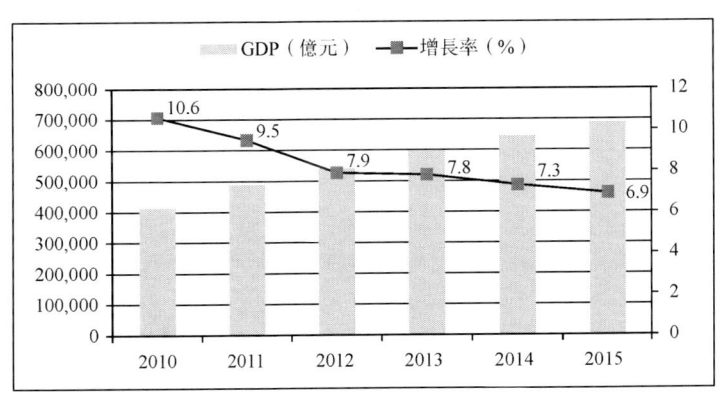

圖 2-11　雙柱圖

(四) 實驗實踐

1. 對 A、B 兩城市家庭進行住房滿意度抽樣調查，結果如下表，試結合統計圖分析這個結果。

回答類別	A 城市戶數（戶）	B 城市戶數（戶）
非常不滿意	24	8
不滿意	108	38
一般	93	90
滿意	45	50
非常滿意	30	14
合計	300	200

2. 調查了某種作物在六個地區的產量情況，試用恰當的圖形顯示該作物單位面積產量與地區降雨量、溫度之間的關係。

地區	溫度	降雨量（mm）	產量（kg/hm^2）
1	6	25	2,250
2	8	40	3,450
3	10	50	4,600
4	13	62	5,700
5	14	95	7,400
6	16	110	5,900

3. （計算機模擬問題）用計算機模擬從一個總體中隨機抽取一定數量的單位進行調查，並對所得樣本數據進行整理分析，驗證抽樣方法與數據整理分析方法的有效性。

提示：可以執行以下操作：①獲得樣本數據。借助 Excel「工具」菜單下「數據分析」中的「隨機數發生器」產生 300 個服從正態分佈的數據（比如，設定均值為168，標準差為5），這可以把它理解為某地區成年男子的身高服從分佈 N（168，5），這 300 個隨機數相當於隨機抽取 300 人進行調查的結果。②數據整理。對樣本數據進行適當的統計分組，並統計出各組的頻數，然後繪製出直方圖。③數據分析。觀察直方圖，看它是否反應了總體的分佈特徵。注意圖形是呈鐘形對稱形態嗎？對稱中心大致在什麼地方？圖形體現了「3σ 規則」嗎？如果改變分組的組數（或組限），從直方圖看到的數據分佈特徵是否出現明顯不同？原因是什麼？

第二章 統計資料的搜集、整理和顯示

三、統計實訓

(一) 單項選擇題

1. 調查某鄉鎮年末生豬存欄頭數,一般宜採用( )。
   A. 經常性調查　B. 一次性調查　C. 典型調查　D. 連續性調查
2. 調查資料的承擔者是( )。
   A. 調查單位　B. 調查對象　C. 標志表現　D. 指標值
3. 全面調查與非全面調查的主要區別在於( )。
   A. 調查單位的多少　　　　　B. 是否需要得到總體的全面資料
   C. 調查單位和報告單位是否一致　D. 是否包括所有總體單位
4. 統計調查資料指的是( )。
   A. 統計指標　B. 標志　C. 標志表現　D. 變量值
5. 某城市擬對占全市儲蓄總額80%的幾大金融機構進行調查,以瞭解全市儲蓄存款的大概情況,這種調查形式屬於( )。
   A. 普查　B. 典型調查　C. 抽樣調查　D. 重點調查
6. 對全市外來農民工的素質進行全面調查,調查單位是( )。
   A. 全部外來農民工　　　B. 每個外來農民工
   C. 所有用人單位　　　　D. 每個用人單位
7. 經常性調查一般用來收集( )。
   A. 時點資料　B. 時期資料　C. 文字資料　D. 數字資料
8. 重點調查的目的是( )。
   A. 瞭解現象總體的基本情況　　B. 以樣本數據推算總體數據
   C. 研究現象的發展規律與趨勢　D. 研究調查單位的具體、詳細資料
9. 反應事物的內部結構,最合適的統計圖形是( )。
   A. 條形圖或柱形圖　　　B. 環形圖
   C. 餅圖　　　　　　　　D. 散點圖
10. 在全國人口普查中( )。
    A. 全國人口總數是統計總體　　B. 每一個人是調查單位
    C. 每一個人是報告單位　　　　D. 性別是不變標志
11. 重點調查中的重點單位是( )。
    A. 隨機選取的
    B. 按照標志值所占比重的最高值依次選取
    C. 根據總體單位的代表性選取
    D. 直接選取所有總體單位

12. 在組距數列中，用組中值代表組內變量值的一般水準，是假定（　　）。
    A. 組中值比組平均數準確　　　　B. 組中值就是組內各變量值的平均數
    C. 組內變量值是均勻分佈的　　　D. 不容易得到組平均數
13. 瞭解農村留守兒童的現狀特別是存在的突出問題，宜採用（　　）。
    A. 抽樣調查　　B. 普查　　C. 重點調查　　D. 典型調查
14. 中國在 2010 年 11 月 1 日零時進行第六次人口普查，要求所有調查單位的材料在 2010 年 11 月 10 日登記完成，則普查的標準時點是（　　）。
    A. 2010 年 11 月 1 日 0 時　　　　B. 2010 年 7 月 10 日 24 時
    C. 2010 年 11 月 1 日 24 時　　　D. 2010 年 11 月 10 日 0 時
15. 統計資料整理的關鍵是（　　）。
    A. 統計分組　　　　　　　　　　B. 統計匯總
    C. 統計資料審核　　　　　　　　D. 填製統計表
16. 對某企業 1,000 名職工按文化程度分組編製的分配數列，屬於（　　）。
    A. 品質數列　　B. 單項數列　　C. 變量數列　　D. 組距數列
17. 抽樣調查必須遵循的原則是（　　）。
    A. 準確性原則　B. 及時性原則　C. 隨機性原則　D. 保密性原則
18. 下列調查中，調查單位與填報單位一致的是（　　）。
    A. 企業設備調查　　　　　　　　B. 人口普查
    C. 農村耕地調查　　　　　　　　D. 工業普查
19. 向上累計頻數的數值表示（　　）。
    A. 對應組下限以上的累計次數　　B. 對應組上限以下的累計次數
    C. 對應組下限以下的累計次數　　D. 對應組上限以上的累計次數
20. 變量數列的兩個組成要素是（　　）。
    A. 各組總體單位數和各組指標數值
    B. 各組指標值和各組頻數
    C. 變量所分各組和各組頻數
    D. 各組總體單位總量和各組總體標志總量
21. 某自行車企業對其產品質量進行調查，其調查單位是（　　）。
    A. 隨機抽選的每一輛自行車　　　B. 每一輛自行車的質量
    C. 該廠生產的每一輛自行車　　　D. 該自行車生產企業
22. 確定連續型變量的組限時，相鄰組的組限必須（　　）。
    A. 相差 1　　B. 不等　　C. 相等　　D. 重疊
23. 變量數列中各組頻率的總和應該（　　）。
    A. 小於 1　　B. 等於 1　　C. 大於 1　　D. 不等於 1
24. 某連續型變量分為五個組，依次為：40～50，50～60，60～70，70～80，80 以上。按規定（　　）。

第二章 統計資料的搜集、整理和顯示

  A. 50 在第一組，70 在第四組 B. 60 在第二組，80 在第五組
  C. 70 在第四組，80 在第五組 D. 80 在第四組，50 在第二組
25. 將統計總體按某一標誌分組的結果，表現出（　　）。
  A. 組內同質性，組間差異性 B. 組內差異性，組間差異性
  C. 組間同質性，組內差異性 D. 組內同質性，組間同質性
26. 填寫統計表時，當某項不應該有數字時，應填寫（　　）。
  A.「…」 B.「—」 C.「0」 D.「空白」
27. 對全市中小企業按銷售收入分組編製而成的變量數列中，變量是（　　）。
  A. 企業數 B. 各組企業數所佔比重
  C. 銷售收入 D. 各組銷售收入所佔比重
28. 統計表按主詞欄是否分組，可分為（　　）。
  A. 分組表和複合表 B. 簡單表和複合表
  C. 簡單表和分組表 D. 單一表和一覽表
29. 等距分組適合於（　　）。
  A. 變量值變化比較均勻的情形
  B. 變量值呈比例變化的情形
  C. 變量值呈急遽變動的情形
  D. 變量值在不同區間代表特定含義的情形
30. 某連續型變量編製的等距數列，其末組為 6,000 以上。如果其鄰近組的組中值為 5,600，則末組的組中值為（　　）。
  A. 6,200 B. 6,400 C. 6,600 D. 6,800
31. 編製變量數列時，若遇特大或特小的標誌值，應採用（　　）。
  A. 閉口組 B. 開口組 C. 單項分組 D. 組距式分組
32. 在同限分組中，若恰有標誌值等於組限，應將其歸入（　　）。
  A. 上限所在組 B. 將該標誌值捨去
  C. 上限或下限所在組均可 D. 下限所在組
33. 有二十個工人看管機器臺數資料如下：2, 5, 4, 2, 4, 3, 4, 3, 4, 4, 2, 2, 2, 4, 3, 4, 6, 3, 4, 4。將上述資料進行統計分組，宜採用（　　）。
  A. 單項分組 B. 等距分組 C. 異距分組 D. 組距分組
34. 在全市醫療衛生設備普查中，該市每家醫院是（　　）。
  A. 調查對象 B. 調查單位 C. 填報單位 D. 總體單位
35. 某市工業企業 2016 年生產經營情況年呈報時間規定在 2017 年 1 月 31 日，則調查期限為（　　）。
  A. 一日 B. 一個月 C. 一年 D. 一年零一個月
36. 統計分組的關鍵是（　　）。
  A. 正確選擇分組標誌 B. 合理劃分組數

37

C. 合理確定組中值　　　　　　　D. 合理確定組距

37. 單項分組適合於（　　）。

    A. 變量值變動範圍較大且取值較為分散的離散型變量

    B. 變量值變動範圍小且取值較為集中的離散型變量

    C. 變量值變動範圍較小的連續型變量

    D. 變量值變動範圍較大的連續型變量

38. 關於統計分組的「互斥性」原則，以下說法正確的是（　　）。

    A. 一個總體單位只能分在某一個組內

    B. 一個總體單位可以同時分在不同的組

    C. 各組的組限允許重疊

    D. 只能採用異限分組

39. 現實生活中應用最為廣泛的非全面調查組織形式是（　　）。

    A. 普查　　　　B. 重點調查　　　C. 抽樣調查　　　D. 典型調查

40. 對幾個大型化工企業進行調查，以瞭解污染排放的基本情況，屬於（　　）。

    A. 統計報表　　B. 抽樣調查　　　C. 重點調查　　　D. 典型調查

（二）多項選擇題

1. 連續型變量和離散型變量進行組距式分組，組限的劃分在技術上有不同要求。企業按職工人數分組，正確的方法應是（　　）。

    A. 300 以下，300～500，…

    B. 300 以下，300～500（不含500），…

    C. 300 以下，301～500，…

    D. 300 以下，310～500，…

    E. 299 以下，300～499，…

2. 典型調查屬於（　　）。

    A. 全面調查　　B. 統計報表　　　C. 專門調查　　　D. 非全面調查

3. 數值型數據的圖示方法主要有（　　）。

    A. 散點圖　　　B. 直方圖　　　　C. 折線圖　　　　D. 氣泡圖

    E. 雷達圖

4. 下列各調查項目，宜採用經常性調查的有（　　）。

    A. 耕地面積　　　　　　　　　　B. 新生嬰兒數量

    C. 商品銷售數量　　　　　　　　D. 居民消費支出

5. 統計調查按組織形式不同可分為（　　）。

    A. 專門調查　　B. 全面調查　　　C. 經常性調查　　D. 統計報表

第二章 統計資料的搜集、整理和顯示

6. 編製組距式變量數列主要有以下幾個步驟（　　）。
   A. 將所有變量值按升序或降序排列，計算全距
   B. 確定變量數列的組數，並參考全距和組數確定組距
   C. 依次確定各組的組限
   D. 匯總各組頻數，計算頻率，形成組距式變量數列

7. 某市準備對全市民營高科技企業進行一次全面調查，則（　　）。
   A. 每個民營高科技企業「擁有的專利數量」是調查項目
   B. 每個民營高科技企業既是總體單位、又是調查單位、還是填報單位
   C. 全市民營高科技企業總數量是統計指標
   D. 全市所有民營高科技企業是調查對象

8. 下列各項中屬於統計指標的有（　　）。
   A. 中國2016年國內生產總值　　　B. 某臺設備的使用年限
   C. 某同學該學期平均成績　　　　D. 某地區原煤總產量
   E. 某市年供水總量

9. 普查是（　　）。
   A. 專門調查　　　　　　　　　　B. 經常性調查
   C. 一次性調查　　　　　　　　　D. 全面調查
   E. 獲取時點資料

10. 簡單分組與複合分組的區別在於（　　）。
    A. 總體的複雜程度不同　　　　　B. 組數的多少不同
    C. 選擇分組標誌的性質不同　　　D. 選擇分組標誌的數量多少不同
    E. 分組狀態的排列形式不同

11. 某班統計學考試成績資料如下表：

考試成績（分）	人數（人）	比重（%）
60以下	2	5.88
60~70	8	23.53
70~80	11	32.35
80~90	9	26.47
90以上	4	11.76
合　計	34	100

上表資料可以稱為（　　）。
A. 分佈數列　　B. 變量數列　　C. 組距數列　　D. 等距數列
E. 異距數列

12. 抽樣調查的方法主要有（　　）。
    A. 重複抽樣　　B. 簡單隨機抽樣　　C. 等距抽樣　　D. 不重複抽樣

13. 統計分組的作用有（　　）。
    A. 說明總體的分佈情況　　　　B. 劃分事物的類型
    C. 研究現象內部結構　　　　　D. 研究現象之間的依存關係
14. 常見的抽樣組織形式有（　　）。
    A. 簡單隨機抽樣　　　　　　　B. 等距抽樣
    C. 分層抽樣　　　　　　　　　D. 重複抽樣
    E. 整群抽樣
15. 對原始資料審核的主要內容有（　　）。
    A. 資料的及時性　　　　　　　B. 資料的準確性
    C. 資料的代表性　　　　　　　D. 資料的完整性
16. 變量數列的構成要素有（　　）。
    A. 變量所分的各組　　　　　　B. 頻數或頻率
    C. 品質標志分組　　　　　　　D. 指標名稱
17. 統計調查按收集資料的方法區分主要有（　　）。
    A. 採訪法　　　　　　　　　　B. 實驗設計法
    C. 直接觀察法　　　　　　　　D. 問卷調查法
    E. 報告法
18. 組中值的計算方法有（　　）。
    A. 組中值 = $\dfrac{上限 + 下限}{2}$　　　B. 組中值 = 上限 − $\dfrac{組距}{2}$
    C. 組中值 = 上限 + $\dfrac{組距}{2}$　　　D. 組中值 = 下限 + $\dfrac{組距}{2}$
19. 非全面調查包括（　　）。
    A. 重點調查　　B. 抽樣調查　　C. 快速普查　　D. 典型調查
    E. 統計報表
20. 統計表按主詞欄分組的情況不同分為（　　）。
    A. 簡單表　　　B. 統計報表　　C. 簡單分組表　　D. 整理表
    E. 複合分組表
21. 離散型變量分組（　　）。
    A. 相鄰兩組的組限必須斷開
    B. 只能編成單項數列
    C. 既可以編成單項數列，也可以編成組距數列
    D. 組距式分組時組距必須相等
    E. 組距式分組時，相鄰兩組的組限既可以斷開，也可以重疊
22. 下列說法不正確的有（　　）。
    A. 重點調查是一種非全面調查，既可用於經常性調查，也可用於一次性

第二章　統計資料的搜集、整理和顯示

調查
- B. 抽樣調查是非全面調查中最有科學根據的方式方法，因此，它適用於完成任何調查任務
- C. 在非全面調查中，抽樣調查最重要，重點調查次之，典型調查最不重要
- D. 如果典型調查的目的是為了近似地估計總體的數值，則可以選擇若干中等典型單位進行調查
- E. 普查是取得全面統計資料的唯一調查形式

23. 原始資料的最小值，可用作最小組的（　　）。
    A. 下限　　　B. 上限　　　C. 組中值　　　D. 組距
    E. 開口組的上限

24. 已知某車間同工種的 40 名工人完成個人生產定額百分數如下：

97	88	123	115	119	158	112	146	119	105
110	107	137	120	136	125	127	142	103	87
115	114	117	124	129	138	100	92	95	113
126	107	108	105	119	127	108	118	103	104

若據以上資料進行統計分組，則可以採用（　　）。
    A. 同限等距分組　　　　　B. 異限等距分組
    C. 同限異距分組　　　　　D. 異限異距分組
    E. ABCD 均可

25. 某地區將工業企業作如下分組：
國有企業
固定資產 5,000 萬元以下，固定資產 5,000~50,000 萬元，固定資產 50,000 萬元以上
非國有企業
固定資產 2,000 萬元以下，固定資產 2,000~10,000 萬元，固定資產 10,000 萬元以上
上述分組屬於（　　）。
    A. 選擇兩個標志進行的複合分組
    B. 選擇兩個標志進行的平行分組
    C. 選擇一個品質標志和一個數量標志進行的複合分組
    D. 按兩個可變標志進行的複合分組

26. 某行業所屬企業利潤計劃完成情況（%）資料進行如下分組：
第 1 種：100%以下，100%~110%，110%以上
第 2 種：80%以下，80.1%~90%，90.1%~100%，100.1%~110%，110.1%以上
第 3 種：80%以下，80%~90%，90%~100%，100%~110%，110%以上
第 4 種：85%以下，85%~95%，95%~105%，105%~115%，115%以上
這 4 種分組中（　　）。

41

A. 第一種是正確的 　　　　　　　B. 第二種是錯誤的
C. 第三種是錯誤的 　　　　　　　D. 第四種是錯誤的
E. 都是錯誤的

27. 抽樣調查與重點調查的主要區別有（　　）。
A. 選取調查單位的多少不同 　　　B. 選取調查單位的方式方法不同
C. 取得資料的方法不同 　　　　　D. 使用調查資料所要達到的目的不同

28. 調查居民消費心理，宜採用（　　）。
A. 全面調查　　B. 非全面調查　　C. 抽樣調查　　D. 一次性調查
E. 專門調查

29. 全國工業普查中（　　）。
A. 每一個工業企業是調查單位 　　B.「企業增加值」是調查項目
C. 每一個工業企業都是報告單位 　D. 所有工業企業是統計總體
E. 每一個工業企業都是總體單位

30. 異限分組的情況下，組距的計算方法有（　　）。
A. 本組上限減去相鄰上一組上限 　B. 本組上限減去相鄰下一組上限
C. 本組上限減去本組下限再加 1 　D. 本組上限減去本組下限

31. 統計表的主詞欄可以是（　　）。
A. 總體各單位的名稱 　　　　　　B. 總體按若干標誌所分的各組
C. 計量單位欄 　　　　　　　　　D. 指標數值
E. 現象所處的不同時間

32. 不同社會經濟現象都有其特定的分佈類型。常見的頻數分佈類型主要有（　　）。
A. 鐘形分佈　　B. S 型分佈　　C. 雙曲線分佈　　D. J 型分佈
E. U 型分佈

(三) 判斷題

1. 調查單位、填報單位就是總體單位。　　　　　　　　　　　　　　（　　）
2. 統計調查的目的就是獲取反應總體特徵的指標數值。　　　　　　　（　　）
3. 第六次全國人口普查的標準時間是 2010 年 11 月 1 日零時，11 月 5 日到某戶登記時得知該戶 11 月 2 日死去 1 人，死去的人應該登記。　　　　（　　）
4. 向上累計頻數是對頻數由變量值低的組向變量值高的組依次進行累加。
　　　　　　　　　　　　　　　　　　　　　　　　　　　　　　　（　　）
5. 統計分組是統計整理的關鍵，正確選擇分組標誌又是統計分組的關鍵。
　　　　　　　　　　　　　　　　　　　　　　　　　　　　　　　（　　）
6. 樣本容量也叫抽樣數目，是指抽樣過程中可能產生的樣本組合數。（　　）

第二章　統計資料的搜集、整理和顯示

7. 重點調查中的重點單位是指總體單位的標志值在所研究的標志值總和中佔有絕對比重。　　　　　　　　　　　　　　　　　　　　　　　（　　）
8. 在編製變量數列時，若資料中有特大或特小的極端數值，宜採用開口組。　　　　　　　　　　　　　　　　　　　　　　　　　　　　（　　）
9. 抽樣調查必須遵循的基本原則是準確性原則。　　　　　　（　　）
10. 組距式分組時，開口組的組距等於相鄰組。　　　　　　　（　　）
11. 一次性調查是指在時間上可以間斷的統計調查，一般用來收集時點資料。　　　　　　　　　　　　　　　　　　　　　　　　　　　　（　　）
12. 組距式分組時，代表質變的數據必須作為組限。　　　　　（　　）
13. 同限分組，需遵循「上限不在內」的原則。　　　　　　　（　　）
14. 抽樣調查中的總體是確定的、唯一的，而樣本帶有隨機性、不確定性。　　　　　　　　　　　　　　　　　　　　　　　　　　　　（　　）
15. 統計分組是在某一標志下，把性質相同或相近的總體單位合在一個組內，而把性質不同的總體單位分在不同的組裡。　　　　　　　　　（　　）
16. 普查是一種經常性的全面調查。　　　　　　　　　　　　（　　）
17. 統計報表和普查都屬於全面調查，它們之間有時可以相互替代。（　　）
18. 統計分組的「互斥性」就是要保證任何一個總體單位都不能分在兩個或更多的組裡。　　　　　　　　　　　　　　　　　　　　　　　　（　　）
19. 抽樣調查的數據可以用來檢查和修正全面調查特別是普查的數據。（　　）
20. 向下累計頻數的結果表示對應組上限以上的累計次數。　　（　　）
21. 調查單位是調查資料的承擔者。　　　　　　　　　　　　（　　）
22. 用兩個不同標志對同一個總體加以分組，稱為複合分組。　（　　）
23. 與普查相比，抽樣調查的規模小，組織方便，省時省力，所以調查項目可以多一些。　　　　　　　　　　　　　　　　　　　　　　　　　（　　）
24. 調查項目就是指標的名稱。　　　　　　　　　　　　　　（　　）
25. 統計調查的任務是收集所有總體單位的原始資料。　　　　（　　）
26. 抽樣方法不重複的情況下，每一次抽樣時的總體單位數量始終保持不變。　　　　　　　　　　　　　　　　　　　　　　　　　　　　（　　）
27. 一次性調查主要用來收集時期性資料。　　　　　　　　　（　　）
28. 洛倫茲曲線實際上就是累計頻率分佈曲線。　　　　　　　（　　）
29. 確定統計調查對象就是為統計調查劃定一個合理範圍。　　（　　）
30. 組距數列的組數一般介於 5~8 個組之間，特殊情況下也可以低於 5 個組或高於 8 個組。　　　　　　　　　　　　　　　　　　　　　　　（　　）

（四）簡答題

1. 什麼叫統計調查？統計調查怎樣分類？

2. 什麼叫抽樣調查？抽樣調查有何特徵？
3. 抽樣調查適用於什麼情況？
4. 常用的參數和統計量分別有哪些？
5. 統計調查方案包括哪些內容？
6. 統計整理的內容和步驟包括哪些內容？
7. 什麼叫統計分組？統計分組有何作用？
8. 正確選擇分組標志應遵循哪些原則？
9. 編製組距數列有哪幾個步驟？
10. 設計統計圖應注意哪些問題？
11. 設計統計表有哪些要求？

（五）圖表題

某企業 120 個工人 3 月份生產某種產品數量（件）如下：

103	70	104	90	100	124	85	88	112	134	99	104
114	108	118	106	95	98	117	106	98	108	115	115
104	97	105	125	126	85	129	94	99	97	134	112
138	110	123	118	97	106	104	110	108	114	107	116
104	100	108	87	89	85	114	124	120	118	131	75
118	114	98	110	129	104	114	105	116	117	124	100
117	114	113	108	115	109	95	118	126	113	106	104
108	125	106	113	90	103	134	121	115	124	85	128
86	113	91	124	107	114	103	101	125	104	71	102
110	94	86	138	98	105	84	90	133	126	118	98

要求：（1）根據以上資料，採用等距分組把工人產量分成 6 組；

（2）在等距分組的基礎上，編製變量數列表；

（3）在變量數列基礎上，計算向上、向下累計頻數以及向上、向下累計頻率；

（4）繪製工人月產量分佈的直方圖、折線圖和餅圖，並繪製累計頻數和累計頻率分佈圖。

四、實訓題解

（一）單項選擇題

1. 答案：B。年末生豬存欄頭數為時點數據，宜採用一次性調查，即間斷調查。注意本題可變化。

第二章　統計資料的搜集、整理和顯示

2. 答案：A。調查單位是調查資料的承擔者，調查單位指需要接受調查的總體單位。

3. 答案：D。

4. 答案：C。調查資料就是標志表現。

5. 答案：D。調查數據高度集中於極少數總體單位，最適宜重點調查。

6. 答案：B。調查單位是指接受調查的總體單位。

7. 答案：B。調查時期數據宜採用經常性調查，即不能間斷。

8. 答案：A。重點調查的目的只是獲得總體的大概情況（基本情況）。

9. 答案：C。

10. 答案：B。把總體和總體單位搞清楚就容易找出正確答案了。注意本題可變化。

11. 答案：B。

12. 答案：C。

13. 答案：D。

14. 答案：A。

15. 答案：A。

16. 答案：A。

17. 答案：C。

18. 答案：D。調查單位與填報單位一致就是最適合自填自報的情形。

19. 答案：B。向下累計頻數的數值表示對應組下限以上的累計次數。

20. 答案：C。

21. 答案：A。質量檢驗往往帶有破壞性，通常採用抽樣調查，被隨機選中的自行車才是調查單位。

22. 答案：D。同限分組的組限重疊，而不是相等，因為同限分組時，最大值不包含在所在組內。

23. 答案：B。頻率是結構相對指標，各部分結構的合計值必須為1。

24. 答案：C。同限分組，上限不在內。

25. 答案：A。

26. 答案：B。

27. 答案：C。分組的數量標志就是變量。

28. 答案：C。

29. 答案：A。

30. 答案：B。運用組中值、組限以及組距之間的關係推算。

31. 答案：B。特大或特小的值俗稱極端值，只能將極端值放入首尾兩端的開口組中。

32. 答案：D。遵循「上限不在內」的原則。

33. 答案：A。

34. 答案：C。每一臺（套）醫療衛生設備既是總體單位，又是調查單位。

35. 答案：B。

36. 答案：A。統計整理的關鍵是統計分組，而統計分組的關鍵則是正確選擇分組標志。

37. 答案：B。注意與第 33 題對應。

38. 答案：A。

39. 答案：C。抽樣調查無處不在。

40. 答案：C。暗示調查數據高度集中於幾個大型化工企業。

（二）多項選擇題

1. 答案：ACE。對連續型變量進行組距式分組，必須採用同限分組的方法；對離散型變量進行組距式分組，既可以同限分組，也可以異限分組。

2. 答案：CD。

3. 答案：ABCDE。

4. 答案：BCD。時期數據都必須採用經常性調查。注意本題可變化。

5. 答案：AD。

6. 答案：ABCD。

7. 答案：ABCD。注意本題可變化。

8. 答案：ACDE。只要能用來說明一個整體事物的數值就可以叫指標。注意本題可變化。

9. 答案：ACDE。注意本題可變化。

10. 答案：DE。

11. 答案：ABCD。注意本題可變化。

12. 答案：AD。

13. 答案：BCD。

14. 答案：ABCE。

15. 答案：ABD。

16. 答案：AB。

17. 答案：ABCDE。

18. 答案：ABD。

19. 答案：ABD。

20. 答案：ACE。

21. 答案：CE。

22. 答案：BCE。

第二章　統計資料的搜集、整理和顯示

23. 答案：AC。
24. 答案：AC。生產定額完成百分數為連續型變量，只能同限分組。
25. 答案：ACD。
26. 答案：ABCD。第 2 種分組的錯誤在於沒有採用同限分組；第 3 種分組的錯誤在於把未完成任務的分成了 3 組；第 4 種分組的錯誤在第 3 組，把沒有完成計劃的和超額完成計劃的分在了一個組。
27. 答案：BD。
28. 答案：BCDE。
29. 答案：ABCDE。
30. 答案：BC。
31. 答案：ABCE。
32. 答案：ADE。

（三）判斷題

1. 答案：×。調查單位是指需要接受調查的總體單位，而填報單位則是負責填寫和上報調查資料的單位。某些調查適合自填自報，這種情形下，每一個調查單位都是填報單位；而有些統計調查不適合自填自報，這種情形下的調查單位就不是填報單位。
2. 答案：×。統計調查的直接目的是獲取反應總體單位特徵的資料，即標志表現。
3. 答案：√。只要在 2010 年 11 月 1 日零時能「喘氣」的人，就應該登記。
4. 答案：√。
5. 答案：√。
6. 答案：×。樣本容量是指從總體中抽取的總體單位數目。樣本個數才是抽樣過程中可能產生的樣本排列或組合數。
7. 答案：√。
8. 答案：√。
9. 答案：×。隨機性原則。
10. 答案：√。
11. 答案：√。
12. 答案：√。
13. 答案：√。
14. 答案：√。
15. 答案：√。
16. 答案：×。普查是一次性的全面調查。
17. 答案：×。不可以相互替代。
18. 答案：√。

19. 答案：√。

20. 答案：×。向上累計頻數的結果表示對應組上限以下各組頻數的累計數；向下累計頻數的結果表示對應組下限以上各組頻數的累計數。

21. 答案：√。

22. 答案：×。採用兩個及以標志對同一個總體進行並列分組，稱為平行分組；採用兩個及以上標志對同一個總體進行交叉分組，稱為複合分組。

23. 答案：√。

24. 答案：×。調查項目是指調查資料的名稱，即標志。

25. 答案：×。全面調查時需要收集所有總體單位的資料，非全面調查只收集部分總體單位的資料；統計調查有時收集原始資料，有時還要收集二手資料。

26. 答案：×。重複抽樣方法下，每次抽樣的總體單位數量始終保持不變；不重複抽樣方法下，每次抽樣的總體單位數量都在減少。

27. 答案：×。一次性調查主要用來收集時點數據，經常性調查主要用來收集時期數據。

28. 答案：√。

29. 答案：√。

30. 答案：√。

（四）簡答題

略。

（五）圖表題

（1）參考分組結果如下：70~82，82~94，94~106，106~118，118~130，130~142。

（2）變量數列及累計頻數、累計頻率如下表：

按工人月產量分組（件）	工人數（人）	頻率（%）	累計頻數（人）向上	累計頻數（人）向下	累計頻率（%）向上	累計頻率（%）向下
70~82	3	2.5	3	120	2.5	100
82~94	14	11.67	17	117	14.17	97.5
94~106	33	27.5	50	103	41.67	85.83
106~118	40	33.33	90	70	75	58.33
118~130	23	19.17	113	30	94.17	25
130~142	7	5.83	120	7	100	5.83
合　計	120	100	—	—	—	—

各種統計圖形略。

第三章　描述分析的基本指標

● 一、統計知識

本章主要涉及總量指標、相對指標、平均指標、變異指標以及偏度和峰度指標等內容。

(一) 總量指標

1. 總量指標的概念及作用

總量指標習慣又稱為數量指標、絕對指標、絕對數，是說明事物在特定條件下達到的總規模、總水準或工作總量的統計指標。如 GDP、銷售收入、淨利潤等。

2. 總量指標的分類

(1) 總量指標按說明總體的內容不同分為總體單位總量和總體標志總量。

(2) 總量指標按說明總體的時間狀況不同分為時期指標和時點指標。

時期指標與時點指標的區別：① 時期指標的原始資料需要連續登記；而時點指標的原始資料不需要連續登記。② 時期指標數值的大小與時間間隔長短有直接關係；時點指標數值的大小與時間間隔長短無直接關係。③ 時期指標數值既可以縱向相加，也可以橫向相加；時點指標數值不能縱向相加，但可以橫向相加。④ 時期指標數值隨時間變化只增加不減少，而時點指標數值隨時間變化既有增加也有減少。

3. 總量指標的計算方法

(1) 直接計算方法

在統計整理階段，通過匯總總體單位數、標志值獲得有關總量指標。

（2）推算與估算法
① 平衡推算法；
② 因素推算法；
③ 抽樣推算法；
④ 插值推算法。
4. 總量指標的計量單位
（1）實物單位：自然單位、度量衡單位、雙重單位和標準實物單位。
（2）勞動時間單位。
（3）價值單位。

（二）相對指標

1. 相對指標的概念
（1）相對指標的概念及基本公式：

$$相對指標（相對數）= \frac{比數（子項）}{基數（母項）}$$

（2）相對指標的表現形式：

相對指標有無名數和有名數兩種具體表現形式。無名數有系數、倍數、百分數或千分數等；有名數是將相對指標中比數與基數指標的計量單位同時保留，是一種複合單位。

2. 相對指標的計算
（1）計劃完成程度相對指標
① 計劃完成程度指標的概念及基本公式：

$$計劃完成程度相對指標 = \frac{實際完成數}{計劃完成數} \times 100\%$$

當計劃數為絕對數或平均數時，可以直接使用上述公式計算計劃完成程度。
② 計劃數為增減百分數：

如果計劃數是以上年為基數，在上年基礎上增長或降低相應的百分數，計劃完成程度應調整為按如下公式計算：

$$計劃完成程度 = \frac{實際達到上年的百分數}{計劃達到上年的百分數} \times 100\% = \frac{1 \pm 實際\begin{array}{c}提高\\降低\end{array}百分數}{1 \pm 計劃\begin{array}{c}提高\\降低\end{array}百分數} \times 100\%$$

③ 關於百分點：百分數減去一個不是基數100%的同類百分數稱為百分點。

計劃完成程度指標的評價標準。產出成果類指標：該類指標的計劃數代表最低控制數，以實際數大於計劃數為好，計劃完成程度大於100%為好，超出100%的部分為超額完成任務的部分。消耗成本類指標：該類指標的計劃數代表最高控制數，

第三章 描述分析的基本指標

以實際數低於計劃數為好,計劃完成程度小於 100% 為好,不足 100% 的部分為節約。

④ 計劃完成進度的計算:

$$計劃完成進度 = \frac{期初至檢查之日止累計實際完成數}{全期計劃數} \times 100\%$$

⑤ 中長期計劃的檢查:

Ⅰ. 水準法

$$中長期計劃完成程度 = \frac{中長期計劃最後一年實際完成數}{中長期計劃數} \times 100\%$$

注意:提前確定時間。

Ⅱ. 累計法

$$中長期計劃完成程度 = \frac{中長期計劃各年累計實際完成數}{中長期計劃數} \times 100\%$$

注意:提前確定時間。

水準法一般應用於較為穩定以及增減變動較為確定的指標;而累計法應用於增減變動不確定的指標。

(2) 結構相對指標:部分與全體對比的結果,其值小於 100%。

$$結構相對指標 = \frac{總體某一組的數量}{總體的總數量} \times 100\%$$

(3) 比例相對指標:總體內各部分之間的比值。

$$比例相對指標 = \frac{總體某一組的數量}{總體另一組的總數量}$$

(4) 比較相對指標:

$$比較相對指標 = \frac{某一總體的指標數值}{同一時間下另一總體的同類指標數值}$$

比較相對指標屬於橫向比較。

(5) 強度相對指標:

$$強度相對指標 = \frac{某一總體的總量}{另一性質不同而又有聯繫總體的總量}$$

強度相對指標有時用無名數表示,有時候用名數表示。此外,強度相對指標還有正指標與逆指標之分。

(6) 動態相對指標:

$$動態相對指標 = \frac{現象在報告期的指標數值}{現象在基期的指標數值} \times 100\%$$

動態相對指標屬於縱向比較。

注意:理解各種相對指標的關鍵在於正確把握各指標子項、母項之間的關係。子項與母項屬於同一總體的有計劃完成程度相對指標、結構相對指標、比例相對指

標、動態相對指標；子項與母項可以交換位置的有比例相對指標、比較相對指標和強度相對指標。

3. 計算和運用相對指標應注意的問題

正確選擇基數；注意比數、基數之間的可比性；相對指標與總量指標結合運用；相對指標與相對指標結合運用。

（三）平均指標

1. 平均指標的概念及特徵

平均指標具有以下兩個特徵：①表明變量值的一般水準或集中趨勢，是一個代表值；②把總體單位之間的差異抽象化了。

2. 平均指標的分類

（1）平均指標按計算方法不同分為算術平均數、調和平均數、幾何平均數、中位數和眾數。

（2）平均指標按反應的時間狀況不同分為靜態平均數和動態平均數。

3. 算術平均數

$$算術平均數 = \frac{總體標志總量}{總體單位總量}$$

算術平均數與強度相對指標的區別和聯繫如下所述：

區別：① 算術平均數是同一總體的標志總量除以總體單位總量的結果；而強度相對指標是兩個性質不同總體的總量指標進行對比的結果。② 算術平均數的分子、分母之間存在一一對應關係；而強度相對指標的分子、分母之間不存在一一對應關係。

聯繫：某些強度相對指標帶有平均的意思。

（1）簡單算術平均數

$$\bar{x} = \frac{x_1 + x_2 + x_3 + \cdots + x_n}{n} = \frac{\sum_{i=1}^{n} x_i}{n} = \frac{\sum x}{n}$$

注意，$\sum_{i=1}^{n} x_i$ 往往簡單記為 $\sum x$，後文類似符號不再特別指明。

（2）加權算術平均數

$$\bar{x} = \frac{x_1 f_1 + x_2 f_2 + x_3 f_3 + \cdots + x_n f_n}{f_1 + f_2 + f_3 + \cdots + f_n} = \frac{\sum_{i=1}^{n} x_i f_i}{\sum_{i=1}^{n} f_i} = \frac{\sum xf}{\sum f}$$

加權算術平均數的變形：

第三章　描述分析的基本指標

$$\bar{x} = \frac{x_1 f_1 + x_2 f_2 + x_3 f_3 + \cdots + x_n f_n}{f_1 + f_2 + f_3 + \cdots + f_n}$$

$$= x_1 \cdot \frac{f_1}{\sum f} + x_2 \cdot \frac{f_2}{\sum f} + x_3 \cdot \frac{f_3}{\sum f} + \cdots + x_n \cdot \frac{f_n}{\sum f} = \sum x \cdot \frac{f}{\sum f}$$

從變形公式可以看出，加權算術平均數的影響因素有兩個：各組變量值及各組頻率。

4. 調和平均數

（1）簡單調和平均數

$$\bar{x}_H = \frac{1}{\dfrac{\dfrac{1}{x_1} + \dfrac{1}{x_2} + \dfrac{1}{x_3} + \cdots + \dfrac{1}{x_n}}{n}} = \frac{n}{\sum \dfrac{1}{x}}$$

（2）加權調和平均數

$$\bar{x}_H = \frac{1}{\dfrac{\dfrac{1}{x_1} \cdot m_1 + \dfrac{1}{x_2} \cdot m_2 + \dfrac{1}{x_3} \cdot m_3 + \cdots + \dfrac{1}{x_n} \cdot m_n}{m_1 + m_2 + m_3 + \cdots + m_n}} = \frac{\sum m}{\sum \dfrac{m}{x}} \quad (m = xf)$$

注意：算術平均數與調和平均數都是用總體標志總量除以總體單位總量的結果。所不同的是二者的表現形式不同，即它們的具體運用條件不一樣。

算術平均數與調和平均數的運用條件：①已知變量值 x 及其對應的頻數 f，計算算術平均數。如果頻數 f 完全相等，採用簡單算術平均法，如果頻數 f 不完全相等，採用加權算術平均法。由此得出推論：簡單算術平均數是加權算術平均數的特殊形式。②已知變量值 x 及其對應的標志總量 $m(m = xf)$，計算調和平均數。如果標志總量 $m(m = xf)$ 完全相等，採用簡單調和平均法，如果標志總量 $m(m = xf)$ 不完全相等，採用加權調和平均法。由此得出推論：簡單調和平均數是加權調和平均數的特殊形式。

5. 幾何平均數

（1）簡單幾何平均數

$$\bar{x}_G = \sqrt[n]{x_1 \cdot x_2 \cdot x_3 \cdot \cdots \cdot x_n} = \sqrt[n]{\prod x_i}$$

（2）加權幾何平均數

$$\bar{x}_G = \sqrt[\sum f]{x_1^{f_1} \cdot x_2^{f_2} \cdot x_3^{f_3} \cdot \cdots \cdot x_n^{f_n}} = \sqrt[\sum f]{\prod x_i^{f_i}}$$

幾何平均數的運用條件：若干連續比率的連乘積等於某個總比率，求平均比率需採用幾何平均數。幾何平均數主要用來計算平均發展速度、連續作業車間（工序）的平均合格率以及按複利計算利息的平均利率等。

6. 位置平均數

（1）中位數

①根據未經分組的原始數據確定中位數。

②根據變量數列確定中位數。

對於單項式變量數列，中位數正好是累計頻數剛好超過 $\frac{\sum f}{2}$ 的那一組的變量值。

對於組距式變量數列，用插值推算法按比例計算中位數的近似值。

下限公式：

$$Me = L + \frac{\frac{\sum f}{2} - S_{m_e-1}}{f_{m_e}} \times d$$

上限公式：

$$Me = U - \frac{\frac{\sum f}{2} - S_{m_e+1}}{f_{m_e}} \times d$$

（2）眾數

單項式變量中，頻數最多或頻率最高的變量值即是眾數。

對於組距式變量數列，用相應的公式近似地確定眾數。

下限公式：

$$M_o = L + \frac{f_{M_e} - f_{M_e-1}}{(f_{M_e} - f_{M_e-1}) + (f_{M_e} - f_{M_e+1})} \times d$$

上限公式：

$$M_o = U - \frac{f_{M_e} - f_{M_e+1}}{(f_{M_e} - f_{M_e-1}) + (f_{M_e} - f_{M_e+1})} \times d$$

7. 幾種平均數之間的關係

（1）算術平均數、調和平均數、幾何平均數被習慣稱為計算平均數。三種計算平均數均有特定的應用條件：即掌握資料的特點不同，計算平均數的方法是有差異的。

（2）三種計算平均數均受極端變量值的影響，若無明顯極端值的情況下更適合計算平均數。兩種位置平均數不受極端變量值的影響，如有明顯極端值的情況下更適合位置平均數。其中，集中趨勢很明顯的用眾數，集中趨勢不明顯的用中位數。

（3）有人認為根據同一資料計算的算術平均數、調和平均數和幾何平均數之間存在如下關係：算術平均數最大，幾何平均數次之，調和平均數最小。這一結論在數學上有效，但在統計上無效。

（4）眾數、中位數和算術平均數的關係。在對稱的正態分佈條件下，中位數、

第三章　描述分析的基本指標

眾數和算術平均數三者完全相等，即 $\bar{x} = M_e = M_o$。在非對稱分佈的情況下，眾數、中位數和算術平均數三者的差別取決於分佈的偏斜程度，分佈偏斜的程度越大，它們之間的差別越大。當頻數分佈呈右偏（正偏）時，算術平均數受極大值的影響而最大，眾數最小，此時有 $\bar{x} > M_e > M_o$；當頻數分佈呈左偏（負偏）時，算術平均數受極小值的影響而最小，眾數最大，此時有 $\bar{x} < M_e < M_o$。但無論是哪種分佈特徵，中位數始終介於眾數和平均數之間。

(四) 變異指標

1. 變異指標的概念及作用

變異指標的作用主要有以下幾點：①衡量和比較平均數的代表性；②反應現象活動過程的均衡性、節奏性或穩定性；③研究變量值分佈偏離正態的狀況；④為統計推斷提供依據。

2. 極差

$$R = x_{\max} - x_{\min}$$

3. 平均差

(1) 簡單算式平均差：

$$A \cdot D = \frac{\sum |x - \bar{x}|}{n}$$

(2) 加權算式平均差：

$$A \cdot D = \frac{\sum |x - \bar{x}| f}{\sum f}$$

4. 方差與標準差

簡單算式方差：$\sigma^2 = \dfrac{\sum (x - \bar{x})^2}{n}$

簡單算式標準差：$\sigma = \sqrt{\dfrac{\sum (x - \bar{x})^2}{n}}$

加權算式方差：$\sigma^2 = \dfrac{\sum (x - \bar{x})^2 f}{\sum f}$

加權算式標準差：$\sigma = \sqrt{\dfrac{\sum (x - \bar{x})^2 f}{\sum f}}$

注意：根據樣本數據計算方差和標準差時，分母應該是 $n - 1$ 或 $\sum f - 1$，即樣本方差和標準差的自由度為 $n - 1$ 或 $\sum f - 1$，但當 n 或 $\sum f$ 很大時，可以忽略 n 或

$\sum f$ 與自由度 $n-1$ 或 $\sum f - 1$ 之間的差異。

兩個簡捷計算公式（適合於手工計算具有一定特殊性的數據，實質上與前面所說的加權算術平均數、加權算式標準差一致）：

適合於組距數列的加權算術平均數簡捷計算公式：

$$\bar{x} = \frac{\sum \left(\frac{x-A}{d}\right)f}{\sum f} \times d + A$$

適合於組距數列的加權算術標準差簡捷計算公式：

$$\sigma = \sqrt{\frac{\sum \left(\frac{x-A}{d}\right)^2 f}{\sum f} - \left[\frac{\sum \left(\frac{x-A}{d}\right)f}{\sum f}\right]^2} \times d$$

式中：A 代表最接近平均水準的那個組中值，d 代表組距。

5. 變異系數

$$V_\sigma = \frac{\sigma}{\bar{x}} \times 100\%$$

計算變異系數或標準差系數是基於以下兩個理由：對於不同性質的現象，絕對變異指標（標準差）不能直接比較總體內部的差異程度及平均指標對總體的代表性大小（可能量綱都完全不同）；對於性質相同的現象，在平均水準不一致的情況下，絕對變異指標（標準差）也不能比較總體內部的差異程度及平均指標對總體的代表性大小。

（五）變量分佈的偏度和峰度

1. 偏度指標

$$K_\alpha = \frac{U_3}{\sigma^3} = \frac{\sum (x-\bar{x})^3 f}{\sigma^3 \sum f}$$

$K_\alpha > 0$，表示變量分佈呈正偏形態；$K_\alpha = 0$，表示變量分佈呈對稱形態；$K_\alpha < 0$，表示變量分佈呈負偏形態。

2. 峰度指標

$$K_\beta = \frac{U_4}{\sigma^4} = \frac{\sum (x-\bar{x})^4 f}{\sigma^4 \sum f}$$

峰度系數的標準值為 3。如果峰度系數大於 3，頻數分佈接近於尖峰形態，變量值分佈很集中；如果峰度系數等於 3，頻數分佈呈正態分佈；如果峰度系數小於 3，頻數分佈接近於平頂形態，變量值分佈很分散。

… 第三章　描述分析的基本指標

二、統計實驗

(一) 實驗目的

　　掌握借助 Excel 計算平均指標、變異指標等描述統計分析指標的方法，能夠通過這些指標對一組數據的基本特徵做出定量分析。

(二) 實驗內容

　　(1) 使用 Excel 函數計算一組數據的統計指標，包括算術平均數、調和平均數、幾何平均數、眾數、中位數、標準差、方差、偏度、峰度等。
　　(2) 使用描述統計工具獲得一組數據的常用統計指標。
　　(3) 正確理解各指標的含義，借助統計指標分析數據的分佈特徵。

(三) 實驗操作

1. 對未分組資料進行描述統計指標計算

　　對未分組數據資料進行描述統計指標計算，Excel 有兩種方法：函數方法和描述統計工具方法。

　　(1) 函數方法

　　常用於描述統計指標計算的 Excel 函數見表 3-1。其中，樣本標準差和總體標準差的計算說明見提示 3.1。

表 3-1　　　　　常用於描述統計指標計算的 Excel 函數

分類	指標名稱	Excel 函數	說明
平均指標	算術平均數	AVERAGE	返回一組數據的算術平均值
	調和平均數	HARMEAN	返回數據集合的調和平均值
	幾何平均數	GEOMEAN	返回正數數組或區域的幾何平均值
	切尾平均數	TRIMMEAN	返回數據集的內部平均值
	條件平均	AVERAGEIF	返回某個區域內滿足給定條件的所有單元格的算術平均值
	多條件平均	AVERAGEIFS	返回滿足多重條件的所有單元格的算術平均值
	眾數	MODE	求一組數據的眾數
	中位數	MEDIAN	返回給定數值集合的中位數
	四分位數	QUARTILE.EXC	計算數據集的四分位數

表3-1(續)

分類	指標名稱	Excel 函數	說明
變異指標	平均差	AVEDEV	求一組數據與其均值的平均離差
	樣本標準差	STDEV.S	計算基於給定樣本的標準差
	總體標準差	STDEV.P	計算總體的標準差
	樣本方差	VAR	計算基於給定樣本的方差
	總體方差	VARP	計算總體的方差
形態指標	峰度系數	KURT	返回數據集的峰值
	偏態系數	SKEW	返回分佈的偏斜度

提示3.1:

在 Excel 中,函數 STDEV.P 用於計算總體標準差,即把所有數據視為一個總體的觀測值,是使用公式 $\sigma = \sqrt{\frac{1}{n}\sum_{i=1}^{n}(x_i - \bar{x})^2}$ 做的計算;而函數 STDEV.S 用於計算樣本標準差,即把所有數據視為一個樣本的觀測值,是使用公式 $s = \sqrt{\frac{1}{n-1}\sum_{i=1}^{n}(x_i - \bar{x})^2}$ 做的計算。

【例3.1】 現調查了某地區 30 名高中男生的身高,測得身高如表 3-2。試做描述統計分析。

表 3-2　　　　　　某地區 30 名男生的身高情況　　　　　　單位:cm

171	168	163	171	171	163	167	171	166	166
173	168	165	169	162	171	167	168	172	165
166	166	165	171	172	164	166	167	170	170

【分析】 這是一組數值型數據,平均數、中位數和標準差是最常用的描述統計分析指標,在 Excel 中調用相應的函數即可完成計算。Excel 函數的調用有兩種常用方式:①在「=」號後直接輸入函數名。②插入函數。

【操作一】 用函數計算。首先將這 30 個人的身高數據錄入 A1:J3 單元格,然後按表 3-3 所示輸入函數命令。

表 3-3　　　　　Excel 計算描述統計指標的函數輸入示例

計算指標	輸入命令	返回結果
算術平均數	=AVERAGE(A1:J3)	167.8
170cm 以上人的平均數	=AVERAGEIF(A1:J3,">170")	171.44
中位數	=MEDIAN(A1:J3)	167.5

第三章 描述分析的基本指標

表3-3(續)

計算指標	輸入命令	返回結果
眾數	=MODE(A1:J3)	171
標準差	=STDEVP(A1:J3)	3.004,4
偏度	=SKEW(A1:J3)	-0.076,8
峰度	=KURT(A1:J3)	-1.064,7

計算結果中，偏度值小於0，說明這些數據呈負偏態分佈，但該值很接近0，所以偏斜程度很小，基本可以認為呈對稱分佈。峰度值小於0，說明這些數據的分佈比標準正態分佈更分散，已經接近-1.2了，說明分佈曲線比較平坦，接近一條水準線了。

【操作二】點擊「公式」菜單中的「插入函數」工具，在彈出的對話框中，點擊「選擇類別」框右邊的向下符號，在出現的下拉菜單中選擇「統計」，然後在「選擇函數」框中找到相應的函數命令，如果對相應函數不熟悉，注意觀察下方對函數的說明，點「確定」後將彈出函數對話框，只需在其中輸入函數計算所需的單元格區域即可。

(2) 描述統計工具方法

下面仍然使用例3.1中30名高中男生的身高數據，來說明如何用描述統計工具計算有關描述統計指標。

【分析】在使用描述統計工具時，需要把一個樣本的所有觀測數據調整放置在一列（或一行）。這其中的原因是，Excel會把每一列（或每一行）作為一個樣本的觀察值進行統計指標的計算。

【操作步驟】

(1) 錄入數據。如果數據已經像例3.1那樣，存在於Excel的A1:J3區域，則可以把後兩行數據逐行「剪切」後「粘貼」在第一行後面，使所有數據位於A1:AD1區域，也可以進一步複製該行數據後，使用「選擇性粘貼」中的「轉置」，將數據轉置為一列。如果這些數據是在Word表格中以表3-2的形式存在，則可以把鼠標移到第一行左邊（鼠標呈空心箭頭形式）點擊，選中第一行，然後按住「Ctrl」鍵，把鼠標移到第二行左邊點擊，選中第二行，同理選中其餘各行之後「複製」，到Excel中直接「粘貼」就能得到一列數據。這裡假設已經把例3.1中的30個觀測數據錄入在了A1:A30單元格。

(2) 指標計算。點擊「數據」菜單中的「數據分析」工具，從彈出的對話框中選擇「描述統計」，點擊「確定」後打開「描述統計」對話框，如圖3-1所示。在「輸入區域」中輸入數據所在的區域「A1:A30」，在「輸出區域」中輸入「B1」（指的是從B1單元格位置開始放置輸出結果），其他復選框可根據需要選定：勾選「匯總統計」，可給出一系列描述統計量；勾選「平均數置信度」，會給出用樣本平

均數估計總體平均數的置信區間;「第 K 大值」和「第 K 小值」會給出樣本中第 k 個大值和第 k 個小值。單擊「確定」,可得如圖 3-1 右下部分所示輸出結果。

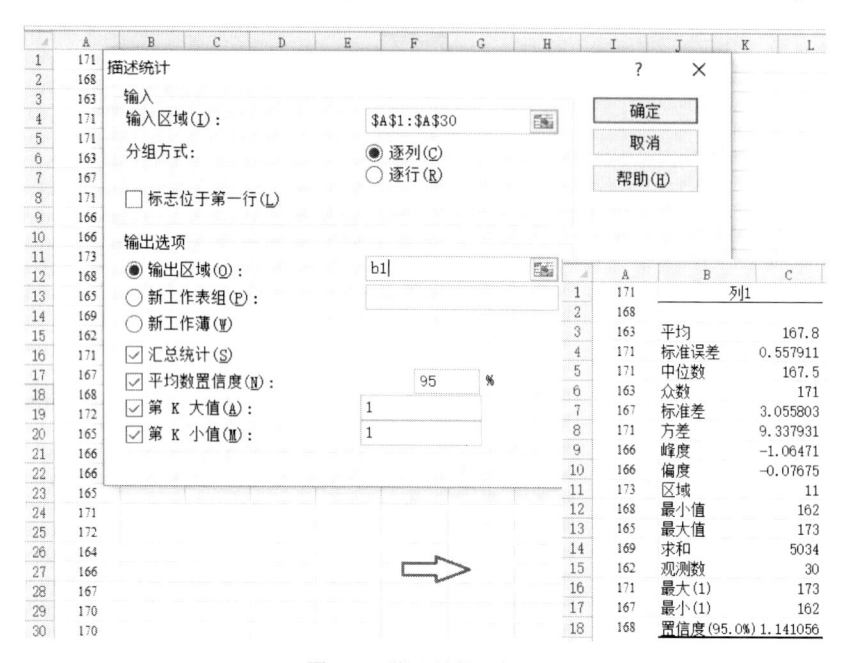

圖 3-1 描述統計對話框

在 Excel 的輸出結果中(參見圖 3-1 所示),「平均」是指樣本均值 $\bar{x}$;「標準誤差」是指樣本平均數的抽樣平均誤差 $s/\sqrt{n}$(作為 $\sigma/\sqrt{n}$ 的近似值);「中位數」「眾數」「標準差」分別指樣本數據的中位數 M_e、眾數 M_o、標準差 s(自由度為 $n-1$);「峰度」即峰度系數;「偏度」即偏度系數;「區域」實際上是極差(全距);「置信度(95%)」是在總體正態、方差未知的情形計算的總體均值區間估計的邊際誤差 $t_{\frac{\alpha}{2}}(n-1) \cdot \frac{s}{\sqrt{n}}$ 的值(參見統計學區間估計部分內容)。

2. 計算分組資料的描述統計指標

計算分組數據資料的描述統計分析指標,只能借助 Excel 工作表自己編寫算式完成。

【例3.2】某班同學某次考試成績分組統計資料如表 3-4。試計算平均數、標準差、中位數和眾數等指標。

表 3-4　　　　　某班同學考試成績分組統計表

成績(分)	60 以下	60~70	70~80	80~90	90 以上	合計
學生數(人)	4	12	24	6	4	50

第三章　描述分析的基本指標

【分析】該例數據為組距分組數列，需要確定出各組的組中值後，計算加權算術平均數和按加權形式計算標準差。加權算術平均數的計算公式為：$\bar{x} = \dfrac{\sum_{i=1}^{n} x_i f_i}{\sum_{j=1}^{n} f_j}$；

（總體）標準差的計算公式為：$\sigma = \sqrt{\dfrac{\sum_{i=1}^{n}(x_i - \bar{x})^2 f_i}{\sum_{j=1}^{n} f_j}}$。向上累計頻數首次超過 $\dfrac{\sum_{i=1}^{n} f_i}{2}$ 的組為中位數組，計算中位數的下限公式為：$Me = L + \dfrac{\dfrac{\sum f}{2} - S_{m_e-1}}{f_{m_e}} \times d$。頻數最大的組為眾數組，計算眾數的下限公式為：$Mo = L + \dfrac{f_{Mo} - f_{Mo-1}}{(f_{Mo} - f_{Mo-1}) + (f_{Mo} - f_{Mo+1})} \times d$。在 Excel 中沒有針對組距分組數列直接的計算函數或工具，需要自己輸入公式逐步完成。

【操作步驟】

（1）計算準備。在工作表中錄入成績分組的上下限和學生人數資料，在 E2 單元格輸入「=(C2+D2)/2」計算該組組中值，向下填充得到其餘各組組中值。在 F2 單元格輸入「=B2*E2」計算 $x_i \cdot f_i$，然後向下填充至 F6 單元格；在 G2 單元格輸入「=(E2-B$9)^2*B2」後向下填充，分別在 B7、F7 和 G7 單元格點擊「開始」菜單中的「自動求和」工具得到對應列數據的總和。

（2）指標計算。如圖 3-2 所示，圖中上部分是計算結果，下部分是用「Ctrl+~」鍵切換後看到的公式形式。

算術平均數：在 B9 單元格輸入「=F7/B7」計算出加權算術平均數。如果對數組函數操作熟悉，也可以不計算 F 列數據，直接利用組中值和頻數進行計算，在 C9 單元格輸入「=SUM(B2:B6*E2:E6)/SUM(B2:B6)」並按 Ctrl+Shift+Enter，以數組方式計算出加權算術平均數。

方差：在 B10 單元格輸入「=G7/B7」計算出按加權公式計算的方差。也可以不計算 G 列數據，利用數組函數方式進行直接計算，在 C10 單元格輸入「=SUM(B2:B6*(E2:E6-B$9)^2)/SUM(B2:B6)」並按 Ctrl+Shift+Enter。

標準差：在 B11 單元格對 B10 單元格中的方差開方「=SQRT(D10)」就得到了標準差。

中位數：由於 70~80 組的向上累計頻數為 40，超過了總頻數 50 的一半，因而 70~80 這組是中位數組。對照中位數計算公式，在 B12 單元格輸入「=C4+(B7/2-SUM(B2:B3))/B4*(D4-C4)」計算出中位數。

眾數：70~80 組的頻數 24 大於其他各組，所以 70-80 組是眾數組。對照眾數的計算公式，在 B13 單元格輸入「=C4+(B4-B3)/(B4-B3+B4-B5)*(D4-C4)」計算出眾數。

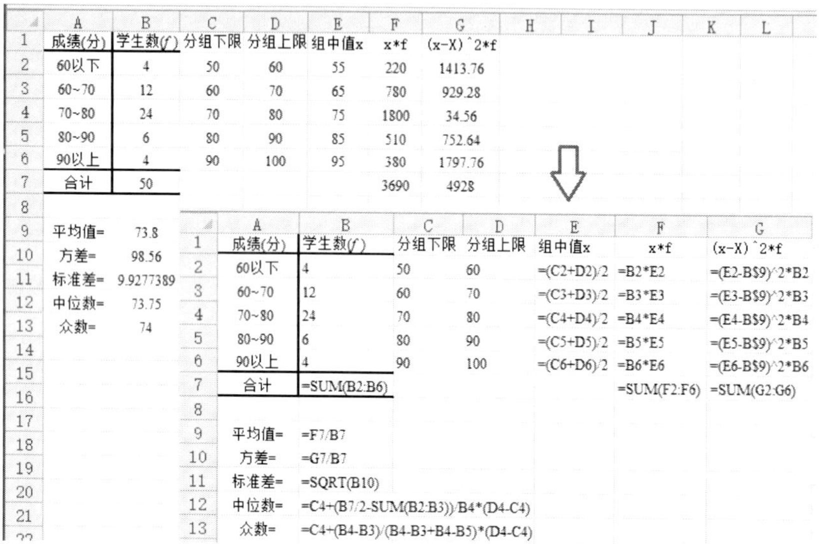

	A	B	C	D	E	F	G
1	成绩(分)	学生数(f)	分组下限	分组上限	组中值x	x*f	(x-X)^2*f
2	60以下	4	50	60	55	220	1413.76
3	60~70	12	60	70	65	780	929.28
4	70~80	24	70	80	75	1800	34.56
5	80~90	6	80	90	85	510	752.64
6	90以上	4	90	100	95	380	1797.76
7	合计	50				3690	4928
8							
9	平均值=	73.8					
10	方差=	98.56					
11	标准差=	9.9277389					
12	中位数=	73.75					
13	众数=	74					

	A	B	C	D	E	F	G
1	成绩(分)	学生数(f)	分组下限	分组上限	组中值x	x*f	(x-X)^2*f
2	60以下	4	50	60	=(C2+D2)/2	=B2*E2	=(E2-B$9)^2*B2
3	60~70	12	60	70	=(C3+D3)/2	=B3*E3	=(E3-B$9)^2*B3
4	70~80	24	70	80	=(C4+D4)/2	=B4*E4	=(E4-B$9)^2*B4
5	80~90	6	80	90	=(C5+D5)/2	=B5*E5	=(E5-B$9)^2*B5
6	90以上	4	90	100	=(C6+D6)/2	=B6*E6	=(E6-B$9)^2*B6
7	合计	=SUM(B2:B6)				=SUM(F2:F6)	=SUM(G2:G6)
8							
9	平均值=	=F7/B7					
10	方差=	=G7/B7					
11	标准差=	=SQRT(B10)					
12	中位数=	=C4+(B7/2-SUM(B2:B3))/B4*(D4-C4)					
13	众数=	=C4+(B4-B3)/(B4-B3+B4-B5)*(D4-C4)					

圖 3-2　對分組數據的描述統計

（四）實驗實踐

1. 根據 2015 年四川省各市（州）就業人數及就業人員平均工資資料（見表 3-5），分析 2015 年四川省就業人員工資的平均水準及地區工資差異情況。

表 3-5　　2015 年四川省各市（州）就業人數及就業人員平均工資

	工資（元）	人數（萬人）
成都	57, 480	828
自貢	43, 157	198
攀枝花	51, 999	60
瀘州	44, 749	251
德陽	48, 090	220
綿陽	49, 817	302
廣元	46, 888	164
遂寧	42, 188	163
內江	40, 617	176
樂山	45, 805	184
南充	44, 033	295

第三章　描述分析的基本指標

表3-5(續)

	工資（元）	人數（萬人）
眉山	45,379	189
宜賓	46,019	316
廣安	44,079	218
達州	42,446	329
雅安	42,533	103
巴中	43,080	170
資陽	42,537	224
阿壩	59,526	51
甘孜	63,729	67
涼山	54,195	286

2. 請查閱五糧液（股票代碼000858）近15年的淨利潤，對其做描述統計分析。並與貴州茅臺（股票代碼600519）做對比分析。

3. (計算機模擬問題) 用計算機模擬從一個總體中隨機抽取一定數量的單位進行調查，並對所得樣本數據進行描述統計分析。

【提示】可以執行以下操作：①獲得樣本數據。借助Excel的「隨機數發生器」產生100個服從正態分佈的數據（注意嘗試設定不同的均值和標準差）。②計算樣本數據的描述統計指標，並與設定的（總體）參數值做對比，看看它們的差異，想想為什麼會存在差異？③改變總體的分佈類型為二項分佈或均勻分佈，自行設定有關參數，再對所得數據做分析，注意樣本與總體數字特徵（均值、標準差等）的差異。

● 三、統計實訓

(一) 單項選擇題

1. 表明現象總規模、總水準以及工作總量的統計指標叫（　　）。
　　A. 質量指標　　B. 相對指標　　C. 平均指標　　D. 總量指標
2. 在相對指標中，指標值一定小於100%的是（　　）。
　　A. 比較相對數　B. 比例相對數　C. 結構相對數　D. 強度相對數
3. 總量指標按其反應的時間狀況不同分為（　　）。
　　A. 數量指標和質量指標　　　　B. 時期指標和時點指標
　　C. 總體單位總量和總體標志總量　D. 實物指標和價值指標
4. 某企業單位能源消耗量計劃比上年降低6%，實際比上年降低3%，則單位能

源消耗量計劃完成程度指標的計算式為（　　）。

A. $\dfrac{3\%}{6\%}$　　　　B. $1 - \dfrac{3\%}{6\%}$　　　　C. $\dfrac{1 + 3\%}{1 + 6\%}$　　　　D. $\dfrac{1 - 3\%}{1 - 6\%}$

5. 某企業增加值計劃比上年增長 10%，實際比上年增長 15%，則該企業增加值計劃超額完成（　　）。

A. 4.55%　　　　B. 5%　　　　C. 9.44%　　　　D. 20%

6. 已知不同蔬菜的銷售額及其對應的銷售單價，計算蔬菜平均售價，應採用（　　）方法計算。

A. 算術平均數　　　　　　　　B. 調和平均數
C. 加權算術平均數　　　　　　D. 幾何平均數

7. 某公司 2016 年實際完成銷售收入 1,500 萬元，2017 年計劃比 2016 年增長 10%，實際達到 2,310 萬元，超額（　　）完成 2017 年銷售收入計劃。

A. 10%　　　　B. 40%　　　　C. 54%　　　　D. 140%

8. 總體各單位標志值與算術平均數離差之和（　　）。

A. 等於 0　　　　　　　　　　B. 等於 1
C. 等於各標志值之和　　　　　D. 最小

9. 已知甲、乙兩個變量數列的平均數分別為 200 個單位和 180 個單位，其標準差相等，則兩個數列平均數的代表性（　　）。

A. 甲大於乙　　B. 甲小於乙　　C. 甲、乙相等　　D. 不可確定

10. 反應不同總體在同一時間下同類指標數值對比的相對指標屬於（　　）。

A. 結構相對指標　　　　　　　B. 強度相對指標
C. 比較相對指標　　　　　　　D. 計劃完成程度相對指標

11. 總體各單位標志值與算術平均數離差平方之和（　　）。

A. 等於 0　　　　　　　　　　B. 等於 1
C. 等於各標志值之和　　　　　D. 最小

12. 下列相對數中，屬於不同時期對比的指標有（　　）。

A. 動態相對數　　　　　　　　B. 結構相對數
C. 比較相對數　　　　　　　　D. 強度相對數

13. 成本計劃完成百分數（　　）100%，表明沒有完成計劃。

A. 大於　　　　B. 小於　　　　C. 等於　　　　D. 不大於

14. 某商場 2016 年自行車銷售量為 8,000 輛，年末庫存量 200 輛，這兩個指標（　　）。

A. 都是時點指標　　　　　　　B. 前者是時點指標，後者是時期指標
C. 前者是時期指標，後者是時點指標　　D. 都是時期指標

15. 「職工總人數」指標既可以用來說明「職工」總體，也可以用來說明「企業」總體。在說明這兩個總體的時候，「職工總人數」指標（　　）。

第三章 描述分析的基本指標

A. 都是總體單位總量

B. 前者是總體單位總量，後者是總體標誌總量

C. 都是總體標誌總量

D. 前者是總體標誌總量，後者是總體單位總量

16. 平均指標將總體各單位標誌值之間的數量差異（　　）。

A. 具體化　　　B. 明顯化　　　C. 擴大化　　　D. 抽象化

17. 平均指標說明（　　）。

A. 不同總體各單位某一指標數值的一般水準

B. 兩種社會經濟現象各單位在一定條件下的平均水準

C. 同質總體各單位某一數量標誌值的一般水準

D. 大量社會經濟現象各單位在一定條件下的一般水準

18. 某學校評優考核制度規定，出勤率在90%～95%之間的，出勤項目得分為80～90分。考核得知某班3月份的出勤率為94.5%，則該班的出勤項目得分為（　　）。

A. 80分　　　B. 84.5分　　　C. 89分　　　D. 90分

19. 某企業產值計劃完成103%，實際比去年增長5%。試問計劃規定比去年增長多少？（　　）。

A. 98%　　　B. 1.94%　　　C. 2%　　　D. 3%

20. 某地區男女人口的性別比為106：100，這屬於（　　）。

A. 比例相對指標　　　B. 比較相對指標

C. 強度相對指標　　　D. 平均指標

21. 在正偏（右偏）分佈的情況下，算術平均數、中位數以及眾數三者之間的數量關係為（　　）。

A. $\bar{x} > M_e > M_o$　　B. $\bar{x} < M_e < M_o$　　C. $\bar{x} > M_o > M_e$　　D. $\bar{x} < M_o < M_e$

22. 某公司「十二五」計劃規定，A產品最後一年的產量應達到45萬噸，各年實際完成情況如下：

		2013年		2014年				2015年			
2011年	2012年	上半年	下半年	一季度	二季度	三季度	四季度	一季度	二季度	三季度	四季度
產量(萬噸) 30	32	17	19	10	10	11	12	12	12	13	13

該產品提前完成「十二五」計劃的時間為（　　）。

A. 一個季度　　　B. 半年　　　C. 三個季度　　　D. 一年

23. 某企業本月共生產3批次產品，3批產品的廢品率分別為1%、1.5%、2%；前2批送檢產品占全月的比重分別為25%、30%，則全月平均廢品率為（　　）。

A. 1.5%　　　B. 1.6%　　　C. 4.5%　　　D. 2.7%

24. 設有如下資料，其中位數為（　　）。

工人日產量（件）	4	5	6	7	8	9	合計
工 人 數（人）	20	25	35	30	15	5	130

  A. 65   B. 35   C. 6.5   D. 6

25. 設有如下資料，其眾數為（　　）。

工人日產量（件）	4	5	6	7	8	9	合計
工 人 數（人）	20	25	35	30	15	5	130

  A. 65   B. 35   C. 6.5   D. 6

26. 下列指標中屬於結構相對指標的是（　　）。
  A. 銷售收入計劃完成程度 B. 新生嬰兒死亡率
  C. 資產利潤率   D. 全國人均 GDP

27. 某集團公司所屬三個企業，2016 年實現的銷售收入分別為 8,400 萬元、6,000 萬元、7,500 萬元，分別完成銷售計劃的 118%、112%、110%，則三個企業平均銷售收入計劃完成百分比的計算式為（　　）。

  A. $\dfrac{118\% + 112\% + 110\%}{3}$

  B. $\sqrt[3]{118\% \times 112\% \times 110\%}$

  C. $\dfrac{8,400 \times 118\% + 6,000 \times 112\% + 7,500 \times 110\%}{8,400 + 6,000 + 7,500}$

  D. $\dfrac{8,400 + 6,000 + 7,500}{\dfrac{8,400}{118\%} + \dfrac{6,000}{112\%} + \dfrac{7,500}{110\%}}$

28. 兩個電子元器件生產企業生產某種電子元件的檢測數據如下表：

	甲企業	乙企業
電子元件平均耐用時間（小時）	5,420	5,600
電子元件耐用時間標準差（小時）	400	400

依上述資料，可以看出（　　）。

  A. 甲企業電子元件質量穩定
  B. 甲企業電子元件平均耐用時間的代表性高
  C. 乙企業電子元件質量穩定
  D. 乙企業電子元件平均耐用時間的代表性低

29. 全國人均 GDP 屬於（　　）。
  A. 算術平均數 B. 結構相對數 C. 比較相對數 D. 強度相對數

第三章 描述分析的基本指標

30. 若干個變量值的平均數 ($\bar{x}$) 為 360，變量值平方的平均數為 131,200，據此推算的標準差係數為（　　）。

   A. 100.6%　　　B. 11.11%　　　C. 15%　　　D. 20%

31. 標志變異指標中最容易受極端變量值影響的是（　　）。

   A. 極差　　　B. 平均差　　　C. 標準差　　　D. 標準差係數

(二) 多項選擇題

1. 某地區 2016 年地區生產總值為 3,519 億元，該指標可以稱為（　　）。

   A. 數量指標　　B. 總量指標　　C. 絕對指標　　D. 絕對數

   E. 相對數

2. 下列指標屬於時點指標的有（　　）。

   A. 職工人數　　　　　　B. 全年死亡人數
   C. 某鄉耕地面積　　　　D. 某市居民戶數
   E. 居民家庭財產總額

3. 某地區對所有民營企業進行調查，其總體標志總量有（　　）。

   A. 各企業增加值總和　　　B. 各企業職工人數總和
   C. 民營企業總戶數　　　　D. 各企業職工工資總和
   E. 民營企業利潤總額

4. 位置平均數包括（　　）。

   A. 算術平均數　B. 調和平均數　C. 幾何平均數　D. 眾數
   E. 中位數

5. 下列指標屬於質量指標的有（　　）。

   A. 單位產品成本　　　　B. 城鎮居民人均收入
   C. 貨物週轉量　　　　　D. 單位面積糧食產量
   E. 企業全年平均職工人數

6. 在下列條件下，加權算術平均數等於簡單算術平均數（　　）。

   A. 各組頻數相等　　　　B. 各組變量值不等
   C. 變量數列為組距數列　D. 各組頻數都為 1
   E. 各組頻數占總次數的比重相等

7. 比數、基數可以互換位置的相對指標有（　　）。

   A. 比較相對指標　　　　B. 比例相對指標
   C. 強度相對指標　　　　D. 計劃完成相對指標
   E. 動態相對指標

8. 檢查中長期計劃執行情況的方法有（　　）。

   A. 累計法　　B. 幾何法　　C. 水準法　　D. 方程法

E. 實驗法

9. 標準差（　　）。

　　A. 表明總體各單位標志值的一般水準

　　B. 反應總體單位的一般水準

　　C. 反應總體各單位標志值的離散程度

　　D. 反應總體分佈的集中趨勢

　　E. 表明平均指標對總體的代表性大小

10. 相對指標的表現形式有（　　）。

　　A. 有名數　　　B. 系數　　　C. 倍數　　　D. 百分數

　　E. 千分數

11. 下列指標屬於比較相對指標的有（　　）。

　　A. 甲地區工業增加值是乙地區工業增加值的 2.3 倍

　　B. 某市 2016 年出生人數是 2015 年出生人數的 102%

　　C. 甲國的國內生產總值是乙國的 87%

　　D. 某企業職工總人數是另一企業職工總人數的 3.7 倍

　　E. 某市居民人均消費支出較上年增長 12%

12. 相對指標中子項、母項屬於同一個總體的有（　　）。

　　A. 比較相對指標　　　　　　B. 比例相對指標

　　C. 強度相對指標　　　　　　D. 結構相對指標

　　E. 計劃完成相對指標　　　　F. 動態相對指標

13. 下列屬於結構相對指標的有（　　）。

　　A. 國有企業職工占全部職工總人數的比重

　　B. 產品合格率

　　C. 某工業企業產品產量比上年增長的百分數

　　D. 考試及格率

　　E. 大學生占全部學生總人數的比重

14. 下列屬於強度相對指標的有（　　）。

　　A. 人口密度　　　　　　　　B. 甲地區人均糧食產量

　　C. 投資利潤率　　　　　　　D. 人口出生率

　　E. 全國每 100 人汽車擁有量

15. 平均指標（　　）。

　　A. 是質量指標　　　　　　　B. 是數量指標

　　C. 說明現象的一般水準　　　D. 在同質總體中計算的指標

　　E. 將總體單位之間的差異抽象化了

16. 下列各項中應採用倒數平均數方法計算的有（　　）。

　　A. 已知某種產品不同等級的銷售價和銷售額，計算平均售價

第三章　描述分析的基本指標

　　B. 已知五個企業的產值計劃完成程度和計劃產值，計算平均計劃完成程度

　　C. 已知各種糧食作物畝（1 畝＝666.67 平方米，下同）產量和播種面積，求平均畝產量

　　D. 已知各生產小組工人的勞動生產率（件／人）和產品總數量，求平均工人勞動生產率

　　E. 已知各組職工的工資水準及工資總額，計算職工平均工資

17. 下列指標屬於平均指標的有（　　）。

　　A. 糧食平均畝產量

　　B. 平均每平方千米土地面積上擁有 128 人

　　C. 工人平均勞動生產率

　　D. 平均每個農業勞動力生產的糧食數量

　　E. 企業職工平均月工資

18. 標志變異指標反應（　　）。

　　A. 變量值的集中趨勢　　　　　B. 總體各單位標志值的差異程度

　　C. 變量值的離散程度　　　　　D. 總體各單位標志值的一般水準

　　E. 平均指標對總體的代表性大小

19. 標準差（　　）。

　　A. 又叫方差

　　B. 又叫均方差

　　C. 是標志變異指標

　　D. 是各單位標志值與其算術平均數離差平方的算術平均數的平方根

　　E. 是各單位標志值與其算術平均數離差的平均數的平方根

20. 幾何平均數（　　）。

　　A. 是算術平均數的變形　　　　B. 等於 N 個變量值連乘積的 N 次方根

　　C. 用於求各種形式變量值的一般水準　　D. 是一般水準的代表值

　　E. 適用於標志值按一定比率變化，求變化率的一般水準

21. 不受極端變量值影響的平均指標有（　　）。

　　A. 算術平均數　　B. 調和平均數　　C. 幾何平均數　　D. 中位數

　　E. 眾數

22. 時期指標的特點是（　　）。

　　A. 不同時期的指標可以累計

　　B. 不同時期的指標不可以累計

　　C. 其數值的大小與其說明的時期長短有直接關係

　　D. 其數值的大小與其說明的時期長短無直接關係

　　E. 時期指標的原始資料需要連續登記

23. 某些現象的數量關係可以描述為：期末數＝期初數＋本期增加數－本期減少

69

數。這一數量關係式表明（　　）。

  A. 其中的四個指標都屬於總量指標

  B. 其中有兩個時期指標，兩個時點指標

  C. 可以根據某些時期指標推算相應的時點指標

  D. 可以根據某些時點指標推算相應的時期指標

  E. 雖然時期指標與時點指標差異明顯，但不能割裂兩者之間的關係

24. 某行業所屬200個企業，2016年按其生產某種產品的平均單位產品成本分組的有關資料如下表：

按平均單位成本分組(元)	企業數（個）	各組企業數占總企業數比重(%)	產量（臺）	各組產量占總產量比重(%)
100~150	16	8	1,000	25
150~200	85	42.5	1,300	32.5
200~250	62	31	1,200	30
250~300	37	18.5	500	12.5
合計	200	100	4,000	100

若需計算該行業的平均單位成本，可用作權數指標的有（　　）。

  A. 企業數   B. 產量

  C. 企業數或產量   D. 各組產量占總產量比重

  E. 各組企業數占總企業數比重

25. 常見的變異指標有（　　）。

  A. 極差   B. 平均差

  C. 標準差或方差   D. 分位差

  E. 變異系數

26. 加權算式標準差的計算公式有（　　）。

  A. $\sigma = \sqrt{\dfrac{\sum (x-\bar{x})^2 f}{\sum f}}$

  B. $\sigma = \sqrt{\dfrac{\sum (x-\bar{x})^2 f}{n}}$

  C. $\sigma = \sqrt{\dfrac{\sum x^2 f}{\sum f} - \left(\dfrac{\sum xf}{\sum f}\right)^2}$

  D. $\sigma = \sqrt{\dfrac{\sum \left(\dfrac{x-A}{d}\right)^2 f}{\sum f} - \left[\dfrac{\sum \left(\dfrac{x-A}{d}\right) f}{\sum f}\right]^2} \times d$

第三章　描述分析的基本指標

$$E.\ \sigma = \sqrt{\frac{\sum\left(\frac{x-A}{d}\right)^2 f}{\sum f} - \left[\frac{\sum\left(\frac{x-A}{d}\right)f}{\sum f}\right]^2} \times d + A$$

(三) 判斷題

1. 簡單調和平均數是加權調和平均數的特殊形式。　　　　　　　（　　）
2. 如果偏度指標 $K_\alpha = 0$，表示變量分佈呈對稱形態，此時會有 $\bar{x} = M_e = M_o$。
　　　　　　　　　　　　　　　　　　　　　　　　　　　　　（　　）
3. 甲村的新生嬰兒數量是乙村的 90%，這屬於強度相對指標。　　（　　）
4. 某企業單位產品成本計劃比上年降低 6%，實際比上年降低 3%，則單位產品成本計劃完成程度僅為 50%。　　　　　　　　　　　　　　（　　）
5. 在變量值集中趨勢非常明顯的條件下，使用中位數或眾數的效果會更好。
　　　　　　　　　　　　　　　　　　　　　　　　　　　　　（　　）
6. 計劃完成程度相對指標只有大於 100%，才說明超額完成了計劃。（　　）
7. 相對指標是兩個相互聯繫的指標數值對比的結果，用百分數表示。（　　）
8. 時期指標數值與時點指標數值一定是絕對數。　　　　　　　　（　　）
9. 平均數的代表性與標志變異指標的大小成正比關係。　　　　　（　　）
10. 中長期計劃中，累計法適合於變動趨勢不明顯、在變動過程中波動較大的統計指標。　　　　　　　　　　　　　　　　　　　　　　　　（　　）
11. 某集團公司所屬三個企業，已知三個企業的產值計劃完成程度和實際產值，計算該公司三個企業的平均產值計劃完成程度應採用算術平均法。（　　）
12. 已知各個變量值的平均數等於 4，各個變量值平方的平均數等於 25，則標準差系數等於 0.75。　　　　　　　　　　　　　　　　　　　　（　　）
13. 如果兩個變量數列的標準差相同，則其平均數的代表性也相同。（　　）
14. 比例的數值越接近 0.5，其方差越大。　　　　　　　　　　　（　　）
15. 某村今年農業增加值比上年增加 1,000 萬元，該指標是時期指標。（　　）
16. 某電子元器件產品質量標準規定：產品壽命介於 4,000~5,000 小時之間的，其質量分為 70~80 分。如果檢測某元器件公司產品平均壽命為 4,680 小時，則其質量分為 76 分。　　　　　　　　　　　　　　　　　　　　　　　（　　）
17. 在權數 $m = xf$ 的條件下，加權調和平均數的公式可以演變為加權算術平均數，據此可以認為加權調和平均數是加權算術平均的變形。　　（　　）
18. 應用統計指標進行統計分析時，需要將相對指標與總量指標結合運用。
　　　　　　　　　　　　　　　　　　　　　　　　　　　　　（　　）

（四）簡答題

1. 時期指標與時點指標的區別表現在哪些方面？
2. 什麼是相對指標？計算和運用相對指標應注意哪些問題？
3. 算術平均數與強度相對指標有何區別與聯繫？
4. 算術平均數、調和平均數與幾何平均數各自在什麼條件下運用？
5. 什麼叫變異系數（標準差系數）？為什麼要計算變異系數（標準差系數）？

（五）計算題

1. 某企業「十二五」計劃期間計劃完成基本建設投資額共計 10,000 萬元，各年實際完成投資額如下表：

年　份	2011 年	2012 年	2013 年	2014 年	2015 年			
					一季	二季	三季	四季
投資額（萬元）	1,900	2,200	2,250	2,350	550	600	650	700

檢查該企業「十二五」計劃基本建設投資額完成情況，判斷該五年計劃提前完成的時間。

2. 某工業企業五年計劃規定某種產品產量在計劃期最後一年應達到 65 萬噸，前 3 年均未完成計劃，最後兩年實際完成產量數據見下表：

月　份	1	2	3	4	5	6	7	8	9	10	11	12	合計
第 4 年	4.1	4.3	4.5	4.7	4.9	5.2	5	5.5	5.6	5.5	5.7	6	61
第 5 年	6.1	6.3	6.5	6.8	6.9	6.2	7.6	7.5	7.2	8	8.5	8.2	85.8

據此資料計算分析該企業產品產量五年計劃完成程度以及提前完成的時間。

3. 某行業所屬 25 個企業上年計劃產值及其計劃完成程度資料如下：

計劃完成程度（%）	企業個數	計劃產值（萬元）
100 以下	2	230
100～110	7	960
110～120	10	3,400
120 以上	6	5,270
合計	25	9,860

根據資料計算該行業所屬 25 個企業產值平均計劃完成程度。

4. 某企業職工按月工資分組資料見下表，試計算該企業職工月平均工資和標準差。

第三章 描述分析的基本指標

按月工資分組（元）	各組職工人數所占比重（%）
2,000 以下	3
2,000~4,000	16
4,000~6,000	23
6,000~8,000	30
8,000~10,000	20
10,000 以上	8
合計	100

5. 指出下面的統計分析報告摘要錯在哪裡？並把它改寫。

（1）本廠按計劃規定，第一季度的單位產品成本應比去年同期降低10%，實際執行結果為單位產品成本較去年同期降低8%，僅完成產品成本計劃的80%。（8%/10%＝80%）

（2）本廠的全員勞動生產率計劃在去年的基礎上提高8%，計劃執行結果比去年提高了12%，勞動生產率的計劃超計劃50%。（即12%/8%-100%＝50%）

6. 某工業企業計劃執行情況資料如下：

（1）2016年計劃實現工業增加值18,400萬元，實際於11月11日已累計完成全年計劃指標，到年末實際完成20,000萬元。試計算工業增加值計劃完成程度，計算確定提前完成計劃的時間。

（2）該企業計劃規定全年平均每個職工實現增加值23萬元，全年平均職工人數為800人。試計算年全員勞動生產率計劃完成程度指標。

7. 某三口之家，父、母在企業上班，月薪分別為5,800元、8,700元，女兒讀小學。試計算所有可能的總量指標、相對指標與平均指標。

8. 某投資者2011年初以10萬元資金投入股市，連續6年的收益率分別為15%，27%，-8%，-23%，39%，84%。

（1）如果該投資者進行連續投資（不取出盈利，也不彌補虧損），計算該投資者在6年間的平均收益率。

（2）如果該投資者每年初始終保持10萬元的投資規模，該投資者6年期間的平均收益率又是多少？

（3）比較兩種假定條件下的收益總額和平均收益率有何差異。

9. 某行業所屬三家公司2015年、2016年產量資料如下表：

分公司	2015年實際產量（噸）	2016年 計劃 產量(噸)	2016年 計劃 比重(%)	2016年 實際產量（噸）	產量計劃完成程度（%）	2016年產量為2015年的（%）
（甲）	（1）	（2）	（3）	（4）	（5）	（6）
A公司	3,000	4,000	33.33	4,800		
B公司	2,000				110	
C公司				4,400	80	125
合計						

要求：計算上表空缺指標直接填入表內，並指出各列指標的類別。

10. 某企業某年第一季度產值、人數資料如下表：

指　　　標	一月	二月	三月
計劃總產值（萬元）	5,000	4,900	5,100
實際總產值（萬元）	5,100	4,800	5,300
平均每月職工人數（人）	500	500	500
平均每月生產工人數（人）	400	400	400

要求：

（1）計算1月份及第一季度總產值計劃完成程度；

（2）計算1月份及第一季度生產工人占職工人數的比重；

（3）計算1月份及第一季度工人勞動生產率（按職工人數計算的每人實際總產值）；

（4）觀察上述三組結果，分別說明它們的數值大小與計算時期長短之間的關係及原因。

11. 某產品資料如下：

等級	單價（元/斤）	收購額（元）	收購量（斤）
一級品	1.20	2,400	2,000
二級品	1.05	3,150	3,000
三級品	0.9	3,600	4,000

要求：根據上表資料直接採用加權算術平均數、加權調和平均數的公式計算該產品的平均收購價格。

12. 設第一組工人的平均工齡為6年，占工人總數的30%；第二組平均工齡為8年，占工人總數的50%；第三組平均工齡為12年。要求：計算全部工人的平均工齡。

13. 甲、乙兩個企業工人的生產情況資料如下：

日產量（件）	甲企業工人數（人）	乙企業總產量（件）
11	120	660
12	60	1,200
13	20	520
合　計	200	2,380

要求：

（1）計算兩個企業工人的平均日產量，哪個企業的平均日產量更高？原因是什麼？

（2）計算兩個企業工人日產量的標準差，說明哪個企業的平均日產量更有代

第三章　描述分析的基本指標

表性？

14. 某企業 2016 年計劃產值為 500 萬元，各月任務是均衡安排的。各季度產值實際完成情況如下：

	第一季度	第二季度	第三季度	第四季度		
				10 月	11 月	12 月
產值（萬元）	125	135	138	50	52	64

計算該年度產值計劃完成程度，確定產值計劃提前多長時間完成。

15. 某車間甲、乙 2 個班組 12 份生產某種產品的有關數據如下表：

班組	送檢量比重（%）	廢品量比重（%）
甲	70	60
乙	30	40
合計	100	100

要求：比較兩個班組生產工作質量好壞，並說明為什麼要這樣比較。

16. 某公司從銀行取得 6 年期 800 萬元貸款，按複利計息。第 1 年利率為 6%，第 2~3 年利率為 8%，最後 3 年的年利率為 10%。計算該筆貸款的平均年利率。如果該筆貸款改按單利計息，各年的利率不變，該筆貸款的平均年利率又為多少？比較兩種條件下計算的平均利率及負擔利息總額的差異情況。

17. 一個汽車修理企業連續 10 天修理的汽車數量按升序排列如下：3，4，6，9，10，10，11，12，14，15。

要求：（1）計算確定 10 天中平均每天修理數量的算術平均數、中位數和眾數；（2）就以上數據，以哪一種平均數代表平均每天修理的汽車數量最合適？為什麼？

18. 在計算平均數時，從每個變量值中減去 75 個單位，然後將每個差數縮小為 $\frac{1}{10}$，最後把各個變量值的權數擴大 7 倍，根據變化後的標志值計算加權算術平均數，結果這個平均數等於 0.4 個單位。試計算這個組變量值的實際平均數，並說明理由。

19. 某集團所屬三個公司全年淨利潤和銷售收入利潤率資料如下：

	淨利潤（萬元）	利潤率（%）
一公司	23,580	8.2
二公司	39,540	10.6
三公司	56,370	14.2

要求：（1）計算利潤率的簡單算術平均數；（2）計算以淨利潤為權數的加權平均利潤率；（3）分析綜合利潤率應是簡單平均數還是加權平均數？為什麼？

20. 分別調查東部地區和西部地區 4,000 名職工的月收入，獲得如下數據：

西部地區		東部地區	
月收入（元）	職工人數（人）	月收入（元）	職工人數（人）
4,000 以下	400	5,000 以下	200
4,000~6,000	1,000	5,000~7,000	800
6,000~8,000	1,800	7,000~9,000	1,500
8,000~10,000	500	9,000~11,000	800
10,000~12,000	200	11,000~13,000	400
12,000 以上	100	13,000 以上	300
合計	4,000	合計	4,000

要求：（1）分別計算東部地區、西部地區職工的月平均收入及標準差。（2）比較哪個地區平均收入更有代表性？

四、實訓題解

（一）單項選擇題

1. 答案：D。總量指標也叫絕對指標、絕對數，是數量指標的表現形式。

2. 答案：C。因為結構相對指標是以部分除以全體，所以指標值必須小於 100%。

3. 答案：B。總量指標按其他標準又怎麼分類呢？

4. 答案：D。用實際達到上年的百分數除以計劃達到上年的百分數。

5. 答案：A。先用實際達到上年的百分數除以計劃達到上年的百分數計算增加值計劃完成程度，增加值計劃完成程度減去 100% 就是超額完成計劃的部分。

6. 答案：B。已知條件為標志總量 M 及變量值 x，應採用調和平均法。

7. 答案：B。2017 年實際完成數 2,310 萬元，計劃完成數 1,650 萬元，超計劃 40%。

8. 答案：A。總體各單位標志值與算術平均數離差必須相互抵消，即離差之和為 0。

9. 答案：A。標準差系數越小，離散程度越小，平均數代表性越大。反之呢？

10. 答案：C。比較相對指標就是同類數據在同一時間下進行橫向比較的結果。

11. 答案：D。總體各單位標志值與算術平均數離差平方之和最小是算術平均數重要的數學性質。

12. 答案：A。動態相對指標更多地稱為發展速度，是一種縱向比較。

13. 答案：A。利潤計劃完成程度大於 100%，表示超額完成計劃。注意兩類指

第三章　描述分析的基本指標

標在評價標準上的差異。

14. 答案：C。簡單判別方法：時期指標可以縱向相加，時點指標不能縱向相加。

15. 答案：B。

16. 答案：D。平均指標能夠掩蓋總體單位之間差異。

17. 答案：C。

18. 答案：C。插值推算法。

19. 答案：B。

20. 答案：A。

21. 答案：A。負偏（左偏）分佈又如何呢？

22. 答案：C。自 2014 年二季度至 2015 年一季度完成計劃任務。

23. 答案：B。用 $\bar{x} = \sum x \cdot \dfrac{f}{\sum f}$ 平均公式計算。

24. 答案：D。

25. 答案：D。

26. 答案：B。

27. 答案：D。

28. 答案：C。用標準差系數比較。

29. 答案：D。不是每個人都創造了一份 GDP。

30. 答案：B。注意標準差的另一計算公式：$\sigma = \sqrt{\overline{x^2} - (\bar{x})^2} = \sqrt{\dfrac{\sum x^2 f}{\sum f} - \left(\dfrac{\sum xf}{\sum f}\right)^2}$，然後計算標準差系數。

31. 答案：A。

(二) 多項選擇題

1. 答案：ABCD。數量指標表現為絕對數，絕對數又稱為絕對指標、總量指標。

2. 答案：ACDE。時期指標具有縱向可加性，時點指標不具有縱向可加性。

3. 答案：ABDE。將每一個民營企業的同類數量加總的數據，就是標誌總量。

4. 答案：DE。算術平均數、調和平均數和幾何平均數一般稱為計算平均數。

5. 答案：ABD。質量指標是將兩個關聯指標相除所得的「商數」。包括相對指標和平均指標。

6. 答案：ADE。

7. 答案：ABC。

8. 答案：AC。

9. 答案：CE。

10. 答案：ABCDE。

11. 答案：ACD。橫向比較。

12. 答案：BDEF。

13. 答案：ABDE。結構相對指標是「部分」除以「全體」。

14. 答案：ABCDE。

15. 答案：ACDE。

16. 答案：ADE。

17. 答案：ACE。如果分子、分母之間存在「一一對應」關係，指標屬於算術平均數；如果比數、基數之間不存在「一一對應」關係，指標屬於強度相對數。

18. 答案：BCE。

19. 答案：BCD。

20. 答案：BDE。

21. 答案：DE。算術平均數、調和平均數、幾何平均數均受極端變量值影響。

22. 答案：ACE。時點指標有哪些特點呢？

23. 答案：ABCDE。

24. 答案：BD。

25. 答案：ABCDE。

26. 答案：ACD。

（三）判斷題

1. 答案：✓。當加權調和平均數中所有權數都相等時，加權調和平均數就演變為簡單加權調和平均數。同理：簡單算術平均數是加權算術平均數的特殊形式，簡單幾何平均數是加權幾何平均數的特殊形式。

2. 答案：✓。

3. 答案：×。「甲村的新生嬰兒數量是乙村的90%」屬於比較相對指標，這是典型的橫向比較。強度相對指標是指性質不同而又相互聯繫的兩個總體總量指標對比的結果。這裡要求熟悉各種相對指標對比特徵。

4. 答案：×。當計劃數為「較上年增減百分數」的情況下，計劃完成程度的計算方法不能用 $\dfrac{實際完成數}{計劃完成數} \times 100\%$，需調整為 $\dfrac{1 \pm 實際\begin{smallmatrix}增長\\降低\end{smallmatrix}百分數}{1 \pm 計劃\begin{smallmatrix}增長\\降低\end{smallmatrix}百分數} \times 100\%$。

5. 答案：×。由於計算平均數受極端值影響，位置平均數不受極端值影響，所以在存在極端值的情況下，用位置平均數更好，在不存在極端值的情況下，用計算平均數更好。在存在極端值的情況下，變量值集中趨勢非常明顯的用眾數，變量值

第三章 描述分析的基本指標

相對分散的，用中位數。就是說，獲取平均數需要分析數據的特徵。

6. 答案：×。成果類指標計劃完成程度大於 100% 表明計劃完成得好，消耗費用類指標計劃完成程度小於 100% 表明計劃完成得好。

7. 答案：×。大多數相對指標是用百分數表現的，除百分數外還有系數、倍數、千分數、有名數（復名數）等表現形式。

8. 答案：√。因為時期指標和時點指標都屬於總量指標。

9. 答案：×。變異指標越大，平均指標的代表性越小；變異指標越小，平均指標的代表性越大。

10. 答案：√。中長期計劃中，累計法適合於變動趨勢不明顯、變動過程中波動較大的統計指標；水準法適合於變動趨勢明顯的統計指標。

11. 答案：×。已知產值計劃完成程度和實際產值計算平均產值計劃完成程度採用調和平均法；已知產值計劃完成程度和計劃產值計算平均產值計劃完成程度採用算術平均法。這裡要求熟悉算術平均法、調和平均法以及幾何平均法應用的條件。

12. 答案：√。標準差 = $\sqrt{25 - 4^2}$ = 3，標準差系數 = 3/4 = 0.75。

13. 答案：×。比較平均數代表性大小，應依據標準差系數。

14. 答案：√。總體比例的方差 = $\pi(1 - \pi)$，$\pi = 0.5$ 有最大方差。

15. 答案：√。因為各年的「增加額」可以累加。

16. 答案：×。插值推算法：76.8。

17. 答案：√。

18. 答案：√。相對指標與總量指標結合運用，相對指標與總量相對指標結合運用。

（四）簡答題

略。

（五）計算題

1. 基本建設投資額計劃完成程度 112%，超計劃 12%。2015 年 7 月 21 日完成「十二五」計劃，提前 5 個月零 10 天。

2. 產量五年計劃完成程度 132%，超計劃 32%。自第 4 年 3 月至第 5 年 2 月累計實際完成數剛好等於第 5 年計劃數 65 萬噸，提前 10 個月完成 5 年計劃。

3. 銷售收入平均計劃完成程度 118.90%，超計劃 18.90%。以計劃產值為權數，對計劃完成程度組中值進行加權算術平均。

4. 職工月平均工資 $\bar{x} = \sum x \cdot \dfrac{f}{\sum f}$ = 6,440 元，標準差 $\sigma = \sqrt{\sum (x - \bar{x})^2 \cdot \dfrac{f}{\sum f}}$ = 2,515.23 元。

5.（1）產品成本計劃完成 $\frac{1-8\%}{1-10\%}=102.22\%$，超過計劃數的 2.22%，未完成計劃；（2）全員勞動生產率計劃完成 $\frac{1+12\%}{1+8\%}=103.7\%$，超計劃 3.7%。

6.（1）工業增加值計劃完成程度 108.7%，超計劃 8.7%，提前 50 天。

（2）平均每個職工實際完成增加值 25 萬元，全員勞動生產率計劃完成程度 25/23＝108.7%，超計劃 8.7%。

7. 總量指標：家庭人口總數 3 人，家庭勞動力數量 2 人，父母月工資總額 14,500 元，家庭月收入 14,500 元；相對指標：家庭人均月收入 4,833.33 元，家庭勞動力負擔系數 1.5；平均指標：父母平均月工資 7,250 元。

8.（1）平均收益率＝$\sqrt[6]{115\% \times 127\% \times 92\% \times 77\% \times 139\% \times 184\%}-100\%=$ 17.61%。

（2）平均收益率＝（15%＋27%－8%－23%＋39%＋84%）/6＝22.33%。

（3）表面上看，簡單算術平均的收益率更高。實際上，複利本金越來越大存在累積效應，採用幾何平均法計算平均收益率，總收益 16.46 萬元；單利本金不變無累積效應，採用算術平均法計算平均收益率，總收益僅 13.4 萬元。

9.（1）~（6）欄分別屬於時期指標、計劃指標、結構相對指標、時期指標、計劃完成相對指標和動態相對指標。計算提示：（1）、（2）、（4）合計欄直接求和，（3）合計欄必須為 100%，（5）、（6）合計欄不可以直接求和。利用數量關係（5）＝（4）／（2）、（6）＝（4）／（1）推算空缺指標。

分公司	2015 年實際產量（噸）	2016 年 計劃 產量（噸）	2016 年 計劃 比重（%）	2016 年 實際產量（噸）	產量計劃完成程度（%）	2016 年產量為 2015 年的（%）
A 公司	3,000	4,000	33.33	4,800	⑪	⑬
B 公司	2,000	③	⑥	⑨	110	⑭
C 公司	①	④	⑦	4,400	80	125
合計	②	⑤	⑧	⑩	⑫	⑮

解：根據計劃完成程度公式，④＝4,400/80%＝5,500.

根據 A 公司 2012 年的計劃產量占比，有⑤＝4,000/33.33%＝12,000.

③＝12,000－5,500－4,000＝2,500.

⑥＝2,500/12,000＝20.83%.

⑦＝5,500/12,000＝45.83%.

⑧＝ 33.33%＋20.83%＋45.83%＝100%.

⑨＝2,500＊110%＝2,750.

⑩＝ 4,800＋2,750＋4,400＝11,950.

第三章 描述分析的基本指標

⑪ = 4,800/4,000 = 120%.
⑫ = 11,950/12,000 = 99.58%.
⑬ = 4,800/3,000 = 160%.
⑭ = 2,750/2,000 = 137.5%.
① = 4,400/125% = 3,520.
② = 3,000+2,000+3,520 = 8,520.
⑮ = 11,950/8,520 = 140.26%.

10.（1）1月總產值計劃完成程度＝5,100/5,000＝102%，一季度總產值計劃完成程度（5,100+4,800+5,300）/（5,000+4,900+5,100）＝101.33%；（2）1月生產工人占職工人數的比重＝400/500＝80%，一季度生產工人占職工人數的比重＝〔（400+400+400）/3〕/〔（500+500+500）/3〕＝80%；（3）1月工人勞動生產率＝5,100/400＝12.75萬元/人，一季度工人勞動生產率＝（5,100+4,800+5,300）/〔（400+400+400）/3〕＝38萬元/人；（4）計劃完成程度相對數、結構相對數大小與時間間隔長短無直接關係，勞動生產率大小與時間長短有直接關係。

11. 加權算術平均價格＝（1.2×2,000+1.05×3,000+0.9×4,000）/（2,000+3,000+4,000）＝1.017元，加權調和平均價格＝（2,400+3,150+3,600）/（2,400/1.2+3,150/1.05+3,600/0.9）＝1.017元。表明：同一資料用加權算術平均數和加權調和平均數計算的結果具有一致性，只是兩種計算方法用不同形式表現出來，驗證了「加權調和平均數是加權算術平均數變形」這一說法。

12. 平均工齡 $= \sum x \cdot \dfrac{f}{\sum f} = 6 \times 30\% + 8 \times 50\% + 12 \times 20\% = 8.2$ 年。

13. 甲、乙企業平均日產量及標準差計算表如下所示：

	甲企業				乙企業		
日產量 x	人數 f	總產量 xf	$(x-\bar{x})^2 f$	日產量 x	人數 f	總產量 xf	$(x-\bar{x})^2 f$
11	120	1,320	30	11	60	660	48.6
12	60	720	15	12	100	1,200	1
13	20	260	45	13	40	520	48.4
Σ	200	2,300	90	Σ	200	2,380	98

（1）乙企業平均日產量11.9（2,380/200）高於甲企業的11.5（2,300/200），是由於乙企業中日產量高的工人所占比重更大。（2）標準差 $\sigma_甲 = \sqrt{90/200} = 0.670,8$ 件，標準差系數；$V_{\sigma 甲} = 0.670,8/11.5 = 5.83\%$；標準差 $\sigma_乙 = \sqrt{98/200} = 0.7$ 件，$V_{\sigma 乙} = 0.7/11.9 = 5.88\%$，由於 $V_{\sigma 甲} < V_{\sigma 乙}$，所以甲企業的平均日產量更有代表性。

14. 產值計劃完成程度＝564/500＝112.8%，超計劃12.8%。自年初至11月底累計實際完成產值500萬元，剛好等於年度計劃數，所以年度計劃於11月底完成，

提前1個月。

15. 假設產品送檢總數為 x，廢品總數為 y，廢品率計算見下表：

班組	送檢產品數量	廢品數量	廢品率
甲	0.7 x	0.6 y	
乙	0.3 x	0.4 y	0.4y/0.3x
合計	x	y	y/x

比較：$\dfrac{\text{甲廢品率}}{\text{乙廢品率}} = \dfrac{0.6y/0.7x}{0.4y/0.3x} = \dfrac{6}{7} \times \dfrac{3}{4} = \dfrac{9}{14}$。甲組廢品率低於乙組，所以甲組工作質量更好。

16. 複利平均年利率 $\bar{x}_G = \sqrt[6]{1.06 \times 1.08^2 \times 1.1^3} - 100\% = 8.66\%$，單利平均年利率 $\bar{x} = (6\% + 8\% \times 2 + 10\% \times 3)/6 = 8.67\%$。平均利率差異不大，算術平均數略高於幾何平均數。但複利方式下的利息總額 516.5 萬元遠高於單利方式下的利息總額 416 萬元。

17. (1) 算術平均數 $\bar{x} = 9.4$，中位數 $Me = 10$，眾數 $Mo = 10$；(2) 數據之間差距較大，且集中度較低，以中位數代表平均水準較好。

18. 實際平均數 $\bar{x} = 0.4 \times 10 + 75 = 79$，運用算術平均數的數學性質，權數擴大或縮小相同的倍數對算術平均數無影響。

19. (1) 簡單算術平均：(8.2% + 10.6% + 14.2%)/3 = 11%，(2) 加權調和平均：(23,580 + 39,540 + 56,370)/(23,580/8.2% + 39,540/10.6% + 56,370/14.2%) = 11.3%；(3) 已知 x 及其標誌總量 $m (m = xf)$ 且 f 不等時，應採用加權調和平均法。

20. 西部地區平均工資及標準差計算表

月收入（元）	組中值 x	人數（人）f	$\dfrac{x-A}{d}\left(\begin{array}{c}A = 7,000\\d = 2,000\end{array}\right)$	$\left(\dfrac{x-A}{d}\right)f$	$\left(\dfrac{x-A}{d}\right)^2$	$\left(\dfrac{x-A}{d}\right)^2 f$
4,000 以下	3,000	400	−2	−800	4	1,600
4,000~6,000	5,000	1,000	−1	−1,000	1	1,000
6,000~8,000	7,000	1,800	0	0	0	0
8,000~10,000	9,000	500	1	500	1	500
10,000~12,000	11,000	200	2	400	4	800
12,000 以上	13,000	100	3	300	9	900
合計		4,000		−600	0	4,800

西部地區平均月收入 $\bar{x}_1 = \dfrac{-600}{4,000} \times 2,000 + 7,000 = 6,700$ 元，標準差 $\sigma_1 = \sqrt{\dfrac{4,800}{4,000} - \left(\dfrac{-600}{4,000}\right)^2} \times 2,000 = 2,170.25$ 元，標準差系數 $V_{\sigma_1} = 2,170.25/6,700 =$

第三章 描述分析的基本指標

32.39%。列表計算東部地區平均月收入 $\bar{x}_2 = 8,650$ 元；標準差 $\sigma_2 = 2,505.49$ 元，標準差系數 $V_{\sigma 2} = 2,505.49/8,650 = 28.97\%$。

由於 $V_{\sigma_2} < V_{\sigma_1}$，所以東部地區職工收入差距更小，平均月收入的代表性更高。

說明：本題也可以借助 Excel 直接計算（不用簡捷公式，如下圖所示）：

	A	B	C	D	E
1	月收入(元)	组中值x	人数f	x*f	(x-x̄)^2*f
2	4 000以下	3 000	400	=B2*C2	=(B2-D$9)^2*C2
3	4 000~6 000	5 000	1 000	=B3*C3	=(B3-D$9)^2*C3
4	6 000~8 000	7 000	1 800	=B4*C4	=(B4-D$9)^2*C4
5	8 000~10 000	9 000	500	=B5*C5	=(B5-D$9)^2*C5
6	10 000~12 000	11 000	200	=B6*C6	=(B6-D$9)^2*C6
7	12 000以上	13 000	100	=B7*C7	=(B7-D$9)^2*C7
8	合計		=SUM(C2:C7)	=SUM(D2:D7)	=SUM(E2:E7)
9			平均数x̄:	=D8/C8	
10			標準差:	=SQRT(E8/C8)	
11			標準差系數:	=D10/D9	

C	D	E
人数f	x*f	(x-x̄)^2*f
400	1 200 000	5 476 000 000
1 000	5 000 000	2 890 000 000
1 800	12 600 000	162 000 000
500	4 500 000	2 645 000 000
200	2 200 000	3 698 000 000
100	1 300 000	3 969 000 000
4 000	26 800 000	18 840 000 000
平均数x̄:	6 700	
標準差:	2 170.25	
標準差系數:	0.3239	

東部地區的計算結果：

	A	B	C	D	E
1	月收入(元)	组中值x	人数f	x*f	(x-x̄)^2*f
2	5 000以下	4 000	200	800 000	4 324 500 000
3	5 000~7 000	6 000	800	4 800 000	5 618 000 000
4	7 000~9 000	8 000	1 500	12 000 000	633 750 000
5	9 000~11 000	10 000	800	8 000 000	1 458 000 000
6	11 000~13 000	12 000	400	4 800 000	4 489 000 000
7	13 000以上	14 000	300	4 200 000	8 586 750 000
8	合計		4 000	34 600 000	25 110 000 000
9			平均数x̄:	8 650	
10			標準差:	2 505.49	
11			標準差系數:	0.2897	

第四章　概率和抽樣分佈

● 一、統計知識

概率論是研究隨機現象的理論。抽樣具有隨機性，要利用隨機樣本認識總體的數量特徵（用樣本統計量推斷總體參數），大數定律與中心極限定理就成為其中重要的理論依據。抽樣分佈是指樣本統計量的概率分佈。抽樣分佈在推斷統計中具有重要的作用，是進行參數估計和假設檢驗的基礎。

（一）隨機變量

把隨機試驗的結果數量化，就得到了隨機變量。

1. 二項分佈 $X \sim B(n, p)$

設事件 A 發生的概率為 p，$q=1-p$。以 X 表示 n 重貝努里試驗中事件 A 發生的次數，則

$$P(X=i) = C_n^i p^i q^{n-i} \quad (i=0, 1, 2, \cdots, n)$$

2. 泊松分佈 $X \sim P(\lambda)$

參數為 λ 的泊松分佈的分佈列為

$$P(X=i) = \frac{\lambda^i}{i!} e^{-\lambda}, \quad i=0, 1, 2, \cdots, \lambda>0$$

3. 正態分佈 $X \sim N(\mu, \sigma^2)$

服從正態分佈的隨機變量的密度函數為

$$f(x) = \frac{1}{\sqrt{2\pi}\,\sigma} e^{-\frac{(x-\mu)^2}{2\sigma^2}}, \quad (-\infty < x < +\infty, \sigma > 0)$$

第四章　概率和抽樣分佈

正態分佈密度函數的圖形是以 $x=\mu$ 為對稱軸的鐘形曲線，圖形位於 x 軸上方，x 軸為其漸近線。標準差 σ 決定了分佈的離散程度：σ 越大，分佈越離散，曲線越平緩；σ 越小，分佈越集中，曲線越陡峭。

當 $\mu=0$、$\sigma=1$ 時的正態分佈，稱為標準正態分佈 N（0，1）。

如果 $X\sim N(\mu,\sigma^2)$，則 $Z=\dfrac{X-\mu}{\sigma}\sim N$（0，1）。這種轉化通常稱為正態分佈的標準化。

4. 卡方分佈 $\chi^2(n)$

n 個相互獨立的標準正態分佈隨機變量 X_1，X_2，…，X_n 的和，服從自由度為 n 的卡方分佈：

$$X=\sum_{i=1}^{n}X_i^2\sim\chi^2(n)$$

卡方分佈的形態與其自由度 n 有關，通常呈右偏態分佈，隨著 n 的增大逐漸趨於對稱。

性質：（1）若 $X\sim N$（0，1），則 $X^2\sim\chi^2(1)$。

（2）可加性：若 $X\sim\chi^2(m)$，$Y\sim\chi^2(n)$，且 X、Y 相互獨立，則 $X+Y\sim\chi^2(m+n)$。

5. t 分佈 t（n）

設 $X\sim N$（0，1），$Y\sim\chi^2(n)$，且它們相互獨立，則：

$$T=\dfrac{X}{\sqrt{Y/n}}\sim t（n）$$

t 分佈的分佈曲線形態與正態分佈曲線相似，也是對稱的，不過一般比正態分佈平坦些。隨著自由度 n 的增大，t 分佈越來越接近於標準正態分佈。當 $n\geq 30$ 時，t 分佈與標準正態分佈的差別已非常小，一般可用標準正態分佈代替它。

6. F 分佈 F（m，n）

設 $X\sim\chi^2(m)$，$Y\sim\chi^2(n)$，且它們相互獨立，則：

$$F=\dfrac{X/m}{Y/n}\sim F（m，n）$$

F 分佈的分佈形態與其兩個自由度都有關，通常呈右偏態分佈。

如果 $X\sim t(n)$，則 $X^2\sim F(1,n)$。

（二）隨機變量的期望和方差

1. 性質

（1）$E(a)=a$

（2）$E(aX+bY)=aE(X)+bE(Y)$

（3）$D(a)=0$

(4) $D(aX) = a^2 D(X)$

(5) $D(X) = E(X^2) - [E(X)]^2$

(6) $D(X \pm Y) = D(X) + D(Y) \pm 2Cov(X,Y)$。這裡，若 X、Y 相互獨立，則 $Cov(X,Y) = 0$。

2. 常見分佈的期望和方差

(1) $X \sim B(n,p)$，則 $E(X) = np, D(X) = npq$。

(2) $X \sim P(\lambda)$，則 $E(X) = \lambda, D(X) = \lambda$。

(3) $X \sim N(\mu, \sigma^2)$，則 $E(X) = \mu, D(X) = \sigma^2$。

(4) $X \sim t(n)$，則 $E(X) = 0, D(X) = n/(n-2)$。

(5) $X \sim X^2(n)$，則 $E(X) = n, D(X) = 2n$。

（三）大數定律與中心極限定理

1. 辛欽大數定律

設隨機變量 $X_1, X_2, \cdots, X_n, \cdots$ 是相互獨立、同分佈的，它們的數學期望都為 μ，則對任意小的正數 ε，有 $\lim\limits_{n \to +\infty} P(\left| \frac{1}{n} \sum\limits_{i=1}^{n} X_i - \mu \right| < \varepsilon) = 1$。

2. 貝努里大數定律

設 m 是 n 重貝努里試驗中事件 A 發生的次數，p 是事件 A 在每次試驗中發生的概率，則對於任意小的正數 ε，有 $\lim\limits_{n \to +\infty} P(\left| \frac{m}{n} - p \right| < \varepsilon) = 1$。

3. 林德貝格—萊維定理

設隨機變量 $X_1, X_2, \cdots, X_n, \cdots$ 是相互獨立、分佈相同的，都有數學期望 μ 及方差 σ^2，則當 $n \to \infty$ 時，$\frac{X_1 + X_2 + \cdots + X_n - n\mu}{\sqrt{n}\sigma} \sim N(0,1)$。

4. 棣莫弗—拉普拉斯定理

設 m 是 n 重貝努里試驗中事件 A 發生的次數，p 是事件 A 在每次試驗中發生的概率，則當 $n \to \infty$ 時，$\frac{m - np}{\sqrt{np(1-p)}} \sim N(0,1)$。

（四）抽樣分佈

樣本統計量的分佈稱為抽樣分佈。

1. 有關樣本均值的抽樣分佈

不同情況下有關樣本均值的抽樣分佈見圖 4-1。因為在大樣本時 t 分佈與標準正態分佈近似，所以，對於總體正態、σ 未知的情形，在大樣本時，也可以把 t 分

第四章 概率和抽樣分佈

佈近似為 N(0, 1)，即大樣本時近似有 $\dfrac{\bar{X} - \mu}{S/\sqrt{n}} \sim N(0, 1)$。

$$\begin{cases} 總體正態 \begin{cases} \sigma\ 已知：\dfrac{\bar{X} - \mu}{\sigma/\sqrt{n}} \sim N(0, 1) \\ \sigma\ 未知：\dfrac{\bar{X} - \mu}{S/\sqrt{n}} \sim t(n-1) \end{cases} \\ 總體非正態 \begin{cases} 小樣本：抽樣分佈未知 \\ 大樣本：\dfrac{\bar{X} - \mu}{S/\sqrt{n}} \overset{近似}{\sim} N(0, 1) \end{cases} \end{cases}$$

圖 4-1　樣本均值的抽樣分佈

由於樣本均值的標準差反應了樣本均值與總體均值的平均誤差程度，因此也稱其為抽樣平均誤差，常記為 σ_x。重複抽樣條件下的樣本均值抽樣平均誤差 $\sigma_x = \dfrac{\sigma}{\sqrt{n}}$，不重複抽樣條件下的樣本均值抽樣平均誤差 $\sigma_x = \dfrac{\sigma}{\sqrt{n}} \cdot \sqrt{\dfrac{N-n}{N-1}}$。系數 $\sqrt{\dfrac{N-n}{N-1}} \approx \sqrt{1 - \dfrac{n}{N}}$ 一般稱為不重複抽樣的修正系數，當 $n/N < 5\%$ 時，一般可以省略修正系數。

2. 有關樣本比例的抽樣分佈

設總體比例為 π，樣本比例為 P，當 n 充分大時：一般要求 $n \geq 30$，$nP \geq 5$，$n(1-P) \geq 5$，有：

$$\dfrac{P - \pi}{\sqrt{\dfrac{\pi(1-\pi)}{n}}} \sim N(0, 1)$$

一般也把樣本比例的標準差 $\sqrt{\dfrac{\pi(1-\pi)}{n}}$ 稱為樣本比例的抽樣平均誤差，記為 σ_p。如果是不重複抽樣，則 $\sigma_p = \sqrt{\dfrac{\pi(1-\pi)}{n} \cdot \dfrac{N-n}{N-1}}$。

3. 有關方差的抽樣分佈

如果總體服從正態分佈，方差為 σ^2。樣本方差為 S^2，則：

$$\dfrac{(n-1)S^2}{\sigma^2} \sim \chi^2(n-1)$$

4. 兩樣本的抽樣分佈

如果兩個正態總體 $N(\mu_1, \sigma_1^2)$ 和 $N(\mu_2, \sigma_2^2)$ 是相互獨立的，分別從中抽取樣本容量為 n_1 和 n_2 的兩個樣本，樣本均值分別為 $\bar{X}_1$、$\bar{X}_2$，樣本方差分別為 S_1^2、

S_2^2，則：

（1）當方差 σ_1^2，σ_2^2 已知時，均值差的分佈

$$Z = \frac{(\bar{X}_1 - \bar{X}_2) - (\mu_1 - \mu_2)}{\sqrt{\frac{\sigma_1^2}{n_1} + \frac{\sigma_2^2}{n_2}}} \sim N(0, 1)$$

（2）當方差 $\sigma_1^2 = \sigma_2^2$ 但具體數值未知時，均值差的分佈

$$T = \frac{(\bar{X}_1 - \bar{X}_2) - (\mu_1 - \mu_2)}{\sqrt{\frac{S_p^2}{n_1} + \frac{S_p^2}{n_2}}} \sim t(n_1 + n_2 - 2)$$

其中 $S_p^2 = \dfrac{(n_1 - 1)S_1^2 + (n_2 - 1)S_2^2}{n_1 + n_2 - 2}$。

（3）方差比的分佈

$$F = \frac{S_1^2/\sigma_1^2}{S_2^2/\sigma_2^2} \sim F(n_1 - 1, n_2 - 1)。$$

二、統計實驗

（一）實驗目的

掌握借助 Excel 計算正態分佈、t 分佈、χ^2 分佈、F 分佈概率值及臨界值（逆概率值）的方法。能夠模擬抽樣獲得抽樣分佈的直觀認識。

（二）實驗內容

（1）使用 Excel 函數完成正態分佈、t 分佈、χ^2 分佈、F 分佈分佈函數值的計算。
（2）使用 Excel 函數計算正態分佈、t 分佈、χ^2 分佈、F 分佈的臨界值。
（3）使用 Excel 模擬抽樣，獲得抽樣分佈的直觀認識。

（三）實驗操作

1. 用 Excel 計算分佈的累積概率

分佈的累積概率也就是分佈函數的值，在傳統的做法中這些概率都需要通過查表來獲得，但現在通過 Excel 提供的函數卻可以更輕鬆計算得到。

（1）正態分佈

對於給定的 x 值，使用下述函數計算正態分佈分佈函數值或密度函數值：

NORM.DIST(x , mean , standard_dev , cumulative)

第四章　概率和抽樣分佈

該函數在 cumulative 為 1（TRUE）時計算正態分佈累積分佈函數值（均值為 mean，標準差為 standard_dev，具體計算的是從負無窮到 x 的積分，即正態分佈曲線下從負無窮到 x 的面積）；在 cumulative 為 0（FALSE）時計算概率密度函數值。

另外，如果是標準正態分佈，則可以使用下述函數計算分佈函數值或密度函數值：

$$NORM.S.DIST(z,cumulative)$$

【例4.1】已知某校學生的統計學考試成績服從均值為 75、標準差為 8 的正態分佈，求學生成績不及格的概率和處於 70~80 分之間的概率。

【操作提示】計算學生成績不及格的概率，輸入公式：

$$=NORM.DIST(60,75,8,1)$$

返回結果為 0.030,396。

計算學生成績處於 70~80 分之間的概率，輸入公式：

$$=NORM.DIST(80,75,8,1)-NORM.DIST(70,75,8,1)$$

返回結果為 0.468,029。

（2）t 分佈

Excel 中計算 t 分佈的分佈函數值或密度函數值的函數：

$$T.DIST(x,deg\_freedom,cumulative)。$$

x 為需要計算分佈的數字，Degrees_freedom 為自由度，cumulative 為 1（TRUE）時計算從負無窮到 x 的累積分佈函數值，即 P（T<x）；cumulative 為 0（FALSE）時計算概率密度函數值。

T.DIST.2T(x,deg_freedom) 計算 t 分佈雙尾概率 P（|T|>x）。

T.DIST.RT(x,deg_freedom) 計算 t 分佈右尾概率 P（T>x）。

【例4.2】已知隨機變量 T 服從自由度為 25 的 t 分佈，計算 P（|T|≤2）。

【操作提示】結合圖 4-2 可以看出，所求概率 P（|T|≤2）為圖中白色區域的面積，所以有以下三種實現方式：

① P（|X|≤2）= P（T<2）- P（T<-2），所以可以輸入計算公式

$$=T.DIST(2,25,1)-T.DIST(-2,25,1)$$

② P（|T|≤2）= 1- P（|T|>2），所以可以輸入計算公式

$$=1-T.DIST.2T(2,25)$$

③ P（|T|≤2）= P（T>-2）- P（T>2），所以可以輸入計算公式

$$=T.DIST.RT(-2,25)-T.DIST.RT(2,25)$$

以上三條命令都將返回結果 0.943,524。

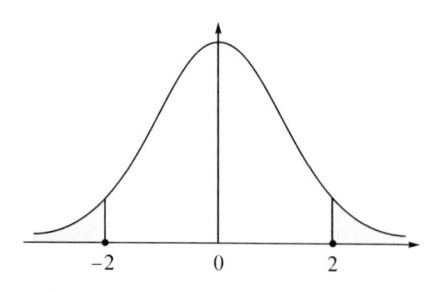

圖 4-2 函數 T.DIST (-2, 25, 1) 返回值為左尾陰影面積

(3) 卡方分佈

對於給定的 x 值，下述函數計算卡方分佈分佈函數值或密度函數值：

CHISQ.DIST(x, deg_freedom, cumulative)

該函數在 cumulative 為 1（TRUE）時計算分佈函數值（自由度為 deg_freedom，具體計算的是 x 左尾部分的面積）；在 cumulative 為 0（FALSE）時計算概率密度函數值。

另外，如果需要計算卡方分佈右尾概率（參見圖 4-3 陰影部分），則可以使用下述函數：

CHISQ.DIST.RT(x, deg_freedom)

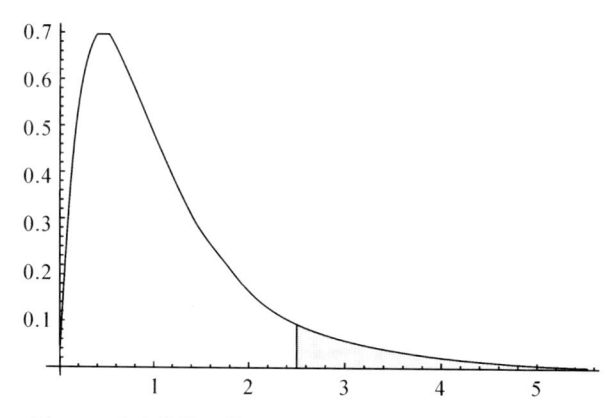

圖 4-3 卡方分佈函數 CHISQ.DIST.RT 的返回值為陰影面積

(4) F 分佈

對於給定的 x 值，下述函數計算 F 分佈分佈函數值或密度函數值：

F.DIST(x, deg_freedom1, deg_freedom2, cumulative)

該函數在 cumulative 為 1（TRUE）時計算分佈函數值（分子自由度為 deg_freedom1，分母自由度為 deg_freedom2，具體計算的是 x 左尾部分的面積）；在 cumulative 為 0（FALSE）時計算概率密度函數值。

另外，如果需要計算 F 分佈右尾概率，則可以使用下述函數：

第四章 概率和抽樣分佈

$$\text{F.DIST.RT}(x, deg\_freedom1, deg\_freedom2)$$

2. 用 Excel 計算分佈的臨界值

已知一定的概率值，求概率分佈中相應的臨界值 x（累積概率分佈的反函數），這種計算是累積分佈函數的逆運算。

（1）正態分佈

對於均值為 mean、標準差為 standard_dev 的正態分佈，臨界值計算函數為：

$$\text{NORM.INV}(probability, mean, standard\_dev)$$

該函數返回左尾概率為 probability 的臨界值 x（從負無窮到 x 的積分為 probability），即 x 左尾的面積為 probability。

如果是標準正態分佈，可以使用下述函數計算臨界值：

$$\text{NORM.S.INV}(probability)$$

該函數返回標準正態分佈左尾概率為 probability 的臨界值 z（參見圖 4-4）。例如，輸入「=NORM.S.INV(0.975)」，則輸出臨界值 1.96，說明當左邊尾部面積為 0.975 時，與之對應的 z 值是 1.96。

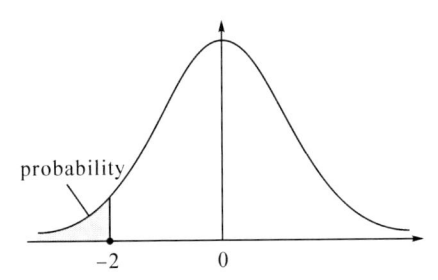

圖 4-4 函數 NORM.S.INV 返回與左尾陰影面積對應的 z 值

（2）t 分佈

對 t 分佈，下述函數返回自由度為 degrees_freedom、左尾面積為 probability 時的臨界值 x：

$$\text{T.INV}(probability, deg\_freedom)$$

例如，公式「=T.INV(0.025, 8)」的返回值為 -2.306，說明在自由度為 8 的 t 分佈中，當左邊尾部面積為 0.025 時，與之對應的臨界值 x 是 -2.306，即有：$P(T<-2.306) = 0.025$。

另外，下述函數返回的是 t 分佈雙尾面積（概率）為 probability 時的臨界值 x：

$$\text{T.INV.2T}(probability, deg\_freedom)$$

例如，公式「=T.INV.2T(0.05, 8)」的返回值為 2.306，說明在自由度為 8 的 t 分佈中，當雙尾面積為 0.05 時，與之對應的臨界值 x 是 2.306，即有：$P(|T|>2.306) = 0.05$。

（3）卡方分佈

對卡方分佈，下述函數返回自由度為 degrees_freedom、左尾面積為 probability 時

的臨界值 x：

$$\text{CHISQ.INV}(\text{probability}, \text{deg\_freedom})$$

例如，公式「=CHISQ.INV（0.05,20）」的返回值為 10.851，說明在自由度為 20 的卡方分佈中，當左邊尾部面積為 0.05 時，與之對應的臨界值 x 是 10.851，即有：P（$\chi^2(20)$ <10.851）=0.05。

另外，下述函數返回的是卡方分佈右尾面積（概率）為 probability 時的臨界值 x：

$$\text{CHISQ.INV.RT}(\text{probability}, \text{deg\_freedom})$$

例如，公式「=CHISQ.INV.RT（0.05,20）」的返回值為 31.410，說明在自由度為 20 的卡方分佈中，當右尾面積為 0.05 時，與之對應的臨界值 x 是 31.410，即有：P（$\chi^2(20)$ >31.410）=0.05。

(4) F 分佈

對 F 分佈，下述函數返回分子自由度為 degrees_freedom1、分母自由度為 degrees_freedom2、左尾面積為 probability 時的臨界值 x：

$$\text{F.INV}(\text{probability}, \text{deg\_freedom1}, \text{deg\_freedom2})$$

例如，公式「=F.INV（0.05,20,30）」的返回值為 0.490,4，說明在分子自由度、分母自由度分別為 20、30 的 F 分佈中，當左邊尾部面積為 0.05 時，與之對應的臨界值 x 是 0.490,4，即有：P（F（20,30）< 0.490,4）= 0.05。

另外，下述函數返回的是 F 分佈右尾面積（概率）為 probability 時的臨界值 x：

$$\text{F.INV.RT}(\text{probability}, \text{deg\_freedom1}, \text{deg\_freedom2})$$

例如，公式「=F.INV.RT（0.05,20,30）」的返回值為 1.931,7，說明在分子自由度、分母自由度分別為 20、30 的 F 分佈中，當右尾面積為 0.05 時，與之對應的臨界值 x 是 1.931,7，即有：P（F（20,30）> 1.931,7）= 0.05。

3. 樣本均值抽樣分佈的隨機模擬

統計量的分佈稱為抽樣分佈，利用 Excel 提供的隨機數發生器，可以對抽樣分佈進行計算機模擬，從而對抽樣分佈形成更加直觀的理解。

假設總體的均值為 μ，標準差為 σ，則統計理論表明，不論總體的分佈如何，只要樣本容量 n 足夠大，樣本均值的分佈總會趨向於正態分佈，且均值為 μ，標準差為 $\frac{\sigma}{\sqrt{n}}$。

【例 4.3】假設總體服從均勻分佈，模擬樣本均值的抽樣分佈。

假設總體服從 0–1 區間上的均勻分佈，則總體的均值為 $\mu=0.5$，方差 $\sigma^2=\frac{1}{12}$。

從理論上說，當樣本容量 n 足夠大時，有 $\bar{x} \sim N(0.5, \frac{1}{12})$。

【操作提示】模擬從總體中抽取 1,000 個樣本容量為 10 的樣本（重複抽樣），

第四章 概率和抽樣分佈

計算每個樣本的樣本均值 $\bar{x}$，然後觀察樣本均值 $\bar{x}$ 的分佈形態。單擊「數據」菜單中的「數據分析」，選擇「隨機數發生器」，在彈出的對話框中把變量個數設為 10，隨機數個數設為 1,000，選擇 0-1 區間的均勻分佈，如圖 4-5。「隨機數基數」可以空缺，如果設定了基數，則相同的基數產生的隨機數相同，這往往有助於對結果進行驗證。

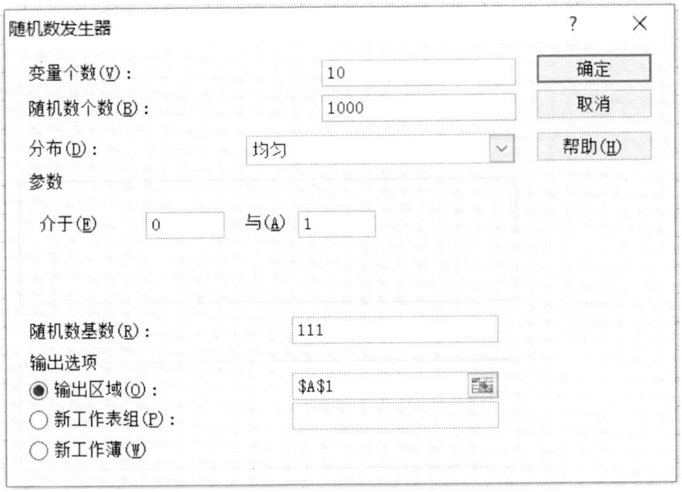

圖 4-5　隨機數發生器對話框

把「隨機數發生器」輸出結果的每一行看作一個容量為 10 的樣本，這樣共有 1,000 個樣本。在 Excel 工作表的第 K 列中計算每個樣本的均值，從而得到樣本均值的 1,000 個觀察值。接下來通過分組整理數據觀察這 1,000 個樣本均值的分佈狀況。這裡，以組距為 0.05 進行分組，利用 Excel 函數 FREQUENCY 統計各組頻數（具體操作方法參見第 2 章統計實驗），以頻數繪製直方圖、並在次坐標軸以頻率繪製折線圖，所得圖形如圖 4-6 所示（具體操作方法參見第 2 章統計實驗），可以看出該圖基本呈正態分佈。另外，從模擬結果來看，本次模擬所得抽樣分佈的均值為 0.499,78（樣本均值的 1,000 個觀察值的平均值），與理論值 $\mu = 0.5$ 差異非常小；本次模擬所得樣本均值的標準差為 0.092,41，理論值等於 $\dfrac{\sigma}{\sqrt{n}} = \dfrac{\sqrt{1/12}}{\sqrt{10}} = 0.091,29$，兩者差異也非常小，這種差異是由於抽樣的隨機性引起的。

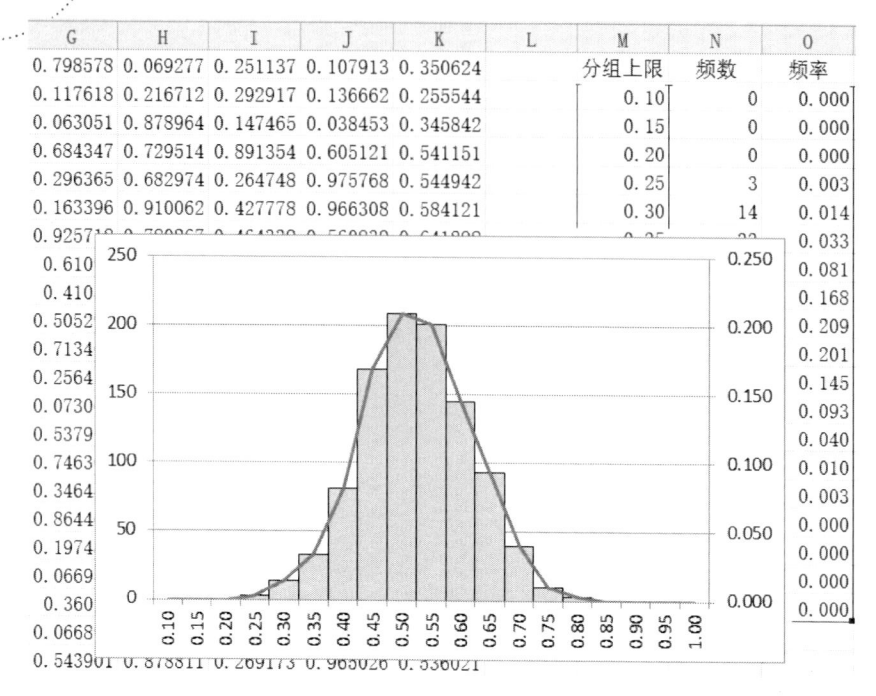

G	H	I	J	K	L	M	N	O
0.798578	0.069277	0.251137	0.107913	0.350624		分組上限	頻數	頻率
0.117618	0.216712	0.292917	0.136662	0.255544		0.10	0	0.000
0.063051	0.878964	0.147465	0.038453	0.345842		0.15	0	0.000
0.684347	0.729514	0.891354	0.605121	0.541151		0.20	0	0.000
0.296365	0.682974	0.264748	0.975768	0.544942		0.25	3	0.003
0.163396	0.910062	0.427778	0.966308	0.584121		0.30	14	0.014

圖 4-6　樣本均值的抽樣分佈　(n = 10)

（四）實驗實踐

1. 想想下述 Excel 公式分別會得到什麼結果，並在 Excel 中具體檢驗一下：

$$= \text{NORM.S.INV}(\text{NORM.S.DIST}(3,1))$$
$$= \text{T.DIST}(1.8,25,1) + \text{T.DIST.RT}(1.8,25)$$
$$= \text{T.INV}(0.05,25) + \text{T.INV}(0.95,25)$$
$$= \text{CHISQ.INV}(0.95,30) - \text{CHISQ.INV.RT}(0.05,30)$$
$$= \text{F.INV}(0.05,26,12) - \text{F.INV.RT}(0.95,26,12)$$

2. 假設總體 X～U [0，1]，模擬樣本均值的抽樣分佈（樣本容量 n = 20）。

（1）從模擬所得樣本均值數據分佈直方圖觀察 $\bar{x}$ 的分佈形態。

（2）分析模擬所得樣本均值觀察值的平均值、標準差與理論值的差異程度。

（3）增大樣本容量再模擬（n = 30、50），看看圖形和有關指標呈現何種變化。

（4）用隨機數發生器檢驗總體為其他分佈時樣本均值的抽樣分佈。

3. 設計樣本比例抽樣分佈的隨機模擬。

第四章 概率和抽樣分佈

三、統計實訓

(一) 單項選擇題

1. 抽樣推斷是建立在（　　）基礎之上的。
   A. 任意抽樣　　　　　　　B. 隨機抽樣
   C. 便利抽樣　　　　　　　D. 非隨機抽樣

2. 設總體 $X \sim N(11, 4)$，$X_1, X_2, \cdots, X_{25}$ 是來自 X 的樣本，則有（　　）。
   A. $\bar{X} \sim N(11, \frac{4}{25})$　　　　　　B. $\bar{X} \sim N(11, \frac{4}{5})$
   C. $\bar{X} \sim N(11, \frac{2}{5})$　　　　　　D. $\bar{X} \sim N(\frac{11}{25}, 4)$

3. 設總體 $X \sim N(9, 4)$，$X_1, X_2, \cdots, X_{36}$ 是來自 X 的樣本，則下述服從 $N(0, 1)$ 分佈的是（　　）。

   A. $9(\bar{X} - 9)$　　B. $3(\bar{X} - 9)$　　C. $1.5(\bar{X} - 3)$　　D. $3(\bar{X} - 3)$

4. 記總體均值為 μ，方差為 σ^2，樣本容量為 n。則在重複抽樣時，關於樣本均值 $\bar{X}$ 和樣本方差 $\sigma_{\bar{X}}^2$，有（　　）。

   A. $E(\bar{X}) = \mu$，$\sigma_{\bar{X}}^2 = \sigma^2$　　　　　　B. $E(\bar{X}) = \mu$，$\sigma_{\bar{X}}^2 = \frac{\sigma^2}{n}$
   C. $E(\bar{X}) = \frac{\mu}{n}$，$\sigma_{\bar{X}}^2 = \sigma^2$　　　　　D. $E(\bar{X}) = \frac{\mu}{n}$，$\sigma_{\bar{X}}^2 = \frac{\sigma^2}{n}$

5. 從均值為 120、標準差為 30 的總體中，抽取容量為 80 的簡單隨機樣本，則樣本均值的期望值是（　　）。
   A. 120　　　　B. 30　　　　C. $900/\sqrt{80}$　　　D. $120/\sqrt{80}$

6. 抽樣分佈是指（　　）。
   A. 總體參數的分佈　　　　　B. 統計量的分佈
   C. 總體單位標志值的分佈　　D. 樣本平均數的分佈

7. 抽樣成數是一個（　　）。
   A. 結構相對數　　　　　　　B. 比較相對數
   C. 比例相對數　　　　　　　D. 強度相對數

8. 要減小抽樣誤差，最切實可行的方法是（　　）。
   A. 適當增加樣本容量　　　　B. 控制個體變異
   C. 嚴格挑選觀察對象　　　　D. 考察總體中的每一個個體

9. 在簡單隨機重複抽樣條件下，抽樣單位數（即樣本容量）擴大為原來的

4倍,則抽樣平均誤差的變化是（　　）。

　　A. 縮小為原來的 1/4　　　　B. 擴大為原來的 2 倍
　　C. 縮小為原來的 1/2　　　　D. 沒有變化

10. 假定 10 億人口的大國和 100 萬人口的小國的居民年齡變異程度相同。現在各自用重複抽樣方法抽取本國人口的 1%計算平均年齡,則平均年齡的抽樣平均誤差（　　）。

　　A. 二者相等　　　　　　　　B. 前者比後者大
　　C. 前者比後者小　　　　　　D. 不能確定大小

11. 對甲乙兩個工廠工人平均工資進行隨機不重複抽樣調查,調查的工人數一樣,兩工廠工資方差相同,但甲廠工人總數比乙廠工人總數多一倍,則抽樣平均誤差（　　）。

　　A. 甲廠比乙廠大　　　　　　B. 甲廠比乙廠小
　　C. 兩個工廠一樣大　　　　　D. 無法確定

12. 設 $X \sim N(0, 1)$,若已知 $P(X < -0.9) = 0.184$,則 $P(X < 0.9) = $（　　）。

　　A. 0.816　　　B. 0.184　　　C. 0.684　　　D. 0.316

13. 設 m 是 n 重貝努里試驗中事件 A 發生的次數, p 是事件 A 在每次試驗中發生的概率,則對於任意小的正數 ε,有 $\lim_{n \to +\infty} P(\left|\frac{m}{n} - p\right| \geq \varepsilon) = $（　　）。

　　A. -1　　　　B. 0.5　　　　C. 1　　　　D. 0

14. 設 $X_1, X_2, \cdots, X_n, \cdots$ 是獨立同分佈的隨機變量,數學期望為 μ,方差為 σ^2,則當 $n \to \infty$ 時, $\dfrac{\sum_{i=1}^{n} X_i - n\mu}{\sqrt{n}\sigma}$ 的分佈是（　　）。

　　A. $N(0, 1)$　　　B. $t(n-1)$　　　C. $\chi^2(n)$
　　D. 因這些隨機變量的分佈類型未知,所以它們的和的分佈也是未知的

15. 設 $X_1, X_2, \cdots, X_m, Y_1, Y_2, \cdots, Y_n$ 相互獨立,且都服從 $N(0, 1)$ 分佈,則 $\dfrac{n(X_1^2 + X_2^2 + \cdots + X_m^2)}{m(Y_1^2 + Y_2^2 + \cdots + Y_n^2)}$ 服從的分佈是（　　）。

　　A. $t(\dfrac{n}{m})$　　　B. $\chi^2(\dfrac{n}{m})$　　　C. $F(n, m)$　　　D. $F(m, n)$

（二）多項選擇題

1. 已知 $Z \sim N(0, 1)$, $P(Z > 1.645) = 0.05$,把滿足 $P(Z > x) = \alpha$ 的 x 記為 z_α,則（　　）。

　　A. $z_{0.05} = 1.645$　　　　　　B. $z_{0.5} = 0$

第四章　概率和抽樣分佈

　　C. $z_{0.95} = -1.645$　　　　　　　　D. $z_{0.95} = 1.645$
　　E. $z_{0.05} = -1.645$

2. 某大學有50%的學生喜歡足球運動，40%的喜歡籃球，30%二者都喜歡。從該校任意抽取一名學生，則此人（　　）。
　　A. 喜歡足球或籃球的概率是0.9
　　B. 喜歡足球或籃球的概率是0.6
　　C. 喜歡足球或籃球的概率是0.8
　　D. 既不喜歡足球也不喜歡籃球的概率是0.7
　　E. 既不喜歡足球也不喜歡籃球的概率是0.4

3. 下列結論中，正確的有（　　）。
　　A. 統計量是數
　　B. 統計量是隨機變量
　　C. 統計量是不含總體參數的樣本函數
　　D. 統計量是可以含有總體未知參數的樣本函數
　　E. 統計量是可以含有總體已知參數的樣本函數

4. 下面幾個關於樣本均值分佈的陳述中，正確的是（　　）。
　　A. 當總體服從正態分佈時，樣本均值一定服從正態分佈
　　B. 當總體服從正態分佈時，只要樣本容量足夠大，樣本均值就服從正態分佈
　　C. 當總體不服從正態分佈時，樣本均值一定服從正態分佈
　　D. 當總體不服從正態分佈時，無論樣本容量多大，樣本均值都不會近似服從正態分佈
　　E. 當總體不服從正態分佈時，在小樣本情況下，樣本均值不服從正態分佈

5. 如果採用重複抽樣，則（　　）。
　　A. 每個單位在每次抽樣中都有相同的概率被抽中
　　B. 每抽1次，總體單位減少1個
　　C. 每個單位都可能在樣本中出現 n 次
　　D. n 次抽樣之間是相互獨立的
　　E. 有 N^n 個可能的樣本

6. 由樣本均值的抽樣分佈可知，樣本統計量與總體參數之間的關係為（　　）。
　　A. 在重複抽樣條件下，樣本均值的方差等於總體方差的 $1/n$
　　B. 樣本方差等於總體方差的 $1/n$
　　C. 樣本均值的期望值等於總體均值
　　D. 樣本均值恰好等於總體均值
　　E. 樣本均值的方差等於總體方差

7. 從 $\sigma = 20$ 的總體（N = 5,000）中抽取樣本容量為100的隨機樣本，則樣本均值的抽樣標準差（　　）。

A. 重複抽樣時為 2
B. 不重複抽樣時為 $2\sqrt{4,900/4,999}$
C. 重複抽樣時為 20
D. 不重複抽樣時為 $20\sqrt{4,900/4,999}$
E. 不重複抽樣時為 $0.2\sqrt{4,999/4,900}$

8. 影響抽樣誤差的因素包括（　　）。
   A. 樣本容量的大小
   B. 總體各單位標志值的差異程度
   C. 總體均值的大小
   D. 抽取樣本的方法
   E. 抽樣調查的組織形式

9. 下面關於 t 分佈的敘述，正確的有（　　）。
   A. t 分佈是一簇關於 y 軸對稱的曲線
   B. 當自由度 n 趨近於 ∞ 時，t 分佈趨近於標準正態分佈
   C. 自由度 n 越大，t 分佈越扁平
   D. t 分佈是對稱分佈，但不是正態分佈
   E. 如果 $X \sim N(0, 1)$，則 $X^2 \sim t(1)$

10. 下述分佈，是對稱分佈的有（　　）。
    A. $t(21)$ 分佈
    B. $N(0, 1)$ 分佈
    C. $N(97, 6)$ 分佈
    D. $X^2(45)$ 分佈
    E. $F(46, 25)$ 分佈

（三）判斷題

1. 某班有 40 名同學，現欲從中按不重複抽樣抽取 12 人作為調查樣本，則全部可能的樣本數有 C_{40}^{12} 個。　　　　　　　　　　　　　　　　　　　　　　（　　）

2. 統計量是隨機變量。　　　　　　　　　　　　　　　　　　　　　　　　（　　）

3. 從同一總體中隨機抽取樣本容量相同的兩個樣本，它們的樣本均值相同。
　　　　　　　　　　　　　　　　　　　　　　　　　　　　　　　　　　（　　）

4. 通常所說的抽樣誤差一般是指抽樣平均誤差。　　　　　　　　　　　　（　　）

5. 簡單隨機抽樣時，抽樣誤差大小與總體各單位標志值的差異程度成正比。
　　　　　　　　　　　　　　　　　　　　　　　　　　　　　　　　　　（　　）

6. 簡單隨機抽樣時，重複抽樣的抽樣誤差大小與樣本容量的平方根成反比。
　　　　　　　　　　　　　　　　　　　　　　　　　　　　　　　　　　（　　）

7. 抽樣單位數越多，抽樣誤差越大。　　　　　　　　　　　　　　　　　（　　）

8. 不重複抽樣的抽樣誤差小於重複抽樣的抽樣誤差。　　　　　　　　　　（　　）

9. S 和 σ_x 都是變異指標，因此它們都可以表示抽樣誤差的大小。　　（　　）

10. 在正態分佈中，σ 越大，說明分佈越集中，分佈曲線越陡峭；σ 越小，說明分佈離散程度越大，分佈曲線越平緩。　　　　　　　　　　　　　　　（　　）

11. 某次統計學考試，全體參與考試的同學成績的平均分為 70 分，標準差為 5

第四章　概率和抽樣分佈

分。小王成績為 60 分，則該成績的標準分是 -2。　　　　　　　　　（　　）

12. 小樣本時，t 分佈與標準正態分佈存在較大差異，不能把 t 分佈近似為標準正態分佈。　　　　　　　　　　　　　　　　　　　　　　　　　　　（　　）

13. 設 $T \sim t(n)$，則 $P(T \leq -2) = P(T \geq 2)$。　　　　　　　　　（　　）

14. 如果 $X \sim N(0, 1)$，$Y \sim \chi^2(n)$，且它們相互獨立，則隨機變量 $\dfrac{X}{\sqrt{Y/n}} \sim t(n)$。　　　　　　　　　　　　　　　　　　　　　　　　　　　　　（　　）

15. 如果 $X \sim N(0, 1)$，則 $X^2 \sim \chi^2(1)$。　　　　　　　　　　（　　）

16. 已知 $X_1, X_2, \cdots, X_n$ 都服從標準正態分佈，且相互獨立，則 $\sum\limits_{i=1}^{n} X_i^2 \sim \chi^2(n)$。　　　　　　　　　　　　　　　　　　　　　　　　　　　　（　　）

17. 已知 $X \sim \chi^2(m)$，$Y \sim \chi^2(n)$，則 $X/Y \sim F(m, n)$。　（　　）

18. 根據貝努里大數定律，大量重複試驗中事件發生的頻率會穩定於該事件發生的概率。　　　　　　　　　　　　　　　　　　　　　　　　　　　　（　　）

19. 實踐中，可以用事件發生的頻率代替概率，所以，某人投擲一枚硬幣 4 次，出現了 1 次正面，因此他可以說，投擲一枚硬幣出現正面的概率為 1/4。（　　）

20. 已知某校男生身高最低為 155cm，最高為 185cm，按照「3σ 規則」，估計該校男生身高的標準差為 5cm。　　　　　　　　　　　　　　　　　（　　）

（四）綜合應用題

1. 一個多項選擇題給出了 5 個選項，如果全憑猜測，猜對的概率是多少？

2. 有一男女比例為 52：48 的人群，已知男性中 5% 是色盲，女性中 0.3% 是色盲，現隨機抽中了一位色盲，求這個人是男性的概率是多少？

3. 從均值為 180、標準差為 40 的總體中，抽取樣本容量 n = 100 的簡單隨機樣本，則關於樣本均值 $\bar{X}$：

（1） $\bar{X}$ 的數學期望是多少？

（2） $\bar{X}$ 的標準差是多少？

（3） $\bar{X}$ 的抽樣分佈是什麼？

4. 從總體比例 $\pi = 0.2$ 的總體中，抽取一個樣本容量為 100 的簡單隨機樣本。則關於樣本比例 P：

（1） P 的數學期望是多少？

（2） P 的標準差是多少？

（3） P 的分佈是什麼？

5. 某工廠有 2,000 個計件工人，採用不重複隨機抽樣方法抽取 100 人作為樣本調查他們的平均產量，根據以往資料得知總體標準差為 32.45 件。試計算抽樣平均誤差。

6. 總體比例為 0.6，從該總體中抽取樣本容量分別為 30、60、120 和 500 的樣本。

(1) 分別計算樣本比例的標準差；

(2) 當樣本容量增大時，樣本比例的標準差是如何變化的?

7. 某企業產品合格率為 97.5%。現在從全月生產的 10,000 件產品中隨機抽取 600 件進行檢驗，則樣本合格率的抽樣平均誤差是多少?

8. 在某地，建築工人的日工資具有平均數 400 元和標準差為 100 元的正態分佈。一個由 25 個煤礦工人組成的隨機樣本，其平均日工資低於 380 元的概率是多少?

9. 某校有 5,000 名學生，最近體檢得知他們的平均身高為 166cm，身高的標準差為 25cm。現在按不重複抽樣方法隨機抽取了 225 人進行復查，則樣本的平均身高大於 165cm 的概率是多少?

10. 某公司生產的加碘食用鹽淨含量近似服從均值為 500 克的正態分佈。現隨機抽出 25 袋作為樣本進行檢測，試問：

(1) 如果已知總體標準差為 10 克，則樣本的平均淨含量不超過 499 克的概率有多大?

(2) 如果總體標準差未知，樣本的標準差為 10 克，則樣本的平均淨含量不超過 499 克的概率有多大?

四、實訓題解

(一) 單項選擇題

1. 答案：B。只有按照隨機原則抽取的樣本，才能用於推斷總體的數量特徵。任意抽樣、便利抽樣都是非隨機抽樣，這種樣本不能用於推斷總體。另外，諸如重點調查、典型調查取得的資料，也沒遵循隨機原則抽樣，這種資料也是不能用於推斷總體數量特徵的。

2. 答案：A。總體 $X \sim N(\mu, \sigma^2)$，則 $\bar{X} \sim N(\mu, \frac{\sigma^2}{n})$。本題 $\mu = 11$，$\sigma^2 = 4$，$n = 25$，因而 $\bar{X} \sim N(11, \frac{4}{25})$。

3. 答案：B。總體 $X \sim N(9, 4)$，$n = 36$，因而樣本均值的方差為 $\frac{\sigma^2}{n} = \frac{4}{36}$，即標準差為 $\frac{\sigma}{\sqrt{n}} = \frac{1}{3}$，有 $\bar{X} \sim N(9, \frac{1}{9})$，標準化得到 $\frac{\bar{X} - \mu}{\sigma/\sqrt{n}} = \frac{\bar{X} - 9}{1/3} \sim N(0, 1)$。

第四章　概率和抽樣分佈

4. 答案：B。在重複抽樣時，樣本均值 $\bar{X}$ 服從的分佈為 $\bar{X} \sim N(\mu, \frac{\sigma^2}{n})$，因而，其數學期望（均值）為 $E(\bar{X}) = \mu$，方差為 $\sigma_{\bar{X}}^2 = \frac{\sigma^2}{n}$。

5. 答案：A。因為是大樣本（$n \geqslant 30$），所以樣本均值近似服從正態分佈，並且樣本均值的期望值等於總體均值。

6. 答案：B。由於抽樣具有隨機性，所以樣本統計量是隨機變量，其分佈統稱抽樣分佈。

7. 答案：A。抽樣成數是樣本中具有某種特徵的單位數佔樣本容量的比例，是部分數量與總數量的比值，是一個結構相對數。

8. 答案：A。抽樣誤差與總體標準差、樣本容量、抽樣方法及抽樣調查的組織形式等因素有關，其中，總體標準差是客觀存在的、在研究中是不可能改變的事實，不同的抽樣方法及抽樣調查的組織形式對抽樣誤差的影響很有限，並且如果已經採用最好的方法和形式了，要減小抽樣誤差，也只有靠增加樣本容量了。所以，增減樣本容量是控制抽樣誤差最可行的方法。

9. 答案：C。在簡單隨機重複抽樣條件下，樣本容量由 n 擴大為 4n，則抽樣平均誤差將由 $\frac{\sigma}{\sqrt{n}}$ 變化為 $\frac{\sigma}{2\sqrt{n}}$。

10. 答案：C。大國與小國人口基數不同，都按 1% 抽取樣本，大國實際抽取的人數（樣本容量 n）大於小國，而抽樣平均誤差等於 $\frac{\sigma}{\sqrt{n}}$，變異程度 σ 相同時，n 越大，則抽樣平均誤差越小。

11. 答案：B。不重複抽樣時，抽樣平均誤差為 $\frac{\sigma}{\sqrt{n}} \cdot \sqrt{\frac{N-n}{N-1}}$，所以，當 n 和 σ 都一樣時，總體單位數 N 越大，則 $\sqrt{\frac{N-n}{N-1}}$ 越小，抽樣平均誤差越小。

12. 答案：A。標準正態分佈關於 y 軸對稱，所以 $P(X \geqslant 0.9) = P(X < -0.9) = 0.184$，有 $P(X < 0.9) = 1 - P(X \geqslant 0.9) = 0.816$。

13. 答案：D。根據貝努里大數定律，有 $\lim_{n \to +\infty} P(\left|\frac{m}{n} - p\right| < \varepsilon) = 1$，因而 $\lim_{n \to +\infty} P(\left|\frac{m}{n} - p\right| \geqslant \varepsilon) = 1 - \lim_{n \to +\infty} P(\left|\frac{m}{n} - p\right| < \varepsilon) = 0$。

14. 答案：A。根據林德貝格-萊維定理，當 $n \to +\infty$ 時，$\frac{\sum_{i=1}^{n} X_i - n\mu}{\sqrt{n}\sigma}$ 趨於 $N(0, 1)$ 分佈。

15. 答案：D。由於 $X_1, X_2, \cdots, X_m, Y_1, Y_2, \cdots, Y_n$ 相互獨立，且都服從 $N(0, 1)$ 分佈，因而 $X_1^2 + X_2^2 + \cdots + X_m^2 \sim \chi^2(m)$，$Y_1^2 + Y_2^2 + \cdots + Y_n^2 \sim \chi^2(n)$，根據 F 分佈的構造可得：

$$\frac{(X_1^2 + X_2^2 + \cdots + X_m^2)/m}{(Y_1^2 + Y_2^2 + \cdots + Y_m^2)/n} \sim F(m, n)$$

（二）多項選擇題

1. 答案：ABC。z_α 是指標準正態分佈右尾面積為 α 的臨界值。$P(Z > 1.645) = 0.05$，則說明 $z_{0.05} = 1.645$；根據正態分佈的對稱性可知，$P(Z > 0) = 0.5$，即 $z_{0.5} = 0$；再由 $P(Z > 1.645) = 0.05$ 可知 $P(Z \leq -1.645) = 0.05$，因而 $P(Z > -1.645) = 1 - P(Z \leq -1.645) = 0.95$。

2. 答案：BE。記 A＝「喜歡足球運動」，B＝「喜歡籃球運動」，則由題干可知：$P(A) = 0.5$，$P(B) = 0.4$，$P(A \cap B) = 0.3$，由此可進一步推知，喜歡足球或籃球的概率是 $P(A \cup B) = P(A) + P(B) - P(A \cap B) = 0.6$，既不喜歡足球也不喜歡籃球的概率是 $P(\overline{A} \cap \overline{B}) = P(\overline{AB}) = 1 - P(A \cup B) = 0.4$。

3. 答案：BE。統計量是不含有總體未知參數的樣本函數。由於樣本的隨機性，統計量是隨機變量。統計量可以含有已知的參數。

4. 答案：AE。當總體服從正態分佈時，樣本均值一定服從正態分佈，具體是，若總體 $X \sim N(\mu, \sigma^2)$，則樣本均值 $\overline{X} \sim N(\mu, \frac{\sigma^2}{n})$。當總體不服從正態分佈時，在大樣本情況下，根據中心極限定理，近似有 $\overline{X} \sim N(\mu, \frac{\sigma^2}{n})$；但在小樣本情況下，中心極限定理不適用，樣本均值就不再近似服從正態分佈。

5. 答案：ACDE。重複抽樣也稱為有放回抽樣，每次從總體中抽取的樣本單位，經觀測之後又重新放回總體參加下次抽樣，這種抽樣的特點是總體中每個單位被抽中的概率是相等的。n 次抽樣之間是相互獨立的，每個單位都可能在樣本中出現 n 次，有 N^n 個可能的樣本（總體容量為 N，樣本容量為 n）。

6. 答案：AC。在重複抽樣條件下，總體 $X \sim N(\mu, \sigma^2)$，則 $\overline{X} \sim N(\mu, \frac{\sigma^2}{n})$。有 $E(\overline{X}) = \mu$，$D(\overline{X}) = \frac{\sigma^2}{n}$，即樣本均值的期望值等於總體均值，樣本均值的方差等於總體方差的 1/n。如果是在不重複抽樣條件下，有 $E(\overline{X}) = \mu$，$D(\overline{X}) = \frac{\sigma^2}{n} \cdot \frac{N-n}{N-1}$。

第四章　概率和抽樣分佈

7. 答案：AB。在重複抽樣條件下，樣本均值的抽樣標準差為 $\frac{\sigma}{\sqrt{n}}$；在不重複抽樣條件下，樣本均值的抽樣標準差為 $\frac{\sigma}{\sqrt{n}} \cdot \sqrt{\frac{N-n}{N-1}}$。本題 $\sigma = 20$，$N = 5,000$，$n = 100$，有 $\frac{\sigma}{\sqrt{n}} = 2$，$\frac{\sigma}{\sqrt{n}} \cdot \sqrt{\frac{N-n}{N-1}} = 2\sqrt{\frac{4,900}{4,999}}$。

8. 答案：ABDE。影響抽樣誤差的因素包括：樣本容量的大小（n 越大，抽樣誤差越小）、總體各單位標誌值的差異程度（σ 越小，抽樣誤差越小）、抽取樣本的方法（不重複抽樣小於重複抽樣的抽樣誤差）、抽樣調查的組織形式（抽樣調查的組織形式不同，抽樣誤差也不相同）。

9. 答案：ABD。t 分佈是對稱分佈。t 分佈自由度 n 越大，越接近標準正態分佈，分佈形態越陡峭。如果 $X \sim N(0, 1)$，則 $X^2 \sim \chi^2(1)$，而不是 t 分佈。

10. 答案：ABC。t 分佈是對稱分佈（不管自由度是多少）。正態分佈是對稱分佈（包括標準正態分佈）。χ^2 分佈和 F 分佈都是非對稱分佈。

（三）判斷題

1. 答案：√。抽出的 12 人是無序的，因而 40 取 12 的組合數就對應了全部可能的樣本數。

2. 答案：√。統計量是樣本的不含未知參數的函數，而樣本是隨機抽取出來的，具有隨機性，因而作為樣本函數的統計量，也具有隨機性，是隨機變量。

3. 答案：×。隨機抽取的兩個樣本，一般包含的個體不同，觀測值也就不同，所以即使樣本容量相同，樣本均值一般也不相同。

4. 答案：√。通常所說的抽樣誤差，是指樣本統計量與進行推斷的總體參數之間出現的差異，這種差異平均來看等於樣本統計量的標準差，因此也稱其為抽樣平均誤差。

5. 答案：√。總體標準差 σ 反應了總體各單位標誌值的差異程度。重複抽樣時抽樣誤差為 $\sigma_{\bar{x}} = \frac{\sigma}{\sqrt{n}}$，不重複抽樣時抽樣誤差為 $\sigma_{\bar{x}} = \frac{\sigma}{\sqrt{n}} \cdot \sqrt{\frac{N-n}{N-1}}$，所以抽樣誤差與總體標準差是成正比的。

6. 答案：√。重複抽樣時抽樣誤差為 $\sigma_{\bar{x}} = \frac{\sigma}{\sqrt{n}}$，抽樣誤差大小與 $\sqrt{n}$ 成反比。

7. 答案：×。抽樣單位數（即樣本容量）越多，抽樣誤差應當越小。

8. 答案：√。相比重複抽樣的抽樣誤差，不重複抽樣的抽樣誤差多乘一個修正系數 $\sqrt{\frac{N-n}{N-1}}$，該修正系數是小於 1 的，因而不重複抽樣的抽樣誤差小於重複抽樣

的抽樣誤差。

9. 答案：×。雖然 S 也是變異指標，但它只是樣本本身離散程度的反應，特別是在小樣本情況下，它可能與總體標準差 σ 存在較大差異，因此它不可以直接表示抽樣誤差的大小。當然，σ_x 是變異指標，表示了抽樣誤差的大小。

10. 答案：×。σ 越大，說明變異程度越大，分佈越分散，正態分佈的分佈曲線會越平緩；σ 越小，說明分佈離散程度越小，分佈曲線越陡峭。

11. 答案：√。標準分的計算公式是 $z = \dfrac{x - \mu}{\sigma}$。這裡有 $\mu = 70$，$\sigma = 5$，$x = 60$，所以 $z = -2$。標準分為 -2 表示小王的成績低於平均分 2 個標準差。

12. 答案：√。正態分佈是人們瞭解最透澈和熟知的分佈，人們習慣將其他形式的分佈在滿足條件時近似為正態分佈。就本題而言，小樣本意味著樣本容量小，t 分佈的自由度（n-1）也小，小自由度的 t 分佈與標準正態分佈存在較大差異，因此不能把 t 分佈近似為標準正態分佈。

13. 答案：√。t 分佈也是對稱分佈，密度曲線關於 y 軸對稱。所以，如果 $T \sim t(n)$，對任意常數 C（可正、可負）來說，都有 $P(T \leq -C) = P(T \geq C)$。並且，由於 t 分佈是連續分佈，取個別值的概率為 0，所以式中的「$\leq$、$\geq$」可以任意替換為「<、>」（即不包含相等）也成立。

14. 答案：√。這正是 t 分佈的構造，它由相互獨立的一個標準正態分佈和一個卡方分佈構造出來，構造出來的 t 分佈自由度與原卡方分佈的自由度一致。

15. 答案：√。一個標準正態分佈的平方，會服從自由度為 1 的卡方分佈。

16. 答案：√。這正是卡方分佈的構造。也可以這樣理解，X_1，X_2，$\cdots$，X_n 都服從標準正態分佈，則 $X_i^2 \sim \chi^2(1)$，加之 X_i^2（$i = 1, 2, \cdots, n$）相互獨立，由卡方分佈的可加性，可知 $\sum_{i=1}^{n} X_i^2 \sim \chi^2(n)$。

17. 答案：×。根據 F 分佈的構造，當 $X \sim \chi^2(m)$，$Y \sim \chi^2(n)$ 時，有 $\dfrac{X/m}{Y/n} \sim F(m, n)$。

18. 答案：√。貝努里大數定律也因此成為人們在實際應用中用「頻率」代替「概率」的依據。

19. 答案：×。實踐中，可以用事件發生的頻率代替概率，是要求在「實驗次數足夠多」的情況下，而投擲硬幣 4 次，顯然實驗次數太少了，因而得出了一個不合理的結論。

20. 答案：√。按照「3σ 規則」，最大值與最小值之間的差異為 $(\mu + 3\sigma) - (\mu - 3\sigma) = 6\sigma$。本題已知某校男生身高最高最低之差為 185-155 = 30cm，因而可以估計標準差 $\sigma = 30/6 = 5$cm。

第四章　概率和抽樣分佈

(四) 綜合應用題

1. 解：猜測者可能猜 2～5 個選項，所有可能的答案個數為 $C_5^2+C_5^3+C_5^4+C_5^5=26$ 個，正確答案只是其中的某一個，因而猜中的概率僅為 1/26。

2. 解：設 A_1 =「男」，A_2 =「女」，B =「色盲」，則：

$$P(A_1|B) = \frac{P(A_1)P(B|A_1)}{P(A_1)P(B|A_1)+P(A_2)P(B|A_2)}$$

$$= \frac{52\% \times 5\%}{52\% \times 5\% + 48\% \times 0.3\%} = 0.947,5$$

這裡應用了貝葉斯公式。如果本題問題更改為「現隨機抽取一人，求抽中色盲者的概率是多少？」，則問題需應用全概率公式求解：

$P(B) = P(A_1)P(B|A_1) + P(A_2)P(B|A_2)$
$= 52\% \times 5\% + 48\% \times 0.3\% = 2.744\%$。

3. 解：(1) 由題干知，$\mu=180$、$\sigma=40$、$n=100$，所以 $E(\bar{X})=\mu=180$；

(2) $\sigma_{\bar{X}} = \frac{\sigma}{\sqrt{n}} = \frac{40}{\sqrt{100}} = 4$；

(3) 由於 $n=100>30$，為大樣本，所以不論總體服從什麼分佈，樣本均值 $\bar{X}$ 都服從或近似服從正態分佈 $\bar{X} \sim N(\mu, \frac{\sigma^2}{n})$，即服從 N (180, 16) 分佈。

4. 解：大樣本時，樣本比例的抽樣分佈是 $P \sim N(\pi, \frac{\pi(1-\pi)}{n})$，因而可得：

(1) E (P) = π = 0.2；

(2) $\sigma_p = \sqrt{\frac{\pi(1-\pi)}{n}} = \sqrt{\frac{0.2 \times (1-0.2)}{100}} = 0.04$；

(3) P ~ N (0.2, 0.001,6)。

5. 解：抽樣平均誤差為 $\sigma_{\bar{X}} = \frac{\sigma}{\sqrt{n}} \cdot \sqrt{\frac{N-n}{N-1}} = \frac{32.45}{\sqrt{100}} \cdot \sqrt{\frac{2,000-100}{2,000-1}} = 3.164$。如果省略修正系數，則計算的抽樣平均誤差為 $\sigma_{\bar{X}} = \frac{\sigma}{\sqrt{n}} = \frac{32.45}{\sqrt{100}} = 3.245$。

6. 解：(1) 樣本比例的標準差為：

$$\sigma_p = \sqrt{\frac{\pi(1-\pi)}{n}} = \sqrt{\frac{0.6 \times (1-0.6)}{30}} = 0.089,4,$$

$$\sigma_p = \sqrt{\frac{\pi(1-\pi)}{n}} = \sqrt{\frac{0.6 \times (1-0.6)}{60}} = 0.063,2,$$

$$\sigma_p = \sqrt{\frac{\pi(1-\pi)}{n}} = \sqrt{\frac{0.6 \times (1-0.6)}{120}} = 0.044,7,$$

$$\sigma_p = \sqrt{\frac{\pi(1-\pi)}{n}} = \sqrt{\frac{0.6 \times (1-0.6)}{500}} = 0.021,9。$$

（2）從（1）問的計算結果可以看出，隨著樣本容量增大，樣本比例的標準差逐步減小。

7. 解：這是對有限總體的不重複抽樣，因而抽樣平均誤差的計算中需考慮修正系數。樣本合格率的抽樣平均誤差是：

$$\sigma_p = \sqrt{\frac{\pi(1-\pi)}{n}} \cdot \sqrt{\frac{N-n}{N-1}} = \sqrt{\frac{0.975 \times (1-0.975)}{600}} \cdot \sqrt{\frac{10,000-600}{10,000-1}}$$

$= 0.006,2。$

8. 解：由於總體 $X \sim N(400, 100^2)$，所以樣本均值 $\bar{X} \sim N(400, \frac{100^2}{25})$，即 $\bar{X} \sim N(400, 20^2)$。故樣本均值低於380元的概率為：

$$P(\bar{X} < 380) = P\left(\frac{\bar{X}-400}{20} < \frac{380-400}{20}\right)$$

$$= P(Z < -1) = \Phi(-1) = 0.158,7。$$

9. 解：這是對有限總體的不重複抽樣，由於總體 $X \sim N(166, 25^2)$，所以 $\bar{X} \sim N(166, \frac{25^2}{225} \cdot \frac{5,000-225}{5,000-1})$，即 $\bar{X} \sim N(166, 2.653,3)$。故樣本均值大於165cm的概率為：

$$P(\bar{X} > 165) = P\left(\frac{\bar{X}-166}{\sqrt{2.653,3}} > \frac{165-166}{\sqrt{2.653,3}}\right)$$

$$= P(Z > -0.613,9) = 1 - \Phi(-0.613,9) = \Phi(0.613,9) = 0.730,4。$$

10. 解：（1）已知總體 $X \sim N(500, 10^2)$，所以樣本均值 $\bar{X} \sim N(500, \frac{10^2}{25})$，即 $\bar{X} \sim N(500, 2^2)$。有

$$P(\bar{X} \leq 499) = P\left(\frac{\bar{X}-500}{2} \leq \frac{499-500}{2}\right)$$

$$= P(Z \leq -0.5) = \Phi(-0.5) = 0.308,5。$$

（2）由於總體標準差未知，有 $T = \frac{\bar{X}-\mu}{S/\sqrt{n}} = \frac{\bar{X}-500}{10/\sqrt{25}} \sim t(25-1)$，所以

$$P(\bar{X} \leq 499) = P\left(\frac{\bar{X}-500}{10/\sqrt{25}} \leq \frac{499-500}{10/\sqrt{25}}\right)$$

$$= P(T \leq -0.5) = 0.310,8。$$

第五章　參數估計

一、統計知識

在實際問題中，人們往往直接對總體的某個特徵數（參數）感興趣，因此參數估計是一個經常遇到的問題。參數估計就是在抽樣及抽樣分佈的基礎上，根據樣本特徵來推斷總體的數量特徵。點估計和區間估計是參數估計的兩種常用方法。

（一）參數的點估計

1. 點估計的概念

點估計就是以樣本觀測數據為依據，對總體參數做出確定值的估計，即用一個樣本的具體統計量的值去估計總體的未知參數。

2. 評價點估計優劣的標準

（1）無偏性：以樣本統計量 $\hat{\theta}$ 估計總體參數 θ，如果 $E(\hat{\theta}) = \theta$，則稱 $\hat{\theta}$ 是 θ 的無偏估計量，否則稱為有偏估計量。

（2）一致性：隨著樣本容量的增大，估計值與參數值之間有較大偏差的可能性應當可以足夠小。即對 $\forall \varepsilon > 0$，$\lim\limits_{n \to +\infty} P(|\hat{\theta}_n - \theta| < \varepsilon) = 1$。它也可以記為 $\hat{\theta}_n \xrightarrow{P} \theta$（$n \to \infty$），稱為 $\hat{\theta}_n$ 依概率收斂於 θ，符合這一要求的估計量叫作一致性估計量。

（3）有效性：如果 $\hat{\theta}_1$，$\hat{\theta}_2$ 都是參數 θ 的無偏估計，但 $D(\hat{\theta}_1) < D(\hat{\theta}_2)$，則稱 $\hat{\theta}_1$ 比 $\hat{\theta}_2$ 更有效。即對同一參數的兩個無偏估計量，看它們誰能更穩定在 θ 的附近，有更小方差的估計量更有效。

3. 常用的點估計

在實際問題中，總體均值 μ、比例 π、標準差 σ 這些參數常常是人們認識一個現象重點關注的量。這些參數的點估計量分別為：

$$\hat{\mu} = \bar{X} = \frac{1}{n}\sum_{i=1}^{n} X_i$$

$$\hat{\pi} = P = \frac{m}{n}$$

$$\hat{\sigma} = S = \sqrt{\frac{1}{n-1}\sum_{i=1}^{n}(X_i - \bar{X})^2}$$

其中，n 為樣本容量，m 是樣本中具有某種特徵的單位數。這些點估計量都滿足無偏性、一致性和有效性的要求。

（二）參數的區間估計

區間估計是在一定的置信度下，用一個區間範圍來估計總體參數，即估計總體參數的置信區間。

1. 單總體參數的區間估計

單總體均值、比例、方差的置信區間見表 5-1。

表 5-1　　　　　　　　　　單總體參數的區間估計

參數	條件	置信區間
均值 μ	總體正態，方差 σ^2 已知	$(\bar{x} - z_{\alpha/2}\frac{\sigma}{\sqrt{n}}, \bar{x} + z_{\alpha/2}\frac{\sigma}{\sqrt{n}})$
	總體正態，方差 σ^2 未知	$(\bar{x} - t_{\alpha/2}(n-1)\cdot\frac{s}{\sqrt{n}}, \bar{x} + t_{\alpha/2}(n-1)\cdot\frac{s}{\sqrt{n}})$
	總體非正態，大樣本 ($n \geq 30$)	$(\bar{x} - z_{\alpha/2}\frac{\sigma}{\sqrt{n}}, \bar{x} + z_{\alpha/2}\frac{\sigma}{\sqrt{n}})$ 或 $(\bar{x} - z_{\alpha/2}\frac{s}{\sqrt{n}}, \bar{x} + z_{\alpha/2}\frac{s}{\sqrt{n}})$
比例 π	大樣本 ($n \geq 30, np \geq 5, n(1-p) \geq 5$)	$(p - z_{\alpha}\sqrt{\frac{p(1-p)}{n}}, p + z_{\alpha}\sqrt{\frac{p(1-p)}{n}})$
方差 σ^2	總體正態	$\left(\frac{(n-1)s^2}{\chi^2_{\alpha/2}}, \frac{(n-1)s^2}{\chi^2_{1-\alpha/2}}\right)$

2. 雙總體參數的區間估計

雙總體均值差、比例差、方差比的置信區間見表 5-2。

第五章　參數估計

表 5-2　　　　　　　　　　雙總體參數的區間估計

參數	條件	置信區間
均值差 $\mu_1 - \mu_2$	總體正態，兩組樣本一一配對	$\left(\bar{d} - t_{\alpha/2}(n-1)\dfrac{s_d}{\sqrt{n}},\ \bar{d} + t_{\alpha/2}(n-1)\dfrac{s_d}{\sqrt{n}}\right)$
	兩個獨立的正態總體，方差已知	$(\bar{x}_1 - \bar{x}_2) \pm z_{\alpha/2}\sqrt{\dfrac{\sigma_1^2}{n_1} + \dfrac{\sigma_2^2}{n_2}}$
	兩個獨立的正態總體，方差未知但相等	$(\bar{x}_1 - \bar{x}_2) \pm t_{\alpha/2}(n_1 + n_2 - 2) \cdot \sqrt{s_p^2\left(\dfrac{1}{n_1} + \dfrac{1}{n_2}\right)}$
	兩個獨立的正態總體，方差未知且不等	$(\bar{x}_1 - \bar{x}_2) \pm t_{\alpha/2}(df)\sqrt{\dfrac{s_1^2}{n_1} + \dfrac{s_2^2}{n_2}}$
	兩個獨立的非正態總體，都為大樣本	$(\bar{x}_1 - \bar{x}_2) \pm z_{\alpha/2}\sqrt{\dfrac{s_1^2}{n_1} + \dfrac{s_2^2}{n_2}}$
比例差 $\pi_1 - \pi_2$	兩樣本都為大樣本 $\left(\begin{array}{l}n_1 \geq 30, n_1p_1 \geq 5, n_1q_1 \geq 5,\\ n_2 \geq 30, n_2p_2 \geq 5, n_2q_2 \geq 5\end{array}\right)$	$(p_1 - p_2) \pm z_{\alpha/2}\sqrt{\dfrac{p_1(1-p_1)}{n_1} + \dfrac{p_2(1-p_2)}{n_2}}$
方差比 σ_1^2/σ_2^2	兩個獨立的正態總體	$\left(\dfrac{s_1^2/s_2^2}{F_{\alpha/2}},\ \dfrac{s_1^2/s_2^2}{F_{1-\alpha/2}}\right)$

表 5-2 中，$s_p^2 = \dfrac{(n_1-1)s_1^2 + (n_2-1)s_2^2}{n_1 + n_2 - 2}$，$df = \dfrac{\left(\dfrac{s_1^2}{n_1} + \dfrac{s_2^2}{n_2}\right)^2}{\dfrac{(s_1^2/n_1)^2}{n_1 - 1} + \dfrac{(s_2^2/n_2)^2}{n_2 - 1}}$。

（三）樣本容量的確定

在抽樣調查的設計階段，人們一般需要確定滿足估計精度要求的最小抽樣樣本容量。

1. 估計總體均值時樣本容量的確定

令 Δ 表示所能容忍的邊際誤差（也稱抽樣極限誤差），在重複抽樣條件下，有 $\Delta = z_{\alpha/2}\dfrac{\sigma}{\sqrt{n}}$，由此可推導出所需樣本容量為：

$$n = \dfrac{(z_{\alpha/2})^2 \sigma^2}{\Delta^2}$$

實際樣本容量取不小於計算結果的最小整數（圓整法則）。式中總體標準差 σ 未知時的一般措施是：①可根據歷史的資料來估計 σ，並且如果有多個可選的總體方差值，為了保證估計的精度和置信度，應選最大的；②用試調查的辦法，抽選一

109

個初始樣本，以該樣本的標準差作為 σ 的估計值。

2. 估計總體比例時樣本容量的確定

在重複抽樣條件下，估計總體比例置信區間的邊際誤差為 $\Delta = z_{\alpha/2}\sqrt{\dfrac{\pi(1-\pi)}{n}}$，由此推導出確定樣本容量的公式為：

$$n = \dfrac{(z_{\alpha/2})^2 \cdot \pi(1-\pi)}{\Delta^2}$$

式中 π 的值是未知的，解決的辦法是：①用過去的（或類似資料的）比例來代替；②用試調查的辦法，抽選一個初始樣本，以該樣本的比例作為 π 的估計值；③直接取 $\pi = 0.5$。

二、統計實驗

(一) 實驗目的

掌握借助 Excel 完成參數點估計和區間估計有關計算的方法。能夠根據軟件返回的計算結果得出最終的分析結論。

(二) 實驗內容

(1) 使用 Excel 函數完成總體參數區間估計的有關計算，得出估計區間。

(2) 使用描述統計工具完成總體參數區間估計的有關計算，並得出所需的估計區間。

(三) 實驗操作

對總體參數的點估計主要涉及有關統計量的計算，在 Excel 中可以直接調用函數實現。

對總體參數進行區間估計，可以使用函數和自編公式的方法來完成置信區間上限與下限的有關計算。

1. 總體正態、標準差已知時對均值的區間估計

當總體服從正態分佈且標準差 σ 已知時，對總體均值 μ 的區間估計為 $\bar{x} \pm z_{\alpha/2} \cdot \dfrac{\sigma}{\sqrt{n}}$。

在 Excel 中可使用函數「CONFIDENCE.NORM」計算抽樣的極限誤差 $z_{\alpha/2} \cdot \dfrac{\sigma}{\sqrt{n}}$，調用格式為：

第五章 參數估計

CONFIDENCE.NORM(alpha,standard_dev,size)。

其中,alpha 是對應於置信度(1-α)的 α 值,Standard_dev 為已知的總體標準差 σ,Size 為樣本容量 n。

【例 5.1】從一個年級隨機抽取 20 名學生,得知他們的統計學成績如下:

| 80 | 92 | 85 | 74 | 63 | 68 | 94 | 96 | 81 | 86 |
| 73 | 83 | 91 | 72 | 82 | 84 | 79 | 87 | 91 | 64 |

(1)點估計:對該年級統計學平均分、90 分以上的比例、成績的標準差做點估計;

(2)區間估計:假設成績服從正態分佈,標準差 $\sigma=10$ 分,試以 90% 的置信度估計該年級統計學課程成績的置信區間。

【操作提示】

(1)點估計的操作:假設已經將樣本成績數據錄入在 A1:J2 單元格。在 Excel 中直接調用函數:

在空白單元格輸入「=AVERAGE(A1:J2)」,返回樣本均值 81.25,它就是總體均值 μ 的估計值;

在空白單元格輸入「=COUNTIF(A1:J2,">=90")/COUNT(A1:J2)」,返回樣本比例 0.25,它就是總體比例 π 的估計值;

在空白單元格輸入「=STDEV.S(A1:J2)」,返回樣本標準差 9.694,7,它就是總體標準差 σ 的估計值。

(2)區間估計的操作:假設已經將樣本成績數據錄入在 A1:J2 單元格。在 Excel 中調用函數完成置信區間的計算:

置信下限:輸入「=AVERAGE(A1:J2)-CONFIDENCE.NORM(0.1,10,20)」,返回 77.572;

置信上限:輸入「=AVERAGE(A1:J2)+CONFIDENCE.NORM(0.1,10,20)」,返回 84.928。

所以,該年級統計學課程成績置信度 90% 的置信區間為(77.572,84.928)。

為方便應用,Excel 也可以通過定義變量名稱來實現單元格數據引用。

【操作步驟】

(1)輸入變量名和變量值。在 A 列輸入變量名「樣本數據」和具體的樣本數值,在 B 列輸入變量名「總體標準差」和已知的標準差數值,在 C 列輸入變量名「置信度」和給定的置信度數值。

(2)定義名稱。選中 A、B、C 三列之後(鼠標移到 A 列位置,呈黑色向下箭頭時按下左鍵並向右拖動即可實現整列定義。如果只想對已有區域的單元格數據定義變量名稱,則只需選中相應區域),點擊「公式」菜單中的「根據所選內容創建」工具,彈出的對話框中已經默認勾選「首行」,所以直接點擊「確定」完成變量名定義(如圖 5-1)。

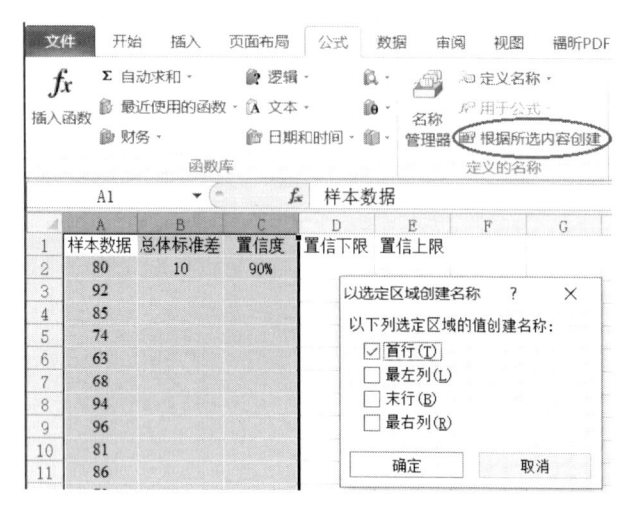

图 5-1　Excel 定義名稱

（3）計算置信區間。

置信下限：在 D2 單元格輸入「= AVERAGE（樣本數據）- CONFIDENCE.NORM（1 - 置信度，總體標準差，COUNT（樣本數據））」，返回 77.572；

置信上限：在 E2 單元格輸入「= AVERAGE（樣本數據）+ CONFIDENCE.NORM（1 - 置信度，總體標準差，COUNT（樣本數據））」，返回 84.928；

注意這些公式中引用的是定義的變量名稱，以後使用該工作表進行同類問題的區間估計時，只需在 A 列輸入新的樣本數據（樣本容量可多可少），在 B2 與 C2 單元格輸入相應的已知數據，即可得出所求置信區間。其他類型的區間估計問題，也可以仿照這樣操作。

2. 總體正態、標準差未知時對均值的區間估計

當總體服從正態分佈、標準差 σ 未知時，對總體均值 μ 的區間估計為 $\bar{x} \pm t_{\alpha/2} \cdot \dfrac{s}{\sqrt{n}}$。下面以例 5.2 具體說明這類問題的操作方法。

【例 5.2】參加某項體育比賽的人的年齡可以視為服從正態分佈。現隨機調查了 30 位參賽者，他們的年齡如下：

19	20	18	22	21	23	21	22	16	18
17	17	27	19	16	22	16	20	20	19
19	19	16	21	19	22	19	20	20	22

求該項目所有參賽者平均年齡置信度為 90% 的置信區間。

【方法 1】用函數 CONFIDENCE.T 計算

在 Excel 中可使用函數「CONFIDENCE.T」計算抽樣極限誤差 $t_{\alpha/2} \cdot \dfrac{s}{\sqrt{n}}$，調用

第五章 參數估計

格式為：

$$\text{CONFIDENCE.T}(\text{alpha}, \text{standard\_dev}, \text{size})。$$

其中，alpha 是對應於置信度（1-α）的 α 值，Standard_dev 為標準差，Size 為樣本容量 n。

（1）把數據輸入（複製）到 A1:J3 單元格；

（2）對照公式 $\bar{x} \pm t_{1-\alpha/2} \dfrac{s}{\sqrt{n}}$ 編輯函數：

計算置信下限，輸入：

=AVERAGE(A1:J3)-CONFIDENCE.T(0.1,STDEV.S(A1:J3),30)

返回 18.905。

計算置信上限，輸入：

=AVERAGE(A1:J3)+CONFIDENCE.T(0.1,STDEV.S(A1:J3),30)

返回 20.428。

其中，AVERAGE(A1:J3) 計算樣本平均值 $\bar{x}$，0.1 是 α 值，STDEV.S(A1:J3) 計算樣本標準差 s，30 是樣本容量。

所以，參賽者平均年齡置信度 90% 的置信區間為（18.905, 20.428）歲。

【方法2】利用描述統計工具的報告結果

將樣本數據錄入為一列，比如放置於 A1:A30，然後點擊「數據」菜單中的「數據分析」，在彈出的對話框中選擇「描述統計」，在「描述統計」對話框中，把置信度改為「90%」，其他如圖 5-2 所示對應填入，「確定」後可得圖 5-2 右下角所示結果。

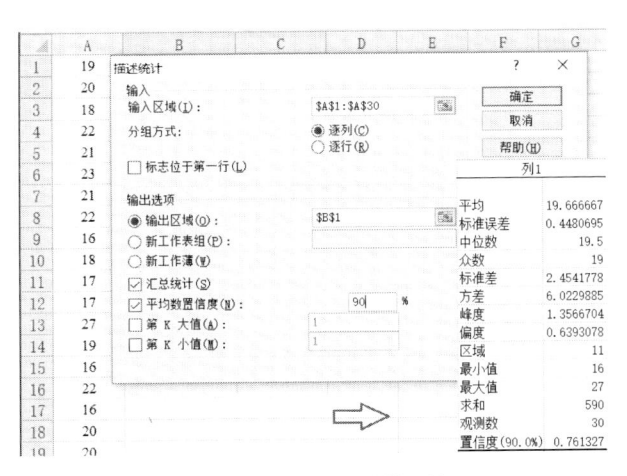

圖 5-2　Excel 描述統計工具

由圖 5-2 的輸出結果可得，樣本均值為 19.67，抽樣極限誤差為 0.76，所以參賽者平均年齡置信度為 90% 的置信區間為：

（19.67-0.76，19.67+0.76）=（18.91，20.43）。

注意：借助描述統計工具的報告結果，「置信度」對應值是按公式 $t_{\alpha/2} \cdot \dfrac{s}{\sqrt{n}}$ 計算的抽樣極限誤差，因而利用它進行總體均值的區間估計，適用於正態總體、標準差未知的情形。當然如果是大樣本，也適用於總體分佈未知的情形。

3. 總體比例、方差的區間估計

對總體比例進行區間估計要求樣本為大樣本，公式是：

$$\left(p - z_{\frac{\alpha}{2}}\sqrt{\frac{p(1-p)}{n}},\ p + z_{\frac{\alpha}{2}}\sqrt{\frac{p(1-p)}{n}}\right)$$

對總體方差進行區間估計要求總體服從正態分佈，公式是：

$$\left(\frac{(n-1)s^2}{\chi^2_{\alpha/2}},\ \frac{(n-1)s^2}{\chi^2_{1-\alpha/2}}\right)$$

在 Excel 中主要是通過調用函數並編寫算式，分別計算置信區間的上限、下限，得到總體比例及方差的置信區間。涉及的函數主要有：

NORM.S.INV（probability）：返回左側面積為 probability 的標準正態分佈臨界值；

SQRT（number）：返回數值 number 的正平方根；

VAR.S（number1，[number2]，…）：計算樣本方差 s^2；

CHISQ.INV（probability, deg_freedom）：返回左尾面積為 probability 的卡方分佈臨界值。

借助 Excel 進行雙總體參數的區間估計，也主要是對照公式通過調用 Excel 函數並編寫算式分別計算置信區間的上限和下限。

(四) 實驗實踐

1. 從行業隨機抽取了 40 名職工，調查他們一週的工作時長（單位：小時），結果如下：

48	41	52	59	58	62	35	48	58	42
45	38	37	43	45	35	46	47	51	47
48	47	59	49	49	46	64	56	60	45
62	39	54	56	63	49	46	55	47	55

要求：

（1）試以 95% 的置信度估計該行業職工每週工作時長的範圍；

（2）試以 90% 的置信度估計該行業職工每週工作時長在 56 小時以上（不含 56 小時）的職工所占的比例；

（3）職工工作時長可以認為服從正態分佈，試以 95% 的置信度估計該行業職工每週工作時長方差的範圍。

第五章 參數估計

2. 比較兩種配方所生產的某種產品的性能，經抽樣測定得到抗拉強度數據如下表所示（單位：kg）：

| 配方Ⅰ | 78.4 | 83.7 | 82.9 | 68.7 | 77.5 | 77.9 | 72.7 | 83.6 | 71.9 | 78.4 | 81.1 |
| 配方Ⅱ | 69.9 | 70.5 | 59.7 | 59.6 | 74.7 | 65.4 | 70.9 | 73.2 | 73.2 | 61.8 | 72.6 | 65.9 |

假定抗拉強度服從正態分佈。

（1）假定兩個總體方差相等，試以95%的置信度估計配方Ⅰ與配方Ⅱ產品抗拉強度的差異；

（2）假定兩個總體方差不相等，仍以95%的置信度估計配方Ⅰ與配方Ⅱ產品抗拉強度的差異。

3.（計算機模擬問題）用計算機模擬從一個總體中隨機抽取一定數量的產品進行調查，並依據所得樣本數據對總體參數進行估計，驗證統計推斷方法的有效性。

【提示】可以執行以下操作：

（1）獲得樣本數據。借助Excel的「隨機數發生器」產生30個服從正態分佈的數據，不妨設想為特定人群的身高（單位：cm），設定均值為168，標準差為5。

（2）以樣本統計量對總體參數（均值、方差、比例）做點估計，注意查看估計的誤差大小。

（3）以樣本數據對總體參數做區間估計，注意查看總體參數在你估計的範圍之內嗎？

（4）改變總體標準差和樣本容量的大小，重新生成樣本數據，再對總體參數進行推斷，看看結論有何不同？設定的標準差和樣本容量是如何影響估計結果的？

三、統計實訓

（一）單項選擇題

1. 抽樣平均誤差是指樣本平均數（或樣本比例）的（　　）。
   A. 平均差　　　B. 算術平均數　　　C. 標準差　　　D. 標準差系數

2. 抽樣極限誤差是指（　　）。
   A. 抽樣誤差的平均數　　　　　B. 抽樣平均數的標準差
   C. 抽樣成數的標準差　　　　　D. 置信區間的允許誤差範圍

3. 當可靠度大於68.27%時，抽樣極限誤差（　　）。
   A. 大於抽樣平均誤差
   B. 小於抽樣平均誤差
   C. 等於抽樣平均誤差

D. 與抽樣平均誤差的大小關係依樣本容量而定

4. 在邊際誤差一定的條件下，可以提高抽樣推斷可靠性的方法是（　　）。

　　A. 擴大樣本容量　　　　　　　　B. 擴大總體標準差

　　C. 縮小樣本容量　　　　　　　　D. 縮小總體標準差

5. 抽樣調查的根本目的是（　　）。

　　A. 掌握樣本特徵　　　　　　　　B. 掌握樣本統計量

　　C. 推斷總體特徵　　　　　　　　D. 獲取詳細的總體資料

6. 隨著樣本容量的增大，幾乎可以肯定點估計量的值越來越接近被估計總體參數的真實值，這種性質是估計量的（　　）。

　　A. 無偏性　　　　　　　　　　　B. 穩健性

　　C. 有效性　　　　　　　　　　　D. 一致性

7. 參數點估計的無偏性是指（　　）。

　　A. 樣本指標等於總體指標

　　B. 估計量的值等於被估計的總體參數

　　C. 樣本平均數等於總體平均數

　　D. 估計量的數學期望等於被估計的總體參數

8. 一個估計量的有效性是指（　　）。

　　A. 該估計量的方差比其他估計量小

　　B. 該估計量的期望值等於被估計的總體參數

　　C. 隨著樣本容量的增大，該估計量的值越來越接近總體參數

　　D. 該估計量的方差比其他估計量大

9. 當置信度一定時，置信區間的寬度隨樣本容量增大而（　　）。

　　A. 增大　　　　B. 減小　　　　C. 不變　　　　D. 先增後減

10. 在簡單隨機重複抽樣條件下，當置信度從 68.27% 提高到 95.45% 時，若要保證置信區間的寬度不變，則必要的樣本容量應該（　　）。

　　A. 增加 4 倍　　　　　　　　　　B. 增加 2 倍

　　C. 增加 3 倍　　　　　　　　　　D. 減少一半

11. 現隨機抽查某企業生產的茶葉 36 袋，發現平均重量為 99 克，抽樣平均誤差為 1 克，則以 95.45% （$z_{\frac{\alpha}{2}}=2$）的把握估計，每袋茶葉的重量範圍是（　　）。

　　A. (99−1, 99+1)　　　　　　　　B. (99−2, 99+2)

　　C. (99−3, 99+3)　　　　　　　　D. $(99-\frac{1}{3}, 99+\frac{1}{3})$

12. 對某單位職工的文化程度進行抽樣調查，得知其中 80% 的人是高中畢業，抽樣平均誤差為 2%，當置信度為 95.45% 時（$z_{\frac{\alpha}{2}}=2$），估計該單位職工中具有高中文化程度的比重是（　　）。

　　A. 在 78%~82% 之間　　　　　　B. 等於 78%

C. 在76%~84%之間　　　　　　　D. 大於84%

13、置信區間的寬度表現了區間估計的（　　）。

　　A. 可靠度　　　B. 置信度　　　C. 把握度　　　D. 精確度

14. 想要估計兩地果樹的平均結果量的差異，在甲地隨機抽取100株，乙地隨機抽取80株，獲得了兩地樣本的平均結果量與標準差。則要估計兩地果樹平均結果量的差異應使用的計算方法為（　　）。

A. $(\bar{x}_1 - \bar{x}_2) \pm z_{\frac{a}{2}} \sqrt{\frac{s_1^2}{n_1} + \frac{s_2^2}{n_2}}$　　　B. $\bar{x} \pm z_{\frac{a}{2}} \frac{s}{\sqrt{n}}$

C. $(\bar{x}_1 - \bar{x}_2) \pm z_{\frac{a}{2}} \sqrt{\frac{\sigma_1^2}{n_1} + \frac{\sigma_2^2}{n_2}}$　　　D. $(\bar{x}_1 - \bar{x}_2) \pm t_{\frac{a}{2}}(n_1 + n_2 - 2) \sqrt{\frac{s_1^2}{n_1} + \frac{s_2^2}{n_2}}$

15. 下表是2006年中國31個主要城市年平均相對濕度的數據（單位:%）。

城市	年平均相對濕度	城市	年平均相對濕度	城市	年平均相對濕度
拉薩	35	長春	59	廣州	71
呼和浩特	47	天津	61	合肥	72
銀川	51	鄭州	62	福州	72
北京	53	西安	67	長沙	72
烏魯木齊	54	沈陽	68	重慶	75
石家莊	55	昆明	69	南寧	76
蘭州	56	上海	70	溫江	77
西寧	56	南京	71	海口	78
哈爾濱	57	杭州	71	貴陽	79
太原	58	南昌	71		
濟南	58	武漢	71		

根據表中數據回答下列問題：

（1）根據表中數據對年平均相對濕度進行分組時，適合的組數為（　　）。

　　A. 2組　　　B. 6組　　　C. 3組　　　D. 16組

（2）31個城市年平均相對濕度的中位數為（　　）。

　　A. 35　　　B. 79　　　C. 68　　　D. 71

（3）31個城市年平均相對濕度的眾數為（　　）。

　　A. 35　　　B. 79　　　C. 68　　　D. 71

（4）31個城市的年平均相對濕度可以視為從全國所有城市中抽取的隨機樣本。假定全國年平均相對濕度服從正態分佈，且總體標準差為11，則全國年平均相對濕度95%置信度的區間估計為（　　）。

A. $\left(64.3 - 1.96 \times \frac{11}{\sqrt{31}},\ 64.3 + 1.96 \times \frac{11}{\sqrt{31}}\right)$

B. $\left(64.3 - 1.96 \times \dfrac{11}{31},\ 64.3 + 1.96 \times \dfrac{11}{31}\right)$

C. $\left(64.3 - 1.96 \times \dfrac{11}{\sqrt{30}},\ 64.3 + 1.96 \times \dfrac{11}{\sqrt{30}}\right)$

D. $\left(64.3 - 1.96 \times \dfrac{11}{30},\ 64.3 + 1.96 \times \dfrac{11}{30}\right)$

（5）如果希望估計中國所有城市中年平均相對濕度小於 60% 的城市所占的比例，則該比例 95% 置信度的區間估計為（　　）。

A. $\left(\dfrac{12}{31} - 1.96 \times \dfrac{12/31 \times 19/31}{\sqrt{31}},\ \dfrac{12}{31} + 1.96 \times \dfrac{12/31 \times 19/31}{\sqrt{31}}\right)$

B. $\left(\dfrac{12}{31} - 1.96 \times \dfrac{\sqrt{12/31 \times 19/31}}{\sqrt{31}},\ \dfrac{12}{31} + 1.96 \times \dfrac{\sqrt{12/31 \times 19/31}}{\sqrt{31}}\right)$

C. $\left(\dfrac{12}{31} - 1.96 \times \dfrac{12/31 \times 19/31}{31},\ \dfrac{12}{31} + 1.96 \times \dfrac{12/31 \times 19/31}{31}\right)$

D. $\left(\dfrac{12}{31} - 1.96 \times \dfrac{\sqrt{12/31 \times 19/31}}{31},\ \dfrac{12}{31} + 1.96 \times \dfrac{\sqrt{12/31 \times 19/31}}{31}\right)$

（二）多項選擇題

1. 為了估計總體均值，在確定抽樣樣本容量時不知道總體的方差，可以採用（　　）。

  A. 總體方差的歷史資料　　　　B. 其他總體的方差
  C. 自己估計一個方差值　　　　D. 直接取方差值為 0.5
  E. 調查前組織一次小規模試驗性的抽樣調查取得方差資料

2. 為了估計總體比例，在確定抽樣樣本容量時總體比例可以採用（　　）。

  A. 總體比例的歷史資料　　　　B. 其他總體的比例
  C. 自己估計一個比例值　　　　D. 直接取比例值為 0.5
  E. 調查前組織一次小規模試驗性的抽樣調查取得比例資料

3. 必要抽樣單位數取決於（　　）。

  A. 總體均值的大小　　　　　　B. 總體標志變動度的大小
  C. 允許誤差的大小　　　　　　D. 樣本標志變動度的大小
  E. 抽樣推斷的置信度

4. 評價點估計量優劣的標準有（　　）。

  A. 一致性　　B. 無偏性　　C. 顯著性　　D. 有效性
  E. 綜合性

5. 小樣本情況下，總體均值的區間估計方法是（　　）。

第五章　參數估計

A. 如果總體服從正態分佈,且總體方差已知,則置信區間為 $\left(\bar{X}-z_{\frac{\alpha}{2}}\frac{\sigma}{\sqrt{n}},\bar{X}+z_{\frac{\alpha}{2}}\frac{\sigma}{\sqrt{n}}\right)$

B. 如果總體服從正態分佈,且總體方差已知,則置信區間為 $\left(\bar{X}-t_{\frac{\alpha}{2}}\frac{\sigma}{\sqrt{n}},\bar{X}+t_{\frac{\alpha}{2}}\frac{\sigma}{\sqrt{n}}\right)$

C. 如果總體服從正態分佈,且總體方差未知,則置信區間為 $\left(\bar{X}-z_{\frac{\alpha}{2}}\frac{s}{\sqrt{n}},\bar{X}+z_{\frac{\alpha}{2}}\frac{s}{\sqrt{n}}\right)$

D. 如果總體服從正態分佈,且總體方差未知,則置信區間為 $\left(\bar{X}-t_{\frac{\alpha}{2}}\frac{s}{\sqrt{n}},\bar{X}+t_{\frac{\alpha}{2}}\frac{s}{\sqrt{n}}\right)$

E. 如果總體不服從正態分佈,且總體方差已知,則置信區間為 $\left(\bar{X}-t_{\frac{\alpha}{2}}\frac{\sigma}{\sqrt{n}},\bar{X}+t_{\frac{\alpha}{2}}\frac{\sigma}{\sqrt{n}}\right)$

6. 對總體比例進行區間估計,需要滿足的條件是(　　)。
   A. 大樣本　　　　　　　　　B. 總體服從正態分佈
   C. 小樣本　　　　　　　　　D. $np \geq 5$
   E. $n(1-p) \geq 5$

7. 一個置信水準 95% 的置信區間是指(　　)。
   A. 置信區間包含總體參數值的可能性是 95%
   B. 置信區間包含總體參數值的可能性是 1-95%
   C. 在用同樣方法構造的多個區間中,有 95% 的區間包含該總體參數
   D. 在用同樣方法構造的多個區間中,有 1-95% 的區間包含該總體參數
   E. 對於所有可能的樣本構造出的置信區間而言,會有 95% 的區間把該總體參數包含在內

8. 在總體均值和總體比例的區間估計中,下列中會影響邊際誤差大小的因素有(　　)。
   A. 置信水準
   B. 樣本容量
   C. 統計量的抽樣標準差(抽樣平均誤差)
   D. 抽樣方法(重複抽樣或不重複抽樣)
   E. 是否遵循隨機原則

9. 影響樣本均值抽樣平均誤差的因素有(　　)。
   A. 總體標志變異程度　　　　B. 樣本容量
   C. 抽樣方法　　　　　　　　D. 抽樣組織方式
   E. 可靠程度

10. 下列敘述中正確的有(　　)。
    A. 置信水準越高,邊際誤差越大　　B. 置信水準越高,邊際誤差越小
    C. 樣本容量越大,邊際誤差越大　　D. 樣本容量越大,邊際誤差越小
    E. 樣本均值越大,邊際誤差越大

119

(三) 判斷題

1. 在抽樣推斷中，抽樣誤差雖然不可避免但可以控制。（　）
2. 人們可以有意識地控制抽樣調查的大小，因為可以調整總體方差。（　）
3. 因為總體指標是一個未知的隨機變量，而樣本指標是一個確定的常量，所以才有可能用樣本指標去推斷總體指標。（　）
4. 點估計可以給出估計的可靠程度。（　）
5. 所有可能的樣本均值的平均數等於總體均值。（　）
6. 採用 $S = \sqrt{\dfrac{1}{n-1}\sum_{i=1}^{n}(X_i - \bar{X})^2}$ 作為總體標準差 σ 的估計量是無偏的。

（　）

7. 從 100 個住戶中隨機抽取了 10 戶，調查其月消費支出額。經計算得到 10 戶的平均月消費支出額為 3,500 元，標準差為 300 元。假定總體服從正態分佈，則總體平均月消費支出額 95% 的置信區間為 $\left(3,500 - 1.96 \times \dfrac{300}{10}, 3,500 + 1.96 \times \dfrac{300}{10}\right)$。

（　）

8. 樣本容量過大，統計量的標準誤差也會增大，對總體參數的估計會不準確。

（　）

9. 對 10,000 只燈泡進行耐用性能測試，根據以往資料，耐用時間標準差為 51.91 小時，若採用重複抽樣方法，概率保證度為 68.27%，平均耐用時數的誤差範圍不超過 9 小時。在這種條件下應抽取 34 只燈泡進行耐用性能測試。（　）
10. 為了估計總體均值，在確定樣本容量時不知道總體的方差，而總體的歷史資料中有多個可以借鑑的方差值，這時應選擇其中最大的。（　）

(四) 綜合應用題

1. 某企業工人每天加工產品件數可以認為服從正態分佈。現隨機抽取 9 人某天的工作作為樣本，調查得知他們加工的產品件數分別是（單位：件）：

   18　20　12　14　19　15　16　13　17

（1）如果已知總體標準差為 3 件，求總體均值的 95% 的置信區間；

（2）如果總體標準差未知，則總體均值的 95% 的置信區間又是多少？

2. 為了解某高原地區小學生血紅蛋白含量的平均水準，某研究者隨機抽取了該地區小學生 400 名，調查後算得其平均血紅蛋白為 105.0g/L，標準差為 10.0g/L。試求該地區小學生血紅蛋白含量置信度 95% 的置信區間。

3. 某企業用自動化設備封裝休閒食品，每袋重量可以認為服從正態分佈。現從一批產品中隨機抽取 20 袋作為樣本，測得它們的重量如下（單位：克）：

第五章　參數估計

| 204 | 196 | 198 | 200 | 201 | 201 | 202 | 198 | 203 | 206 |
| 203 | 204 | 199 | 201 | 205 | 201 | 197 | 199 | 197 | 205 |

試以 90%的置信度估計這批產品每袋重量的區間範圍。

4. 某研究小組從全校 25,000 名同學中隨機抽取了 36 人，調查大學生假期平均每天從事家務勞動的時間，結果為（單位：小時）：

1.3	2.6	1.8	0.5	0.8	1.5	2.6	3.5	1.1	0.7
1.4	2.5	1.9	2.2	0.8	0.9	1.7	2.2	0.8	1.1
2.0	1.5	0.9	1.0	1.7	2.1	3.0	2.6	1.8	2.8
3.5	1.7	2.4	2.5	2.2	1.2				

試以 95%的置信度估計該校學生假期平均每天從事家務勞動時間的區間範圍。

5. 有 500 人報名參加了某銀行的招聘考試，他們的成績可以認為是服從正態分佈的。現在按不重複抽樣隨機抽查了 25 人，得出他們的平均成績為 70 分，標準差為 8 分。試分別按置信度 90%、95%估計參試人員成績的置信區間。

6. 某市隨機抽選 2,400 名企業職工調查其月工資收入，數據如下表：

月工資（元）	職工人數（人）
3,000 以下	150
3,000~4,000	300
4,000~5,000	550
5,000~6,000	750
6,000~7,000	450
7,000 以上	200
合　計	2,400

（1）試以 90%的置信度估計該市企業職工月工資收入的區間範圍。

（2）如果月工資收入在 6,000 元以上為高工資，試以 95%的置信度推算該市高工資職工所占比例的區間範圍。

7. 從全校 4,000 名中學生中隨機抽選 200 人進行調查，結果有 160 人擁有筆記本電腦。試以 95%的置信度推算全校學生中有筆記本電腦的學生所占比例的區間範圍（按重複抽樣和不重複抽樣分別計算）。

8. 某自動車床加工的某種套筒直徑可以認為服從正態分佈。現從中隨機抽取了 16 個檢測它們的直徑（單位：mm），得到的數據如下：

| 9.006 | 9.030 | 9.091 | 9.057 | 9.030 | 9.065 | 9.095 | 9.073 |
| 9.032 | 9.087 | 9.010 | 9.092 | 9.067 | 9.023 | 9.050 | 9.076 |

試求總體方差 σ^2 及標準差 σ 的置信度 95%的置信區間。

9. 某地區欲對本年大量栽植的樹苗的存活率進行抽樣調查，根據歷史資料，存活率曾有 94%、92% 和 95%，現要求推斷的邊際誤差不超過 3%，置信度為 90%，

問需要抽取多少棵樹苗進行調查。

10. 在全校隨機抽取 10 名同學進行話費使用情況調查，他們在 3、4 月的話費消費情況如下表（單位：元）。假定話費消費額服從正態分佈。試估計該校同學 3、4 月份話費差額置信水準 95% 的置信區間。

同學	1	2	3	4	5	6	7	8	9	10
3 月話費	32	54	64	24	45	47	38	57	69	87
4 月話費	42	65	56	21	54	45	35	64	59	97

11. 某公司旗下有 A、B 兩家生產同一種發動機的企業，公司想瞭解兩個企業現在生產的發動機平均最大功率的差異，於是從 A 企業抽選了 20 臺發動機，測得樣本均值為 15,000kW，從 B 企業抽取了 16 臺發動機，測得樣本均值為 14,500kW。已知兩企業發動機最大功率服從正態分佈，標準差分別為 300kW 和 200kW，試求出兩總體均值差的置信水準為 95% 的置信區間。

12. 要想比較 A、B 兩類學校學生每週上網的時間，為此在 A 類學校隨機抽取了 17 個學生，瞭解到其上網時間的均值和標準差分別為 31 小時和 2 小時；在 B 類學校隨機抽取了 10 個學生，瞭解到其上網時間的均值和標準差分別為 28 小時和 3 小時。假定兩個總體都服從正態分佈，試分別在兩個總體方差相等與方差不等條件下構造 $\mu_1 - \mu_2$ 的置信水準為 95% 的置信區間。

13. 在對某地區中學生近視情況的調查中，隨機調查了 200 名初二學生，發現近視率為 45%；同時隨機調查 300 名初三學生，發現近視率為 54%。試以 90% 的置信水準估計該地區初三與初二學生近視率差別的置信區間。

14. 為了比較兩種不同土壤中果樹生長的時間，進行一項試驗。試驗中抽取了由 A 地的 25 棵樹組成的一個隨機樣本，得到其生長時間的方差為 111；又抽取了由 B 地的 36 棵樹組成的一個隨機樣本，得到其生長時間的方差為 94。假定兩獨立樣本均來自正態總體，試求 σ_1^2/σ_2^2 的置信水準為 95% 的置信區間。

15. 有兩種組裝產品的方法，資料反應所需時間（單位：分鐘）的方差分別為 $\sigma_1^2 = 15$、$\sigma_2^2 = 20$，若在 95% 的置信水準下估計兩種方法所需時間差值的置信區間，要求邊際誤差不超過 3 分鐘，則兩種方法應分別安排多少人參與實驗？

● 四、實訓題解

（一）單項選擇題

1. 答案：C。樣本平均數（或樣本比例）的標準差也稱為抽樣平均誤差。抽樣

第五章　參數估計

平均誤差反應了樣本統計量與總體參數的平均誤差程度。重複抽樣時，$\sigma_x = \dfrac{\sigma}{\sqrt{n}}$，$\sigma_p = \dfrac{\sqrt{\pi(1-\pi)}}{\sqrt{n}}$；不重複抽樣時，$\sigma_x = \dfrac{\sigma}{\sqrt{n}} \cdot \sqrt{\dfrac{N-n}{N-1}}$，$\sigma_p = \dfrac{\sqrt{\pi(1-\pi)}}{\sqrt{n}} \cdot \sqrt{\dfrac{N-n}{N-1}}$。

2. 答案：D。抽樣極限誤差（也稱為邊際誤差）是指置信區間的允許誤差範圍，一般記為Δ。如，以重複抽樣樣本對總體均值進行估計時，$\Delta = Z_{\frac{\alpha}{2}} \cdot \dfrac{\sigma}{\sqrt{n}}$。

3. 答案：A。抽樣極限誤差 $\Delta = Z_{\frac{\alpha}{2}} \times$ 抽樣平均誤差。當可靠度 $1-\alpha$ 等於 68.27% 時，$Z_{\frac{\alpha}{2}} = 1$。可用 Excel 函數「=NORM.S.INV(0.5+0.682,7/2)」計算該臨界值，因而當可靠度大於 68.27% 時，$Z_{\frac{\alpha}{2}} > 1$，此時抽樣極限誤差大於抽樣平均誤差。當然，當未知 σ 估計總體均值時，臨界值是 $t_{\frac{\alpha}{2}}(n-1)$，但由於 t 分佈通常比標準正態分佈更平坦，所以一般有 $t_{\frac{\alpha}{2}}(n-1) > Z_{\frac{\alpha}{2}}$，結論一致。

4. 答案：A。以重複抽樣來看，邊際誤差 $\Delta = Z_{\frac{\alpha}{2}} \cdot \dfrac{\sigma}{\sqrt{n}}$ 一定時，提高抽樣推斷的可靠性（即增大 $1-\alpha$），此時 $Z_{\frac{\alpha}{2}}$ 也會增大，而總體標準差 σ 是總體客觀存在的數量特徵，不可能改變，因而有效的辦法就是增大樣本容量 n。不重複抽樣同理。

5. 答案：C。抽樣調查的目的就是要借助樣本信息，通過樣本統計量推斷總體的特徵。

6. 答案：D。這就是參數點估計滿足一致性（點估計優劣評價標準之一）的意義。

7. 答案：D。這就是參數點估計滿足無偏性（點估計優劣評價標準之一）的意義。

8. 答案：A。這就是參數點估計滿足有效性（點估計優劣評價標準之一）的意義。

9. 答案：B。當置信度一定時，隨著樣本容量增大，邊際誤差將減小，從而置信區間的寬度將減小。

10. 答案：C。在簡單隨機重複抽樣條件下，當置信度從 68.27 提高到 95.45% 時，$Z_{\frac{\alpha}{2}}$ 從 1 增加到 2，若要保證置信區間的寬度不變，即邊際誤差Δ不變，則必要的樣本容量應該增大到原來的 4 倍，即需要再增加 3 倍。

11. 答案：B。大樣本時，總體均值的區間估計範圍可以表示為：$\bar{x} \pm Z_{\frac{\alpha}{2}} \times$ 抽樣平均誤差，所以是 99 ± 2。

12. 答案：C。總體比例的區間估計範圍可以表示為：$p \pm Z_{\frac{\alpha}{2}} \times$ 抽樣平均誤差，所以是 80% ± 2 × 2%。

13. 答案：D。置信區間的寬度表現的是區間估計的精確度。可靠度、置信度、把握度都與置信水準 $1-\alpha$ 含義一致。

14. 答案：A。大樣本、雙總體均值差的區間估計應該用選項 A 公式估計。

15.（1）答案：B。分組組數一般在 5~8 個組，數據量小時分組少一些，數據量大時分組多一些。本題選項中，A 和 C 項太小，D 項太大，只有 B 項相對適宜。

（2）答案：C。中位數位置為 $\frac{n+1}{2}=16$，年平均相對濕度排在第 16 位的是 68（沈陽）。

（3）答案：D。眾數是一組數據中出現次數最多的數，本題中 71 出現了 5 次，是出現次數最多的數。

（4）答案：A。已知總體服從正態分佈，且方差已知，則對總體均值 μ 的區間估計公式為：

$$\left(\bar{x} - Z_{\frac{\alpha}{2}} \cdot \frac{\sigma}{\sqrt{n}},\ \bar{x} + Z_{\frac{\alpha}{2}} \cdot \frac{\sigma}{\sqrt{n}}\right)$$

而已知 $\sigma=11$，$n=31$，由 $1-\alpha=95\%$ 查表知 $Z_{\frac{\alpha}{2}}=1.96$，再由題中數據可以計算出 $\bar{x}=64.3$，代入這些數據即得 A 選項結果。

（5）答案：B。樣本中有 12 個城市年平均相對濕度小於 60%，因而樣本比例為 $p=\frac{12}{31}$。樣本滿足大樣本條件（$n \geq 30$），且滿足 $np \geq 5$，$n(1-p) \geq 5$。對總體比例的區間估計公式為：

$$p \pm Z_{\frac{\alpha}{2}} \cdot \sqrt{\frac{p(1-p)}{n}}$$

代入 $p=\frac{12}{31}$、$n=31$、$Z_{\frac{\alpha}{2}}=1.96$，即得 B 選項結果。

（二）多項選擇題

1. 答案：AE。在確定樣本容量時不知道總體的方差，可以採用該總體方差的歷史資料，或者調查前組織一次小規模試驗性的抽樣調查取得方差資料。採用「其他總體的方差」不具有可借鑑價值；「自己估計一個方差值」太主觀；「直接取方差值為 0.5」毫無依據，不要與估計總體比例問題中確定樣本容量時可以直接取 $\pi=0.5$ 混淆了。

2. 答案：ADE。在確定樣本容量時不知道總體比例，可以採用該總體比例的歷史資料，或者調查前組織一次小規模試驗性的抽樣調查取得比例的資料。也可以直接取 $\pi=0.5$，此時的 π 值使乘積 $\pi(1-\pi)$ 最大，從而使得確定出的樣本容量最大，保證誤差控制的需要。另外，採用「其他總體的比例」不具有可借鑑價值；「自己估計一個比例值」太主觀。

第五章 參數估計

3. 答案：BCE。確定樣本容量 n 的公式為：$n = \dfrac{(Z_{\frac{\alpha}{2}})^2 \sigma^2}{\Delta^2}$（估計總體均值時），或者 $n = \dfrac{(Z_{\frac{\alpha}{2}})^2 \pi(1-\pi)}{\Delta^2}$（估計總體比例時），所以，必要抽樣單位數取決於「總體標志變動度的大小，即 σ^2 或 $\pi(1-\pi)$」「允許誤差的大小 Δ」「抽樣推斷的置信度 $1-\alpha$（α 的大小影響 $Z_{\frac{\alpha}{2}}$ 的大小）」。

4. 答案：ABD。評價點估計優劣的常見標準有三個：無偏性、有效性、一致性。另外有一個「充分性」，也是評價點估計優劣的一個標準，但它並不常用，所以一般教科書也沒有介紹。另外，假設檢驗中才有「顯著性」的說法，而「綜合性」則是無稽之談了。

5. 答案：AD。總體均值的區間估計方法是：如果總體服從正態分佈，且總體方差已知，則置信區間為 $\left(\bar{X} - z_{\frac{\alpha}{2}}\dfrac{\sigma}{\sqrt{n}},\ \bar{X} + z_{\frac{\alpha}{2}}\dfrac{\sigma}{\sqrt{n}}\right)$（不論是大樣本還是小樣本）；如果總體服從正態分佈，且總體方差未知，則置信區間為 $\left(\bar{X} - t_{\frac{\alpha}{2}}\dfrac{s}{\sqrt{n}},\ \bar{X} + t_{\frac{\alpha}{2}}\dfrac{s}{\sqrt{n}}\right)$（小樣本情況下就只能是這種形式；大樣本情況下則還可以把臨界值 $t_{\frac{\alpha}{2}}$ 用 $Z_{\frac{\alpha}{2}}$ 來近似，這樣置信區間就與接下來講的大樣本情況相同了）。在大樣本情況下（不論總體是否服從正態分佈），置信區間為 $\left(\bar{X} - z_{\frac{\alpha}{2}}\dfrac{s}{\sqrt{n}},\ \bar{X} + z_{\frac{\alpha}{2}}\dfrac{s}{\sqrt{n}}\right)$。

6. 答案：ADE。對總體比例做區間估計，需要滿足的前提條件是：大樣本（$n \geq 30$）、$np \geq 5$、$n(1-p) \geq 5$。無總體服從正態分佈的要求。

7. 答案：ACE。選項 A 是從可靠性角度來理解的；選項 C 和 E 都是從頻率角度來理解的。

8. 答案：ABCD。邊際誤差等於臨界值乘以統計量的抽樣標準差，而統計量的抽樣標準差會受到抽樣方法和樣本容量的影響，因而選項 ABCD 都會影響邊際誤差。如果沒有遵循隨機原則，則得到的調查數據是不能用來推斷總體參數的，因而 E 不能入選。

9. 答案：ABCD。簡單隨機抽樣下的抽樣平均誤差為 $\sigma_x = \dfrac{\sigma}{\sqrt{n}}$（其他抽樣組織方式的抽樣平均誤差與此有差異），如果採用了不重複抽樣，就還需要考慮修正系數，因而總體標志變異程度（σ）、樣本容量（n）、抽樣方法、抽樣組織方式都會影響樣本均值抽樣平均誤差。「可靠程度」只通過臨界值影響邊際誤差，因而 E 不入選。

10. 答案：AD。置信水準越高，則臨界值越大，因而邊際誤差越大；從邊際誤差的計算表達式可以發現，樣本容量越大，邊際誤差會越小。邊際誤差不受樣本均值影響，因而 E 不入選。

125

(三) 判斷題

1. 答案：√。由於抽樣具有隨機性，抽樣誤差是不可避免的，但人們常通過確定適當的樣本容量 n 來控制抽樣誤差。

2. 答案：×。總體方差是客觀對象自身具有的數量特徵，在統計調查或統計推斷中不管是否已知，它都是客觀存在的一個確定值，不可能改變其大小。可行的辦法是通過確定適當的樣本容量來控制抽樣誤差的大小。

3. 答案：×。總體指標（總體參數）是一個客觀存在的確定常量，樣本統計量是一個隨機變量，正是由於樣本統計量的隨機性，所以用樣本統計量去推斷總體參數時會存在抽樣誤差。

4. 答案：×。點估計可以給出一個確定的估計值，但無法像區間估計那樣給出估計的可靠程度。

5. 答案：√。用樣本均值估計總體均值是無偏的，有 $E(\bar{X})=\mu$，即所有可能的樣本均值的平均數等於總體均值。

6. 答案：√。樣本標準差 $S = \sqrt{\dfrac{1}{n-1}\sum\limits_{i=1}^{n}(X_i-\bar{X})^2}$ 是總體標準差 σ 的無偏估計量，有 $E(S)=\sigma$。但如果採用 $S^* = \sqrt{\dfrac{1}{n}\sum\limits_{i=1}^{n}(X_i-\bar{X})^2}$ 來估計 σ，則是有偏的，因為 $E(S^*) \neq \sigma$。

7. 答案：×。總體服從正態分佈，但總體標準差未知，樣本為小樣本，應該用 t 分佈的臨界值，區間估計的形式是 $(\bar{x}-t_{\frac{\alpha}{2}}(n-1)\times\dfrac{s}{\sqrt{n}}, \bar{x}+t_{\frac{\alpha}{2}}(n-1)\times\dfrac{s}{\sqrt{n}})$。查表可知 $t_{\frac{\alpha}{2}}(9) = 2.262$，故置信區間為：$(3,500 - 2.262 \times \dfrac{300}{\sqrt{10}}, 3,500 + 2.262 \times \dfrac{300}{\sqrt{10}})$。

8. 答案：×。樣本容量越大，抽樣的平均誤差會越小，即統計量的標準差會越小，對總體參數的點估計會可能更接近真實值；對總體參數的區間估計精度會更高。

9. 答案：√。本題 $\sigma = 51.91$，$\Delta = 9$，概率保證度 $1-\alpha = 68.27\%$ 時，$z_{\frac{\alpha}{2}} = 1$。所以

$$n = \dfrac{(Z_{\frac{\alpha}{2}})^2 \sigma^2}{\Delta^2} = \dfrac{1^2 \times 51.91^2}{9^2} \approx 33.27,$$

取不小於 33.27 的最小整數，即取 n = 34，故應抽取 34 只燈泡進行耐用性能測試。

10. 答案：√。為了滿足誤差控制的需要，從「保守」的角度出發，當歷史資料中有多個可借鑑的參數值時，應當選擇其中使得 n 最大的參數值。

第五章 參數估計

(四) 綜合應用題

1. 解：(1) 如果已知總體標準差 $\sigma = 3$，此時問題屬於「總體正態、方差已知」的類型，置信區間的公式是：$(\bar{x} - Z_{\frac{\alpha}{2}} \times \frac{\sigma}{\sqrt{n}}, \bar{x} + Z_{\frac{\alpha}{2}} \times \frac{\sigma}{\sqrt{n}})$。又由題干知 n = 9，由 $1-\alpha = 95\%$ 查表知 $Z_{\frac{\alpha}{2}} = 1.96$，由樣本觀測數據可以計算得到：

$$\bar{x} = \frac{1}{n}\sum_{i=1}^{n} x_i = \frac{1}{9}(18 + 20 + 12 + 14 + 19 + 15 + 16 + 13 + 17) = 16$$

故所求置信區間為：

$$\left(\bar{x} - Z_{\frac{\alpha}{2}} \times \frac{\sigma}{\sqrt{n}}, \bar{x} + Z_{\frac{\alpha}{2}} \times \frac{\sigma}{\sqrt{n}}\right) = \left(16 - 1.96 \times \frac{3}{\sqrt{9}}, 16 + 1.96 \times \frac{3}{\sqrt{9}}\right) = (14.04, 17.96)$$

(2) 當總體服從正態分佈，方差未知時，置信區間的公式是：$(\bar{x} - t_{\frac{\alpha}{2}}(n-1) \times \frac{s}{\sqrt{n}}, \bar{x} + t_{\frac{\alpha}{2}}(n-1) \times \frac{s}{\sqrt{n}})$。由 $1-\alpha = 95\%$ 查表知 $t_{\frac{\alpha}{2}}(8) = 2.306$，由樣本觀測數據可以計算得到：

$$s = \sqrt{\frac{1}{n-1}\sum_{i=1}^{n}(x_i - \bar{x})^2} = \sqrt{\frac{1}{8} \times 60} = 2.74$$

故所求置信區間為：

$$\left(\bar{x} - t_{\frac{\alpha}{2}}(n-1) \times \frac{s}{\sqrt{n}}, \bar{x} + t_{\frac{\alpha}{2}}(n-1) \times \frac{s}{\sqrt{n}}\right)$$

$$= \left(16 - 2.306 \times \frac{2.74}{\sqrt{9}}, 16 + 2.306 \times \frac{2.74}{\sqrt{9}}\right) = (13.89, 18.11)$$

2. 解：由題干知，n = 400，$\bar{x} = 105.0$，S = 10.0。由 $1-\alpha = 95\%$ 查表知 $Z_{\frac{\alpha}{2}} = 1.96$。由於總體分佈未知，但 n = 400 為大樣本（n≥30），所以置信區間為：

$$\left(\bar{x} - Z_{\frac{\alpha}{2}} \times \frac{s}{\sqrt{n}}, \bar{x} + Z_{\frac{\alpha}{2}} \times \frac{s}{\sqrt{n}}\right)$$

$$= \left(105.0 - 1.96 \times \frac{10.0}{\sqrt{400}}, 105.0 + 1.96 \times \frac{10.0}{\sqrt{400}}\right) = (104.02, 105.98)$$

即該地區小學生血紅蛋白含量置信度 95% 的置信區間為 104.02g/L 至 105.98g/L。

3. 解：根據樣本數據可以計算得到（建議借助 Excel 等軟件進行具體數據計算）：

$$\bar{x} = \frac{1}{n}\sum_{i=1}^{n} x_i = \frac{1}{20}\sum_{i=1}^{20} x_i = 201$$

$$s = \sqrt{\frac{1}{n-1}\sum_{i=1}^{n}(x_i - \bar{x})^2} = \sqrt{\frac{1}{19} \times 168} = 2.974$$

由 $1-\alpha=90\%$ 查表知 $t_{\frac{\alpha}{2}}(19)=1.729,1$，可以使用 Excel 函數計算「=T.INV.2T（10%,19）」。由於總體服從正態分佈，總體方差未知，所以置信區間為：

$$\left(\bar{x}-t_{\frac{\alpha}{2}}\times\frac{s}{\sqrt{n}},\ \bar{x}+t_{\frac{\alpha}{2}}\times\frac{s}{\sqrt{n}}\right)$$

$$=\left(201-1.729,1\times\frac{2.974}{\sqrt{20}},\ 201+1.729,1\times\frac{2.974}{\sqrt{20}}\right)=(199.85,\ 202.15)$$

即以 90% 的置信度估計，這批產品每袋重量在 199.85 克至 202.15 克之間。

4. 解：根據樣本數據可以計算得到：

$$\bar{x}=\frac{1}{n}\sum_{i=1}^{n}x_i=\frac{1}{36}\sum_{i=1}^{36}x_i=1.8$$

$$s=\sqrt{\frac{1}{n-1}\sum_{i=1}^{n}(x_i-\bar{x})^2}=\sqrt{\frac{1}{35}\times 22.22}=0.797$$

由 $1-\alpha=95\%$ 查表知 $Z_{\frac{\alpha}{2}}=1.96$。由於 $\frac{n}{N}=\frac{36}{25,000}<5\%$，所以可以不用進行不重複抽樣修正。因為總體分佈未知，但 n=36 為大樣本（n≥30），所以置信區間為：

$$\left(\bar{x}-Z_{\frac{\alpha}{2}}\times\frac{s}{\sqrt{n}},\ \bar{x}+Z_{\frac{\alpha}{2}}\times\frac{s}{\sqrt{n}}\right)$$

$$=\left(1.8-1.96\times\frac{0.797}{\sqrt{36}},\ 1.8+1.96\times\frac{0.797}{\sqrt{36}}\right)=(1.54,\ 2.06)$$

即以 95% 的把握度估計該校學生假期平均每天從事家務勞動時間為 1.54 至 2.06 小時。

5. 解：由題意知，N=500，n=25，$\bar{x}=70$，s=8。由於總體服從正態分佈，樣本為小樣本（n<30），且採用了不重複抽樣，故所求置信區間為：

$$\left(\bar{x}-t_{\frac{\alpha}{2}}(n-1)\cdot\frac{s}{\sqrt{n}}\cdot\sqrt{\frac{N-n}{N-1}},\ \bar{x}+t_{\frac{\alpha}{2}}(n-1)\cdot\frac{s}{\sqrt{n}}\cdot\sqrt{\frac{N-n}{N-1}}\right)$$

（1）當置信度為 90% 時，查表知 $t_{\frac{0.1}{2}}(24)=1.711$，所以

$$\left(\bar{x}-t_{\frac{\alpha}{2}}(n-1)\cdot\frac{s}{\sqrt{n}}\cdot\sqrt{\frac{N-n}{N-1}},\ \bar{x}+t_{\frac{\alpha}{2}}(n-1)\cdot\frac{s}{\sqrt{n}}\cdot\sqrt{\frac{N-n}{N-1}}\right)$$

$$=\left(70-1.711\times\frac{8}{\sqrt{25}}\times\sqrt{\frac{475}{499}},\ 70+1.711\times\frac{8}{\sqrt{25}}\times\sqrt{\frac{475}{499}}\right)=(67.33,72.67)$$

即按置信度 90% 構造的參試人員成績的置信區間為 (67.33, 72.67) 分。

（2）當置信度為 95% 時，查表知 $t_{\frac{0.05}{2}}(24)=2.064$，所以

$$\left(\bar{x}-t_{\frac{\alpha}{2}}(n-1)\cdot\frac{s}{\sqrt{n}}\cdot\sqrt{\frac{N-n}{N-1}},\ \bar{x}+t_{\frac{\alpha}{2}}(n-1)\cdot\frac{s}{\sqrt{n}}\cdot\sqrt{\frac{N-n}{N-1}}\right)$$

第五章 參數估計

$$= \left(70 - 2.064 \times \frac{8}{\sqrt{25}} \times \sqrt{\frac{475}{499}}, 70 + 2.064 \times \frac{8}{\sqrt{25}} \times \sqrt{\frac{475}{499}}\right) = (66.78, 73.22)$$

即按置信度95%構造的參試人員成績的置信區間為（66.78，73.22）分。

6. 解：（1）各組組中值及相關量的計算見下表：

月工資（元）	人數 (f_i)	組中值 (x_i)	$x_i \cdot f_i$	$(x_i - \bar{x})^2 \cdot f_i$
3,000 以下	150	2,500	375,000	1,083,398,438
3,000~4,000	300	3,500	1,050,000	854,296,875
4,000~5,000	550	4,500	2,475,000	259,960,937.5
5,000~6,000	750	5,500	4,125,000	73,242,187.5
6,000~7,000	450	6,500	2,925,000	775,195,312.5
7,000 以上	200	7,500	1,500,000	1,069,531,250
合　計	2,400	—	12,450,000	4,115,625,000

根據表中的計算數據，可得樣本平均值為：

$$\bar{x} = \frac{\sum_{i=1}^{n} x_i f_i}{\sum_{i=1}^{n} f_i} = \frac{12,450,000}{2,400} = 5,187.5$$

樣本標準差為：

$$s = \sqrt{\frac{\sum_{i=1}^{n}(x_i - \bar{x})^2 \cdot f_i}{\sum_{i=1}^{n} f_i - 1}} = \sqrt{\frac{4,115,625,000}{2,399}} = 1,309.79$$

當 $1-\alpha = 90\%$ 時，查表知 $Z_{\frac{\alpha}{2}} = 1.645$，故邊際誤差為：

$$\Delta_{\bar{x}} = z_{\frac{\alpha}{2}} \cdot \frac{s}{\sqrt{n}} = 1.645 \times \frac{1,309.79}{\sqrt{2,400}} = 43.98$$

置信下限 $= \bar{x} - \Delta_{\bar{x}} = 5,187.5 - 43.98 = 5,143.52$，
置信上限 $= \bar{x} + \Delta_{\bar{x}} = 5,187.5 + 43.98 = 5,231.48$，

所以，有 90% 的把握估計該市企業職工月工資在區間（5,143.52，5,231.48）元。

（2）由題知 $p = (450+200)/2,400 = 0.270,8$，樣本為大樣本（$n \geq 30$），且 $np \geq 5$，$n(1-p) \geq 5$。由 $1-\alpha = 95\%$ 查表知 $Z_{\frac{\alpha}{2}} = 1.96$。故邊際誤差為：

$$\Delta_p = Z_{\frac{\alpha}{2}} \cdot \sqrt{\frac{p(1-p)}{n}} = 1.96 \times \sqrt{\frac{0.270,8 \times 0.729,2}{2,400}} = 0.017,8$$

所以，總體比例的區間估計為：

$p - \Delta_p = 0.270,8 - 0.017,8 = 0.253,0$

$p + \Delta_p = 0.270,8 + 0.017,8 = 0.288,6$

故，有95%的把握估計月工資在6,000元以上的職工所占比例在25.30%至28.86%區間範圍內。

7. 解：由題知 $p = 160/200 = 0.8$，樣本為大樣本（$n \geq 30$），且 $np \geq 5$，$n(1-p) \geq 5$。由 $1-\alpha = 95\%$ 查表知 $Z_{\frac{\alpha}{2}} = 1.96$。

（1）按重複抽樣時，邊際誤差為：

$$\Delta_p = Z_{\frac{\alpha}{2}} \cdot \sqrt{\frac{p(1-p)}{n}} = 1.96 \times \sqrt{\frac{0.8 \times 0.2}{200}} = 0.055,4$$

所以，總體比例的區間估計為：

$p - \Delta_p = 0.8 - 0.055,4 = 0.744,6$

$p + \Delta_p = 0.8 + 0.055,4 = 0.855,4$

故，以95%的置信度估計全校學生中有筆記本電腦的學生所占比例的區間範圍是（74.46%，85.54%）。

（2）按不重複抽樣時，邊際誤差為：

$$\Delta_p = Z_{\frac{\alpha}{2}} \cdot \sqrt{\frac{p(1-p)}{n}} \cdot \sqrt{\frac{N-n}{N-1}} = 1.96 \times \sqrt{\frac{0.8 \times 0.2}{200}} \cdot \sqrt{\frac{4,000-200}{4,000-1}} = 0.054,0$$

所以，總體比例的區間估計為：

$p - \Delta_p = 0.8 - 0.054,0 = 0.746,0$

$p + \Delta_p = 0.8 + 0.054,0 = 0.854,0$

故，以95%的置信度估計全校學生中有筆記本電腦的學生所占比例的區間範圍是（74.60%，85.40%）。

8. 解：根據樣本數據可以計算得到：

$$s^2 = \frac{1}{n-1} \sum_{i=1}^{n} (x_i - \bar{x})^2 = 0.000,9$$

由 $1-\alpha = 95\%$ 查表知 $\chi^2_{\frac{\alpha}{2}}(15) = 27.488,4$，$\chi^2_{1-\frac{\alpha}{2}}(15) = 6.262,1$。總體滿足服從正態分佈條件，所以，總體方差 σ^2 的置信下限和置信上限分別為：

$$\frac{(n-1)s^2}{\chi^2_{\frac{\alpha}{2}}(15)} = \frac{15 \times 0.000,9}{27.488,4} = 0.000,5$$

$$\frac{(n-1)s^2}{\chi^2_{1-\frac{\alpha}{2}}(15)} = \frac{15 \times 0.000,9}{6.262,1} = 0.002,2$$

即總體方差 σ^2 的置信度95%的置信區間為（0.000,5，0.002,2）。

另外，由於 $\sqrt{0.000,5} = 0.022,2$，$\sqrt{0.002,2} = 0.046,4$，所以總體標準差 σ 的置信度95%的置信區間為（0.022,2，0.046,4）。

9. 解：根據題意，$\Delta = 3\%$；由置信度為 $1-\alpha = 90\%$，查表知 $Z_{\frac{\alpha}{2}} = 1.645$；由於歷史資料存活率曾有94%、92%和95%，借鑑最接近0.5的值，取 $\pi = 92\%$，因而

第五章　參數估計

$$n = \frac{(z_{\alpha/2})^2 \cdot \pi(1-\pi)}{\Delta^2} = \frac{1.645^2 \times 92\% \times 8\%}{3\%^2} = 221.29$$

n 應當取不小於 221.29 的最小整數，所以需要抽取 222 棵樹苗進行調查。

10. 解：兩組樣本是一一配對的，所以根據樣本數據可以計算得到 4 月份與 3 月份的話費差額 d_i 分別為：10、11、-8、-3、9、-2、-3、7、-10、10，因而

$$\bar{d} = \frac{1}{n}\sum_{i=1}^{n} d_i = \frac{1}{10}\sum_{i=1}^{10} d_i = 2.1$$

$$s_d = \sqrt{\frac{1}{n-1}\sum_{i=1}^{n}(d_i - \bar{d})^2} = \sqrt{\frac{1}{9} \times 592.9} = 8.117$$

當置信度 $1-\alpha = 95\%$ 時，查表知 $t_{\frac{\alpha}{2}}(9) = 2.262$。由於總體服從正態分佈，所以置信區間為：

$$\left(\bar{d} - t_{\frac{\alpha}{2}} \times \frac{s_d}{\sqrt{n}},\ \bar{d} + t_{\frac{\alpha}{2}} \times \frac{s_d}{\sqrt{n}}\right)$$

$$= \left(2.1 - 2.262 \times \frac{8.117}{\sqrt{10}},\ 2.1 + 2.262 \times \frac{8.117}{\sqrt{10}}\right) = (-3.71,\ 7.91)$$

即估計該校同學 3、4 兩月話費差額的置信水準 95% 的置信區間為（-3.71，7.91）元。

11. 解：由題意知，兩總體服從正態分佈，$n_1 = 20$，$\bar{x}_1 = 15,000$，$\sigma_1^2 = 300$，$n_2 = 16$，$\bar{x}_2 = 14,500$，$\sigma_2^2 = 200$，由 $1-\alpha = 95\%$ 查表知 $Z_{\frac{\alpha}{2}} = 1.96$。因而置信區間為：

$$(\bar{x}_1 - \bar{x}_2) \pm z_{\alpha/2}\sqrt{\frac{\sigma_1^2}{n_1} + \frac{\sigma_2^2}{n_2}}$$

$$= \left((15,000-14,500) - 1.96 \times \sqrt{\frac{300}{20} + \frac{200}{16}},\ (15,000-14,500) + 1.96 \times \sqrt{\frac{300}{20} + \frac{200}{16}}\right)$$

$$= (489.72,\ 510.28)$$

即兩總體均值差的置信水準為 95% 的置信區間為（489.72，510.28）kW。

12. 解：由題意知，兩總體服從正態分佈，但總體方差未知。$n_1 = 17$，$\bar{x}_1 = 31$，$s_1 = 2$，$n_2 = 10$，$\bar{x}_2 = 28$，$s_2 = 3$。

（1）當假定兩總體方差相等時，由 $1-\alpha = 95\%$ 查表知 $t_{\frac{\alpha}{2}}(25) = 2.059,5$。

$$s_p^2 = \frac{(n_1-1)s_1^2 + (n_2-1)s_2^2}{n_1 + n_2 - 2}$$

$$= \frac{16 \times 2^2 + 9 \times 3^2}{17 + 10 - 2} = 5.8$$

因而所求置信區間為：

$$(\bar{x}_1 - \bar{x}_2) \pm t_{\alpha/2}(n_1 + n_2 - 2) \cdot \sqrt{s_p^2 \left(\frac{1}{n_1} + \frac{1}{n_2}\right)}$$

$$= \left((31-28) - 2.059,5 \times \sqrt{5.8 \times \left(\frac{1}{17} + \frac{1}{10}\right)}, (31-28) + 2.059,5 \times \sqrt{5.8 \times \left(\frac{1}{17} + \frac{1}{10}\right)}\right)$$

$$= (1.023, 4.977)$$

（2）兩總體方差不相等時，t 分佈的自由度為：

$$df = \frac{\left(\frac{s_1^2}{n_1} + \frac{s_2^2}{n_2}\right)^2}{\frac{(s_1^2/n_1)^2}{n_1 - 1} + \frac{(s_2^2/n_2)^2}{n_2 - 1}} \approx 14$$

由 $1-\alpha=95\%$ 查表知 $t_{\frac{\alpha}{2}}(14) = 2.144,8$。因而所求置信區間為：

$$(\bar{x}_1 - \bar{x}_2) \pm t_{\alpha/2}(14) \sqrt{\frac{s_1^2}{n_1} + \frac{s_2^2}{n_2}}$$

$$= \left((31-28) - 2.144,8 \times \sqrt{\frac{4}{17} + \frac{9}{10}}, (31-28) + 2.144,8 \times \sqrt{\frac{4}{17} + \frac{9}{10}}\right)$$

$$= (0.715, 5.285)。$$

13. 解：由題意知，$n_1 = 200$，$p_1 = 45\%$，$n_2 = 300$，$p_2 = 54\%$，兩樣本相互獨立且滿足：$n_1 \geq 30$，$n_1 p_1 \geq 5$，$n_1(1 - p_1) \geq 5$，$n_2 \geq 30$，$n_2 p_2 \geq 5$，$n_2(1 - p_2) \geq 5$。由 $1-\alpha=90\%$ 查表知 $Z_{\frac{\alpha}{2}} = 1.645$。因而兩總體比例差的置信區間為：

$$(p_1 - p_2) \pm z_{\alpha/2} \sqrt{\frac{p_1(1-p_1)}{n_1} + \frac{p_2(1-p_2)}{n_2}}$$

$$= (54\% - 45\%) \pm 1.645 \times \sqrt{\frac{45\% \times 55\%}{200} + \frac{54\% \times 46\%}{300}}$$

$$= (1.52\%, 16.48\%)$$

即有 90% 的把握說，該地區初三學生近視率比初二學生高 1.52 至 16.48 個百分點。

14. 解：由題意知，兩樣本相互獨立且均來自正態總體。$n_1 = 25$，$s_1^2 = 111$，$n_2 = 36$，$s_2^2 = 94$。由 $1-\alpha=95\%$ 查表知（或由 Excel 2010 函數 F. INV. RT 計算），$F_{\frac{\alpha}{2}}(24, 35) = 2.061,7$，$F_{1-\frac{\alpha}{2}}(24, 35) = 0.460,1$。因而 σ_1^2/σ_2^2 的置信下限和置信上限分別為：

$$\frac{s_1^2/s_2^2}{F_{\frac{\alpha}{2}}} = \frac{111/94}{2.061,7} = 0.573$$

$$\frac{s_1^2/s_2^2}{F_{1-\frac{\alpha}{2}}} = \frac{111/94}{0.460,1} = 2.567$$

第五章 參數估計

即所求的 σ_1^2/σ_2^2 置信水準為95%的置信區間為（0.573, 2.567）。

15. 解：由題意知，$\sigma_1^2 = 15$，$\sigma_2^2 = 20$，$\Delta = 3$。由 $1-\alpha = 95\%$ 查表知 $Z_{\frac{\alpha}{2}} = 1.96$。故所需樣本容量為：

$$n_1 = n_2 = \frac{(z_{\frac{\alpha}{2}})^2 \cdot (\sigma_1^2 + \sigma_2^2)}{\Delta^2} = \frac{1.96^2 \times (15+20)}{3^2} = 14.94 \approx 15$$

即兩種方法應分別安排15人參與實驗。

第六章　假設檢驗

◉ 一、統計知識

假設檢驗是一種非常有用的統計推斷方法，它是先對總體參數或分佈提出一個假設，然後利用樣本信息去檢驗這個假設是否成立，或者說判斷總體的真實情況是否與提出的假設存在顯著的系統性差異的方法。

(一) 假設檢驗的基本問題

1. 假設檢驗的基本原理

假設檢驗的基本原理是小概率事件原理，即認為小概率事件在一次試驗中實際不會發生。檢驗中的判斷類似於數學中的「反證法」，如果依據樣本信息發現小概率事件發生了，就否定原假設；如果小概率事件沒有發生，就不否定原假設。

2. 假設檢驗中的兩類錯誤

假設檢驗可能犯兩類錯誤，具體情況見表 6-1。

表 6-1　　　　　　　　　假設檢驗中的兩類錯誤

類別	原假設為真	原假設為假
否定原假設	「棄真」，第一類錯誤，概率 α	判斷正確，概率 $1-\beta$
不否定原假設	判斷正確，概率 $1-\alpha$	「存偽」，第二類錯誤，概率 β

顯著性水準 α 在檢驗時事先給定，β 是未知的。在樣本容量 n 一定時，減小（增大）犯第一類錯誤的概率 α，則犯第二類錯誤的概率 β 將增大（減小），但二者並

第六章 假設檢驗

不是互補的。只有增大樣本容量，才可能使 α, β 都減小，或者在 α 不變的情況下，使 β 減小。

3. 原假設的提出

在實際應用中，一般把過去一直存在的、不輕易加以否定的觀點作為原假設 H_0，把研究者關心的、希望能夠得到驗證的觀點作為備擇假設 H_1。通常，總希望否定原假設而接受備擇假設（這樣得出的結論，犯錯的概率不超過 α，是比較可靠的），假設檢驗的實質就是樣本信息是否提供了充足的理由來否定原假設，所以，當不否定原假設時，不是認為它必然正確，而只是認為否定的理由還不充分。

4. 假設檢驗的基本步驟

（1）針對總體參數（參數檢驗）提出原假設 H_0 和備擇假設 H_1。

（2）確定檢驗方法，並根據樣本觀測數據計算出檢驗統計量的值。

（3）對於給定的顯著性水準 α，確定出檢驗的否定域（如果用 P 值規則，則計算檢驗統計量值對應的 P 值）。

（4）得出結論：如果檢驗統計量的值落入否定域（或者 P 值 < α），則否定原假設，否則就不否定原假設。

(二) 單總體參數的假設檢驗

對單總體參數在不同情況下的假設檢驗，具體檢驗方法見表 6-2。

表 6-2　　　　　　　　　單總體參數的假設檢驗方法

條件	待檢驗的假設	檢驗統計量	否定 H_0
正態總體，方差已知	$H_0: \mu = \mu_0$, $H_1: \mu \neq \mu_0$ $H_0: \mu \geq \mu_0$, $H_1: \mu < \mu_0$ $H_0: \mu \leq \mu_0$, $H_1: \mu > \mu_0$	Z 檢驗，$z = \dfrac{\bar{x} - \mu_0}{\sigma/\sqrt{n}}$	$\|z\| > z_{\alpha/2}$ $z < -z_\alpha$ $z > z_\alpha$
正態總體，方差未知	$H_0: \mu = \mu_0$, $H_1: \mu \neq \mu_0$ $H_0: \mu \geq \mu_0$, $H_1: \mu < \mu_0$ $H_0: \mu \leq \mu_0$, $H_1: \mu > \mu_0$	t 檢驗，$t = \dfrac{\bar{x} - \mu_0}{s/\sqrt{n}}$	$\|t\| > t_{\alpha/2}(n-1)$ $t < -t_\alpha(n-1)$ $t > t_\alpha(n-1)$
非正態總體，大樣本	$H_0: \mu = \mu_0$, $H_1: \mu \neq \mu_0$ $H_0: \mu \geq \mu_0$, $H_1: \mu < \mu_0$ $H_0: \mu \leq \mu_0$, $H_1: \mu > \mu_0$	Z 檢驗，$z = \dfrac{\bar{x} - \mu_0}{s/\sqrt{n}}$	$\|z\| > z_{\alpha/2}$ $z < -z_\alpha$ $z > z_\alpha$
$n \geq 30$, $np \geq 5$ $n(1-p) \geq 5$	$H_0: \pi = \pi_0$, $H_1: \pi \neq \pi_0$ $H_0: \pi \geq \pi_0$, $H_1: \pi < \pi_0$ $H_0: \pi \leq \pi_0$, $H_1: \pi > \pi_0$	Z 檢驗，$z = \dfrac{p - \pi_0}{\sqrt{\pi_0(1-\pi_0)/n}}$	$\|z\| > z_{\alpha/2}$ $z < -z_\alpha$ $z > z_\alpha$

表6-2(續)

條件	待檢驗的假設	檢驗統計量	否定 H_0
正態總體	$H_0: \sigma^2 = \sigma_0^2,\ H_1: \sigma^2 \neq \sigma_0^2$ $H_0: \sigma^2 \geq \sigma_0^2,\ H_1: \sigma^2 < \sigma_0^2$ $H_0: \sigma^2 \leq \sigma_0^2,\ H_1: \sigma^2 > \sigma_0^2$	χ^2 檢驗， $\chi^2 = \dfrac{(n-1)s^2}{\sigma_0^2}$	$\chi^2 < \chi^2_{1-\frac{\alpha}{2}}$ 或 $\chi^2 > \chi^2_{\frac{\alpha}{2}}$ $\chi^2 < \chi^2_{1-\alpha}$ $\chi^2 > \chi^2_{\alpha}$

(三) 雙總體參數的假設檢驗

對雙總體參數在不同情況下的假設檢驗，具體檢驗方法見表6-3。

表6-3　　　　雙總體參數的假設檢驗方法

條件	待檢驗的假設	檢驗統計量	否定 H_0
兩正態總體，配對樣本	$H_0: \mu_1 - \mu_2 = 0,\ H_1: \mu_1 - \mu_2 \neq 0$ $H_0: \mu_1 - \mu_2 \geq 0,\ H_1: \mu_1 - \mu_2 < 0$ $H_0: \mu_1 - \mu_2 \leq 0,\ H_1: \mu_1 - \mu_2 > 0$	t 檢驗，$t = \dfrac{\bar{d} - \mu_{d0}}{s/\sqrt{n}}$	$\|t\| > t_{\alpha/2}(n-1)$ $t < -t_\alpha(n-1)$ $t > t_\alpha(n-1)$
兩獨立正態總體，方差已知	$H_0: \mu_1 - \mu_2 = 0,\ H_1: \mu_1 - \mu_2 \neq 0$ $H_0: \mu_1 - \mu_2 \geq 0,\ H_1: \mu_1 - \mu_2 < 0$ $H_0: \mu_1 - \mu_2 \leq 0,\ H_1: \mu_1 - \mu_2 > 0$	Z 檢驗， $z = \dfrac{(\bar{x}_1 - \bar{x}_2) - (\mu_1 - \mu_2)}{\sqrt{\dfrac{\sigma_1^2}{n_1} + \dfrac{\sigma_2^2}{n_2}}}$	$\|z\| > z_{\alpha/2}$ $z < -z_\alpha$ $z > z_\alpha$
兩獨立正態總體，方差未知但相等	$H_0: \mu_1 - \mu_2 = 0,\ H_1: \mu_1 - \mu_2 \neq 0$ $H_0: \mu_1 - \mu_2 \geq 0,\ H_1: \mu_1 - \mu_2 < 0$ $H_0: \mu_1 - \mu_2 \leq 0,\ H_1: \mu_1 - \mu_2 > 0$	t 檢驗， $t = \dfrac{(\bar{x}_1 - \bar{x}_2) - (\mu_1 - \mu_2)}{\sqrt{\dfrac{s_p^2}{n_1} + \dfrac{s_p^2}{n_2}}}$	$\|t\| > t_{\alpha/2}(df_1)$ $t < -t_\alpha(df_1)$ $t > t_\alpha(df_1)$
兩獨立正態總體，方差未知且不等	$H_0: \mu_1 - \mu_2 = 0,\ H_1: \mu_1 - \mu_2 \neq 0$ $H_0: \mu_1 - \mu_2 \geq 0,\ H_1: \mu_1 - \mu_2 < 0$ $H_0: \mu_1 - \mu_2 \leq 0,\ H_1: \mu_1 - \mu_2 > 0$	t 檢驗， $t = \dfrac{(\bar{x}_1 - \bar{x}_2) - (\mu_1 - \mu_2)}{\sqrt{\dfrac{s_1^2}{n_1} + \dfrac{s_2^2}{n_2}}}$	$\|t\| > t_{\alpha/2}(df_2)$ $t < -t_\alpha(df_2)$ $t > t_\alpha(df_2)$
兩獨立的非正態總體，兩大樣本	$H_0: \mu_1 - \mu_2 = 0,\ H_1: \mu_1 - \mu_2 \neq 0$ $H_0: \mu_1 - \mu_2 \geq 0,\ H_1: \mu_1 - \mu_2 < 0$ $H_0: \mu_1 - \mu_2 \leq 0,\ H_1: \mu_1 - \mu_2 > 0$	Z 檢驗， $z = \dfrac{(\bar{x}_1 - \bar{x}_2) - (\mu_1 - \mu_2)}{\sqrt{\dfrac{s_1^2}{n_1} + \dfrac{s_2^2}{n_2}}}$	$\|z\| > z_{\alpha/2}$ $z < -z_\alpha$ $z > z_\alpha$
兩樣本都為大樣本	$H_0: \pi_1 - \pi_2 = 0,\ H_1: \pi_1 - \pi_2 \neq 0$ $H_0: \pi_1 - \pi_2 \geq 0,\ H_1: \pi_1 - \pi_2 < 0$ $H_0: \pi_1 - \pi_2 \leq 0,\ H_1: \pi_1 - \pi_2 > 0$	Z 檢驗， $z = \dfrac{p_1 - p_2}{\sqrt{\dfrac{p(1-p)}{n_1} + \dfrac{p(1-p)}{n_2}}}$	$\|z\| > z_{\alpha/2}$ $z < -z_\alpha$ $z > z_\alpha$

第六章 假設檢驗

表6-3(續)

條件	待檢驗的假設	檢驗統計量	否定 H_0
兩樣本都為大樣本, $d \neq 0$	$H_0: \pi_1 - \pi_2 = d$, $H_1: \pi_1 - \pi_2 \neq d$ $H_0: \pi_1 - \pi_2 \geq d$, $H_1: \pi_1 - \pi_2 < d$ $H_0: \pi_1 - \pi_2 \leq d$, $H_1: \pi_1 - \pi_2 > d$	Z 檢驗，$z = \dfrac{(p_1-p_2)-d}{\sqrt{\dfrac{p_1(1-p_1)}{n_1}+\dfrac{p_2(1-p_2)}{n_2}}}$	$\|z\| > z_{\alpha/2}$ $z < -z_\alpha$ $z > z_\alpha$
兩正態總體	$H_0: \sigma_1^2 = \sigma_2^2$, $H_1: \sigma_1^2 \neq \sigma_2^2$ $H_0: \sigma_1^2 \geq \sigma_2^2$, $H_1: \sigma_1^2 < \sigma_2^2$ $H_0: \sigma_1^2 \leq \sigma_2^2$, $H_1: \sigma_1^2 > \sigma_2^2$	F 檢驗，$F = \dfrac{s_1^2}{s_2^2}$	$F < F_{1-\frac{\alpha}{2}}$ 或 $F > F_{\frac{\alpha}{2}}$ $F < F_{1-\alpha}$ $F > F_\alpha$

在表 6-3 中，$s_p^2 = \dfrac{(n_1-1)s_1^2+(n_2-1)s_2^2}{n_1+n_2-2}$，$df_1 = n_1+n_2-2$，$df_2 = \dfrac{\left(\dfrac{s_1^2}{n_1}+\dfrac{s_2^2}{n_2}\right)^2}{\dfrac{(s_1^2/n_1)^2}{n_1-1}+\dfrac{(s_2^2/n_2)^2}{n_2-1}}$，

$p = \dfrac{p_1 n_1 + p_2 n_2}{n_1 + n_2}$。

二、統計實驗

(一) 實驗目的

掌握借助 Excel 完成對總體參數進行假設檢驗的方法。能夠根據軟件返回的計算結果做出正確的結論。

(二) 實驗內容

1. 使用 Excel 函數完成檢驗統計量和否定域臨界值（或 P 值）的有關計算，得出假設檢驗的結論。
2. 使用假設檢驗宏工具實現對雙總體參數的假設檢驗。

(三) 實驗操作

1. 借助 Excel 計算檢驗統計量的值

按照臨界值規則進行假設檢驗，可以借助 Excel 函數計算檢驗統計量的值，然後與否定域的臨界值比較做出結論。

【例6.1】某地磚廠生產的磚的抗斷強度 X 在過去服從正態分佈 N（32.5，1.21）。某天從該廠生產的磚中隨機抽取 12 塊，測得抗斷強度如下（單位：kg/cm²）：

| 32.53 | 29.64 | 31.61 | 30.05 | 31.86 | 31.03 |
| 32.14 | 32.55 | 30.06 | 29.98 | 31.44 | 32.09 |

檢驗這天該廠生產的磚的平均抗斷強度是否仍為 32.5？（$\alpha=0.01$）

【分析】提出原假設 H_0：$\mu=32.5$，H_1：$\mu\neq 32.5$。然後借助 Excel 計算檢驗統計量的值和否定域的臨界值。

【操作步驟】把樣本數據錄入 A1:F2，然後在 Excel 中參照 $z_0=\dfrac{\bar{x}-\mu_0}{\sigma/\sqrt{n}}$ 編寫算式計算檢驗統計量的值：

$$=(AVERAGE(A1:F2)-32.5)/SQRT(1.21)*SQRT(12)$$

Excel 返回的計算結果為 -3.941,7，即得到 $z_0=-3.941,7$。然後由「=NORM.S.INV(1-0.01/2)」可以計算出雙尾 Z 檢驗的臨界值為 2.575,8，故否定域為 D=($-\infty$，-2.575,8) $\cup$ (2.575,8，$+\infty$)。由於 $z_0 \in D$，所以否定原假設，即認為這天該廠生產的磚的平均抗斷強度已經發生了顯著改變。

2. 使用 Excel 檢驗函數

按 P 值規則進行假設檢驗的方法是：若 P 值<α，則否定原假設，否則不能否定原假設。Excel 提供了一些計算假設檢驗 P 值的函數，因而借助這些函數的計算結果，只需把得出的 P 值與顯著性水準 α 比較，即可得出結論。

常用於 P 值計算的 Excel 函數有：

Z.TEST：用於 Z 檢驗對應 P 值的計算；

T.TEST：用於 t 檢驗對應 P 值的計算；

F.TEST：用於 F 檢驗對應 P 值的計算；

CHISQ.TEST：用於 χ^2 檢驗對應 P 值的計算。

以 Z 檢驗為例，如果檢驗統計量的值為 z_0，則 Excel 函數「Z.TEST」返回的值對應於概率 P（$Z>z_0$）。由於 z_0 可能為負值，因而，下面的 Excel 公式可直接返回單尾 P 值：

$$=MIN(Z.TEST(array,\mu 0,sigma),1-Z.TEST(array,\mu 0,sigma))$$

其中，在「array」位置輸入原始數據所在區域；在「$\mu 0$」位置輸入待檢驗的參數值；在「Sigma」位置輸入已知的總體標準差（若總體標準差未知，則可忽略不填，系統將自動使用樣本標準差 s 代替）。如果是雙尾檢驗，只需將單尾 P 值乘以 2 即可。

【例6.2】一種機床加工的零件尺寸絕對平均誤差為 1.30mm。企業現採用一種新的機床進行加工以期進一步降低誤差。為檢驗新機床加工的零件平均誤差與舊機床相比是否有顯著降低，從某天生產的零件中隨機抽取 50 個進行檢測，結果如下：

第六章　假設檢驗

1.21	1.14	1.26	0.92	1.76	0.94	1.40	1.19	0.96	1.98
1.08	0.91	1.01	0.95	0.89	1.93	1.92	0.86	1.17	1.01
0.93	1.05	1.07	0.98	1.11	1.06	1.49	1.03	1.05	1.59
1.07	1.07	0.90	0.97	1.08	1.65	2.32	1.33	1.55	1.21
1.18	0.69	1.45	0.45	0.54	1.12	1.07	1.18	0.77	0.81

利用這些樣本數據，檢驗新機床加工的零件尺寸的平均誤差與舊機床相比是否有顯著降低？（$\alpha=0.01$）

【分析】提出原假設 H_0：$\mu \geq 1.30$，H_1：$\mu < 1.30$。本例屬於非正態總體、大樣本問題，應當使用單尾 Z 檢驗。

【操作步驟】假設樣本數據錄入在 A1:J5 單元格，在空白單元格輸入
=MIN(Z.TEST(A1:J5,1.30),1-Z.TEST(A1:J5,1.30))

Excel 返回 P 值 = 0.004,58。由於 P 值 <α= 0.01，故否定 H_0，即可以認為新機床加工的零件尺寸的平均誤差與舊機床相比有顯著降低。

3. 假設檢驗工具的使用

在 Excel 中，假設檢驗工具主要是針對雙總體參數進行假設檢驗的（如圖 6-1 所示）。

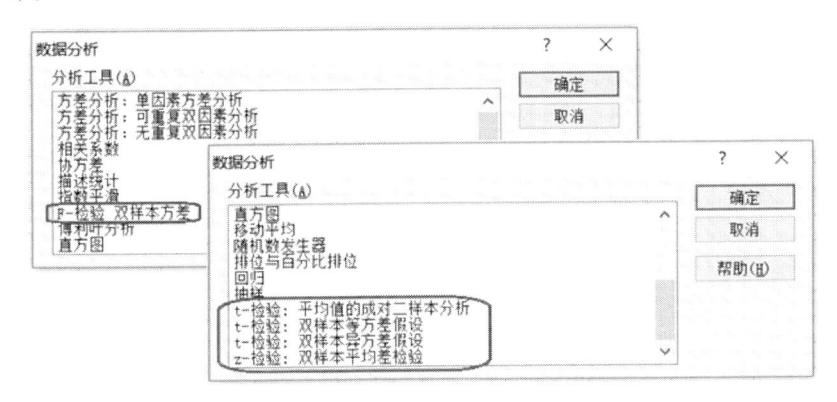

圖 6-1　Excel 中的假設檢驗工具

在圖 6-1 列示的檢驗類型中：

「F-檢驗 雙樣本方差」是比較兩正態總體方差所進行的 F 檢驗；

「t-檢驗：平均值的成對二樣本分析」指的是針對配對樣本檢驗總體均值差所進行的 t 檢驗；

「t-檢驗：雙樣本等方差檢驗」是針對兩獨立總體方差未知、但相等條件下檢驗總體均值差所進行的 t 檢驗；

「t-檢驗：雙樣本異方差檢驗」是針對兩獨立總體方差未知且不等條件下檢驗總體均值差所進行的 t 檢驗；

「Z-檢驗：雙樣本平均差檢驗」是針對兩獨立總體方差已知條件下檢驗總體均值差所進行的 Z 檢驗。

【例6.3】某飲料公司開發研製出一新產品，為比較消費者對新老產品口感的滿意程度，該公司隨機調查了 10 名消費者，每個消費者品嚐兩種飲料的順序是隨機的，品嚐後的評分結果如表 6-4。取顯著性水準 $\alpha=0.05$，該公司是否能認為消費者對兩種飲料的評分存在顯著差異？

表 6-4　　　　　　　　　10 名消費者的評分情況

消費者		1	2	3	4	5	6	7	8	9	10
評分	舊飲料	5	4	7	3	5	6	7	8	5	6
	新飲料	6	6	7	4	3	7	8	9	7	6

【分析】由於是每一位消費者同時對兩種飲料進行評分，所以兩種飲料的得分並不獨立，應當採用配對比較檢驗。提出的假設是：

$$H_0: \mu_1 - \mu_2 = 0 \qquad H_1: \mu_1 - \mu_2 \neq 0$$

【操作步驟】

（1）錄入樣本數據。把樣本數據錄入到單元格 C2:L3。

（2）調用假設檢驗工具。點擊「數據」菜單中的「數據分析」，在彈出的分析工具中選擇「t 檢驗：平均值的成對二樣本分析」。在點擊「確定」後出現的對話框中（如圖 6-2），在「變量 1 的區域」方框內輸入變量 1 的數據區域「B2:L2」；在「變量 2 的區域」方框內輸入變量 2 的數據區域「B3:L3」；在「假設平均差」方框內輸入原假設中的差值「0」；由於第一列是數據標志，所以注意將「標志」勾上；在「α」框內輸入給定的顯著性水準「0.05」，然後「確定」。可得圖 6-2 右下角所示結果。

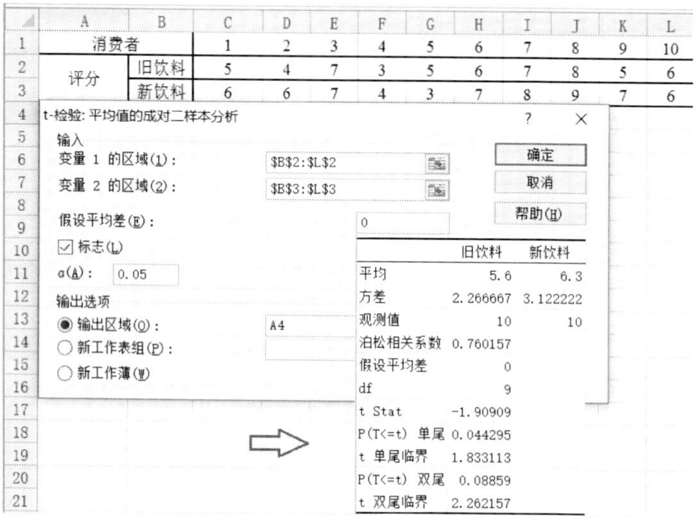

圖 6-2　檢驗配對樣本均值的差異

第六章 假設檢驗

根據圖 6-2 所示的結果，既可以按 P 值規則進行檢驗判斷，也可以根據臨界值規則進行判斷。如果按 P 值規則，本例是雙尾檢驗，P 值為 0.088,59，大於給定的顯著性水準 0.05，所以不能否定原假設，即不能認為消費者對兩種飲料的評分存在顯著差異。若用臨界值規則判斷，本例檢驗函數 t 統計量的值為 -1.909,09，有 $|t|$ = 1.909,09 < 2.262,157（雙尾臨界值），所以也是不能否定原假設，即不能認為消費者對兩種飲料的評分存在顯著差異。

（四）實驗實踐

1. 把 9 對護理人員按照他們的年齡、工作年限、工作態度等特徵的相似性匹配起來，然後在每一對護理人員中隨機指派一人接受方法 A 的訓練，另一人則接受方法 B 的同類訓練。當訓練課程結束時，對每一個護理人員進行考核，成績結果見下表。假定考核成績服從正態分佈，請判斷方法 A 是否比方法 B 更好（$\alpha = 0.05$）？

方法 A	90	95	87	85	90	94	85	88	92
方法 B	85	88	87	86	82	82	70	72	80

2. 比較兩種配方所生產的某種產品的性能，經抽樣測定得到抗拉強度數據如下表所示（單位：kg）：

配方 I	78.4	83.7	82.9	68.7	77.5	77.9	72.7	83.6	71.9	78.4	81.1
配方 II	69.9	70.5	59.7	59.6	74.7	65.4	70.9	73.2	73.2	61.8	72.6	65.9

假定抗拉強度服從正態分佈。問能不能說配方 I 的產品抗拉強度比配方 II 更強（$\alpha = 0.05$）？

（1）假定兩個總體方差相等。

（2）假定兩個總體方差不相等。

（3）你認為用上面哪種形式來解決本問題更恰當？為什麼？

3. （計算機模擬問題）用計算機模擬從一個總體中隨機抽取一定數量的樣本進行調查，並依據所得樣本數據對總體參數進行推斷，驗證統計推斷方法的有效性。

提示：可以執行以下操作：

（1）獲得樣本數據。借助 Excel 的「隨機數發生器」產生 30 個服從正態分佈的數據，不妨設想為一個人群的身高（單位：cm），設定均值為 168，標準差為 5。

（2）以樣本數據為依據，對總體參數（均值、方差、比例）做雙尾檢驗，看看結論是否犯了第一類錯誤？

（3）改變總體標準差和樣本容量的大小，再對總體參數做推斷，看看結論是否有差異？並注意分析出現這種結果的原因。

（4）產生兩組樣本數據，再嘗試對兩總體參數進行假設檢驗。

三、統計實訓

(一) 單項選擇題

1. 在假設檢驗中，第一類錯誤是指（　　）。
   A. 否定不真實的零假設　　　　B. 否定真實的零假設
   C. 不否定真實的零假設　　　　D. 不否定不真實的零假設

2. 假設檢驗中，犯第二類錯誤的概率 β 表示（　　）。
   A. 原假設為真時否定原假設的概率
   B. 原假設為真時不否定原假設的概率
   C. 原假設不真時否定原假設的概率
   D. 原假設不真時不否定原假設的概率

3. 在樣本容量一定的情況下，假設檢驗中犯第一類錯誤 α 與犯第二類錯誤 β 之間的關係是（　　）。
   A. α 增大，β 也增大　　　　B. α 增大，β 減少
   C. α 減小，β 也減小　　　　D. α 減小，β 可能減小也可能增大

4. 對正態總體均值的假設檢驗，在給定顯著性水準 α 的條件下，雙尾檢驗否定域的臨界值與單尾檢驗否定域的臨界值之間的關係為（　　）。
   A. 雙邊檢驗的臨界值大於單邊檢驗的臨界值
   B. 雙邊檢驗的臨界值小於單邊檢驗的臨界值
   C. 雙邊檢驗的臨界值等於單邊檢驗的臨界值
   D. 雙邊檢驗的臨界值可能小於單邊檢驗的臨界值

5. 某種藥物的平均有效治療期限按規定至少應達到 36 小時，從一批這種藥物中抽取 50 件進行檢驗，以該簡單隨機樣本為依據，確定應接收還是應拒收這批藥物的假設形式為（　　）。
   A. $H_0: \mu = 36$　　$H_1: \mu \neq 36$　　　　B. $H_0: \mu \geq 36$　　$H_1: \mu < 36$
   C. $H_0: \mu < 36$　　$H_1: \mu \geq 36$　　　　D. $H_0: \mu \leq 36$　　$H_1: \mu > 36$

6. 某青年工人以往加工零件的一等品率為 60%。現在為了考核他，在他加工的零件中隨機抽取 100 件，發現有 70 件是一等品，這個成績是否說明該青年工人的技術水準有了顯著提高？對此進行假設檢驗的原假設與備擇假設應設為（　　）。
   A. $H_0: \pi \geq 60\%$，$H_1: \pi < 60\%$　　　B. $H_0: \pi \leq 60\%$，$H_1: \pi > 60\%$
   C. $H_0: \pi = 60\%$，$H_1: \pi \neq 60\%$　　　D. $H_0: \pi < 60\%$，$H_1: \pi \geq 60\%$

7. 已知總體服從正態分佈，方差已知，樣本容量為 22，此時進行均值檢驗，應採用的檢驗方法是（　　）。

第六章　假設檢驗

A. t　　　　　B. 卡方　　　　　C. F　　　　　D. Z

8. 某小區估計家庭戶主的平均年齡為42歲，為了檢驗這一估計是否合理，隨機抽取了12戶家庭調查發現，戶主的年齡分別是：31、24、65、56、28、45、56、53、61、23、43、47歲。假設居民年齡服從正態分佈，則用於該檢驗的檢驗統計量為（　　）。

A. $z = \dfrac{\bar{x} - \mu_0}{\sigma/\sqrt{n}}$　　　　　B. $z = \dfrac{\bar{x} - \mu_0}{s/\sqrt{n}}$

C. $t = \dfrac{\bar{x} - \mu_0}{s/\sqrt{n}}$　　　　　D. $\chi^2 = \dfrac{(n-1)s^2}{\sigma_0^2}$

9. 對一個正態總體的方差進行假設檢驗時，所用的方法是（　　）。

A. Z檢驗　　　B. t檢驗　　　C. F檢驗　　　D. χ^2檢驗

10. 對總體參數進行假設檢驗，如果在顯著性水準0.01下不能否定原假設，那麼在顯著性水準0.05下，下列說法中正確的是（　　）。

　　A. 必不否定原假設

　　B. 可能不否定原假設，也可能否定原假設

　　C. 必否定原假設

　　D. 既不否定原假設，也不否定備擇假設

11. 假設檢驗中，原假設和備擇假設（　　）。

　　A. 都有可能成立

　　B. 都有可能不成立

　　C. 有且僅有一個成立

　　D. 原假設可能成立，備擇假設不可能成立

12. 下列屬於右單尾檢驗的是（　　）。

　　A. $H_0: \mu \geq \mu_0$, $H_1: \mu < \mu_0$　　　　B. $H_0: \mu \leq \mu_0$, $H_1: \mu > \mu_0$

　　C. $H_0: \mu = \mu_0$, $H_1: \mu \neq \mu_0$　　　　D. $H_0: \mu < \mu_0$, $H_1: \mu \geq \mu_0$

13. 對於給定的顯著性水準α，根據P值否定原假設的規則是（　　）。

　　A. P值<α　　　　　　　　B. P值>α

　　C. P值>1-α　　　　　　　D. P值<1-α

14. 設Z_0為檢驗統計量的計算值，檢驗的假設為$H_0: \mu \leq \mu_0$, $H_1: \mu > \mu_0$。當$Z_0 = 1.96$時，計算出的P值應該是（　　）。

　　A. 0.05　　　B. 0.1　　　C. 0.01　　　D. 0.025

15. 在對某項產品的喜好調查中，被調查的200名女性中有63%喜歡該產品，而被調查的180名男性中有55%喜歡該產品。要檢驗是否女性比男性更喜歡該產品（設女性、男性總體中喜歡該產品的比例分別為π_1、π_2），則提出的原假設和備擇假設是（　　）。

A. $H_0: \pi_1 - \pi_2 \geq 0$, $H_1: \pi_1 - \pi_2 < 0$
B. $H_0: \pi_1 - \pi_2 \leq 0$, $H_1: \pi_1 - \pi_2 > 0$
C. $H_0: \pi_1 - \pi_2 = 0$, $H_1: \pi_1 - \pi_2 \neq 0$
D. $H_0: \pi_1 - \pi_2 > 0$, $H_1: \pi_1 - \pi_2 \leq 0$

(二) 多項選擇題

1. 對總體均值的假設檢驗，假設的可能形式有（　　）。
   A. $H_0: \mu = \mu_0$, $H_1: \mu \neq \mu_0$
   B. $H_0: \mu \geq \mu_0$, $H_1: \mu < \mu_0$
   C. $H_0: \mu > \mu_0$, $H_1: \mu \leq \mu_0$
   D. $H_0: \mu \leq \mu_0$, $H_1: \mu > \mu_0$
   E. $H_0: \mu \neq \mu_0$, $H_1: \mu = \mu_0$

2. 顯著性水準是指（　　）。
   A. 零假設為真時否定零假設的概率
   B. 假設檢驗的把握度
   C. 犯第 I 類錯誤的概率
   D. 零假設為假時不否定零假設的概率
   E. 犯第 II 類錯誤的概率

3. 根據樣本資料對零假設做出否定或不否定的決定時，可能出現的情況有（　　）。
   A. 當零假設為真時不否定它，判斷正確
   B. 當零假設為假時不否定它，犯了第一類錯誤
   C. 當零假設為真時否定它，犯了第一類錯誤
   D. 當零假設為假時否定它，判斷正確
   E. 當零假設為假時不否定它，犯了第二類錯誤

4. 進行假設檢驗時，選取的檢驗函數（　　）。
   A. 是樣本的函數
   B. 不能包含總體的未知參數
   C. 可以包含總體的已知參數
   D. 其值可以由樣本觀測值計算出來
   E. 其值可以通過查表確定出來

5. 參數檢驗和區間估計的聯繫與區別，下述正確的有（　　）。
   A. 都是對總體某一數量特徵的推斷，都是在一定的概率下得出的結論
   B. 參數檢驗需要事先對總體參數做出某種假設，然後根據樣本資料檢驗總體參數的先驗假設是否成立
   C. 區間估計無須事先對總體數量特徵做出假設。它是根據樣本資料構造一個置信區間，並給出這一區間包含總體參數的概率
   D. 參數檢驗中的第一類錯誤就是區間估計中置信區間沒有包含總體參數
   E. 參數檢驗中的 P 值就是區間估計中置信區間不包含總體參數的概率

6. 假設檢驗的結論是否定原假設，說明（　　）。
   A. 原假設有邏輯上的錯誤
   B. 原假設根本不存在

第六章　假設檢驗

　　C. 原假設成立的可能性很小　　　D. 備擇假設成立的可能性很大

　　E. 應該接受備擇假設，但存在犯第二類錯誤的可能

7. 在假設檢驗中，犯第一類錯誤的概率 α 與犯第二類錯誤的概率 β 的關係是（　　）。

　　A. $α ≤ β$　　　　　　　　　　C. α 與 β 成反比例關係變化

　　B. $α + β = 1$　　　　　　　　D. 當 α 值給定後，β 值隨之確定

　　E. 當 α 值減小後，β 值會隨之增大

8. 假設檢驗中，當原假設為假時（　　）。

　　A. 不否定原假設的概率就是備擇假設為假的概率

　　B. 不否定原假設的概率就是備擇假設為真時否定它的概率

　　C. 不否定原假設的概率就是備擇假設為假時否定它的概率

　　D. 否定原假設的概率就是備擇假設為假時否定它的概率

　　E. 否定原假設的概率就是備擇假設為真時不否定它的概率

9. 假設檢驗的否定域與下述哪些因素有關（　　）。

　　A. 顯著性水準　　　　　　　　B. 檢驗統計量服從的分佈類型

　　C. 原假設　　　　　　　　　　D. 備擇假設

　　E. 樣本容量

10. 在假設檢驗中，不能否定原假設意味著（　　）。

　　A. 原假設肯定是正確的　　　　B. 備擇假設肯定是錯誤的

　　C. 沒有證據證明原假設是正確的　　D. 沒有證據證明原假設是錯誤的

　　E. 沒有證據證明備擇假設是正確的

（三）判斷題

1. 假設檢驗中否定域的大小與顯著性水準有關。　　　　　　　　　　（　　）
2. 假設檢驗的結果能證明原假設成立。　　　　　　　　　　　　　　（　　）
3. 假設檢驗的結論是否定原假設，則說明原假設是錯的，備擇假設才是對的。
　　　　　　　　　　　　　　　　　　　　　　　　　　　　　　　　（　　）
4. 假設檢驗的結論是不否定原假設，則說明原假設是對的，備擇假設是錯的。
　　　　　　　　　　　　　　　　　　　　　　　　　　　　　　　　（　　）
5. 對於假設檢驗中犯兩類錯誤的概率，由於 $α+β=1$，所以減小 α，β 就會增大。
　　　　　　　　　　　　　　　　　　　　　　　　　　　　　　　　（　　）
6. 在假設檢驗中，只有增加樣本容量，才能同時降低犯兩類錯誤的概率。
　　　　　　　　　　　　　　　　　　　　　　　　　　　　　　　　（　　）
7. 某類型手機說明書表明，其電池能待機超過 26 天。為了檢驗這一說法是否成立，應該提出假設 $H_0: μ > 26$，$H_1: μ ≤ 26$。　　　　　　　　　（　　）

145

8. 某企業產品合格率一直保持在95%以上。現欲對其最近一批產品合格率進行抽樣檢驗，則應該提出的原假設和備擇假設是 H_0：$\pi \geq 95\%$，H_1：$\pi < 95\%$。
(　　)

9. 假設檢驗按臨界值規則與按 P 值規則有可能得出不同的檢驗結論。(　　)

10. 對總體均值的假設檢驗，當已知總體服從正態分佈、總體方差未知時：如果是小樣本，就一定要用 t 檢驗；如果是大樣本，則既可以用 t 檢驗，也可以用 Z 檢驗。
(　　)

（四）綜合應用題

1. 某切割機在正常工作時，切割每段金屬棒的平均長度為 10.5cm，標準差是 0.15cm。今從一批產品中隨機抽取 16 段進行測量，其結果如下：

10.4　10.1　10.6　10.4　10.5　10.3　10.3　10.2
10.9　10.6　10.8　10.5　10.7　10.2　10.7　10.5

假定切割的長度符合正態分佈，且標準差沒有變化，試問該機器工作是否正常（$\alpha = 0.05$）？

2. 一家快餐廳生產的麵包重量可以認為服從正態分佈，經理隨機抽檢了餐廳生產的 25 個麵包，從樣本得出麵包的平均重量為 9.5 克，標準差為 2 克。在 0.05 的顯著性水準下，這些數據是否支持總體平均值等於 10 克的標準？

3. 某種內服藥有使病人血壓增高的副作用，其增高值服從均值為 20 的正態分佈。現研製出一種新藥，在 10 名服用新藥的病人中測試血壓的增高情況，所得數據如下：

13　24　21　14　16　15　16　18　17　10

問這組數據能否支持「新藥副作用更小」的結論（$\alpha = 0.05$）？

4. 某企業需要進口一種抗高溫的工具鋼，規格是平均抗高溫不低於 600℃。現在準備進口一批新貨，抽取 100 件作為樣本，測定得出平均抗高溫為 580℃，標準差為 80℃。要求錯誤地拒收貨物的概率不大於 0.05，問是否應該拒收這批貨物？

5. 某企業認為自己的飲料產品市場佔有率在 70% 以上，其理由是在隨機調查的 50 名消費者中，有 38 人喜歡該企業的產品。問能否認可該企業的觀點（$\alpha = 0.05$）？

6. 已知某企業藥丸的包裝規定，藥丸淨重量的方差應該小於 $0.009\ g^2$。現從一批產品中隨機抽取 19 顆藥丸組成一個隨機樣本，得到樣本方差為 $0.015\ g^2$。假定藥丸的重量服從正態分佈，問能否認為這批藥丸包裝不符合規定（$\alpha = 0.05$）？

7. 方法 A 與方法 B 都可以用於生產同一類型某種產品，兩種方法生產產品的使用壽命都可視為正態分佈，標準差分別為 20 小時和 15 小時。現從用方法 A 生產的產品中抽取 20 件，檢測後得到 $\bar{x}_1 = 300$，從用方法 B 生產的產品中抽取 24 件，檢測後得到 $\bar{x}_2 = 290$。請判斷兩種方法的產品平均使用壽命是否相同（$\alpha = 0.05$）？

第六章　假設檢驗

8. 市場有 A、B 兩款比較主流的釣魚線，現在分別從 A、B 中隨機抽取 10 根與 12 根檢測其強度，測得數據如下表（單位：kg）：

A 款	8.84	9.37	9.29	7.87	8.75	8.79	8.27	9.36	8.19	8.84		
B 款	7.99	8.05	6.97	6.96	8.47	7.54	8.09	8.32	8.32	7.18	8.26	7.59

假定釣魚線的強度服從正態分佈。問能不能說 A 款的強度比 B 款更強（$\alpha = 0.01$）？

（1）假定兩個總體方差相等。
（2）假定兩個總體方差不相等。
（3）你認為用上面哪種形式來做本題更恰當？為什麼？

9. 甲、乙兩臺車床生產同種滾珠，加工出的產品直徑都可以認為服從正態分佈，為比較它們的加工精度，從它們加工出的產品中分別隨機抽取了 11 個與 10 個作為樣本，測得直徑如下表（單位：mm）：

甲車床	9.10	8.92	8.94	9.06	8.88	8.99	9.06	8.96	8.87	9.06	8.76
乙車床	9.40	8.53	9.32	8.61	9.22	9.42	8.61	9.44	9.00	9.15	

問甲車床的精度是否高於乙車床（$\alpha = 0.05$）？

10. 一位研究者認為，A 大學的畢業生在當年 9 月底以前已就業的人數所佔比例比 B 大學至少高 8 個百分點。現在分別在 A 大學和 B 大學隨機調查了 300 名和 280 名應屆畢業生，發現分別有 285 人和 238 人在當年 9 月底以前已就業。問調查結果是否支持該研究者的看法（$\alpha = 0.05$）？

四、實訓題解

（一）單項選擇題

1. 答案：B。在假設檢驗中，當零假設為真，但根據樣本信息卻否定了零假設，則犯了「棄真」錯誤，也稱為第一類錯誤。

2. 答案：D。在假設檢驗中，當原假設為假，但根據樣本信息卻不否定原假設，則犯了「納偽」錯誤，也稱為第二類錯誤，犯第二類錯誤的概率記為 β。

3. 答案：B。在假設檢驗中，當樣本容量一定時：α 增大，β 會減小；α 減小，β 會增大。

4. 答案：A。在同樣的顯著性水準 α 下，雙尾檢驗中一個尾部的面積只是單尾檢驗尾部面積的一半，因而雙尾檢驗的臨界值會更偏向兩邊，即會比單尾檢驗的臨界值更大（絕對值比較）。

147

5. 答案：D。「有效治療期限至少達到 36 小時」是想要證明的結論，所以用「$\mu>36$」作為備擇假設。

6. 答案：B。「該青年工人的技術水準有顯著提高」是想要證明的結論，所以「$\pi>60\%$」作為備擇假設。

7. 答案：D。滿足「總體服從正態分佈，方差已知」條件，不管樣本容量大小，對均值的檢驗都應該用 Z 檢驗。

8. 答案：C。本題滿足「總體服從正態分佈，總體方差未知」條件，樣本容量為 12（n<30，為小樣本），此條件下對均值的檢驗應該用 t 檢驗。當然，如果為大樣本，是可以用 Z 檢驗的。

9. 答案：D。對一個正態總體方差進行假設檢驗，所用的方法是 χ^2 檢驗。

10. 答案：B。顯著性水準 0.05 對應的臨界值小於 0.01 水準下的臨界值，所以如果檢驗統計量的值大於了 0.05 水準下的臨界值，則會否定原假設；但如果檢驗統計量的值比 0.05 水準下的臨界值還小，則仍然不會否定原假設。

11. 答案：C。假設檢驗中，原假設和備擇假設是對立、互補的，研究對象的實際情況是客觀存在的，將使其「有且僅有一個成立」。

12. 答案：B。否定域在右邊稱為右單尾檢驗。A 是左單尾檢驗，C 是雙尾檢驗。D 中「等號」沒有包含在原假設，形式都錯了。

13. 答案：A。按 P 值規則，P 值<α 時否定原假設，否則不否定原假設。

14. 答案：D。檢驗的假設為 $H_0: \mu \leq \mu_0$，$H_1: \mu > \mu_0$ 時，是右單尾檢驗，此時 P 值=P｛$Z>Z_0$｝＝P｛$Z>1.96$｝＝0.025。

15. 答案：B。要檢驗是否「女性比男性更喜歡該產品（$\pi_1 > \pi_2$）」，因而「$\pi_1 - \pi_2 > 0$」是想要驗證的結論，應將其作為備擇假設。

（二）多項選擇題

1. 答案：ABD。原假設與備擇假設是對立的，「等號」應包含在原假設。

2. 答案：AC。零假設為真時否定零假設，稱為犯了第一類錯誤，犯該錯誤的概率為 α，該概率等於顯著性水準 α。

3. 答案：ACDE。當零假設為假時不否定它，則犯了「納偽」錯誤，也稱為第二類錯誤，因而 E 對 B 不對。A、C、D 敘述也正確。

4. 答案：ABCD。檢驗函數是樣本統計量，統計量是樣本的不含未知參數的函數，因而 ABCD 入選。否定域的臨界值一般是按 E 項所述的「通過查表確定出來」。

5. 答案：ABC。當使用同一樣本，α 取相同值時，參數檢驗的雙尾檢驗與區間估計會用到相同的臨界值，置信區間對應於假設檢驗中的不否定區域：待檢驗的參數值如果落在置信區間中，則雙尾檢驗也會不否定原假設。當雙尾檢驗犯第一類錯誤時，構造的置信區間也會不包含總體參數，但如果是單尾檢驗，這一說法就不成

第六章 假設檢驗

立了，因此 D 項說法不對。對於 E 項的說法，因為由某一樣本構造出的置信區間不包含總體參數的概率為 α，而參數檢驗的 P 值一般都不恰好等於 α，所以不對。

6. 答案：CD。否定原假設，說明小概率事件發生了。而如果原假設成立，小概率事件發生的概率只有 α，這意味著原假設成立的可能性很小，與之相對的備擇假設成立的可能性很大。說原假設「有邏輯上的錯誤」「根本不存在」都是不對的。否定原假設（從而接受備擇假設）可能犯第一類錯誤（「棄真」錯誤）。

7. 答案：DE。在假設檢驗中，犯第二類錯誤的概率 β 是未知的，但當 α 值給定後，β 值隨之確定（只是不知 β 具體是多少），並且如果減小 α 值，β 值會隨之增大（但也不知 β 具體會增大多少，只知道隨著 α 不斷減小，β 增加的速度會越來越快）。既然 β 是未知的，A、B、C 項的說法自然不成立了。

8. 答案：BE。原假設與備擇假設是對立的，原假設為假對應備擇假設為真，不否定原假設對應否定備擇假設，因而 B 對；否定原假設對應不否定備擇假設，因而 E 對。

9. 答案：ABCD。否定域由臨界值界定，臨界值受 A、B 項影響；原假設與備擇假設的形式將影響否定域是單尾（再分為左單尾和右單尾）還是雙尾形式。否定域不受具體樣本（也包括樣本容量）影響。

10. 答案：DE。不能否定原假設是因為小概率事件沒有發生，即沒有證據證明原假設是錯誤的（對應地來看，即沒有證據證明備擇假設是正確的），但這並不意味著原假設肯定是正確的（也並不意味著備擇假設肯定是錯誤的），因為由於抽樣的隨機性，不否定原假設存在犯第二類錯誤的可能。

（三）判斷題

1. 答案：✓。假設檢驗中的否定域由臨界值界定，而臨界值與顯著性水準有關，因而否定域的大小與顯著性水準有關。

2. 答案：×。假設檢驗的結論即使是不否定原假設，也不是說原假設一定成立，而應理解為否定原假設的證據不足。

3. 答案：×。假設檢驗的結論如果是否定原假設，接受備擇假設，此時得出的結論是比較可靠的，但也不是「說明原假設是錯的，備擇假設才是對的」，因為由於樣本的隨機性，得出這種結論還存在犯第一類錯誤的可能，概率為 α。

4. 答案：×。由於存在犯兩類錯誤的可能，假設檢驗的結論不管是「不否定」或「否定」原假設，都不能絕對地說明原假設的「對」或「錯」，備擇假設亦然。

5. 答案：×。對於假設檢驗中犯兩類錯誤的概率，當樣本容量一定時，減小 α，β 確實就會增大。但兩者並不存在 α+β=1 關係，β 在假設檢驗中是未知的。

6. 答案：✓。在假設檢驗中，只有增加樣本容量，才能同時降低犯兩類錯誤的概率（或者在 α 不變的情況下使 β 減小）。

7. 答案：×。「等號」應該包含在原假設，想要驗證的結論一般放在備擇假設，因而正確的假設應該是：$H_0: \mu \leq 26$，$H_1: \mu > 26$。

8. 答案：√。假設檢驗中，原假設是受保護的假設，過去一直保持的狀況應該放在原假設。

9. 答案：×。假設檢驗中，臨界值規則與 P 值規則本質上是一致的，對同一個問題，得出的檢驗結論也一定是一致的。

10. 答案：√。當已知總體服從正態分佈、總體方差未知時，對總體均值的假設檢驗應當使用 t 檢驗。但如果是大樣本，由於大樣本下 t 分佈接近標準正態分佈，因而可以認為檢驗統計量近似服從標準正態分佈，因而也可以用 Z 檢驗。

（四）綜合應用題

1. 解：提出假設 $H_0: \mu = 10.5$，$H_1: \mu \neq 10.5$。

由於總體服從正態分佈，標準差已知，故用 Z 檢驗。

由題意知，$\sigma = 0.15$，$n = 16$。由樣本數據可以計算得：

$$\bar{x} = \frac{1}{n}\sum_{i=1}^{n} x_i = \frac{167.7}{16} = 10.48$$

$$Z_0 = \frac{\bar{x} - \mu_0}{\sigma/\sqrt{n}} = \frac{10.48 - 10.5}{0.15/\sqrt{16}} = -0.53$$

由 $\alpha = 0.05$ 查表知，$Z_{\frac{\alpha}{2}} = 1.96$，否定域為 $(-\infty, -1.96) \cup (1.96, +\infty)$。

因為 $|Z_0| = 0.53 < 1.96$，即檢驗統計量的值沒有落入否定域，所以不能否定原假設。因而不否認該機器工作正常。

2. 解：提出假設 $H_0: \mu = 10$，$H_1: \mu \neq 10$。

由於總體服從正態分佈，標準差未知，故用 t 檢驗。

由題意知，$n = 25$，$\bar{x} = 9.5$，$s = 2$。由此可以計算得：

$$t_0 = \frac{\bar{x} - \mu_0}{s/\sqrt{n}} = \frac{9.5 - 10}{2/\sqrt{25}} = -1.25$$

由 $\alpha = 0.05$ 查表知，$t_{\frac{\alpha}{2}}(24) = 2.064$，否定域為 $(-\infty, -2.064) \cup (2.064, +\infty)$。

因為 $|t_0| = 1.25 < 2.064$，即檢驗統計量的值沒有落入否定域，所以不能否定原假設。因而不否認總體平均值等於 10 克。

3. 解：想要驗證「新藥副作用更小」（$\mu < 20$）的結論，應作為備擇假設，因而提出假設 $H_0: \mu \geq 20$，$H_1: \mu < 20$。

由於總體服從正態分佈，標準差未知，故用 t 檢驗。

由題意知，$n = 10$。由樣本數據可以計算得：

$$\bar{x} = \frac{1}{n}\sum_{i=1}^{n} x_i = \frac{164}{10} = 16.4$$

第六章　假設檢驗

$$s = \sqrt{\frac{1}{n-1}\sum_{i=1}^{n}(x_i - \bar{x})^2} = \sqrt{\frac{1}{9} \times 142.4} = 3.978$$

$$t_0 = \frac{\bar{x} - \mu_0}{s/\sqrt{n}} = \frac{16.4 - 20}{3.978/\sqrt{10}} = -2.86$$

由 $\alpha = 0.05$ 查表知，$t_\alpha(9) = 1.833$，否定域為 $(-\infty, -1.833)$。

因為 $t_0 = -2.86 < -1.833$，即檢驗統計量的值落入否定域，所以否定原假設，接受備擇假設。因而可以認為「新藥副作用更小」。

4. 解：想要確認是否應該「拒收這批貨物」（$\mu<600$），應作為備擇假設，因而提出假設 $H_0: \mu \geq 600$，$H_1: \mu < 600$。

由於總體分佈未知，但 n=100 為大樣本，故用 Z 檢驗。

由題意知，$\bar{x} = 580$，$s = 80$。由此可以計算得：

$$Z_0 = \frac{\bar{x} - \mu_0}{s/\sqrt{n}} = \frac{580 - 600}{80/\sqrt{100}} = -2.5$$

由 $\alpha = 0.05$ 查表知，$Z_\alpha = 1.645$，否定域為 $(-\infty, -1.645)$。

因為 $Z_0 = -2.5 < -1.645$，即檢驗統計量的值落入否定域，所以否定原假設，接受備擇假設。因而應該拒收這批貨物。

5. 解：想要驗證該企業的觀點「市場佔有率在 70% 以上」（$\pi>70\%$），應作為備擇假設，因而提出假設 $H_0: \pi \leq 70\%$，$H_1: \pi > 70\%$

由題知，$p = 38/50 = 76\%$，樣本滿足 $n \geq 30$，$np \geq 5$，$n(1-p) \geq 5$，所以用 Z 檢驗。

檢驗統計量的值為：

$$Z_0 = \frac{p - \pi_0}{\sqrt{\frac{\pi_0(1-\pi_0)}{n}}} = \frac{76\% - 70\%}{\sqrt{\frac{70\% \times (1-70\%)}{50}}} = 0.926$$

當 $\alpha = 0.05$ 時，$Z_\alpha = 1.645$，否定域為 $(1.645, +\infty)$。

因為 $Z_0 = 0.926 < 1.645$，即檢驗統計量的值沒有落入否定域，所以不否定原假設，即不能認可該企業的觀點。

6. 解：想要驗證是否「這批藥丸包裝不符合規定」（$\sigma^2 > 0.009$），應作為備擇假設，因而提出假設 $H_0: \sigma^2 \leq 0.009$，$H_1: \sigma^2 > 0.009$。

由於總體服從正態分佈，故對方差的檢驗用 χ^2 檢驗。

由題意知，$n = 19$，$s^2 = 0.015$。由此可以計算得：

$$\chi_0^2 = \frac{(n-1)s^2}{\sigma_0^2} = \frac{18 \times 0.015}{0.009} = 30$$

由 $\alpha = 0.05$ 查表知，$\chi_\alpha^2(18) = 28.869$，可以用 Excel 函數計算「=CHISQ.INV.RT(0.05,18)」，否定域為 $(28.869, +\infty)$。

因為 $\chi_0^2 = 30 > 28.869$，即檢驗統計量的值落入否定域，所以否定原假設。因而可以認為這批藥丸包裝不符合規定。

7. 解：提出假設 $H_0: \mu_1 = \mu_2$，$H_1: \mu_1 \neq \mu_2$。

由於兩總體相互獨立，都服從正態分佈，標準差都已知，故用 Z 檢驗。

由題意知，$\sigma_1 = 20$，$n_1 = 20$，$\bar{x}_1 = 300$；$\sigma_2 = 15$，$n_2 = 24$，$\bar{x}_2 = 290$。由此可以計算得：

$$Z_0 = \frac{(\bar{x}_1 - \bar{x}_2) - (\mu_1 - \mu_2)}{\sqrt{\frac{\sigma_1^2}{n_1} + \frac{\sigma_2^2}{n_2}}} = \frac{300 - 290 - 0}{\sqrt{\frac{20^2}{20} + \frac{15^2}{24}}} = 1.845$$

由 $\alpha = 0.05$ 查表知，$Z_{\frac{\alpha}{2}} = 1.96$，否定域為 $(-\infty, -1.96) \cup (1.96, +\infty)$。

因為 $|Z_0| = 1.845 < 1.96$，即檢驗統計量的值沒有落入否定域，所以不能否定原假設。因而不否認兩種方法的產品平均使用壽命相同。

8. 想要驗證是否「A 款的強度比 B 款更強」($\mu_A > \mu_B$)，應作為備擇假設，因而提出假設 $H_0: \mu_A \leq \mu_B$，$H_1: \mu_A > \mu_B$。

由於兩總體相互獨立，都服從正態分佈，標準差未知，故用 t 檢驗。

由樣本數據可以計算得：

$$\bar{x}_1 = \frac{1}{n_1} \sum_{i=1}^{n_1} x_i = 8.757, \quad \bar{x}_2 = \frac{1}{n_2} \sum_{i=1}^{n_2} x_i = 7.812$$

$$s_1^2 = \frac{1}{n_1 - 1} \sum_{i=1}^{n_1} (x_i - \bar{x}_1)^2 = 0.265, \quad s_2^2 = \frac{1}{n_2 - 1} \sum_{i=1}^{n_2} (x_i - \bar{x}_2)^2 = 0.298$$

（1）當兩個總體方差相等時：

$$s_p^2 = \frac{(n_1 - 1) s_1^2 + (n_2 - 1) s_2^2}{n_1 + n_2 - 2} = 0.283$$

$$t_0 = \frac{(\bar{x}_1 - \bar{x}_2) - (\mu_1 - \mu_2)}{\sqrt{\frac{s_p^2}{n_1} + \frac{s_p^2}{n_2}}} = \frac{8.757 - 7.812 - 0}{\sqrt{\frac{0.283}{10} + \frac{0.283}{12}}} = 4.149$$

由 $\alpha = 0.01$ 查表知，$t_\alpha(20) = 2.528$，否定域為 $(2.528, +\infty)$。

因為 $|t_0| = 4.149 > 2.528$，即檢驗統計量的值落入否定域，所以否定原假設。因而可以認為 A 款的強度比 B 款更強。

註：在實際應用中，類似的問題最好是借助 Excel 數據分析工具中的「t-檢驗：雙樣本等方差假設」來完成（具體操作參見本章「實驗指導」部分），避免繁瑣的計算。

（2）當兩個總體方差不相等時：

$$t_0 = \frac{(\bar{x}_1 - \bar{x}_2) - (\mu_1 - \mu_2)}{\sqrt{\frac{s_1^2}{n_1} + \frac{s_2^2}{n_2}}} = \frac{8.757 - 7.812 - 0}{\sqrt{\frac{0.265}{10} + \frac{0.298}{12}}} = 4.171$$

第六章　假設檢驗

$$df = \frac{\left(\frac{s_1^2}{n_1} + \frac{s_2^2}{n_2}\right)^2}{\frac{(s_1^2/n_1)^2}{n_1-1} + \frac{(s_2^2/n_2)^2}{n_2-1}} = 19.65 \approx 20$$

由 $\alpha=0.01$ 查表知，$t_\alpha(20) = 2.528$，否定域為 $(2.528, +\infty)$。

因為 $|t_0| = 4.171 > 2.528$，即檢驗統計量的值落入否定域，所以否定原假設。因而可以認為 A 款的強度比 B 款更強。

註：在實際應用中，類似的問題最好是借助 Excel 數據分析工具中的「t-檢驗：雙樣本異方差假設」來完成（具體操作參見本章「實驗指導」部分），避免繁瑣的計算。

（3）要確定（1）與（2）中哪種形式來做本題更恰當，即需要依據樣本數據判斷兩總體方差是否相等，因而提出假設 $H_0: \sigma_A^2 = \sigma_B^2$，$H_1: \sigma_A^2 \neq \sigma_B^2$。

由於兩總體相互獨立，都服從正態分佈，故用 F 檢驗。

檢驗統計量的值為：

$$F_0 = \frac{s_1^2}{s_2^2} = \frac{0.265}{0.298} = 0.889$$

由 $\alpha=0.01$ 查表知，$F_{1-\frac{\alpha}{2}}(9, 11) = 0.158,4$，$F_{\frac{\alpha}{2}}(9, 11) = 5.536,8$，最好是使用 Excel 函數計算 F 分佈的臨界值「=F.INV.RT(1-0.01/2,9,11)」「=F.INV.RT(0.01/2,9,11)」，否定域為 $(0, 0.158,4) \cup (5.536,8, +\infty)$。

因為 $0.158,4 < F_0 = 1.25 < 5.536,8$，即檢驗統計量的值沒有落入否定域，所以不能否定原假設。因而不否認兩總體方差相等，採用第一種方法更恰當。

註：在實際應用中，類似的問題最好是借助 Excel 數據分析工具中的「F-檢驗雙樣本方差分析」來完成（具體操作參見本章「實驗指導」部分），避免繁瑣的計算。

9. 解：方差越小精度越高，想要驗證是否「甲車床的精度高於乙車床」（$\sigma_甲^2 < \sigma_乙^2$），應作為備擇假設，因而提出假設 $H_0: \sigma_甲^2 \geq \sigma_乙^2$，$H_1: \sigma_甲^2 < \sigma_乙^2$。

由於兩總體相互獨立，都服從正態分佈，故用 F 檢驗。由樣本數據可以計算得：

$$\bar{x}_甲 = \frac{1}{n_1}\sum_{i=1}^{n_1} x_i = 8.963,6, \quad \bar{x}_乙 = \frac{1}{n_2}\sum_{i=1}^{n_2} x_i = 9.070,0$$

$$s_甲^2 = \frac{1}{n_1-1}\sum_{i=1}^{n_1}(x_i - \bar{x}_甲)^2 = 0.010,7, \quad s_乙^2 = \frac{1}{n_2-1}\sum_{i=1}^{n_2}(x_i - \bar{x}_乙)^2 = 0.131,0$$

檢驗統計量的值為：

$$F_0 = \frac{s_1^2}{s_2^2} = \frac{0.010,7}{0.131,0} = 0.081,6$$

由 $\alpha=0.05$ 查表知，$F_{1-\alpha}(10, 9) = 0.331,1$，最好是使用 Excel 函數計算 F 分佈的臨界值「=F.INV.RT(1-0.05,10,9)」，否定域為 $(0, 0.331,1)$。

因為 $F_0 = 0.081\,6 < 0.331\,1$，即檢驗統計量的值落入否定域，所以否定原假設，接受備擇假設。因而可以認為甲車床的精度高於乙車床。

註：在實際應用中，類似的問題最好是借助 Excel 數據分析工具中的「F-檢驗雙樣本方差分析」來完成（具體操作參見本章「實驗指導」部分），避免繁瑣的計算。

10. 解：想要驗證該研究者的觀點「A 大學的就業率比 B 大學至少高 8 個百分點」（$\pi_A - \pi_B > 8\%$），應作為備擇假設，因而提出假設 $H_0: \pi_A - \pi_B \leqslant 8\%$，$H_1: \pi_A - \pi_B > 8\%$

由題知，$n_A = 300$，$n_B = 280$，$p_A = \dfrac{285}{300} = 95\%$，$p_B = \dfrac{238}{280} = 85\%$，樣本滿足 $n_A \geqslant 30$，$n_A p_A \geqslant 5$，$n_A(1-p_A) \geqslant 5$，$n_B \geqslant 30$，$n_B p_B \geqslant 5$，$n_B(1-p_B) \geqslant 5$ 條件，所以用 Z 檢驗。

檢驗統計量的值為：

$$Z_0 = \dfrac{(p_A - p_B) - d}{\sqrt{\dfrac{p_A(1-p_A)}{n_A} + \dfrac{p_B(1-p_B)}{n_B}}} = \dfrac{95\% - 85\% - 8\%}{\sqrt{\dfrac{95\% \times 5\%}{300} + \dfrac{85\% \times 15\%}{280}}} = 0.807$$

當 $\alpha = 0.05$ 時，$Z_\alpha = 1.645$，否定域為（1.645，$+\infty$）。

因為 $Z_0 = 0.807 < 1.645$，即檢驗統計量的值沒有落入否定域，所以不否定原假設，即樣本數據不支持該研究者的觀點，沒有充分證據說明「A 大學的就業率比 B 大學至少高 8 個百分點」。

第七章　方差分析

● 一、統計知識

方差分析是將所有樣本信息結合在一起，同時對多個總體的均值進行檢驗。從形式上看，方差分析是同時對多個總體均值的比較，但實質上它是研究分類型自變量對數值型因變量是否有顯著影響的方法。

(一) 單因素方差分析

方差分析中所要檢驗的對象，就是要研究的自變量，稱為因素或因子。因素的不同表現，稱為水準或處理。只涉及一個因素的方差分析，稱為單因素方差分析。

假設因素 A 有 k 個水準，要檢驗因素 A 對試驗結果有無影響，提出的假設為：
$H_0: \mu_1 = \cdots = \mu_k$（因素 A 對試驗結果無影響）
$H_1: \mu_1, \mu_2, \cdots, \mu_k$ 不全相等（因素 A 對試驗結果有影響）

方差分析的計算結果一般以方差分析表的形式報告出來（表7-1）。

表 7-1　　　　　　　　單因素方差分析的一般報告形式

方差來源	平方和	自由度 df	均方 MS	F 統計量值	F 臨界值
組間	SSA	$k-1$	MSA	$\dfrac{MSA}{MSE}$	F_α
組內	SSE	$n-k$	MSE		
總和	SST	$n-1$			

記 $\bar{x} = \dfrac{\sum_{i=1}^{k}\sum_{j=1}^{n_i} x_{ij}}{n}$, $\bar{x}_i = \dfrac{\sum_{j=1}^{n_i} x_{ij}}{n_i}$, $(i=1, 2, \cdots, k)$。在表7-1中，組間平方和SSA = $\sum_{i=1}^{k}\sum_{j=1}^{n_i}(\bar{x}_i - \bar{x})^2 = \sum_{i=1}^{k} n_i (\bar{x}_i - \bar{x})^2$，除隨機誤差外，它主要反應了因素$A$的不同水準所引起的波動。組內平方和$SSE = \sum_{i=1}^{k}\sum_{j=1}^{n_i}(x_{ij} - \bar{x}_i)^2$，是對隨機因素產生的影響的度量。總平方和$SST = \sum_{i=1}^{k}\sum_{j=1}^{n_i}(x_{ij} - \bar{x})^2$，反應了全部觀測值的離散狀況。它們滿足 $SST = SSE + SSA$。檢驗統計量 $F = \dfrac{MSA}{MSE} = \dfrac{SSA/(k-1)}{SSE/(n-k)} \sim F(k-1, n-k)$。表7-1中有關量的計算一般借助統計軟件來完成。

如果$F > F_\alpha$，則在顯著性水準α下否定原假設，認為因素A對試驗結果有顯著影響；如果$F \leq F_\alpha$，則不否定原假設，認為因素A對試驗結果無顯著影響。

（二）無交互作用的雙因素方差分析

如果兩個因素（行因素A和列因素B）對試驗結果的影響是相互獨立的，檢驗它們對試驗結果的影響是否顯著，就是要檢驗假設：

$H_{0A}: \mu_{A1} = \mu_{A2} = \cdots = \mu_{Ak}$，$H_{1A}: \mu_{A1}, \mu_{A2}, \cdots, \mu_{Ak}$ 不全等

$H_{0B}: \mu_{B1} = \mu_{B2} = \cdots = \mu_{Br}$，$H_{1B}: \mu_{B1}, \mu_{B2}, \cdots, \mu_{Br}$ 不全等

無交互作用的雙因素方差分析的結果一般以表7-2的形式報告出來。

表7-2　　　　無交互作用雙因素方差分析的一般報告形式

誤差來源	平方和SS	自由度df	均方MS	F值	F臨界值
行因素A	SSA	$k-1$	MSA	F_A	$F_{A\alpha}$
列因素B	SSB	$r-1$	MSB	F_B	$F_{B\alpha}$
誤差	SSE	$(k-1)(r-1)$	MSE		
總和	SST	$kr-1$			

表7-2中，$SSA = \sum_{i=1}^{k}\sum_{j=1}^{r}(\bar{x}_{i\cdot} - \bar{x})^2 = r\sum_{i=1}^{k}(\bar{x}_{i\cdot} - \bar{x})^2$，$SSB = \sum_{i=1}^{k}\sum_{j=1}^{r}(\bar{x}_{\cdot j} - \bar{x})^2 = k\sum_{j=1}^{r}(\bar{x}_{\cdot j} - \bar{x})^2$，$SSE = \sum_{i=1}^{k}\sum_{j=1}^{r}(x_{ij} - \bar{x}_{i\cdot} - \bar{x}_{\cdot j} + \bar{x})^2$，$SST = SSA + SSB + SSE$。檢驗統計量：

$$F_A = \frac{MSA}{MSE} = \frac{SSA/(k-1)}{SSE/[(k-1)(r-1)]} \sim F(k-1, (k-1)(r-1))$$

$$F_B = \frac{MSB}{MSE} = \frac{SSB/(r-1)}{SSE/[(k-1)(r-1)]} \sim F(r-1, (k-1)(r-1))$$

第七章　方差分析

在顯著性水準 α 下，查 F 分佈表得到臨界值 $F_{A\alpha}$，$F_{B\alpha}$。若 $F_A > F_{A\alpha}$，則否定原假設 H_{0A}，表明行因素 A 對試驗結果有顯著影響；否則，就認為行因素 A 對試驗結果無顯著影響。若 $F_B > F_{B\alpha}$，則否定原假設 H_{0B}，表明列因素 B 對試驗結果有顯著影響；否則，就認為列因素 B 對試驗結果無顯著影響。

(三) 有交互作用的雙因素方差分析

在考慮兩個因素對因變量的影響時，如果兩因素的搭配對因變量產生了新效應，則需要進行有交互作用的雙因素方差分析。有交互作用的雙因素方差分析要求兩因素的每一種搭配都要重複試驗 m 次（$m \geq 2$）。

有交互作用的雙因素方差分析的計算結果一般以表 7-3 的形式報告出來。

表 7-3　　　　有交互作用雙因素方差分析的一般報告形式

誤差來源	平方和 SS	自由度 df	均方 MS	F 值	F 臨界值
行因素 A	SSA	$k-1$	MSA	F_A	$F_{A\alpha}$
列因素 B	SSB	$r-1$	MSB	F_B	$F_{B\alpha}$
交互作用	SSAB	$(k-1)(r-1)$	MSAB	F_{AB}	$F_{AB\alpha}$
誤差	SSE	$kr(m-1)$	MSE		
總和	SST	$n-1$			

記 x_{ijl} 為行因素 A 的第 i 個水準（$i = 1, 2, \cdots, k$）和列因素 B 的第 j 個水準（$j = 1, 2, \cdots, r$）的第 l 行（$l = 1, 2, \cdots, m$）的觀測值，$\bar{x}_{i\cdot}$ 為行因素 A 第 i 個水準的樣本均值，$\bar{x}_{\cdot j}$ 為列因素 B 第 j 個水準的樣本均值，$\bar{x}_{ij}$ 為行因素 A 第 i 個水準和列因素 B 第 j 個水準組合的樣本均值，$\bar{x}$ 為全部 krm 個觀測值的總均值。表 7-3 中，$SST = \sum_{i=1}^{k} \sum_{j=1}^{r} \sum_{l=1}^{m} (x_{ijl} - \bar{x})^2$，$SSA = rm \sum_{i=1}^{k} (\bar{x}_{i\cdot} - \bar{x})^2$，$SSB = km \sum_{j=1}^{r} (\bar{x}_{\cdot j} - \bar{x})^2$，$SSAB = m \sum_{i=1}^{k} \sum_{j=1}^{r} (\bar{x}_{ij} - \bar{x}_{i\cdot} - \bar{x}_{\cdot j} + \bar{x})^2$，$SSE = SST - SSA - SSB - SSAB$，檢驗統計量：

$$F_A = \frac{MSA}{MSE} = \frac{SSA/(k-1)}{SSE/[kr(m-1)]} \sim F(k-1, kr(m-1))$$

$$F_B = \frac{MSB}{MSE} = \frac{SSB/(r-1)}{SSE/[kr(m-1)]} \sim F(r-1, kr(m-1))$$

$$F_{AB} = \frac{MSAB}{MSE} = \frac{SSAB/[(k-1)(r-1)]}{SSE/[kr(m-1)]} \sim F((k-1)(r-1), kr(m-1))$$

在顯著性水準 α 下，查 F 分佈表得到臨界值 $F_{A\alpha}$，$F_{B\alpha}$，$F_{AB\alpha}$。若 $F_A > F_{A\alpha}$，則否定「行因素 A 對試驗結果無影響」的原假設。若 $F_B > F_{B\alpha}$，則否定「列因素 B 對試驗結果無影響」的原假設。若 $F_{AB} > F_{AB\alpha}$，則否定「兩因素的搭配對試驗結果無新影響」的原假設。

● 二、統計實驗

(一) 實驗目的

掌握借助 Excel 進行單因素方差分析和雙因素方差分析的方法。能應用方差分析解決實際問題。

(二) 實驗內容

1. 借助 Excel 完成單因素方差分析，得出分析結論。
2. 借助 Excel 完成無交互作用的雙因素方差分析，得出分析結論。
3. 借助 Excel 完成有交互作用的雙因素方差分析，得出分析結論。

(三) 實驗操作

1. 單因素方差分析

在 Excel 中，可以直接調用數據分析工具完成方差分析，操作比較簡單。

【例 7.1】在養鴨飼料配方的研究中，技術人員提出了 A_1、A_2、A_3 三種配方的飼料。為比較三種飼料的效果，將基本相同的雛鴨隨機分為三組，各組分別選定一種飼料進行喂養，一段時間後測得它們的重量見表 7-4，問不同的飼料對養鴨的增肥作用是否相同？($\alpha = 0.05$)

表 7-4　　　　　　　　　分別飼喂三種飼料的鴨的重量　　　　　　　　　單位：克

	1	2	3	4	5	6	7	8
A_1	513	509	494	482	498	527	511	
A_2	507	512	490	509	495	474	522	501
A_3	538	529	499	521	550	532	545	

【分析】該問題是要判斷「飼料品種」對「重量」是否有顯著影響，做出這種判斷最終被歸結為檢驗三個總體的均值是否相等，提出的假設是：

$H_0: \mu_1 = \mu_2 = \mu_3$　　（三種飼料對養鴨的增肥作用無差異）

$H_1: \mu_1, \mu_2, \mu_3$ 不全等　　（三種飼料對養鴨的增肥作用存在差異）

【操作步驟】

(1) 錄入樣本數據。將樣本數據錄入 B3:I5 區域。

(2) 調用方差分析工具。點擊「數據」菜單中的「數據分析」工具，在彈出的窗口中選擇分析工具「方差分析：單因素方差分析」，點擊「確定」後彈出單因

第七章 方差分析

素方差分析對話框（如圖7-1所示），在對話框「輸入區域」鍵入數據所在單元格區域「A3:I3」，選擇「分組方式」為「行」，由於這裡樣本數據引用包括了位於A列的名稱，所以需要把「標志位於第一列」復選框勾上，在「α」方框內填入「0.05」（默認值就是0.05），在「輸出選項」中選擇「輸出區域」，輸入起始位置「A6」，「確定」後可得圖7-1右下角所示結果。

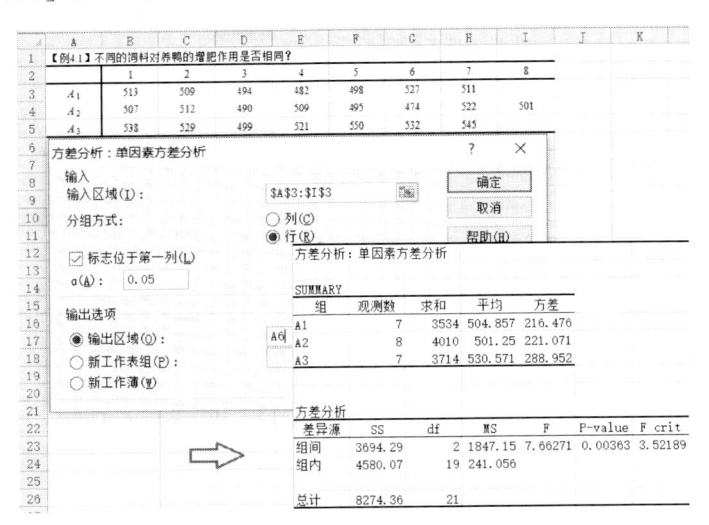

圖7-1 Excel 單因素方差分析

從圖7-1所示結果可見，由於 $F = 7.662,71 > F_\alpha = 3.521,89$，故否定 H_0，即認為三種飼料對養鴨的增肥作用存在顯著差異。當然，這裡也可以直接看檢驗的P值，由於P值=0.003,63<α，所以也是否定原假設。

2. 無交互作用的雙因素方差分析

【例7.2】為了研究不同地點、不同季節大氣飄塵含量的差異性，對地點（A）取三個不同水準，對季節（B）取四個不同水準，在不同組合（A_i, B_j）下各測得一次大氣飄塵含量（mg/m^2），結果見表7-5，試研究地點間的差異及季節間的差異對大氣飄塵含量有無顯著影響（$\alpha = 0.01$）？

表7-5　　　不同地點、不同季節檢測得到的大氣飄塵含量　　　單位：mg/m^2

因素A \ 因素B	冬季	春季	夏季	秋季
地點1	1.150	0.614	0.475	0.667
地點2	1.200	0.620	0.420	0.880
地點3	0.940	0.379	0.200	0.540

【分析】該問題就是無交互作用的雙因素方差分析問題，提出的原假設是

$H_{0A}: \mu_{A1} = \mu_{A2} = \mu_{A3}$　　（不同地點對大氣飄塵含量無影響）

$H_{0B}: \mu_{B1} = \mu_{B2} = \mu_{B3} = \mu_{B4}$　　（不同季節對大氣飄塵含量無影響）

【操作步驟】

（1）錄入樣本數據。將樣本數據錄入到 Excel 工作表的 B2:E4 單元格。

（2）調用方差分析工具。點擊「數據」菜單中的「數據分析」工具，在彈出的窗口中選擇分析工具「方差分析：無重複雙因素分析」，點擊「確定」後彈出方差分析對話框（如圖 7-2 所示），在對話框中「輸入區域」鍵入數據所在單元格區域「A1:E4」，勾上「標志」（如果在「輸入區域」輸入的只是數據區域「B2:E4」，則不要勾上「標志」復選框），在「α」方框內填入「0.01」（默認值是 0.05），在「輸出選項」中選擇「輸出區域」，輸入起始位置「A6」，「確定」後可得圖 7-2 右下角所示結果。

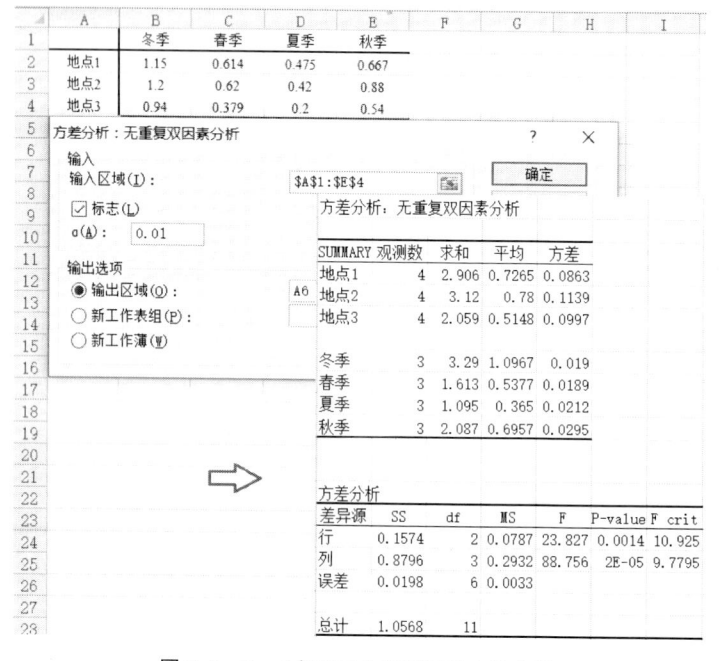

圖 7-2　Excel 無交互作用雙因素方差分析

從圖 7-2 所示結果可知，由於 $F_A = 23.827 > F_\alpha = 10.925$，$F_B = 88.756 > F_\alpha = 9.779,5$，故分別拒絕原假設 H_{0A}、H_{0B}，即認為地點的不同、季節的不同分別都對大氣飄塵含量有顯著影響。

3. 有交互作用的雙因素方差分析

【例 7.3】為分析 4 種化肥和 3 種小麥品種對小麥產量的影響。把一塊試驗田等分成 24 小塊，對種子和化肥的每一組合各種植 2 小塊田，得到產量見表 7-6（單位：kg）。問品種、化肥及兩者的交互作用對小麥產量有無顯著影響（$\alpha = 0.05$）？

第七章 方差分析

表 7-6　　　　　　　　　　小麥產量試驗數據　　　　　　　　　　單位：kg

	化肥 1	化肥 2	化肥 3	化肥 4
品種 1	173	174	177	172
	172	176	179	173
品種 2	175	178	174	170
	173	177	175	171
品種 3	177	174	174	169
	175	174	173	169

【分析】考慮交互作用，每一組合至少要做 2 次試驗，題目滿足這種要求。提出的原假設是：

H_{0A}：品種對小麥產量無顯著影響

H_{0B}：化肥對小麥產量無顯著影響

H_{0AB}：品種和化肥的交互作用對小麥產量無顯著影響

【操作步驟】

（1）錄入樣本數據。將樣本數據錄入到 Excel 工作表的「A1:E7」單元格。

（2）調用方差分析工具。點擊「數據」菜單中的「數據分析」工具，在彈出的窗口中選擇分析工具「方差分析：可重複雙因素分析」，點擊「確定」後彈出方差分析對話框（如圖 7-3 所示），在對話框「輸入區域」鍵入數據所在單元格區域「A1:E7」，在「每一樣本的行數」框內鍵入重複試驗次數「2」；在「α」方框內填入「0.05」（默認值就是 0.05），在「輸出選項」中選擇「輸出區域」，輸入起始位置「A9」，「確定」後可得圖 7-3 右上角所示結果（略去了部分次要信息）。

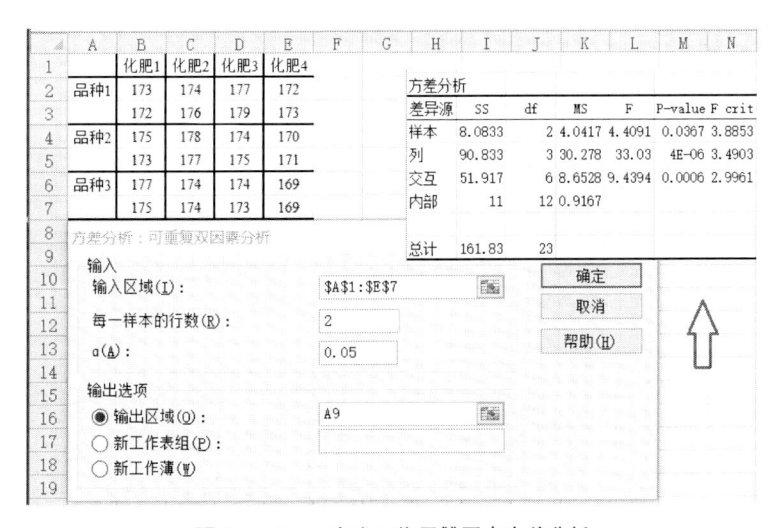

圖 7-3　Excel 有交互作用雙因素方差分析

161

從圖 7-3 所示結果可見，小麥品種因素（行因素、樣本）的檢驗統計量 F＝4.409,1，對應 P 值＝0.036,7，小於顯著性水準 0.05，說明小麥品種對產量的影響是顯著的；同理，可以判斷出化肥因素（列因素）和交互因素對產量的影響也是顯著的。因而，應注意化肥與品種的交互作用，從樣本數據看，化肥 3 與品種 1 的搭配產量最高，所以可以考慮把它們搭配起來安排生產。

（四）實驗實踐

1. 某湖泊在不同季節的氯化物含量測定值見下表，問季節對該湖泊的氯化物含量是否存在顯著影響（$\alpha = 0.05$）？

季節	氯化物含量（mg/L）								
春	22.7	21.8	22.3	20.1	18.6	21.7	22.8	23.1	21.9
夏	24.2	20.9	20.8	18.3	16.4	20.4	19.8	21.3	19.2
秋	17.8	18.7	16.3	16.2	18.6	17.3	17.9	15.7	19.1
冬	19.3	18.4	16.2	14.9	17.3	18.4	15.8	18.0	16.5

2. 一家汽車製造商準備購進一批輪胎。為了對輪船耐磨能力進行測試，分別在低速（40km/h）、中速（80km/h）、高速（120km/h）行駛條件下對 4 家供應商的輪胎隨機樣本進行測試，在輪胎使用 1,000km 後磨損程度見下表。判斷：（1）車速對輪胎磨損程度是否有影響？（2）不同供應商的輪胎的耐磨能力是否有差異（$\alpha = 0.01$）？

供應商	車速（km/h）		
	低速	中速	高速
1	3.8	4.5	3.2
2	3.4	3.9	2.8
3	3.5	4.1	3.0
4	3.2	3.5	2.6

3. 下表給出了不同溫度和不同壓力下模制的若干塑料樣品的拉伸強度（單位：兆帕），試在 0.05 顯著性水準下，判斷壓力、溫度以及兩者的交互作用對塑料的拉伸強度有無影響。

壓力	溫度（℃）		
	B_1	B_2	B_3
A_1	25	27	28
	27	28	30
	25	27	28
	23	28	30

第七章 方差分析

壓力	溫度（℃）		
	B_1	B_2	B_3
A_2	27	28	25
	27	27	27
	28	25	25
	30	27	25
A_3	27	32	25
	25	30	27
	25	30	27
	28	32	25

三、統計實訓

（一）單項選擇題

1. 在方差分析中，總平方和反應的是（　　）。
   A. 全部觀測值的離散狀況　　B. 水準內部觀測值的離散情況
   C. 部分觀測值的離散狀況　　D. 同一因素在不同水準所引起的波動

2. 方差分析的主要目的是判斷（　　）。
   A. 各總體方差的差異是否顯著
   B. 分類型自變量對數值型因變量的影響是否顯著
   C. 樣本數據之間的差異是否顯著
   D. 數值型自變量對分類型因變量的影響是否顯著

3. 在方差分析中，反應同一水準下樣本各觀測值之間差異的是（　　）。
   A. 總平方和　　　　　　　　B. 組間平方和
   C. 離差平方和　　　　　　　D. 組內平方和

4. 組間平方和除以相應的自由度，該結果稱為（　　）。
   A. 組間均方　　B. 平均誤差　　C. 總均方　　D. 組內均方

5. 單因素方差分析中，F統計量的計算式為（　　）。
   A. $\dfrac{MSA}{MST}$　　B. $\dfrac{MSE}{MST}$　　C. $\dfrac{MSA}{MSE}$　　D. $\dfrac{MSE}{MSA}$

6. 如果要分析3種化肥施撒在三種類型（酸性、中性和鹼性）的土地上對農作物的產量有無影響，則最恰當的分析方法是（　　）。
   A. 單因素方差分析　　　　　B. 無交互作用的雙因素方差分析
   C. 三因素方差分析　　　　　D. 有交互作用的雙因素方差分析

7. 在方差分析中，原假設是 $H_0: \mu_1 = \mu_2 = \cdots = \mu_k$，那麼備擇假設是（　　）。

　　A. $H_1: \mu_1 \neq \mu_2 \neq \cdots \neq \mu_k$　　　　B. $H_1: \mu_1 > \mu_2 > \cdots > \mu_k > 0$

　　C. $H_1: \mu_1, \mu_2, \cdots, \mu_k$ 不全為 0　　D. $H_1: \mu_1, \mu_2, \cdots, \mu_k$ 不全相等

8. 在有 n 個觀測值 k 個水準的單因素方差分析中，F 統計量的分子分母的自由度分別為（　　）。

　　A. k, n　　　　　　　　　　　　B. $k-1, n-k$

　　C. $n-1, k-1$　　　　　　　　　　D. $n-k, k-1$

9. 雙因素方差分析涉及（　　）。

　　A. 兩個分類型自變量　　　　　　B. 兩個分類型因變量

　　C. 兩個數值型自變量　　　　　　D. 兩個數值型因變量

10. 有交互作用的雙因素方差分析是指用於檢驗的兩個因素（　　）。

　　A. 對因變量的影響有交互作用　　B. 對因變量的影響是相互獨立的

　　C. 對自變量的影響有交互作用　　D. 對自變量和因變量產生了交叉影響

（二）多項選擇題

1. 對於有 k 個水準的單因素方差分析的組內平方和，下面說法正確的是（　　）。

　　A. 其自由度為 $k-1$

　　B. 反應的是隨機因素的影響

　　C. 反應的是隨機因素和系統因素的影響

　　D. 組內誤差一定小於組間誤差

　　E. 其自由度為 $n-k$

2. 為研究溶液溫度對液體植物生長的影響，將水溫控制在 3 個水準上，則對此試驗結果進行的方差分析稱為（　　）。

　　A. 單因素方差分析　　　　　　　B. 雙因素方差分析

　　C. 三因素方差分析　　　　　　　D. 單因素三水準方差分析

　　E. 雙因素三水準方差分析

3. 應用方差分析的前提條件是（　　）。

　　A. 各個總體服從正態分佈　　　　B. 各個總體均值相等

　　C. 各個總體具有相同的方差　　　D. 各個總體均值不等

　　E. 各個總體相互獨立

4. 方差分析中組間平方和是指（　　）。

　　A. 各水準下理論平均數之間的離差平方和

　　B. 在同一水準下數據誤差的平方和

　　C. 由水準效應不同所引起的離差平方和

　　D. 各組平均值與總平均值的離差平方和

第七章 方差分析

E. 全部觀測值與總平均值的離差平方和

5. 方差分析中,若檢驗統計量 F 近似等於 1,說明(　　)。

   A. 組間方差中不存在系統因素的顯著影響
   B. 組內方差中不存在系統因素的顯著影響
   C. 組間方差中存在系統因素的顯著影響
   D. 方差分析中應否定原假設
   E. 方差分析中應不否定原假設

6. 在單因素三水準方差分析中,已知 $SST=40$,$SSE=30$,樣本數據共有 30 個,則(　　)。

   A. 組間自由度為 2
   B. 組內自由度為 27
   C. 組間均方為 $MSA=5$
   D. 組內均方為 $MSE=1$
   E. 檢驗統計量 $F=5$

7. 以下問題適宜用方差分析方法解決的有(　　)。

   A. 研究不同所有制企業職工工資是否存在顯著差別
   B. 研究三種不同形式的包裝對銷售量是否存在顯著影響
   C. 研究不同季節、不同地點的空氣質量（PM2.5 濃度）是否存在顯著差別
   D. 研究收入不同對出行交通工具選擇是否存在顯著影響
   E. 研究研發投入對企業利潤是否存在顯著影響

8. 從下列方差分析表可以知道(　　)。

差異源	SS	df	MS	F	P-value	F crit
組間	7,725.9	3	2,575.3	15.887	0.000	2.866
組內	5,835.6	36	162.1			
總計	13,561.5	39				

   A. 這是單因素方差分析
   B. 因素水準有 4 個
   C. 樣本觀測值一共有 39 個
   D. 組間平方和是 7,725.9
   E. 組內均方是 162.1

9. 從下列方差分析表可以知道(　　)。

差異源	SS	df	MS	F	P-value	F crit
行	26.133	2	13.067	8.809	0.010	4.459
列	36.933	4	9.233	6.225	0.014	3.838
誤差	11.867	8	1.483			
總計	74.933	14				

   A. 這是無交互作用的雙因素方差分析
   B. 行因素水準有 3 個

165

C. 樣本觀測值一共有 15 個

D. 在 5%顯著性水準下，行因素的影響是顯著的

E. 在 5%顯著性水準下，列因素的影響是顯著的

10. 從下列方差分析表可以知道（　　　）。

差異源	SS	df	MS	F	P-value	F crit
行因素	32.056	2	16.028	8.014	0.002	3.403
列因素	2.083	3	0.694	0.347	0.791	3.009
交互作用	48.167	6	8.028	4.014	0.006	2.508
誤差	48	24	2			
總計	130.306	35				

A. 這是有交互作用的雙因素方差分析

B. 列因素水準有 4 個

C. 兩因素的每一種搭配重複試驗了 3 次

D. 在 5%顯著性水準下，列因素的影響是顯著的

E. 在 5%顯著性水準下，兩因素交互作用的影響是顯著的

（三）判斷題

1. 方差分析是同時對多個總體均值的比較，但實質上它是研究分類型自變量對數值型因變量是否有顯著影響的方法。（　　）

2. 無交互的雙因素方差分析假定兩個因素對因變量的影響是獨立的，但如果兩因素的搭配對因變量產生了新效應，則需要進行有交互作用的雙因素方差分析。（　　）

3. 如果單因素方差分析中因素有 5 個水準，組間平方和 $SSA=10$，則組間均方 $MSA=2.5$。（　　）

4. 組內平方和是在同一水準下數據誤差的平方和，反應了水準內部觀測值的離散情況。（　　）

5. 方差分析是對多個正態總體方差相等這一假設進行檢驗。（　　）

6. 有交互作用的雙因素方差分析是指用於檢驗的兩個因素產生了相互影響。（　　）

7. 在方差分析中，檢驗統計量 F 是用組間平方和除以組內平方和。（　　）

8. 組內平方和只包括隨機誤差。（　　）

9. 組間平方和既包括隨機誤差，也包括系統誤差。（　　）

10. 雙因素方差分析涉及兩個數值型因變量。（　　）

第七章 方差分析

(四) 綜合應用題

1. 一家食品公司用機器灌裝菜油，規定每桶的容量為5L。現分別從4臺機器的產品中進行隨機抽樣檢測，然後對4臺機器的灌裝量進行方差分析，得到下表結果：

方差來源	平方和	自由度 df	均方 MS	F 值	F 臨界值
組間			0.003,2		3.159,9
組內	0.003,6			—	—
總和		21	—	—	—

(1) 完成上面的方差分析表。
(2) 取顯著性水準 $\alpha=0.05$，檢驗4臺機器的灌裝量是否有顯著差異？

2. 隨機調查某地區100名工齡相同的職工，分析學歷對收入的影響。對調查數據做方差分析得到：$SST=10,580$，$SSA=3,996$。問學歷對收入是否存在顯著影響（$\alpha=0.05$）？

3. 某廠有3條生產線生產相同型號的電池，分別記為 A_1、A_2、A_3。下面是對各生產線生產電池電力（使用時長）的隨機抽查測試結果，問生產線的不同對電池電力是否有影響（$\alpha=0.05$）？

生產線	電力（小時）								
A_1	341	357	338	330	348	353	335	351	346	325
A_2	347	364	357	329	336	338	342	318	321	336
A_3	362	385	361	339	353	374	357	343	381	353

4. 為了尋找適合本地種植的高產小麥品種，選取了4個品種分別在5塊面積相同的試驗地裡試種，試驗地耕作條件基本相同，試種所得產量如下（單位：kg）。問不同品種的產量是否存在顯著差異（$\alpha=0.05$）？

品種	產量（kg）				
A_1	11	15	14	15	11
A_2	18	14	16	17	18
A_3	15	17	10	15	14
A_4	17	15	19	15	16

5. 從某地高考理科考生中隨機抽取了45人進行調查，登記考生的成績、家長的文化程度（按父母中文化程度較高者登記）。數據如下表所示：

家長的文化	考生成績										
大專以上	606	497	520	508	508	530	550	570	534	540	616
高中	509	420	445	390	440	406	410	480	530	590	560	551	559
初中	360	540	320	430	550	517	580	460	408	330	490	471
小學以下	303	501	415	388	290	420	550	511	432			

問家長的文化程度是否對學生考試成績存在顯著影響（$\alpha = 0.05$）？

6. 下表是對因素 A 與因素 B 進行無交互作用的雙因素方差分析得到的結果：

誤差來源	平方和 SS	自由度 df	均方 MS	F 值	F 臨界值
行因素 A	30			5	4.757
列因素 B	16				5.143
誤差		6	2	—	—
總和				—	—

要求：

（1）請將空缺數字補充完整。

（2）判斷行因素、列因素的影響是否顯著？

7. 一家跨國公司為研究兒童食品的銷售量是否受到包裝和銷售地區的影響，在一週內在 3 個地區同時用 3 種不同的包裝進行銷售試驗，獲得的銷售量數據見下表（單位：箱）。問不同包裝和不同銷售地區對該食品的銷售量是否存在影響（$\alpha = 0.05$）？

	地區 B_1	地區 B_2	地區 B_3
包裝 A_1	86	81	73
包裝 A_2	65	71	62
包裝 A_3	53	52	60

8. 某女排運動員在世界錦標賽、世界杯賽和奧運會比賽三種場合對陣美國隊、古巴隊、日本隊和俄羅斯隊的比賽中，扣球成功率如下表（單位:%）。試問不同比賽場合、不同的對戰隊對該運動員扣球成功率是否存在顯著影響（$\alpha = 0.05$）？

	美國隊 B_1	古巴隊 B_2	日本隊 B_3	俄羅斯隊 B_4
世錦賽 A_1	72	86	73	89
世界杯 A_2	65	81	76	84
奧運會 A_3	66	77	68	79

9. 為了分析噪音因素 A、光照因素 B 以及二者的交互作用是否對工人生產的產品量存在影響，在噪音和光照兩種因素的不同水準組合下做試驗，結果如下表（單位：件）：

第七章 方差分析

	B₁	B₂	B₃	B₄
A₁	25 25 27	28 27 27	25 27 26	28 30 30
A₂	29 29 26	25 25 25	28 27 26	25 26 27
A₃	26 28 31	29 32 32	28 28 28	27 28 27

請回答噪音、光照及二者的交互作用對工人生產產品有無顯著影響（$\alpha = 0.05$）？

10. 下表給出的是在不同溫度和不同壓力下，生產的某種模制塑料的抗拉強度（單位：兆帕）：

壓力	溫度		
	B₁	B₂	B₃
A₁	11 12 11 10	12 13 12 13	13 14 13 14
A₂	12 12 13 14	13 12 11 12	11 12 11 11
A₃	12 11 11 13	15 14 14 15	11 12 12 11

試依據上述資料，在 0.05 顯著性水準下研究溫度、壓力及兩者的交互作用對模制塑料抗拉強度有無顯著影響。

四、實訓題解

(一) 單項選擇題

1. 答案：A。總平方和是全部觀測值與總平均值的離差平方和，反應的是全部觀測值的離散狀況。

2. 答案：B。方差分析的實質就是研究分類型自變量對數值型因變量的影響是否顯著。

3. 答案：D。組內平方和反應了同一水準下樣本各觀測值之間的差異，體現的是隨機誤差。

4. 答案：A。組間平方和（SSA）除以相應的自由度，稱為組間均方（MSA）。

5. 答案：C。F 統計量的計算式是組間均方除以組內均方。

6. 答案：D。化肥品種和土地類型是分類型自變量，農作物產量是數值型因變量，化肥品種與土地類型的搭配可能對農作物產量產生新效應，因此最好採用有交互作用的雙因素方差分析。

7. 答案：D。「全部相等」的對立面是「不全相等」，或者說「至少有兩個不相等」。

8. 答案：B。F 統計量的分子自由度是因素水準數 k 減 1，分母自由度是總的觀測值個數 n 與因素水準數 k 之差。

9. 答案：A。雙因素方差分析涉及兩個分類型自變量、一個數值型因變量。

10. 答案：A。有交互作用的雙因素方差分析是指用於檢驗的兩個因素（分類型自變量）的搭配對因變量的影響有交互作用，產生了新效應。

(二) 多項選擇題

1. 答案：BE。組內平方和的自由度為 n-k。組內平方和反應隨機因素的影響。組內誤差與組間誤差的大小是不一定的。

2. 答案：AD。水溫是分析的因素（單因素），控制在 3 個水準上，因素有 3 種類型，所以也就是單因素三水準方差分析。

3. 答案：ACE。各個總體均值相等是方差分析的原假設，方差分析的應用前提並不含有對均值的要求。

4. 答案：CD。組間平方和是各組平均值與總平均值的離差平方和，是由水準效應不同所引起的離差平方和。而同一水準下數據誤差的平方和是組內平方和，全部觀測值與總平均值的離差平方和是總平方和。

5. 答案：ABE。若檢驗統計量 F 近似等於 1，表明組間均方基本與組內均方相同，不能否定各總體均值相同（不存在系統因素的顯著影響）的原假設，說明組間

第七章 方差分析

方差中不存在系統因素的顯著影響。而組內方差中本身就不存在系統因素的影響。

6. 答案：ABC。組間自由度 $=k-1=2$，組內自由度 $=n-k=27$，組間均方 $MSA = SSA/(k-1) = (SST-SSE)/(k-1) = 5$，組內均方 $MSE = SSE/(n-k) = 30/27 = 1.111$，檢驗統計量 $F = MSA/MSE = 4.5$。

7. 答案：ABC。方差分析實質上是研究分類型自變量對數值型因變量是否有顯著影響的方法。因此，自變量是分類型變量，因變量是數值型變量。D 項是研究數值型自變量（收入）對分類型因變量（出行交通工具類型）的影響。E 項是研究數值型自變量（研發投入）對數值型因變量（企業利潤）的影響。

8. 答案：ABDE。從行標題的內容可以看出，這是單因素方差分析。$n-1=39$，所以樣本觀測值一共有 $39+1=40$ 個。

9. 答案：ABCDE。行因素自由度 $df=2$，所以行因素水準有 $2+1=3$ 個。檢驗行因素影響顯著性的 F 統計量對應的 P 值 $=0.010$，小於 5% 的顯著性水準，說明行因素影響是顯著的。檢驗列因素影響顯著性的 F 統計量對應的 P 值 $=0.014$，也小於 5% 的顯著性水準，說明列因素影響也是顯著的。

10. 答案：ABCE。從行標題的內容可以看出，這是有交互作用的雙因素方差分析。列因素自由度 $df=3$，所以列因素水準有 $3+1=4$ 個。兩因素的每一種搭配重複試驗了 $n/kr = (35+1)/(3+1)(2+1) = 3$ 次。檢驗行因素影響顯著性的 F 統計量對應的 P 值 $=0.002$，小於 5% 的顯著性水準，說明行因素影響是顯著的。檢驗列因素影響顯著性的 F 統計量對應的 P 值 $=0.791$，大於 5% 的顯著性水準，說明列因素不存在顯著影響。檢驗交互作用影響顯著性的 F 統計量對應的 P 值 $=0.006$，小於 5% 的顯著性水準，說明交互作用的影響是顯著的。

（三）判斷題

1. 答案：√。方差分析是分析因素（分類型自變量）對實驗結果（數值型因變量）的影響。

2. 答案：√。無交互的雙因素方差分析與有交互作用的雙因素方差分析的區別，就是看兩因素的搭配是否可能對因變量產生新效應。

3. 答案：√。單因素方差分析中因素有 5 個水準，則組間自由度為 4（即 $k-1$），因而組間均方 $MSA = SSA/(k-1) = 2.5$。

4. 答案：√。注意理解和區分組內平方和與組間平方和的含義。

5. 答案：×。方差分析是對多個正態總體均值相等的原假設進行檢驗。

6. 答案：×。有交互作用的雙因素方差分析是指用於檢驗的兩個因素的搭配可能對因變量產生新效應。

7. 答案：×。在方差分析中，檢驗統計量 F 是用組間均方除以組內均方。

8. 答案：√。組內平方和反應了同一水準下樣本各觀測值之間的差異，體現的

是隨機誤差。

9. 答案：√。組間平方和是各組均值與總平均值的離差平方和，既包括隨機誤差，也包括系統誤差。

10. 答案：×。雙因素方差分析涉及兩個因素，因素是分類型自變量。

(四) 綜合應用題

1. 解：(1) 由於研究的是「4 臺機器的產品」，所以組間自由度 = $k-1 = 4-1 = 3$；組間平方和 $SSA = MSA \times df = 0.003, 2 \times 3 = 0.009, 6$；組內自由度 = 綜合自由度 − 組間自由度 = $21-3 = 18$；組內均方 $MSE = SSE/df = 0.003, 6/18 = 0.000, 2$；總平方和 $SST = SSA + SSE = 0.009, 6 + 0.003, 6 = 0.013, 2$；$F$ 值 $= MSA/MSE = 0.003, 2/0.000, 2 = 16$。

(2) 由於 F 值 = 16 > F 臨界值 = 3.159, 9，所以否定「$\mu_1 = \mu_2 = \mu_3 = \mu_4$（4 臺機器灌裝量相同）」的原假設，說明 4 臺機器的灌裝量有顯著差異。

2. 解：學歷分為 5 種（即有 5 種水準），所以組間自由度 = $k-1 = 5-1 = 4$。組間均方 $MSA = SSA/df = 3,996/4 = 999$。$MSE = SSE/df = (SST-SSA)/(n-k) = (10,580-3,996)/(100-5) = 69.3$。因此，$F$ 統計量 $= MSA/MSE = 999/69.31 = 14.41$。用 Excel 函數計算「F.INV.RT(0.05, 4, 95)」可得 $F_\alpha = 2.467, 5$（或者查 F 分佈表得到該臨界值）。由於 F 統計量 = 14.41 > F_α，所以否定「$\mu_1 = \mu_2 = \mu_3 = \mu_4 = \mu_5$（各學歷職工收入相等）」的原假設，說明學歷對收入存在顯著影響。

3. 解：借助 Excel 方差分析工具可得下表所示結果：

差異源	SS	df	MS	F	P-value	F crit
組間	2,785.067	2	1,392.533	7.550, 5	0.002, 5	3.354, 1
組內	4,979.6	27	184.429, 6			
總計	7,764.667	29				

由於 F 統計量對應 P 值 = 0.002, 5，小於顯著性水準（$\alpha = 0.05$），所以否定「$\mu_1 = \mu_2 = \mu_3$（各生產線的電池電力相同）」的原假設，說明生產線的不同對電池電力影響顯著。

4. 解：借助 Excel 方差分析工具可得下表所示結果：

差異源	SS	df	MS	F	P-value	F crit
組間	41.8	3	13.933, 3	3.377, 8	0.044, 4	3.238, 9
組內	66	16	4.125			
總計	107.8	19				

由於 F 統計量對應 P 值 = 0.044, 4，小於顯著性水準（$\alpha = 0.05$），所以否定「$\mu_1 = \mu_2 = \mu_3 = \mu_4$（不同品種產量相同）」的原假設，說明不同品種的產量存在顯著

第七章　方差分析

差異。

5. 解：借助 Excel 方差分析工具可得下表所示結果：

差異源	SS	df	MS	F	P-value	F crit
組間	81,118.02	3	27,039.34	5.048,0	0.004,6	2.832,7
組內	219,615.1	41	5,356.466			
總計	300,733.1	44				

由於 F 統計量對應 P 值 = 0.004,6，小於顯著性水準（$\alpha = 0.05$），所以否定「$\mu_1 = \mu_2 = \mu_3 = \mu_4$（不同的家長文化程度的學生考試成績相同）」的原假設，說明家長的文化程度對學生考試成績存在顯著影響。

6. 解：(1) 由於誤差均方 $MSE = 2$，$df_E = 6$，所以誤差平方和 $SSE = MSE \times df_E = 2 \times 6 = 12$；總平方和 $SST = SSA + SSB + SSE = 30 + 16 + 12 = 58$；由於行因素檢驗統計量 $F_A = MSA/MSE$，所以 $MSA = F_A \times MSE = 5 \times 2 = 10$；$df_A = \dfrac{SSA}{MSA} = \dfrac{30}{10} = 3$；$df_B = df_E/df_A = \dfrac{6}{3} = 2$；$MSB = SSB/df_B = 16/2 = 8$；$F_B = MSB/MSE = 8/2 = 4$；$df_T = df_A + df_B + df_E = 3 + 2 + 6 = 11$。

(2) 由於 $F_A = 5 >$ F 臨界值 = 4.757，所以否定「行因素 A 對實驗結果無顯著影響」的原假設，說明行因素 A 對實驗結果影響顯著。

由於 $F_B = 4 <$ F 臨界值 = 5.143，所以不能否定「列因素 B 對實驗結果無顯著影響」的原假設，說明列因素 B 對實驗結果影響不顯著。

7. 解：借助 Excel 方差分析工具可得下表所示結果：

差異源	SS	df	MS	F	P-value	F crit
行	942	2	471	12.729,7	0.018,4	6.944,3
列	18	2	9	0.243,2	0.794,9	6.944,3
誤差	148	4	37			
總計	1,108	8				

由於行因素 A 的 F_A 統計量對應 P 值 = 0.018,4，小於顯著性水準（$\alpha = 0.05$），所以否定「$\mu_1 = \mu_2 = \mu_3$（不同包裝的產品銷售量相同）」的原假設，說明不同包裝對該食品的銷售量存在顯著影響。

由於列因素 B 的 F_B 統計量對應 P 值 = 0.794,9，大於顯著性水準（$\alpha = 0.05$），所以不能否定「$\mu_1 = \mu_2 = \mu_3$（不同地區的產品銷售量相同）」的原假設，說明銷售地區因素對該食品的銷售量影響不顯著。

8. 解：借助 Excel 方差分析工具可得下表所示結果：

差異源	SS	df	MS	F	P-value	F crit
行	112.667	2	56.333	8.593,2	0.017,3	5.143,3
列	524.667	3	174.89	26.678	0.000,7	4.757,1
誤差	39.333,3	6	6.555,6			
總計	676.667	11				

由於行因素 A 的 F_A 統計量對應 P 值 = 0.017,3，小於顯著性水準（$\alpha = 0.05$），所以否定「$\mu_1 = \mu_2 = \mu_3$（不同比賽場合該運動員扣球成功率相同）」的原假設，說明不同比賽場合對該運動員扣球成功率存在顯著影響。

由於列因素 B 的 F_B 統計量對應 P 值 = 0.000,7，小於顯著性水準（$\alpha = 0.05$），所以也否定「$\mu_1 = \mu_2 = \mu_3 = \mu_4$（對於不同的對戰隊該運動員扣球成功率相同）」的原假設，說明不同的對戰隊對該運動員扣球成功率存在顯著影響。

9. 解：借助 Excel 方差分析工具可得下表所示結果：

差異源	SS	df	MS	F	P-value	F crit
樣本	30.167	2	15.083	9.696,4	0.000,8	3.402,8
列	2.972,2	3	0.990,7	0.636,9	0.598,6	3.008,8
交互	60.278	6	10.046	6.458,3	0.000,4	2.508,2
內部	37.333	24	1.555,6			
總計	130.75	35				

由於行因素 A 的 F_A 統計量對應 P 值 = 0.000,8，小於顯著性水準（$\alpha = 0.05$），所以否定「$\mu_1 = \mu_2 = \mu_3$（噪音對工人生產無顯著影響）」的原假設，說明噪音對工人生產存在顯著影響。

由於列因素 B 的 F_B 統計量對應 P 值 = 0.598,6，大於顯著性水準（$\alpha = 0.05$），所以不否定「$\mu_1 = \mu_2 = \mu_3 = \mu_4$（光照對工人生產無顯著影響）」的原假設，說明光照對工人生產不存在顯著影響。

由於交互作用 A×B 的 F_{AB} 統計量對應 P 值 = 0.000,4，小於顯著性水準（$\alpha = 0.05$），所以否定「A、B 兩因素的搭配對工人生產無新影響」的原假設，說明 A、B 兩因素的搭配對工人生產產生了顯著的新影響。

10. 解：借助 Excel 方差分析工具可得下表所示結果：

差異源	SS	df	MS	F	P-value	F crit
樣本	2.055,6	2	1.027,8	1.947,4	0.162,2	3.354,1
列	9.055,6	2	4.527,8	8.578,9	0.001,3	3.354,1
交互	30.278	4	7.569,4	14.342	2.1E-06	2.727,8
內部	14.250	27	0.527,8			
總計	55.639	35				

第七章　方差分析

由於行因素 A 的 F_A 統計量對應 P 值 = 0.162,2，大於顯著性水準（α = 0.05），所以不否定「$\mu_1=\mu_2=\mu_3$（不同壓力下模制塑料的抗拉強度相同）」的原假設，說明壓力對模制塑料的抗拉強度無顯著影響。

由於列因素 B 的 F_B 統計量對應 P 值 = 0.001,3，小於顯著性水準（α = 0.05），所以否定「$\mu_1=\mu_2=\mu_3$（不同溫度下模制塑料的抗拉強度相同）」的原假設，說明溫度對模制塑料的抗拉強度存在顯著影響。

由於交互作用 A×B 的 F_{AB} 統計量對應 P 值 = 2.1×10^{-6}，小於顯著性水準（α = 0.05），所以否定「A、B 兩因素的搭配對抗拉強度無新影響」的原假設，說明壓力和溫度兩因素的搭配對模制塑料的抗拉強度產生了顯著的新影響。

第八章 相關與迴歸分析

一、統計知識

客觀現象之間的數量依存關係有兩種類型：一種是函數關係，另一種是相關關係。相關分析是根據實際觀測的數據資料，研究現象間相互依存關係的形式和密切程度的統計分析方法；迴歸分析則是對相關的變量進行測定，建立迴歸方程並進行估計或預測的統計分析方法。本章重點是相關關係的概念和種類；相關係數的理解、計算和應用；迴歸方程的建立、評價和應用。

(一) 相關分析

1. 相關關係的概念

相關關係是指變量之間存在的一種非確定性的數量依存關係。

2. 相關關係的種類

變量之間的相關關係按不同的標準分類如圖 8-1 所示，圖中 r 為兩變量的相關係數。

3. 相關係數的性質

(1) r 的取值範圍為區間 $[-1, 1]$；

(2) r 具有對稱性。即 x 與 y 的相關係數等於 y 與 x 的相關係數。

(3) r 數值的大小與 x 和 y 的原點及尺度無關。即 x 和 y 的量綱不會影響它們之間的相關係數，這也意味著，x 或 y 所有觀測值都加（減）一個數或乘（除）一個非 0 的數，x 與 y 的相關係數都不會發生變化。

第八章 相關與迴歸分析

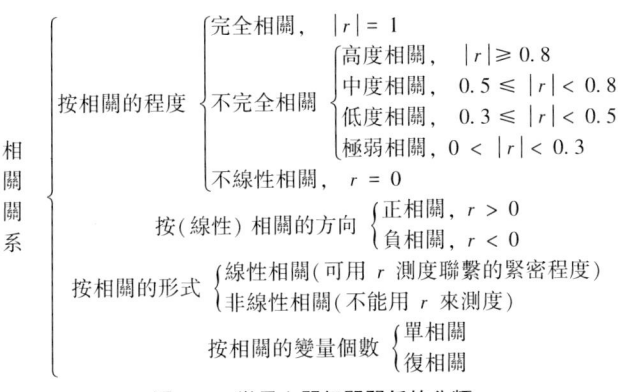

$$\text{相關關係}\begin{cases}\text{按相關的程度}\begin{cases}\text{完全相關,} & |r|=1\\ \text{不完全相關}\begin{cases}\text{高度相關,} & |r|\geqslant 0.8\\ \text{中度相關,} & 0.5\leqslant|r|<0.8\\ \text{低度相關,} & 0.3\leqslant|r|<0.5\\ \text{極弱相關,} & 0<|r|<0.3\end{cases}\\ \text{不線性相關,} & r=0\end{cases}\\ \text{按(線性)相關的方向}\begin{cases}\text{正相關,} & r>0\\ \text{負相關,} & r<0\end{cases}\\ \text{按相關的形式}\begin{cases}\text{線性相關(可用 }r\text{ 測度聯繫的緊密程度)}\\ \text{非線性相關(不能用 }r\text{ 來測度)}\end{cases}\\ \text{按相關的變量個數}\begin{cases}\text{單相關}\\ \text{復相關}\end{cases}\end{cases}$$

圖 8-1 變量之間相關關係的分類

(4) r 不能用於描述非線性關係。$r=0$ 只意味著不存在線性相關關係，並不能肯定是否存在非線性相關關係。

(5) r 是兩變量之間線性關係的一個度量，卻不一定意味著 x 與 y 一定有因果關係。

4. 相關分析的基本思路

(1) 定性分析。現象間內在的本質聯繫，決定它們的客觀規律性，需要結合實際經驗去分析，並要有有關理論去加以說明。對於如果本來沒有內在聯繫的現象，僅憑數據進行相關分析和迴歸分析，有可能會是一種「偽相關」或「偽迴歸」，這樣不僅沒有實際的意義，而且會導致荒謬的結論。

(2) 繪製散點圖。依據散點圖對變量之間相關的方向、形式和密切程度做出直觀的判斷。

(3) 計算相關係數。相關係數是定量研究線性相關關係的工具，根據相關係數的符號和大小，可以判定現象之間線性相關的方向和密切程度。計算公式為：

$$r=\frac{n\sum_{i=1}^{n}x_iy_i-\sum_{i=1}^{n}x_i\sum_{i=1}^{n}y_i}{\sqrt{n\sum_{i=1}^{n}x_i^2-(\sum_{i=1}^{n}x_i)^2}\sqrt{n\sum_{i=1}^{n}y_i^2-(\sum_{i=1}^{n}y_i)^2}}$$

(4) 檢驗相關係數的顯著性。原假設為 $H_0: \rho=0$（總體的兩個變量不存在線性相關關係），$H_1: \rho\neq 0$。一般使用 t 檢驗法進行檢驗，檢驗統計量為：

$$t=\frac{r\sqrt{n-2}}{\sqrt{1-r^2}}$$

如果 $|t|>t_{\frac{\alpha}{2}}(n-2)$，則否定原假設，表明總體的兩個變量之間存在顯著的線性相關關係；如果 $|t|\leqslant t_{\frac{\alpha}{2}}(n-2)$，則不否定原假設，表明總體的兩個變量之間不存在顯著的線性相關關係。

(二) 迴歸分析

1. 迴歸分析的概念

迴歸分析是對相關的變量的數量變化進行測定，根據實際的觀測值建立變量間的迴歸方程式，並據以進行估計預測的統計分析方法。

2. 迴歸分析的基本思路

（1）建立迴歸模型。一元線性迴歸模型為：

$$Y = \beta_0 + \beta_1 X + \varepsilon$$

多元線性迴歸模型為（$p>1$ 為自變量個數）：

$$Y = \beta_0 + \sum_{i=1}^{p} \beta_i X_i + \varepsilon$$

其中，ε 一般稱為隨機擾動項。對建立的迴歸模型有兩個方面的基本假定：一是對變量和模型的假定（包括：假定自變量非隨機，或自變量雖然是隨機的，但與隨機擾動項也是不相關的；模型中的變量沒有測量誤差；模型對變量和函數形式的設定是正確的）。二是對隨機擾動項 ε 統計分佈的假定，即古典假定或稱為高斯假定，具體包括：①零均值假定，即 $E(\varepsilon | X) = 0$。②同方差假定，即對於給定的每一個 X 的取值，隨機擾動項的條件方差都相同。③無自相關假定，即隨機擾動項 ε 的逐次值互不相關，或者說協方差 $Cov(\varepsilon_i, \varepsilon_j) = 0$，$(i \neq j)$。④隨機擾動項與自變量不相關，這樣才能分清楚自變量與隨機擾動項分別對因變量的影響各為多少。⑤正態性假定，即假定隨機擾動項服從正態分佈，即有 $\varepsilon \sim N(0, \sigma^2)$。滿足這些假定的線性迴歸模型稱為古典線性迴歸模型。

（2）根據樣本觀測值估計迴歸系數。一般使用最小二乘法估計，並借助軟件完成計算。

在一元線性迴歸方程 $\hat{y} = \hat{\beta}_0 + \hat{\beta}_1 x$ 中，按最小二乘法所得迴歸系數的計算表達式為：

$$\begin{cases} \hat{\beta}_1 = \dfrac{n\sum\limits_{i=1}^{n} x_i y_i - \sum\limits_{i=1}^{n} x_i \sum\limits_{i=1}^{n} y_i}{n\sum\limits_{i=1}^{n} x_i^2 - (\sum\limits_{i=1}^{n} x_i)^2} \\ \hat{\beta}_0 = \bar{y} - \hat{\beta}_1 \bar{x} \end{cases}$$

如果借助 Excel 軟件進行迴歸分析，則 Excel 報告的主要結果的一般形式如圖 8-2 所示，圖中對各統計量的含義做了簡要說明。

第八章 相關與迴歸分析

SUMMARY OUTPUT						
回归统计						
Multiple R	复相关系数					
R Square	可决系数					
Adjusted R Square	调整的可决系数					
标准误差	估计标准误差					
观测值	样本容量 n					
方差分析						
	df	SS	MS	F	Significance F	
回归分析	回归自由度	回归平方和	回归均方	F 统计量	对应于单尾 F 检验的 P 值	
残差	残差自由度	残差平方和	残差均方			
总计	n-1	总离差平方和				
	Coefficients	标准误差	t Stat	P-value	Lower 95%	Upper 95%
Intercept	截距（常数项）	系数估计值的标准误差	t 统计量	P 值	系数区间估计的下限	系数区间估计的上限
X Variable1	斜率（自变量系数）	系数估计值的标准误差	t 统计量	P 值	系数区间估计的下限	系数区间估计的上限

圖 8-2　Excel 迴歸分析報告結果的含義

（3）迴歸模型的檢驗。對迴歸模型的檢驗一般包括如下 4 個方面：

①審查迴歸係數的符號與大小是否與實際問題相符。以消費 y 對收入 x 的迴歸方程 $\hat{y} = \hat{\beta}_0 + \hat{\beta}_1 x$ 為例，根據消費理論可知，$\hat{\beta}_0$ 被稱為自發消費，一般應該大於 0；$\hat{\beta}_1$ 被稱為邊際消費傾向，一般應該大於 0 小於 1。

②用可決係數 R^2 進行擬合優度評價。迴歸平方和 SSR 占總平方和 SST 的比例稱為可決係數（或判定係數），記為 R^2，即有：

$$R^2 = \frac{SSR}{SST} = 1 - \frac{SSE}{SST}$$

可決係數 R^2 的取值範圍在 [0, 1] 之間。R^2 越靠近於 1，說明迴歸方程擬合得越好；R^2 越靠近於 0，說明迴歸方程擬合得越差。可決係數在數值上等於兩個變量相關係數的平方，即有 $R^2 = r^2$。

如果是多元線性迴歸，則需要用調整的可決係數 $\bar{R}^2$ 進行擬合優度評價：

$$\bar{R}^2 = 1 - (1 - R^2) \times \frac{n-1}{n-p-1}$$

上式中，R^2 是可決係數，p 是自變量個數，n 是樣本容量。

③用 F 檢驗對迴歸方程的顯著性進行檢驗。目的是檢驗線性方程是否有意義，或者說檢驗所有的自變量聯合起來是否對因變量存在顯著影響（原假設是「自變量聯合起來對因變量無顯著影響」）。在一元線性迴歸方程中，對迴歸方程顯著性的 F 檢驗與對自變量係數顯著性的 t 檢驗是等價的，且有 $F = t^2$。

④用 t 檢驗對迴歸係數的顯著性進行檢驗。在多元線性迴歸分析中，迴歸方程

179

統計學實驗與實訓

顯著並不意味著每一個系數都顯著，因此，還需要用 t 檢驗逐個檢驗自變量是否對因變量存在顯著影響（原假設是 $H_0: \beta_i = 0$，即該系數為 0，「該自變量對因變量無顯著影響」）。

（4）迴歸方程的應用。包括：①根據迴歸系數解釋現象之間的數量依存特徵；②根據迴歸方程進行預測與控制。

一元迴歸自變量系數的含義是：當自變量每增加一個單位時，因變量的平均增加值。

多元迴歸自變量系數的含義是：當其他自變量不變，該自變量每增加一個單位時，因變量的平均增加值。

利用迴歸系數也可以判斷自變量與因變量相關的方向：當自變量系數大於 0 時，自變量與因變量正相關；當自變量系數小於 0 時，自變量與因變量負相關。

預測：以一元線性迴歸模型為例，當自變量 $X = x_0$ 時，因變量的預測值（估計值）$\hat{y}_0$ 為：

$$\hat{y}_0 = \beta_0 + \beta_1 x_0$$

控制：對於給定的因變量的取值，按照迴歸方程確定自變量的控制取值。

二、統計實驗

（一）實驗目的

掌握借助 Excel 完成相關分析與迴歸分析有關計算的方法。

（二）實驗內容

1. 繪製散點圖，觀察兩變量相關關係的特徵。
2. 使用 Excel 函數或 Excel 宏工具計算相關係數，完成相關分析。
3. 借助 Excel 進行迴歸分析，得出迴歸方程，並進行擬合優度評價、對迴歸方程和系數進行顯著性檢驗。

（三）實驗操作

相關分析主要是通過繪製散點圖和計算相關係數來展開相關變量的分析。散點圖的繪製方法參見實驗 1，這裡主要談談相關係數的計算。樣本相關係數的計算公式為：

第八章　相關與迴歸分析

$$r = \frac{n\sum_{i=1}^{n}x_iy_i - \sum_{i=1}^{n}x_i\sum_{i=1}^{n}y_i}{\sqrt{n\sum_{i=1}^{n}x_i^2 - (\sum_{i=1}^{n}x_i)^2}\sqrt{n\sum_{i=1}^{n}y_i^2 - (\sum_{i=1}^{n}y_i)^2}}$$

在 Excel 中有兩種方法可以計算相關係數，一種是使用相關係數函數，另一種是利用相關分析工具。

1. 利用函數計算相關係數

在 Excel 中，函數 PEARSON 或 CORREL 都可以計算相關係數，調用格式為：

PEARSON（array1，array2）

CORREL（array1，array2）

array1 與 array2 分別為第一組、第二組數值單元格區域。

【例 8.1】為分析某種商品的銷售量受其價格以及銷售地區居民人均收入的影響情況，對以下 11 個地區進行了調查，所得資料見表 8-1。試做相關分析。

表 8-1　　　　　　　某商品在 11 個地區的銷售情況表

地區	銷售量 y（件）	價格 x_1（元/件）	收入 x_2（元/月）
1	5,920	24	2,450
2	6,540	24	2,730
3	6,300	32	3,200
4	6,400	32	3,350
5	6,740	31	3,570
6	6,450	34	3,800
7	6,600	35	4,050
8	6,800	35	4,300
9	7,200	39	4,780
10	7,580	40	5,400
11	7,100	47	5,790

【分析】這裡略去散點圖的繪製，直接進行相關分析，包括相關係數的計算和顯著性檢驗。

【操作步驟】

（1）錄入樣本數據。將表 8-1 所示數據錄入 B2:D12 單元格。

（2）調用相關係數計算函數。在 A14、A15 單元格分別輸入：

「=PEARSON（B2:B12，C2:C12）」

「=PEARSON（B2:B12，D2:D12）」

Excel 分別返回 0.761 與 0.882，即銷售量 y 與價格 x_1 的相關係數 r＝0.761，銷售量 y 與收入 x_2 的相關係數 r＝0.882。

(3) 顯著性檢驗。檢驗樣本數據得到的相關係數是否顯著，一般用 t 檢驗，檢驗函數是 $t = \dfrac{r\sqrt{n-2}}{\sqrt{1-r^2}}$。在 B14 單元格中輸入：

「＝A14＊SQRT(11-2)/SQRT(1-A14^2)」

Excel 返回檢驗統計量的值 t＝3.519。

按臨界值規則檢驗，在 C14 單元格計算出臨界值（顯著性水準 α＝0.05）：

「＝T.INV.2T(0.05,11-2)」

Excel 返回臨界值 $t_{\alpha/2}(9)$ ＝2.262。由於 t＝3.519＞2.262，所以否定「總體相關係數為零」的原假設，即認為銷售量與價格之間確實存在著顯著的線性相關關係。

如果按 P 值規則檢驗，則在 C14 單元格計算出 P 值：

「＝T.DIST.2T(B14,11-2)」

Excel 返回 P 值為 0.006,5。該值小於 α，也說明銷售量與價格之間的相關關係是顯著的。

同理，可以對銷售量 y 與收入 x_2 的相關係數顯著性進行檢驗。

2. 利用相關係數工具計算相關係數

仍以【例 8.1】的數據為例。

【操作步驟】

（1）錄入樣本數據。將表 8-1 所示樣本數據錄入工作表 B2:D12 區域。

（2）調用分析工具。單擊「數據」菜單中的「數據分析」工具，在彈出的分析工具對話框中選擇「相關係數」，點「確定」後彈出「相關係數」對話框（如圖 8-3），在「輸入區域」輸入數據所在區域「B1:D12」，選擇「分組方式」為「逐列」，這裡引用區域的第一行是數據名稱，所以要勾選「標志位於第一行」，選擇「輸出區域」，輸入「A14」，單擊「確定」，Excel 返回這 3 個變量的相關係數矩陣，結果參見圖 8-3 右上角。

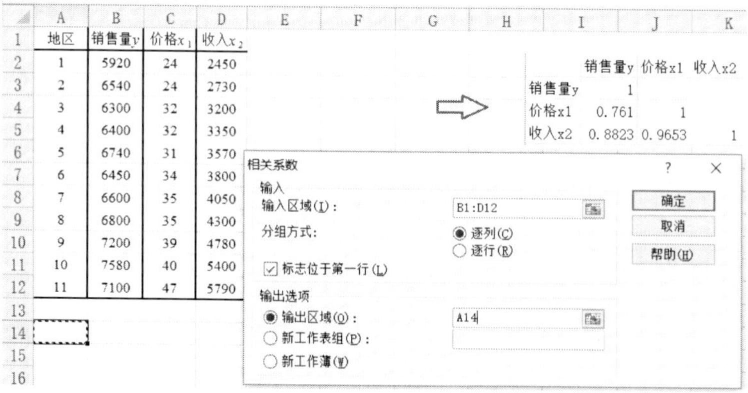

圖 8-3　Excel 相關係數工具

第八章 相關與迴歸分析

從 Excel 返回的相關係數矩陣可知，銷售量 y 與價格 x_1 的相關係數 r=0.761，銷售量 y 與收入 x_2 的相關係數 r=0.882,3，價格 x_1 與收入 x_2 的相關係數 r=0.965,3。如果需要進一步對這些相關係數做顯著性檢驗，方法與前述一致。

3. 一元線性迴歸分析

仍以【例 8.1】數據為例，要求建立「銷售量 y」對「價格 x」的一元線性迴歸方程。設方程為：

$$y = a + bx$$

【操作步驟】

（1）錄入樣本數據。將樣本數據錄入工作表 B2:D12 區域。

（2）調用迴歸分析工具。單擊「數據」菜單中的「數據分析」工具，在彈出的分析工具對話框中選擇「迴歸」，在「確定」後彈出「迴歸」對話框（如圖 8-4），在「Y 值輸入區域」輸入因變量數據所在區域「B1:B12」，在「X 值輸入區域」輸入自變量數據所在區域「C1:C12」，因為數據引用時包含了變量名稱，所以應勾選「標志」，點擊「輸出區域」，輸入「A14」，可根據需要勾選「殘差」部分相應的復選框，單擊「確定」後，Excel 返回的結果參見圖 8-4 左下部分。

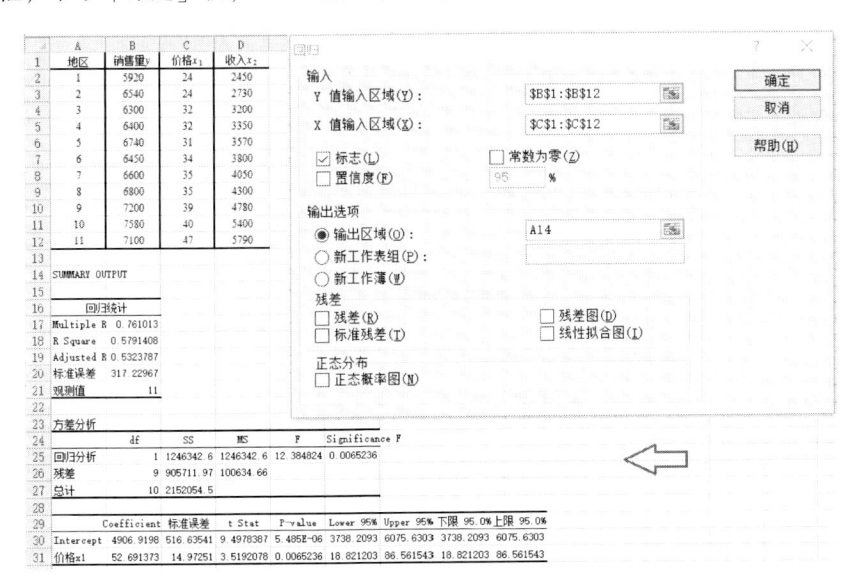

圖 8-4　Excel 迴歸分析工具

在 Excel 迴歸分析報告結果中，第一部分為「迴歸統計」，而「Multiple R」指多重相關係數，「R Square」指可決系數（判定系數）R^2，「Adjusted R Square」指調整的可決系數 R^2（主要用於多元線性迴歸方程擬合優度的評價），「標準誤差」指估計的標準誤差，「觀測值」指樣本容量 n。第二部分為「方差分析」，而「df」指自由度，「SS」指平方和，「SS」與「迴歸分析」交叉位置的數就是迴歸平方和

183

SSR、「SS」與「殘差」交叉位置的數就是殘差平方和 SSE，「SS」與「總計」交叉位置的數就是總平方和 SST，「MS」指均方，「F」指用於迴歸方程顯著性檢驗的 F 統計量，「Significance F」是 F 統計量對應的 P 值。第三部分包括：「Intercept」指截距，「X Variable」為自變量（如果數據引用時包含了變量名稱，則顯示為變量名），「Coefficient」指系數，「t Stat」指用於系數顯著性檢驗的 t 統計量，「P-value」指 t 統計量對應的 P 值。

由圖 8-4 所示結果得到【例 8.1】的迴歸分析結果：

① 迴歸方程為：

$$\hat{y} = 4,906.92 + 52.69x$$

② 可決系數 $R^2 = 0.579$，說明價格變動解釋了銷售量總變差的 57.9%。

③ 銷售量與價格之間線性關係顯著性的 F 檢驗：對應的 P 值 Significance F = 0.006,523,6<α = 0.05（或根據 F = 12.38 > F_α = 5.12 判斷），否定「無顯著線性關係」的原假設，說明銷售量與價格之間存在顯著的線性關係。

④ 自變量 x 系數顯著性的 t 檢驗：對應的 P 值為 0.006,523,6，說明 x 對 y 的影響是顯著的（對於一元迴歸來說，自變量系數顯著性的 t 檢驗與方程顯著性的 F 檢驗是等價的）。

另外，可利用迴歸方程進行點預測：如當價格 x 為 50 元/件時，預測銷售量 y，可在 Excel 中直接編寫算式：

「=B30+B31*50」

Excel 返回預測值 7,541.49（件）。

4. 多元線性迴歸

借助 Excel 進行多元線性迴歸分析的操作，與一元線性迴歸分析基本相同，只是注意要將所有的自變量數據放置在 Excel 的相鄰區域。

仍以【例 8.1】數據為例，要求建立「銷售量 y」對「價格 x_1」和「收入 x_2」的多元線性迴歸方程。設方程為：

$$y = a + bx_1 + cx_2。$$

【操作步驟】

（1）錄入樣本數據。將樣本數據錄入工作表 B2:D12 區域（注意多個自變量的值錄入在相鄰的區域）。

（2）調用迴歸分析工具。單擊「數據」菜單中的「數據分析」工具，在彈出的分析工具對話框中選擇「迴歸」，在「確定」後彈出「迴歸」對話框（如圖 8-5），在「Y 值輸入區域」輸入因變量數據所在區域「B1:B12」，在「X 值輸入區域」輸入自變量數據所在區域「C1:D12」（注意多個自變量相鄰，引用整個區域），選擇「輸出區域」，輸入「A14」，可根據需要勾選「殘差」部分相應的復選框，單擊「確定」，Excel 返回的結果參見圖 8-5 下部分。

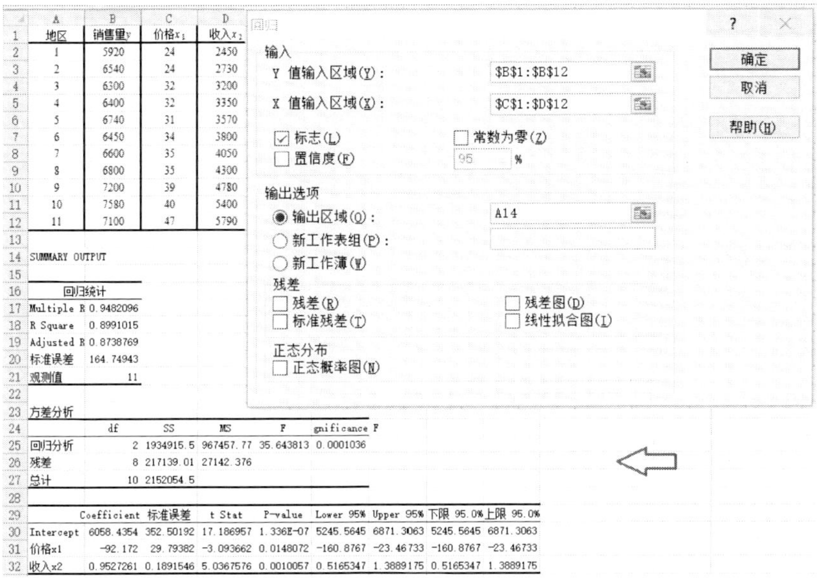

第八章 相關與迴歸分析

圖 8-5 Excel 多元線性迴歸分析

由圖 8-5 的結果，可以寫出線性迴歸方程為：

$$\hat{y} = 6,058.435 - 92.172\,x_1 + 0.953\,x_2$$

模型評價：方程調整的可決系數 $\bar{R}^2 = 0.873,9$，說明模型對數據的擬合程度較好。統計量 $F = 35.643,8$，其對應的概率為 $0.000,1$，小於顯著性水準 α（取 $\alpha = 0.05$），因而否定「系數全為 0」的原假設，判斷出迴歸方程是有意義的。$t_{\beta_1} = -3.093,7$（對應 P 值 $= 0.014,8$）；$t_{\beta_2} = 5.036,8$（對應 P 值 $= 0.001,0$），若取顯著性水準 $\alpha = 0.05$，自變量 x_1，x_2 系數的 t 檢驗都是否定「系數等於 0」的原假設，也就是說，迴歸系數 $\hat{\beta}_1$，$\hat{\beta}_2$ 都是顯著不為 0、有意義的。迴歸系數 $\hat{\beta}_1$ 的含義是：如果其他因素不變，價格提高 1 元/件，銷售量平均減少 92.172 件；$\hat{\beta}_2$ 的含義是：其他因素不變，地區居民收入高 1 元/月，銷售量平均高 0.953 件。

模型應用：擬合出的迴歸方程可以應用於預測。比如，預測當 $x_1 = 45$，$x_2 = 5,000$ 時，銷售量是多少？在 Excel 中輸入算式：

「=B30-B31＊45+B32＊5,000」

Excel 返回銷售量的預測值 6,674.33（件）。

在 Excel 中，也可以直接使用趨勢預測函數 TREND 獲得預測值，在 C13 和 D13 分別輸入用於預測的自變量值 45 和 5,000 之後，在 E13 輸入函數（如圖 8-6）：

「=TREND(B2:B12,C2:D12,C13:D13)」

Excel 即返回銷售量的預測值 6,674.33（件）。

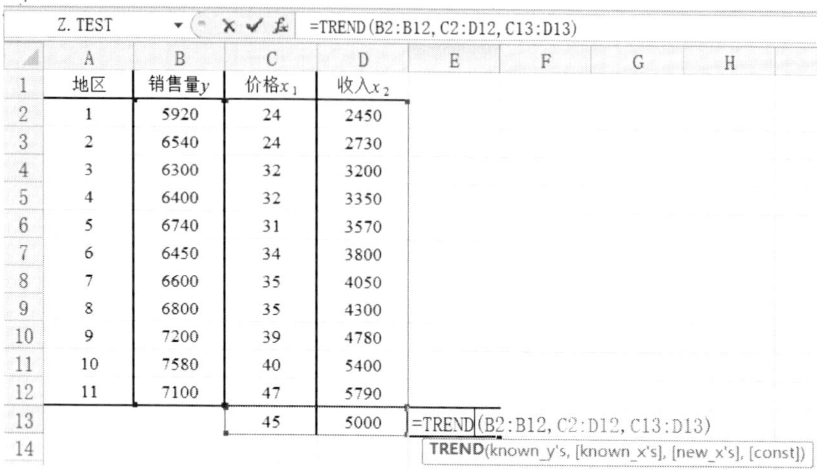

图 8-6 Excel 趋势函数的应用

如果只是想获得回归分析模型的某些参数，除使用回归分析工具外，也可以利用 Excel 函数计算，常用于建立回归分析模型和预测的 Excel 函数如表 8-2 所示。

表 8-2　　　　　　　　　Excel 中主要的回归分析函数

函数名	函数功能
INTERCEPT	返回线性回归方程的截距
SLOPE	返回线性回归方程的斜率
RSQ	返回线性回归模型的判定系数
FORECAST	返回一元线性回归模型的预测值
STEYX	返回线性回归模型估计的标准误差
TREND	返回线性回归模型的趋势值
GROWTH	返回指数曲线的趋势值
LINEST	返回线性回归方程的参数
LOGEST	返回指数回归拟合曲线方程的参数

（四）实验实践

（1）凯恩斯绝对收入假说认为，消费取决于收入。表 8-3 是 2015 年四川省各地区农村居民人均可支配收入和人均生活消费支出情况（单位：元），试做相关分析与回归分析。

表 8-3　　　　　2015 年四川省各地区农村居民人均收入和消费情况　　　　单位：元

地区	收入	消费	地区	收入	消费
成都	17,514.3	12,710.9	眉山	12,755.6	10,870.4

第八章 相關與迴歸分析

表8-3(續)

地區	收入	消費	地區	收入	消費
自貢	12,088.3	9,331.3	宜賓	11,745.0	9,577.0
攀枝花	12,861.2	9,902.5	廣安	11,371.4	9,390.8
瀘州	11,359.1	9,375.2	達州	10,688.0	7,752.2
德陽	12,787.2	9,815.9	雅安	10,195.3	8,483.1
綿陽	11,349.0	9,786.9	巴中	9,084.1	7,720.9
廣元	8,939.2	7,397.0	資陽	12,283.6	9,444.2
遂寧	11,379.0	9,137.2	阿壩	9,711.3	8,516.7
內江	11,427.6	8,961.3	甘孜	8,408.0	6,117.1
樂山	11,648.7	9,684.9	涼山	9,422.1	7,385.4
南充	10,291.8	8,519.4			

(2) 有研究發現，家庭人均文教娛樂支出受家庭人均收入及戶主受教育年限的影響，表8-4為對某地區家庭進行抽樣調查得到樣本數據。

表8-4 某地區家庭人均文教娛樂支出、家庭人均收入及戶主受教育年限情況

人均文教娛樂支出（元）	家庭人均收入（元）	戶主受教育年限（年）	人均文教娛樂支出（元）	家庭人均收入（元）	戶主受教育年限（年）
1,125	12,072	9	1,983	21,786	19
1,269	12,252	12	1,652	23,760	12
1,535	14,058	12	1,982	22,854	15
1,409	14,922	15	1,452	23,274	9
1,254	14,964	12	1,532	23,340	15
1,954	16,224	16	2,227	24,114	18
1,355	18,210	15	2,803	27,918	16
1,528	19,488	12	2,736	33,234	19
2,010	21,300	15	3,133	34,010	22
3,055	21,612	18	2,900	38,046	16

試建立模型對家庭人均文教娛樂支出進行統計分析，並分析家庭人均收入及戶主受教育年限是否對家庭人均文教娛樂支出有顯著影響。

(3) 能源消費問題一直廣受關注。一般認為，能源消費主要受到經濟發展水準、產業結構、技術進步和城市化水準等因素的影響，請嘗試查閱文獻，搜集有關變量數據，建立迴歸分析模型進行研究。

三、統計實訓

(一) 單項選擇題

1. 現象之間存在著不確定的數量依存關係，這種關係稱為（　　）。
   A. 函數關係　　　　　　　　B. 平衡關係
   C. 指數關係　　　　　　　　D. 相關關係

2. 下列現象屬於正相關的是（　　）。
   A. 居民收入越多，消費支出也越多
   B. 樣本容量越大，邊際誤差越小
   C. 產品單位成本越低，企業盈利越高
   D. 吸菸越多，壽命越短

3. 在相關分析中要求相關的兩個變量（　　）。
   A. 都是隨機變量　　　　　　B. 自變量是隨機變量
   C. 都不是隨機變量　　　　　D. 因變量是隨機變量

4. 相關係數能夠測度（　　）。
   A. 曲線相關的程度和方向　　B. 直線相關的方向和曲線相關的程度
   C. 直線相關的程度和方向　　D. 直線相關的程度和曲線相關的方向

5. 相關係數 r 的取值範圍是（　　）。
   A. [-1, 1]　　B. [0, 1]　　C. [0, +∞)　　D. [1, +∞)

6. 相關係數 r 值越接近於 -1，說明兩個變量（　　）。
   A. 負相關程度越弱　　　　　B. 負相關程度越強
   C. 無相關　　　　　　　　　D. 正相關越弱

7. 相關係數為 0 時，表明兩個變量之間（　　）。
   A. 無相關關係　　　　　　　B. 無曲線相關關係
   C. 無直線相關關係　　　　　D. 中度相關關係

8. 下列四個相關係數中反應變量之間關係最密切的數值是（　　）。
   A. 0.55　　　　　　　　　　B. 0.92
   C. -0.81　　　　　　　　　 D. -0.95

9. 下列各迴歸方程中，肯定錯誤的是（　　）。
   A. $y=500+0.01x$, $r=0.72$　　B. $y=-160+19x$, $r=-0.89$
   C. $y=-10+2x$, $r=0.56$　　　 D. $y=-18-3x$, $r=-0.95$

10. 已知某一元線性迴歸方程的可決系數為 0.64，則對應兩變量的相關係數最可能是（　　）。
    A. 0.80　　B. 0.64　　C. 0.409,6　　D. 0.32

第八章 相關與迴歸分析

11. 在迴歸分析中，已知 $SSR=27$，$SSE=3$，則可決系數 R^2 為（　　）。

　　A. 9　　　　　B. 1/9　　　　C. 0.1　　　　D. 0.9

12. 在一元線性迴歸分析中，已知 $n=20$，$SSR=27$，$SSE=3$，則線性關係檢驗的統計量 F 值是（　　）。

　　A. 9　　　　　B. 36　　　　C. 162　　　　D. 171

13. 在有 3 個自變量的線性迴歸分析中，已知 $n=26$，則線性關係檢驗的統計量 F 服從的分佈是（　　）。

　　A. $F(3, 22)$　　B. $F(3, 24)$　　C. $F(1, 23)$　　D. $F(1, 24)$

14. 利用最小二乘法估計迴歸系數，要求（　　）。

　　A. $\sum_{i=1}^{n}(y_i-\hat{y}_i)$ 達到最小　　　　B. $\sum_{i=1}^{n}(y_i-\hat{y}_i)^2$ 達到最小

　　C. $\sum_{i=1}^{n}(\hat{y}_i-\bar{y})$ 達到最小　　　　D. $\sum_{i=1}^{n}(y_i-\bar{y})^2$ 達到最小

15. 在迴歸模型 $Y=\beta_0+\beta_1 X+\varepsilon$ 中，ε 反應的是（　　）。

　　A. X 引起的 Y 的線性變化部分

　　B. Y 引起的 X 的線性變化部分

　　C. 除 X 引起的 Y 的線性變化之外的隨機因素對 Y 的影響

　　D. X 和 Y 的線性關係對 Y 的隨機影響

（該題干用於回答第 16－20 題）為預測中國居民家庭對電力的需求量，建立了中國居民家庭電力消耗量（Y，單位：千瓦時）與可支配收入（X_1，單位：百元）、居住面積（X_2，單位：平方米）的多元線性迴歸方程，如下所示：

$$\hat{Y}=124.306,8+0.546,4X_1+0.256,2X_2$$

請根據上述結果，回答第 16－20 題。

16. 對於多元線性迴歸模型，以下假設中正確的有（　　）。

　　A. 由於有多個自變量，所以因變量與自變量之間的關係不是線性關係

　　B. 隨機誤差項的均值為 1

　　C. 隨機誤差項之間是不獨立的

　　D. 隨機誤差項的方差是常數

17. 迴歸系數 $\hat{\beta}_2=0.256,2$ 的經濟意義為（　　）。

　　A. 中國居民家庭居住面積每增加 1 平方米，居民家庭電力消耗量平均增加 0.256,2 千瓦小時

　　B. 在可支配收入不變的情況下，中國居民家庭居住面積每增加 1 平方米，居民家庭電力消耗量平均增加 0.256,2 千瓦小時

　　C. 在可支配收入不變的情況下，中國居民家庭居住面積每減少 1 平方米，居民家庭電力消耗量平均增加 0.256,2 千瓦小時

　　D. 中國居民家庭居住面積每增加 1 平方米，居民家庭電力消耗量平均減少

189

0.256,2 千瓦小時

18. 根據計算，上述迴歸方程式的多重判定系數為 0.923,5，其正確的含義是（　　）。

　　A. 在 Y 的總變差中，有 92.35% 可以由解釋變量 X_1 和 X_2 解釋

　　B. 在 Y 的總變差中，有 92.35% 可以由解釋變量 X_1 解釋

　　C. 在 Y 的總變差中，有 92.35% 可以由解釋變量 X_2 解釋

　　D. 在 Y 的變化中，有 92.35% 是由解釋變量 X_1 和 X_2 決定的

19. 根據樣本觀測值和估計值計算迴歸系數 $\hat{\beta}_2$ 的 t 統計量，其值為 t = 8.925，根據顯著性水準（α = 0.05）與自由度，由 t 分佈表查得 t 分佈的右側臨界值為 2.431，因此，可以得出的結論是（　　）。

　　A. 不否定原假設，拒絕備擇假設

　　B. 在 5% 的顯著性水準下，可以認為 $\beta_2 = 0$

　　C. 在 5% 的顯著性水準下，可以認為 $\hat{\beta}_2$ 是由 $\beta_2 = 0$ 這樣的總體產生的

　　D. 在 5% 的顯著性水準下，居住面積對居民家庭電力消耗量的影響是顯著的

20. 檢驗迴歸方程是否顯著，正確的假設是（　　）。

　　A. $H_0: \beta_1 = \beta_2 = 0$，　　$H_1: \beta_1 \neq \beta_2 \neq 0$

　　B. $H_0: \beta_1 = \beta_2 \neq 0$，　　$H_1: \beta_1 \neq \beta_2 = 0$

　　C. $H_0: \beta_1 = \beta_2 = 0$，　　$H_1: \beta_1 = \beta_2 \neq 0$

　　D. $H_0: \beta_1 = \beta_2 = 0$，　　$H_1: \beta_1, \beta_2$ 至少有一個不為 0

（二）多項選擇題

1. 下列現象屬於負相關的是（　　）。

　　A. 逃課越多，學習成績越低

　　B. 廣告投入越多，產品銷售量越大

　　C. 產品單位成本越低，企業贏利越多

　　D. 家庭人均收入越高，恩格爾系數越小

　　E. 受教育年限越長，失業概率越低

2. 現象之間的依存關係，可以分為（　　）。

　　A. 函數關係　　B. 指數關係　　C. 相關關係　　D. 平衡關係

　　E. 迴歸關係

3. 相關關係按其變動方向的不同可分為（　　）。

　　A. 完全相關　　　　　　　　B. 負相關

　　C. 非線性相關　　　　　　　D. 不完全相關

　　E. 正相關

4. 下列相關係數的取值，肯定錯誤的是（　　）。

第八章　相關與迴歸分析

  A. 0.3   B. 1.05   C. 0   D. -0.99

  E. -2.1

5. 可用來判斷現象之間相關方向的指標有（　　）。

  A. 兩個變量的均值   B. 相關係數

  C. 迴歸係數   D. 估計標準誤差

  E. 兩個變量的標準差

6. 相關係數 r = 0 說明兩個變量之間是（　　）。

  A. 可能完全不相關   B. 可能是曲線相關

  C. 肯定不線性相關   D. 肯定不曲線相關

  E. 高度曲線相關

7. 確定直線迴歸方程必須滿足的條件是（　　）。

  A. 現象間確實存在數量上的相互依存關係

  B. 相關係數 r 必須等於 1

  C. y 與 x 必須同方向變化

  D. 現象間存在著較密切的線性相關關係

  E. 相關係數 r 必須大於 0

8. 迴歸分析的高斯假定包括（　　）。

  A. 隨機誤差的數學期望為 0   B. 因變量服從正態分佈

  C. 自變量與隨機誤差項不相關   D. 隨機誤差的方差相同

  E. 隨機誤差服從正態分佈

9. 居民消費（元）隨收入（元）變化的迴歸方程為 y = 400+0.8x，則（　　）。

  A. 收入為 3,000 元時，消費估計為 2,800 元

  B. 收入為 1 元時，消費平均為 0.8 元

  C. 收入增加 1 元時，消費平均增加 400.8 元

  D. 收入增加 1 元時，消費平均增加 0.8 元

  E. 收入增加 400 元時，消費平均增加 0.8 元

10. 在迴歸分析中，根據樣本數據計算得到了下面的方差分析表，則（　　）。

變差來源	df	SS	MS	F	Significance F
迴歸分析	1	117,491	117,491	86.97	3.23E-05
殘差	10	13,509	1,350.9		
總計	11	131,000			

  A. 這是一元線性迴歸模型

  B. 樣本容量為 12

  C. 可決系數 $R^2 = \dfrac{117,491}{131,000}$

D. 在 5%顯著性水準下，自變量對因變量的影響是顯著的

E. 殘差平方和 $SSE = 1,350.9$

(三) 判斷題

1. 若相關係數越接近 -1，則表明兩變量之間的相關程度越低。（　　）
2. 負相關是指兩個變量之間的變動方向都是下降的。（　　）
3. 進行相關分析時，兩變量都是隨機變量，地位是對等的。（　　）
4. 進行相關分析時，必須明確自變量與因變量。（　　）
5. 相關關係是指現象之間存在著嚴格的依存關係。（　　）
6. 相關關係即為函數關係。（　　）
7. 相關係數是用來判斷現象之間是否存在線性相關關係的指標。（　　）
8. 當相關係數 $r = 0$ 時，說明變量之間不存在任何相關關係。（　　）
9. 相關係數的大小與數據的計量尺度無關。（　　）
10. 相關關係不是因果關係。（　　）
11. 樣本的相關係數能否說明總體的相關程度，需要通過對相關係數進行顯著性檢驗來回答。（　　）
12. 從迴歸直線方程 $\hat{Y} = 560 - 12X$，可以看出變量 X 和 Y 之間存在正相關關係。（　　）
13. 迴歸系數 $\hat{\beta}_1$ 和相關係數 r 都可用來判斷現象之間相關的密切程度。（　　）
14. 在一元線性迴歸分析中，對模型的 F 檢驗與對系數的 t 檢驗是等價的。（　　）
15. 在多元線性迴歸分析中，如果模型的 F 檢驗是顯著的，則每一個自變量系數的 t 檢驗也將是顯著的。（　　）

(四) 綜合應用題

1. 下表是來自某類企業一個隨機樣本的觀測值：

序號	1	2	3	4	5	6	7	8	9	10
產量 X（噸）	260	270	280	290	300	350	380	390	400	420
單位成本 Y（萬元/噸）	3.6	3.5	3.4	3.3	3.3	3.1	2.9	2.9	2.8	2.6

依據上述資料：

（1）繪製產量與單位成本的散點圖。

（2）計算產量與單位成本的相關係數。

（3）在 0.05 顯著性水準下，檢驗兩個變量之間是否顯著線性相關。

第八章　相關與迴歸分析

（4）以產品產量為自變量做迴歸分析，寫出迴歸方程。
（5）解釋迴歸系數的經濟意義。
（6）檢驗迴歸方程的顯著性（$\alpha = 0.05$）。

2. 已知某公司廣告投入 x（萬元）與銷售量 y（萬件）的 10 組觀測值。經計算得：

$$\sum_{i=1}^{10} x_i y_i = 12,000,\ \sum_{i=1}^{10} x_i = 500,\ \sum_{i=1}^{10} y_i = 210,\ \sum_{i=1}^{10} x_i^2 = 30,000,\ \sum_{i=1}^{10} y_i^2 = 4,900$$

要求回答：
（1）該公司廣告投入與銷售量是否顯著相關（$\alpha = 0.05$）？
（2）擬合 y 對 x 的迴歸直線，並解釋迴歸系數的實際意義。
（3）當廣告投入為 90 萬元時，預測銷售量為多少？

3. 一家公司在 8 個時期的年均資金占用量與實際銷售收入情況見下表：

時期	1	2	3	4	5	6	7	8
資金占用量（萬元）	540	660	710	780	810	835	880	900
銷售收入（萬元）	4,030	4,500	5,120	5,800	5,860	5,950	6,100	6,320

（1）以資金占用量為因變量建立迴歸模型。
（2）對迴歸結果做出評價。
（3）該公司預計第 9 期的銷售收入為 6,800 萬元，試預測第 9 期的資金需求量。

4. 隨機調查某地 10 名成年男子及其父親的身高（單位：cm），對所得資料借助 Excel 做線性迴歸分析，得到下圖所示結果：

	A	B	C	D	E	F	G	H
1	父亲身高x	男子身高y	SUMMARY OUTPUT					
2	166	167						
3	168	170	回归统计					
4	170	173	Multiple R	0.8703				
5	169	170	R Square	0.7574				
6	174	176	Adjusted R S	0.7271				
7	171	173	标准误差	1.5020				
8	168	167	观测值	10				
9	172	171						
10	169	171	方差分析					
11	165	168		df	SS	MS	F	Significance F
12			回归分析	1	56.3512	56.3512	24.9773	0.0011
13			残差	8	18.0488	2.2561		
14			总计	9	74.4			
15								
16				Coefficients	标准误差	t Stat	P-value	Lower 95%
17			Intercept	13.7805	31.3817	0.4391	0.6722	-58.5860
18			X Variable 1	0.9268	0.1855	4.9977	0.0011	0.4992

要求回答：
（1）迴歸模型的可決系數、迴歸估計標準誤差分別是多少？

193

(2) 寫出男子身高 y 關於父親身高 x 的線性迴歸方程。

(3) 男子身高 y 與父親身高 x 的線性關係是否顯著（$\alpha=0.05$）？

(4) 某位父親的身高為 170cm，預計其兒子成年後的身高為多少？

5. 隨機調查了 12 位同學考前復習統計學的時間（x 小時）和考試分數（y 分），通過迴歸分析研究復習時間 x 對考試分數 y 的影響，計算得到下面的有關結果：

方差分析表

變差來源	df	SS	MS	F	Significance F
迴歸					1.658E-07
殘差		49.330		—	
總計	11	850.250	—	—	—

參數估計表

	Coefficients	標準誤差	t Stat	P-value
Intercept	40.301	3.316		2.589E-07
X Variable 1	1.545	0.121		1.658E-07

要求：

(1) 完成上面的分析表。

(2) 考試分數與復習時間之間的相關係數是多少？

(3) 寫出估計的迴歸方程並解釋迴歸係數的實際意義。

(4) 檢驗線性關係的顯著性（$\alpha=0.05$）。

(5) 在考試分數的總變差中，有多少是由於復習時間的不同引起的？

6. 在教育統計研究中，經常關注同一對象的兩次考試成績或兩門學科成績之間的關係。今在某校高三學生中隨機抽取了 14 名學生，其數學成績（X）與物理成績（Y）如下：

| X | 89 | 74 | 90 | 86 | 90 | 86 | 85 | 77 | 89 | 87 | 86 | 92 | 79 | 86 |
| Y | 91 | 74 | 99 | 87 | 85 | 95 | 90 | 86 | 86 | 97 | 95 | 99 | 85 | 95 |

試問：

(1) 數學成績（X）與物理成績（Y）是否存在顯著的相關關係（$\alpha=0.05$）？

(2) 建立迴歸模型，分析數學成績（X）是否對物理成績（Y）存在顯著影響（$\alpha=0.05$）？

7. 現有某地早稻產量與生長期平均溫度和施肥量的觀測數據，見下表：

第八章　相關與迴歸分析

產量 y (kg/hm²)	溫度 x_1 (℃)	施肥量 x_2 (kg/hm²)	產量 y (kg/hm²)	溫度 x_1 (℃)	施肥量 x_2 (kg/hm²)
2,950	7	350	4,510	11	400
3,100	8	360	5,560	12	450
3,320	8	370	6,020	12	500
3,480	9	350	6,400	13	500
4,002	9	360	6,650	14	480
4,390	10	390	7,050	15	520

要求：

（1）試確定早稻產量對溫度和施肥量的二元線性迴歸方程。

（2）檢驗迴歸方程和迴歸係數的顯著性（$\alpha=0.05$）。

（3）解釋迴歸係數的實際意義。

8. 將定性變量轉化為數值型的人工變量引入迴歸模型，一般被稱為虛擬變量。虛擬變量的取值一般為0或1，比如當性別為男時，$x=1$，為女時，$x=0$。在某行業中的同一崗位隨機抽取15名學歷相同的職工進行調查，其月工資 y、工齡 x_1 與性別 x_2 見下表：

月工資 y（元）	工齡 x_1（年）	性別 x_2	月工資 y（元）	工齡 x_1（年）	性別 x_2
3,250	5.6	1	3,100	4.6	1
2,020	3.7	0	1,970	4.4	0
2,450	4.8	0	3,220	5.0	1
3,490	5.2	1	2,560	3.8	1
3,550	6.2	1	2,430	4.6	0
2,030	4.5	0	1,980	3.6	0
3,090	4.4	1	3,170	5.0	1
2,380	4.8	0			

試進行迴歸分析，分析該行業中的工資有無性別歧視？

9. 某企業2006—2017年總成本和產量數據如下：

年份	總成本 Y(萬元)	產量 X(件)	年份	總成本 Y(萬元)	產量 X(件)
2006	325	409	2,012	865	895
2007	521	610	2,013	1,360	1,230
2008	426	509	2,014	1,211	1,110
2009	620	719	2,015	1,764	1,360
2010	739	804	2,016	2,402	1,490
2011	998	987	2,017	2,796	1,518

(1) 試建立 Y 對 X 的一元二次函數方程：
$\hat{Y} = \hat{\beta}_0 + \hat{\beta}_1 X + \hat{\beta}_2 X^2$

(2) 檢驗方程和系數的顯著性（$\alpha = 0.05$）。

(3) 預測當產量達到 1,600 件時，總成本是多少？

10. 某公司最近 11 年的網絡銷售額（單位：萬元）如下表所示，試擬合指數曲線 $\hat{Y} = \alpha \beta^X$，預測下一年的銷售額。

時間 X	1	2	3	4	5	6	7	8	9	10	11
銷售額 Y	3,997	3,933	4,172	4,168	4,263	4,505	5,044	5,285	5,113	5,156	5,623

四、實訓題解

（一）單項選擇題

1. 答案：D。「不確定的數量依存關係」是相關關係，注意與函數關係區別。

2. 答案：A。同向變動的相關現象屬於正相關。

3. 答案：A。在相關分析中，相關的兩個變量都視為隨機變量。在迴歸分析中，一般把自變量視為非隨機變量，而因變量是隨機變量。

4. 答案：C。相關係數只能夠測度直線相關的程度和方向，不能度量非線性相關。

5. 答案：A。注意結合相關係數 r 的取值範圍，理解相關係數符號、絕對值大小的意義。

6. 答案：B。符號說明相關的方向，絕對值越大，說明聯繫越緊密，相關的程度越強。

7. 答案：C。由於相關係數只能夠度量線性相關，所以相關係數為 0 時，只表明兩個變量之間無線性相關關係。

8. 答案：D。絕對值越大，說明聯繫越緊密。

9. 答案：B。迴歸方程中自變量系數的符號如果與對應相關係數的符號不一致，則肯定錯誤。

10. 答案：A。兩變量的相關係數 r，與這兩個變量建立的線性迴歸方程的可決系數 R^2 之間，在數量上存在關係：$R^2 = r^2$。

11. 答案：D。$R^2 = \dfrac{SSR}{SST} = \dfrac{SSR}{SSR + SSE} = \dfrac{27}{27+3} = \dfrac{9}{10}$。

12. 答案：C。在一元線性迴歸分析中，迴歸平方和 SSR 的自由度為 1，殘差平方和 SSE 的自由度為 n-2 = 18，所以，$F = \dfrac{SSR/1}{SSE/18} = \dfrac{27}{3/18} = 162$。

第八章　相關與迴歸分析

13. 答案：A。如果自變量個數為 p，則線性關係顯著性檢驗的統計量 F 的第一自由度為 p，第二自由度為 n-p-1。

14. 答案：B。最小二乘法估計迴歸系數，要求殘差平方和達到最小。

15. 答案：B。$(\beta_0 + \beta_1 X)$ 是 X 引起的 Y 的線性變化部分，ε 反應的是除 X 引起的 Y 的線性變化之外的隨機因素對 Y 的影響。

16. 答案：D。既然建立的是線性迴歸模型，當然因變量與自變量之間的關係應該是線性關係。多元線性迴歸模型對隨機誤差項的高斯假定，與一元線性迴歸模型是一樣的，即「零均值、同方差、無自相關、與自變量不相關、正態分佈」這樣 5 條，因而選項 D 才是對的。

17. 答案：B。注意敘述中應體現「平均」意義。多元線性迴歸模型對某個迴歸系數的解釋，還應是在「其他變量不變」的前提下。

18. 答案：A。多重判定系數即調整的可決系數、調整的判定系數。含義是：在因變量的總變差中，可以由所有解釋變量聯合解釋的比例。

19. 答案：D。統計量 t＝8.925，大於右側臨界值（顯著性水準 5%），所以否定原假設 $H_0 : \beta_2 = 0$，說明對應的自變量（居住面積）對因變量（居民家庭電力消耗量）的影響是顯著的。

20. 答案：D。檢驗迴歸方程是否顯著的原假設是所有的系數都為 0，備擇假設是系數不全為 0（或至少有一個系數不為 0）。

（二）多項選擇題

1. 答案：ACDE。相關的變量呈反向變動關係就屬於負相關。

2. 答案：AC。現象之間的數量依存關係，確定型的一般是函數關係，不完全確定型的一般是相關關係。

3. 答案：BE。變動方向主要是針對線性相關關係而言的。

4. 答案：BE。從相關係數的取值範圍來看，在區間 [-1, 1] 之外的取值，肯定是錯誤的。

5. 答案：BC。判斷現象之間相關的方向，可以從相關係數的符號以及迴歸系數的符號來判斷。

6. 答案：ABC。相關係數只能用來測度線性相關的方向和程度，r＝0 說明兩個變量不是線性相關的，但可能是曲線相關的，也可能完全不相關。

7. 答案：AD。建立線性迴歸方程當然要求現象間確實存在數量上的相互依存關係（否則方程就是無意義的了），也意味著相關係數 r 必須大於 0。其餘則不是必需的了。

8. 答案：ABCDE。迴歸分析的高斯假定是針對隨機誤差項 ε 提出來的，一般概括為：零均值、同方差、無自相關、與自變量不相關、正態分佈這 5 條。由於因變

量視為 ε 的函數，所以它也服從正態分佈。

9. 答案：AD。選項 A 是對 y 進行點估計（預測）的結果。選項 D 是迴歸方程斜率系數的意義。

10. 答案：ABCD。從迴歸分析的自由度為 1 知道，這是一元線性迴歸模型。從「總計」自由度為 11（= n - 1）知道，樣本容量為 n = 11 + 1 = 12。由於 $SSR = 117,491$，$SST = 131,000$，所以可決系數 $R^2 = \dfrac{SSR}{SST} = \dfrac{117,491}{131,000}$。由於檢驗迴歸方程顯著性的 F 統計量對應的 P 值 $= 3.23 \times 10^{-5}$，小於 5%，所以可以判定，在 5% 顯著性水準下，自變量對因變量的影響是顯著的。另外，殘差平方和 $SSE = 13,509$，殘差均方 $MSE = SSE/df = 1,350.9$。

（三）判斷題

1. 答案：×。相關係數 r 的負號反應線性相關的方向，絕對值大小反應相關的強度。r 越接近 -1，表明兩變量之間的負相關程度越強。

2. 答案：×。負相關是指線性相關的兩個變量的變動方向是相反的。線性相關的兩個變量是同向變動的（同增或同減），則屬於正相關。

3. 答案：✓。在相關分析中，兩變量的地位是對等的，都視為隨機變量。

4. 答案：×。在迴歸分析中才需要明確自變量與因變量，相關分析中的兩變量地位是對等的。

5. 答案：×。相關關係通常是指現象之間存在的不嚴格的數量依存關係。現象之間存在的嚴格的數量依存關係是通常的函數關係。當然，函數關係可以視為相關關係的一種特殊情況（完全相關）。

6. 答案：×。相關關係所指的數量依存關係是不嚴格的，通常都不是函數關係。

7. 答案：✓。注意相關係數只能用來判斷現象之間是否存在線性相關關係，不能用來判斷是否存在非線性相關關係。

8. 答案：×。相關係數 r = 0，只能說明變量之間不存在線性相關關係，但可能存在非線性相關關係。

9. 答案：✓。相關係數的大小不受數據計量單位的影響。

10. 答案：✓。相關關係中相互聯繫的變量地位是對等的，與因果關係（區分「因」「果」）是有區別的。有些相關關係能夠進一步確定因果關係（如某種商品的價格與銷售量），有些則很難確定（如人的身高與體重）。

11. 答案：✓。由於抽樣具有隨機性，樣本的相關係數需要通過顯著性檢驗，才能從統計意義上說明總體的相關程度。

12. 答案：×。由於迴歸直線方程中變量 X 的系數為負，X 增加、Y 會減小，說明 X 和 Y 之間存在的是負相關關係。

13. 答案：×。迴歸系數的大小本身會受到自變量和因變量量綱的影響，也不能

第八章 相關與迴歸分析

反應現象之間相關的密切程度，現象之間相關的密切程度只在擬合優度上體現出來。相關係數則可以用來判斷現象之間相關的密切程度。

14. 答案：√。在一元線性迴歸分析中，由於自變量只有一個，因而檢驗自變量系數顯著性的 t 檢驗與檢驗迴歸方程顯著性的 F 檢驗是等價的。

15. 答案：×。在多元線性迴歸分析中，迴歸模型的 F 檢驗是顯著的，並不意味著每一個自變量系數的 t 檢驗也都是顯著的，其中可能存在不顯著的自變量系數。

(四) 綜合應用題

1. 解：(1) 產量與單位成本的散點圖為：

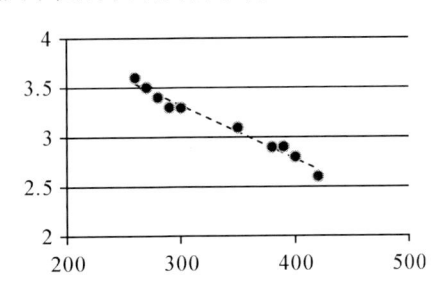

從散點圖可以看出，兩個變量呈負相關。

(2) 可以在 Excel 中直接用函數 PEARSON 計算出相關係數 r = -0.988,0。

(3) 由於 $t = \dfrac{r\sqrt{n-2}}{\sqrt{1-r^2}} = \dfrac{-0.988 \times \sqrt{8}}{\sqrt{1-0.988^2}} = -18.07$，當 $\alpha = 0.05$ 時，$t_{\frac{\alpha}{2}}(8) = 2.306$，由於 $|t| = 18.07 > t_{\frac{\alpha}{2}}(8)$，所以兩個變量之間是顯著線性相關的。

(4) 借助 Excel 做迴歸分析，可以得到下表所示結果（部分）：

	Coefficients	標準誤差	t Stat	P-value	Lower 95%
Intercept	4.946	0.101	48.769	3.46E-11	4.712
產量	-0.005	0.000	-18.070	9.03E-08	-0.006

所以，迴歸方程為：$\hat{y} = 4.946 - 0.005x$。

(5) 迴歸系數的經濟意義是：平均來說，產量增加 1 噸，單位成本將下降 0.005 萬元/噸。

(6) 從 Excel 迴歸分析報告結果中可以看出，自變量系數顯著性檢驗的 P 值 = 9.03E-08，小於顯著性水準（$\alpha = 0.05$），所以自變量系數是顯著的，對於一元線性迴歸模型來說，迴歸方程也就是顯著的（對系數的 t 檢驗與對方程的 F 檢驗等價）。

2. 解：(1) 根據題干已知量可得：

$$r = \frac{n\sum_{i=1}^{n}x_iy_i - \sum_{i=1}^{n}x_i\sum_{i=1}^{n}y_i}{\sqrt{n\sum_{i=1}^{n}x_i^2 - (\sum_{i=1}^{n}x_i)^2}\sqrt{n\sum_{i=1}^{n}y_i^2 - (\sum_{i=1}^{n}y_i)^2}}$$

$$= \frac{10 \times 12,000 - 500 \times 210}{\sqrt{10 \times 30,000 - 500^2} \cdot \sqrt{10 \times 4,900 - 210^2}} = 0.958,3$$

$$t = \frac{r\sqrt{n-2}}{\sqrt{1-r^2}} = \frac{0.958,3 \times \sqrt{8}}{\sqrt{1-0.958,3^2}} = 9.485$$

當 $\alpha = 0.05$ 時，$t_{\frac{\alpha}{2}}(8) = 2.306$，由於 $|t| = 9.485 > t_{\frac{\alpha}{2}}(8)$，所以兩個變量之間是顯著線性相關的。

（2）由於

$$\begin{cases} \hat{\beta}_1 = \dfrac{n\sum_{i=1}^{n}x_iy_i - \sum_{i=1}^{n}x_i\sum_{i=1}^{n}y_i}{n\sum_{i=1}^{n}x_i^2 - (\sum_{i=1}^{n}x_i)^2} = \dfrac{10*12,000 - 500*210}{10*30,000 - 500^2} = 0.3 \\ \hat{\beta}_0 = \bar{y} - \hat{\beta}_1\bar{x} = \dfrac{210}{10} - 0.3*\dfrac{500}{10} = 6 \end{cases}$$

所以迴歸方程為 $\hat{y} = 6 + 0.3x$。

自變量系數的意義是：廣告投入增加 1 萬元，銷售量平均增加 0.3 萬件。

（3）當廣告投入 $x_0 = 90$ 萬元時，y 的點預測值為：$\hat{y} = 6 + 0.3 \times 90 = 33$（萬件）。

3. 解：(1) 借助 Excel 做迴歸分析，可以得到下表所示結果：

迴歸統計	
Multiple R	0.983,1
R Square	0.966,5
Adjusted R Square	0.961,0
標準誤差	24.000,2
觀測值	8

方差分析

	df	SS	MS	F	Significance F
迴歸分析	1	99,815.83	99,815.83	173.29	1.19E-05
殘差	6	3,456.05	576.01		
總計	7	103,271.88			

	Coefficients	標準誤差	t Stat	P-value	Lower 95%
Intercept	-27.365	60.740	-0.451	0.668,152	-175.991
銷售收入（萬元）	0.145	0.011	13.164	1.19E-05	0.118

第八章 相關與迴歸分析

根據 Excel 迴歸分析報告結果，可得迴歸方程為：

$\hat{y} = -27.365 + 0.145x$。

（2）根據 Excel 迴歸分析報告結果，可知 $R^2 = 0.966,5$，R^2 很接近 1，說明直線對樣本點擬合得很好；F 統計量 = 173.29，對應 P 值 = 1.19E-05，在 0.01 顯著性水準下也是顯著的，說明線性迴歸方程是顯著的（也可以用對迴歸系數的 t 檢驗來說明）。

（3）當銷售收入達到 $x_0 = 6,800$ 萬元時，預測資金需求量為：

$\hat{y} = -27.365 + 0.145 \times 6,800 = 958.64$（萬元）。

4. 解：（1）根據 Excel 報告結果可知，可決系數 $R^2 = 0.757,4$；迴歸估計標準誤差是 1.502,0。

（2）根據 Excel 報告結果中的迴歸系數，可得迴歸方程為：$\hat{y} = 13.780,5 + 0.926,8x$。

（3）根據 Excel 報告結果可知，F = 24.977,3，對應 P 值 = 0.001,1，P 值小於 α，說明 y 與 x 的線性關係是顯著的。

（4）某位父親的身高為 $x_0 = 170$cm，預計其兒子成年後的身高為：

$\hat{y} = 13.780,5 + 0.926,8 \times 170 = 171$（cm）。

5. 解：（1）這是一元線性迴歸模型，所以迴歸自由度 $df = 1$；殘差自由度 $df = 11-1 = 10$；迴歸平方和 $SSR = SST - SSE = 850.25 - 49.33 = 800.92$；迴歸均方 $MSR = SSR/df = 800.92/1 = 800.92$；殘差均方 $MSE = SSE/df = 49.33/10 = 4.933$；統計量 $F = MSR/MSE = 800.92/4.933 = 162.36$；檢驗系數顯著性的 t 統計量，$t_0 = \dfrac{\hat{\beta}_0}{s_0} = \dfrac{40.301}{3.316} = 12.153$，$t_1 = \dfrac{\hat{\beta}_1}{s_1} = \dfrac{1.545}{0.121} = 12.769$。

（2）由於 $R^2 = \dfrac{SSR}{SST} = \dfrac{800.92}{850.25} = 0.942$，根據相關系數與可決系數的關係，可得 $|r| = \sqrt{R^2} = \sqrt{0.942} = 0.971$。又從斜率系數符號為正知道，兩變量是正相關的，所以相關系數 r = 0.971。

（3）根據 Excel 報告結果中的迴歸系數，可得迴歸方程為：$\hat{y} = 40.301 + 1.545x$。

迴歸系數的實際意義：平均來說，復習時間增加 1 小時，考試成績提高 1.545 分。

（4）F 統計量 = 162.360，從方差分析表中可知，對應 P 值 = 1.658×10^{-7}，P 值小於顯著性水準 α，說明線性關係是顯著的。

（5）根據第（2）問中的計算，可決系數 $R^2 = 0.942$。即考試分數 y 的總變差中，有 94.2% 是由於復習時間的不同引起的。

6. 解：借助 Excel 做迴歸分析，可以得到下表所示結果：

迴歸統計	
Multiple R	0.700,8
R Square	0.491,1
Adjusted R Square	0.448,7
標準誤差	5.180,8
觀測值	14

方差分析

	df	SS	MS	F	Significance F
迴歸分析	1	310.774	310.774	11.579	0.005,2
殘差	12	322.084	26.840		
總計	13	632.857			

	Coefficients	標準誤差	t Stat	P-value	Lower 95%
Intercept	10.627,5	23.451	0.453,2	0.658,5	-40.468
X	0.932,5	0.274,0	3.402,7	0.005,2	0.335,4

（1）根據 Excel 迴歸分析報告結果，可得數學成績與物理成績的相關係數為：$r = 0.700,8$。

$$t = \frac{r\sqrt{n-2}}{\sqrt{1-r^2}} = \frac{0.700,8 \times \sqrt{12}}{\sqrt{1-0.700,8^2}} = 3.403,1$$

當 $\alpha = 0.05$ 時，$t_{\frac{\alpha}{2}}(12) = 2.178,8$，由於 $|t| = 3.403,1 > t_{\frac{\alpha}{2}}(12)$，所以否定「總體相關係數為0」，說明數學成績與物理成績之間是顯著線性相關的。

（2）根據 Excel 迴歸分析報告結果，可得迴歸方程為：
$\hat{Y} = 10.627,5 + 0.932,5X$。

檢驗自變量系數顯著性的統計量 $t = 3.402,7$，對應 P 值 $= 0.005,2$，P 值小於 α，否定「系數 $\beta_1 = 0$」，說明數學成績（X）對物理成績（Y）存在顯著影響。該結果表明，數學成績高1分，物理成績平均會高0.932,5分。

7. 解：（1）借助 Excel 做迴歸分析，可以得到下表所示結果：

迴歸統計	
Multiple R	0.993,9
R Square	0.987,8
Adjusted R Square	0.985,1
標準誤差	181.058
觀測值	12

第八章 相關與迴歸分析

方差分析

	df	SS	MS	F	Significance F
迴歸分析	2	23,947,914	11,973,957	365.26	2.42E-09
殘差	9	295,038	32,782		
總計	11	24,242,952			

	Coefficients	標準誤差	t Stat	P-value	Lower 95%
Intercept	-2,773.28	443.03	-6.260	0.000,15	-3,775.477
溫度 x1	345.89	59.60	5.803	0.000,26	211.062
施肥量 x2	9.23	2.32	3.985	0.003,18	3.991

根據 Excel 迴歸分析報告結果，可得迴歸方程為：
$\hat{y} = -2,773.28 + 345.89x_1 + 9.23x_2$。

(2) 統計量 F=365.26，對應 P 值=2.42E-09，P 值小於 α（=0.05），所以線性關係顯著，迴歸方程是有意義的。

變量 x_1、x_2 系數顯著性檢驗的 t 統計量值分別為 5.803、3.985，對應 P 值分別為 0.000,26、0.003,18，P 值都小於 α，說明變量 x_1、x_2 的迴歸系數都是顯著的。

(3) 迴歸系數的實際意義：其他不變時，溫度增加 1℃，產量平均提高 345.89 kg/hm²；溫度一定時，施肥量增加 1 kg/hm²，產量平均提高 9.23 kg/hm²。

8. 解：借助 Excel 做迴歸分析，可以得到下表所示結果：

迴歸統計	
Multiple R	0.969,5
R Square	0.939,9
Adjusted R Square	0.929,8
標準誤差	152.986
觀測值	15

方差分析

	df	SS	MS	F	Significance F
迴歸分析	2	4,389,236.8	2,194,618	93.768	4.73E-08
殘差	12	280,856.56	23,404.71		
總計	14	4,670,093.3			

	Coefficients	標準誤差	t Stat	P-value	Lower 95%
Intercept	637.35	295.078	2.160	0.051,7	-5.57
工齡	355.22	66.628	5.331	0.000,2	210.05
性別	774.20	89.683	8.633	1.71E-06	578.80

根據 Excel 迴歸分析報告結果，可得工資對工齡和性別的迴歸方程為：

$\hat{y} = 637.35 + 355.22x_1 + 774.20x_2$。

在 0.05 顯著性水準下，統計量 $F = 93.768$，對應 P 值 $= 4.73E-08$，小於 α（取 $\alpha = 0.05$），說明變量之間的線性關係顯著，迴歸方程是有意義的。檢驗變量 x_2 系數顯著性的 t 統計量 $= 8.633$，對應 P 值 $= 1.71E-06$，小於 α（取 $\alpha = 0.05$），表明該迴歸系數是顯著的。這說明，同樣的工齡，男職工的工資平均比女職工高 774.20 元，即該行業存在工資的性別歧視。

9. 解：（1）借助 Excel 做迴歸分析，可以得到下表所示結果：

迴歸統計	
Multiple R	0.987,3
R Square	0.974,8
Adjusted R Square	0.969,2
標準誤差	138.554,5
觀測值	12

方差分析

	df	SS	MS	F	Significance F
迴歸分析	2	6,679,158.7	3,339,579.4	173.960,4	6.42E-08
殘差	9	172,776.2	19,197.356		
總計	11	6,851,934.9			

	Coefficients	標準誤差	t Stat	P-value	Lower 95%
Intercept	817.980,9	318.543,7	2.567,9	0.030,3	97.384,9
X	-1.712,0	0.707,1	-2.421,0	0.038,5	-3.311,6
X^2	0.001,9	0.000,4	5.289,4	0.000,5	0.001,1

根據 Excel 迴歸分析報告結果，可得 Y 對 X 的一元二次函數方程為：

$\hat{Y} = 817.980,9 - 1.712,0X + 0.001,9X^2$

（2）統計量 $F = 173.960,4$，對應 P 值 $= 6.42E-08$，P 值小於顯著性水準 α，說明迴歸方程是顯著的。

變量 X、X^2 系數顯著性檢驗的 t 統計量值分別為 $-2.421,0$、$5.289,4$，對應 P 值分別為 $0.038,5$、$0.000,5$，P 值都小於 α，說明變量 X、X^2 的迴歸系數都是顯著的。

（3）當產量達到 $X_0 = 1,600$ 件時，預計總成本為：

$\hat{Y}_0 = 817.980,9 - 1.712,0 \times 1,600 + 0.001,9 \times 1,600^2 = 2,942.781$（萬元）

10. 解：對指數函數 $\hat{Y} = \alpha \beta^X$ 方程兩邊取自然對數，可得：

$ln\hat{Y} = ln\alpha + Xln\beta$

以 lnY 為因變量對 X 做迴歸分析，借助 Excel 做迴歸分析，可以得到下表所示

第八章　相關與迴歸分析

結果：

迴歸統計	
Multiple R	0.958,6
R Square	0.918,9
Adjusted R Square	0.909,8
標準誤差	0.038,2
觀測值	11

方差分析

	df	SS	MS	F	Significance F
迴歸分析	1	0.148,6	0.148,6	101.912	3.307E-06
殘差	9	0.013,1	0.001,5		
總計	10	0.161,7			

	Coefficients	標準誤差	t Stat	P-value	Lower 95%
Intercept	8.219	0.025	332.846	1.02E-19	8.163
時間 X	0.037	0.004	10.095	3.31E-06	0.029

根據 Excel 迴歸分析報告結果，可得迴歸方程：

$ln\hat{Y} = 8.219 + 0.037X$

所以，$\alpha = e^{8.219} = 3,710.79$，$\beta = e^{0.037} = 1.038$，即擬合出的指數曲線方程為：

$\hat{Y} = 3,710.79 \times 1.038^X$

要預測下一年的銷售額，按照時間變量 X 的取值遞增規律，只需在迴歸方程中取 $X_0 = 12$，可以預測出：$\hat{Y} = 3,710.79 \times 1.038^{12} = 5,805.43$（萬元）

第九章 時間數列分析

一、統計知識

(一) 時間數列的概念和種類

1. 時間數列的概念

時間數列也叫動態數列、時間序列,是指將同類指標數值按時間先後順序加以排列的結果。時間數列有兩個構成要素:一是反應現象所處的不同時間,二是現象在不同時間下的指標數值。

2. 時間數列的種類

(1) 絕對數時間數列。將同類絕對指標數值按時間先後順序加以排列的結果。絕對數時間數列又分為時期數列與時點數列兩類。

將同類時期指標數值按時間先後順序加以排列的結果,就形成時期數列。

將同類時點指標數值按時間先後順序加以排列的結果,就形成時點數列。

時期數列與時點數列之間的區別:①時期數列中指標數值的原始資料必須連續登記,時點數列中指標數值的原始資料不需要連續登記;②時期數列中指標數值的大小與時間間隔長短有直接關係,時點數列中指標數值的大小與時間間隔長短無直接關係;③時期數列中指標數值可以直接相加,時點數列中指標數值不能直接相加。

(2) 相對數時間數列。將同類相對指標數值按時間先後順序加以排列的結果。

(3) 平均數時間數列。將同類平均指標數值按時間先後順序加以排列的結果。

3. 編製時間數列的原則

可比性原則。指標內涵、總體範圍、時間長短、計算方法以及計量單位五個方

第九章　時間數列分析

面保持口徑一致。

(二) 時間數列水準分析指標

1. 發展水準

構成動態數列的指標數值稱為發展水準。發展水準可以是絕對數，也可以是相對數和平均數。

2. 平均發展水準

平均發展水準也叫序時平均數，是對動態數列在不同時間下的指標數值進行平均的結果，用來反應現象在一段時間內發展水準所達到的一般水準。

序時平均數與一般平均數的區別和聯繫。區別：①計算的對象不同：序時平均數是對總體現象在不同時間下的指標數值計算的平均數，而一般平均數是對總體各單位在同一時間下的變量值計算的平均數；②計算的依據不同：序時平均數是根據動態數列計算的，而一般平均數是依據變量數列計算的。聯繫：二者都說明現象的一般水準；兩種平均數在計算方法（公式）上有一致的地方。

(1) 絕對數時間數列計算序時平均數

① 時期數列計算序時平均數

$$\bar{a} = \frac{a_1 + a_2 + a_3 + \cdots + a_{n-1} + a_n}{n} = \frac{\sum a}{n}$$

其中，n 代表年數、季數、月數、日數、小時數等不同的時期數。

② 時點數列計算序時平均數

Ⅰ．連續時點數列。相鄰時點之間以「天數」作為間隔，通過數列能夠掌握一段時間內每天的時點指標。

a. 連續變動的連續時點數列，採用簡單算術平均的方法計算序時平均數：

$$\bar{a} = \frac{a_1 + a_2 + a_3 + \cdots + a_{n-1} + a_n}{n} = \frac{\sum a}{n}$$

其中，n 代表總天數，不能代表其他時間長度。

b. 非連續變動的連續時點數列，應採用加權算術平均的方法計算序時平均數：

$$\bar{a} = \frac{\sum af}{\sum f}$$

其中，f_i 代表時點水準 a_i 保持（非連續變動）的時間長度。

Ⅱ．間斷時點數列。相鄰時點之間以「月」「季」「年」作為間隔，時點通常位於年初（末）、季初（末）、月初（末）。

a. 如果相鄰時點之間間隔相等

$$\bar{a} = \frac{\frac{a_1}{2} + a_2 + a_3 + \cdots + a_{n-1} + \frac{a_n}{2}}{n-1}$$

其中，n 代表時點水準數。

b. 如果相鄰時點之間間隔不等

$$\bar{a} = \frac{\frac{a_1+a_2}{2}f_1 + \frac{a_2+a_3}{2}f_2 + \cdots + \frac{a_{n-1}+a_n}{2}f_{n-1}}{f_1 + f_2 + \cdots + f_{n-1}}$$

其中，f_i 為對應於 a_i 與 a_{i+1} 之間的時間間隔長度。

（2）相對數時間數列計算序時平均數

$$\bar{c} = \frac{\bar{a}}{\bar{b}}$$

該序時平均數計算的關鍵在於分別計算相對數子項指標和母項指標動態數列的序時平均數，具體有三種情況：$\bar{a}$ 和 $\bar{b}$ 都根據時期數列計算；$\bar{a}$ 和 $\bar{b}$ 都根據時點數列計算；$\bar{a}$ 和 $\bar{b}$ 中有一個根據時期數列計算，另一個根據時點數列計算。

（3）平均數時間數列計算序時平均數

① 靜態平均數時間數列計算序時平均數

$$\bar{c} = \frac{\bar{a}}{\bar{b}}$$

② 動態平均數時間數列計算序時平均數

如果每個動態平均數所代表的時間長度相等：

$$\bar{a} = \frac{a_1 + a_2 + a_3 + \cdots + a_{n-1} + a_n}{n} = \frac{\sum a}{n}$$

如果每個動態平均數所代表的時間長度不等：

$$\bar{a} = \frac{\sum af}{\sum f}$$

3. 增減量

增減量＝報告期水準－基期水準

（1）逐期增減量＝報告期水準 a_i －上一期水準 a_{i-1}

（2）累計增減量＝報告期水準 a_i －固定基期水準 a_0

逐期增減量與累計增減量的關係是：逐期增減量之和等於相應的累計增減量。

4. 平均增減量

$$平均增減量 = \frac{逐期增減量之和}{逐期增減量的項數} = \frac{最後一期累計增減量}{時間數列項數 - 1}$$

第九章　時間數列分析

(三) 時間數列的速度分析指標

1. 發展速度

$$發展速度 = \frac{報告期發展水準}{基期發展水準} \times 100\%$$

(1) 環比發展速度 $= \dfrac{報告期發展水準\ a_i}{上期發展水準\ a_{i-1}} \times 100\%$

(2) 定基發展速度 $= \dfrac{報告期發展水準\ a_i}{固定基期發展水準\ a_0} \times 100\%$

環比發展速度與定基發展速度的關係是：環比發展速度的連乘積等於相應的定基發展速度。

2. 增減速度

增減速度也稱增長速度、增長率、增長幅度、增長百分比等。

$$增減速度 = \frac{增減量}{基期發展水準} \times 100\% = 發展速度 - 100\%$$

(1) 環比增減速度 $= \dfrac{逐期增減量\ (a_i - a_{i-1})}{上期發展水準\ a_{i-1}} \times 100\% = 環比發展速度 \dfrac{a_i}{a_{i-1}} - 100\%$

(2) 定基增減速度 $= \dfrac{累計增減量\ (a_i - a_0)}{固定基期發展水準\ a_0} \times 100\% = 定基發展速度 \dfrac{a_i}{a_0} - 100\%$

環比增減速度與定基增減速度之間沒有直接的數量關係，但有間接的數量關係：環比增減速度加 1 的連乘積等於相應的定基增減速度加 1。

3. 平均發展速度與平均增減速度

平均發展速度一般採用水準法計算，有三種表現形式的計算公式：

$$\bar{x} = \sqrt[n]{\frac{a_n}{a_0}}$$

$$\bar{x} = \sqrt[n]{R}\ (R\ 為定基發展速度)$$

$$\bar{x} = \sqrt[n]{\frac{a_1}{a_0} \cdot \frac{a_2}{a_1} \cdot \frac{a_3}{a_2} \cdot \ldots \cdot \frac{a_n}{a_{n-1}}}$$

平均發展速度 = 平均增減速度 + 100%

因此，在計算平均增減速度時，通常是先計算平均發展速度，然後按照「平均增減速度 = 平均發展速度 - 100%」獲得平均增減速度。

4. 環比增減 1% 的絕對值

$$環比增減\ 1\%\ 的絕對值 = \frac{逐期增減量\ (a_i - a_{i-1})}{環比增減速度\ \left(\dfrac{a_i}{a_{i-1}} - 1\right) \times 100} = \frac{上期水準\ a_{i-1}}{100}$$

注意：在把握好每個水準分析指標、速度分析指標計算方法的基礎上，還要弄清楚各種水準分析指標之間、速度分析指標以及水準分析指標與速度分析指標之間的相互關係。

5. 計算和使用速度分析指標應注意的問題

（四）現象發展的趨勢分析

1. 現象發展的影響因素

（1）長期趨勢因素（T）；

（2）季節變動因素（S）；

（3）循環變動因素（C）；

（4）不規則變動因素（I）。

2. 時間數列的分析模型

加法模型：$Y = T + S + C + I$

乘法模型：$Y = T \times S \times C \times I$

3. 長期趨勢的測定

（1）時距擴大法；

（2）移動平均法；

（3）數學模型法。

①直線趨勢模型

$$\hat{y}_t = \hat{a} + \hat{b}t$$

利用最小平方法可以得到如下正規方程組：

$$\begin{cases} \sum y = n\hat{a} + \hat{b}\sum t \\ \sum ty = \hat{a}\sum t + \hat{b}\sum t^2 \end{cases}$$

解上述方程組，即可得出參數 a、b 的計算公式：

$$\begin{cases} \hat{b} = \dfrac{n\sum ty - \sum t \sum y}{n\sum t^2 - (\sum t)^2} \\ \hat{a} = \bar{y} - \hat{b}\bar{t} = \dfrac{\sum y}{n} - \dfrac{\hat{b}\sum t}{n} \end{cases}$$

通過對 t 適當取值，使得在 $\sum t = 0$ 的情況下，此時關於 a、b 參數的方程組可作如下簡化：

$$\begin{cases} \hat{b} = \dfrac{\sum ty}{\sum t^2} \\ \hat{a} = \bar{y} = \dfrac{\sum y}{n} \end{cases}$$

第九章　時間數列分析

使用該公式進行手工計算能夠帶來簡便，但如果採用統計軟件（參見第 8 章迴歸分析部分內容），則不必刻意讓 t 取值使得 $\sum t = 0$，而通常取 t = 1, 2, 3, …。

② 二次拋物線模型

$$\hat{y}_t = a + bt + ct^2$$

關於參數 a、b、c 的計算，一般採用最小二乘法並借助於統計軟件完成（參見第 8 章可線性化的非線性迴歸方程）。

③ 指數曲線模型

$$\hat{y}_t = ab^t$$

計算指數曲線趨勢的參數 a、b，通常需要將指數曲線轉化為相對簡單的直線方程。對指數曲線兩邊取常用對數，可得：

$$\lg \hat{y}_t = \lg a + t \lg b$$

令 $Y' = \lg \hat{y}_t$，$A = \lg a$，$B = \lg b$，則公式可表示為：

$$Y' = A + Bt$$

4. 季節變動的測定

（1）按月（季）平均法

$$月（季）季節指數 S = \frac{各年同月（季）平均數}{所有月（季）觀測值總平均數} \times 100\%$$

（2）趨勢剔除法

第一步，計算時間數列的趨勢值（移動平均法或數學模型法）。

第二步，計算時間數列觀察值與其對應趨勢值的比值（剔除趨勢）。

$$\frac{Y}{T} = \frac{T \times S \times C \times I}{T} = S \times C \times I$$

第三步，用平均的方法消除循環變動和不規則變動，計算出各比值的季度（或月份）平均值。

第四步，計算季節指數。

$$月（季）季節指數 = \frac{各年同月（季）平均數}{所有比值的總平均數}$$

可應用季節指數對時間序列進行外推預測。

二、統計實驗

（一）實驗目的

掌握借助 Excel 進行時間數列水準分析、速度分析和趨勢分析的方法。

（二）實驗內容

1. 對時期數列或時點數列進行水準分析、速度分析。
2. 用移動平均法測定時間數列的長期趨勢。
3. 用數學模型法測定時間數列的長期趨勢。
4. 對時間數列的季節變動進行測定。

（三）實驗操作

1. 時間數列的水準分析與速度分析

時間數列的水準分析與速度分析主要由自己在 Excel 中編寫對應的算式完成。

【例9.1】某公司去年商品庫存額數據見表 9-1 所示，計算全年平均庫存額。

表 9-1　　　　　　　某公司去年商品庫存額情況　　　　　　單位：萬元

日期	一季初	二季初	三季初	四季初	四季末
庫存額	100	86	104	114	132

【分析】該例數據為間隔時間相等的間斷時點數列，應該用首尾折半法計算序時平均數。假定數據錄入在工作表 B2:F2，輸入下列算式即可得出平均數：

「=SUM(B2/2,C2:E2,F2/2)/4」

【例9.2】2,006—2015 年四川省第三產業地區生產總值見表 9-2。試計算水準分析指標和速度分析指標。

表 9-2　　　　四川省 2006—2015 年第三產業地區生產總值　　　　單位：億元

年份	2006	2007	2008	2009	2010	2011	2012	2013	2014	2015
產值	3,320	3,882	4,562	5,821	6,840	8,043	9,387	10,645	12,166	13,128

【分析】該例數據為時期數列，對它的水準分析和速度分析主要涉及逐期增長量、累計增長量、環比發展速度、定基發展速度、環比增長速度、定基增長速度、增長1%的絕對額、平均發展速度以及平均增長速度等指標的計算。

【操作】將數據錄入 Excel 工作表的 B2:K2 區域（如圖 9-1）。

	A	B	C	D	E	F	G	H	I	J	K
1	時間	2006	2007	2008	2009	2010	2011	2012	2013	2014	2015
2	第三產業的GDP	3320	3882	4562	5821	6840	8043	9387	10645	12166	13128
3	逐期增減量	-	=C2-B2		1259	1019	1203	1344	1258	1521	962
4	累計增減量	-	=C2-$B2		2501	3520	4723	6067	7325	8846	9808
5	環比發展速度%	-	=C2/B2*100		127.60	117.51	117.59	116.71	113.40	114.29	107.91
6	定基發展速度%	-	=C2/$B2*100		175.33	206.02	242.26	282.74	320.63	366.45	395.42
7	環比增減速度%	-	=(C2-B2)/B2*100		27.60	17.51	17.59	16.71	13.40	14.29	7.91
8	定基增減速度%	-	=(C2-$B2)/$B2*100		75.33	106.02	142.26	182.74	220.63	266.45	295.42
9	增長1%的絕對額	-	=B2/100		45.62	58.21	68.4	80.43	93.87	106.45	121.66
10	平均增減量		=AVERAGE(C3:K3)								
11	平均發展速度		=GEOMEAN(C5:K5)								
12	平均增長速度		=C11-100								

圖 9-1　動態水準分析與速度分析指標

第九章 時間數列分析

（1）計算各年逐期增長量：在 C3 中輸入公式「=C2-B2」，並向右填充。

（2）計算累計增長量：在 C4 中輸入公式「=C2-$B2」，注意公式中對 B 列的絕對引用，然後向右填充。

（3）計算環比發展速度：在 C5 中輸入公式「=C2/B2*100」，並向右填充。

（4）計算定基發展速度：在 C6 中輸入公式「=C2/$B2*100」，這裡對 B 列也是絕對引用的，然後向右填充。

（5）計算環比增長速度：在 C7 中輸入公式「=(C2-B2)/B2*100」或「=C3/B2*100」或「=C5-100」，並向右填充。

（6）計算定基增長速度：在 C8 中輸入公式「=(C2-$B2)/$B2*100」或「=C4/$B2*100」或「=C6-100」，並向右填充。

（7）計算增長1%的絕對額：在 C9 中輸入公式「=B2/100」，並向右填充。

（8）計算平均增減量：輸入「=AVERAGE(C3:K3)」或「=(K2-B2)/9」。

（9）計算平均發展速度：

① 通過計算環比發展速度的幾何平均數獲得平均發展速度：「=GEOMEAN(C5:K5)」；

② 通過初期水準與末期水準之比開方獲得平均發展速度：「=(K2/B2)^(1/9)*100%」。

（10）計算平均增長速度：平均增長速度=平均發展速度-1，輸入「=C10-100」。

2. 現象發展的趨勢分析

（1）移動平均法測定長期趨勢

【例9.3】某村2007—2016年糧食產量見表9-3，試分別採用3期、4期移動平均計算糧食產量的長期趨勢值。

表9-3　　　　　　某村2007—2016年糧食產量　　　　　單位：噸

年份	2007	2008	2009	2010	2011	2012	2013	2014	2015	2016
糧食產量	286	283	305	332	321	325	354	387	407	379

【分析】移動平均數的計算既可以自己編寫算式，然後「填充」完成，也可以使用「數據分析」工具中的「移動平均」工具來完成。

方式一：自己編寫算式。

【操作步驟】

① 錄入原始數據。在 A2:A11 錄入年份，在 B2:B11 錄入糧食產量（如圖9-2）。

	A	B	C	D	E
1	年份	糧食產量	3期移動平均	4期移動平均	2項移正平均
2	2007	286			
3	2008	283	=AVERAGE(B2:B4)	=AVERAGE(B2:B5)	
4	2009	305	=AVERAGE(B3:B5)	=AVERAGE(B3:B6)	=AVERAGE(D3:D4)
5	2010	332	=AVERAGE(B4:B6)	=AVERAGE(B4:B7)	=AVERAGE(D4:D5)
6	2011	321	=AVERAGE(B5:B7)	=AVERAGE(B5:B8)	=AVERAGE(D5:D6)
7	2012	325	=AVERAGE(B6:B8)	=AVERAGE(B6:B9)	=AVERAGE(D6:D7)
8	2013	354	=AVERAGE(B7:B9)	=AVERAGE(B7:B10)	=AVERAGE(D7:D8)
9	2014	387	=AVERAGE(B8:B10)	=AVERAGE(B8:B11)	=AVERAGE(D8:D9)
10	2015	407	=AVERAGE(B9:B11)		
11	2016	379			

圖9-2 移動平均趨勢分析

② 計算三期移動平均。在C3單元格輸入：「=AVERAGE(B2:B4)」，然後向下填充至C10單元格，就得到了所有按三期移動平均值法計算的趨勢值（注意前後各有一期沒有移動平均值）。

③ 計算四期移動平均。計算四期移動平均的長期趨勢值方法與計算三期移動平均相似，在D3單元格輸入：「=AVERAGE(B2:B5)」，然後向下填充至C9單元格（注意，在圖9-2中，按照移動平均法測定長期趨勢的思路，D列數據實際都應下沉半格對齊），由於位置還沒有對齊時間點，所以還需再計算一次二項移正平均，在E4單元格輸入：「=AVERAGE(D3:D4)」，然後向下填充至E9單元格，就得到了所有按四期移動平均值法計算的趨勢值（注意前後各有兩期沒有移動平均值）。

方式二：使用「移動平均」工具。

【操作步驟】

① 錄入原始數據。在B2:B11錄入糧食產量數據。

② 調用計算工具。點擊「數據」菜單中的「數據分析」工具，選擇「移動平均」，然後在對話框中「輸入區域」填「B2:B11」「間隔」填「3」（如果要計算四期移動平均，這裡就填「4」）、「輸出區域」填「C1」（從C1位置開始輸出的原因參見提示9.1），點擊「確定」即可（參見圖9-3，C列為輸出結果，「#N/A」表示沒有對應的移動平均值）。

> 提示9.1：
>
> Excel的「移動平均」工具是基於移動平均值作為移動期末期的預測值來設計的，所以它會將移動平均值對應於移動末期放置。這與我們將移動平均值作為移動期中期的趨勢值有所不同。並且，如果移動平均的時期數為偶數，使用「移動平均」工具得出的結果也是沒有進行「移正」的。

第九章 時間數列分析

圖 9-3 「移動平均」工具測定長期趨勢

(2) 數學模型法測定長期趨勢

以【例9.3】資料為例，分析該村糧食產量的長期趨勢。

【分析】首先繪製出糧食產量的時間序列折線圖（繪圖方法參見第二章實驗）。從時間序列圖可以發現，產量 Y 隨時間 t 基本呈線性增長趨勢，因而建立線性方程 $Y = a + b * t$ 來獲得趨勢值。

方法一：使用「數據分析」工具。

【操作步驟】

① 錄入原始數據。在 A2:A11 錄入時間，在 B2:B11 錄入糧食產量。

② 點擊「數據」菜單中的「數據分析」工具，選擇「迴歸」，在「確定」後將彈出迴歸分析對話框（參見圖 9-4），在「Y 值輸入區域」輸入產量所在區域「B1:B11」，在「X 值輸入區域」輸入時間所在區域「A1:A11」，這裡輸入的區域包含了第一行的名稱，所以注意勾選「標志」，點擊「輸出區域」，輸入起始位置「A13」，注意勾選「殘差」，點擊「確定」後，Excel 在報告迴歸方程結果的下方，報告的「預測糧食產量」就是各年的趨勢值（如圖 9-4 右下角所示）。

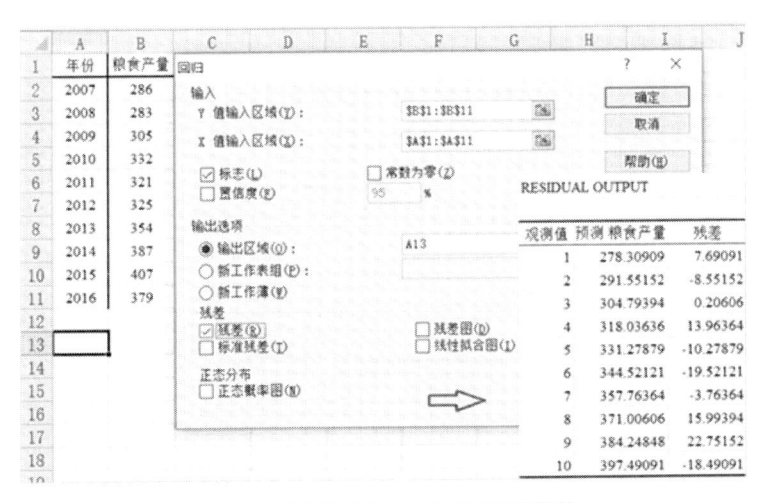

圖 9-4 「數據分析」工具測定長期趨勢

215

方法二：使用 TREND 函數。

【操作步驟】

（1）錄入原始數據。在 A2:A11 錄入時間，在 B2:B11 錄入糧食產量。

（2）計算趨勢值。按照數組函數的操作方式，先選中 C2:C11 作為輸出區域，然後輸入函數（如圖 9-5）：「=TREND(B2:B11)」，敲組合鍵「Ctrl+Shift+Enter」，Excel 即返回 2007—2016 年的趨勢值。

	A	B	C	D	E	F	G
1	年份	糧食產量	趨勢值				
2	2007	286	=TREND(B2:B11)				
3	2008	283	TREND(known_y's, [known_x's], [new_x's], [const])				
4	2009	305					
5	2010	332					
6	2011	321					
7	2012	325					
8	2013	354					
9	2014	387					
10	2015	407					
11	2016	379					

圖 9-5　TREND 函數測定長期趨勢

③ 預測 2017—2018 年的產量。使用 TREND 函數還可以直接進行外推預測。在 A12 與 A13 單元格輸入代表這兩個年份的數字，這裡輸入「2017」與「2018」。然後選中 C12:C13 單元格作為輸出區域（參見圖 9-6），輸入：「=TREND(B2:B11, A2:A11, A12:A13)」，

接下來敲組合鍵「Ctrl + Shift + Enter」，Excel 即返回這兩年的產量預測值「410.733、423.976」。

	A	B	C	D	E	F	G
1	年份	糧食產量	趨勢值				
2	2007	286					
3	2008	283					
4	2009	305					
5	2010	332					
6	2011	321					
7	2012	325					
8	2013	354					
9	2014	387					
10	2015	407					
11	2016	379					
12	2017		=TREND(B2:B11, A2:A11, A12:A13)				
13	2018		TREND(known_y's, [known_x's], **[new_x's]**, [const])				

圖 9-6　TREND 函數做外推預測

第九章 時間數列分析

3. 季節變動的測定

這裡用一個具體的例子來說明如何借助 Excel 按趨勢剔除法計算季節指數。

【例 9.4】某企業 2009—2016 年各季度的啤酒銷量情況見表 9-4。試計算季節指數。

表 9-4　　　　　　某企業 2009—2016 年啤酒銷量情況　　　　　　單位：噸

年份	2009	2010	2011	2012	2013	2014	2015	2016
一季度	11	13	16	17	19	21	23	25
二季度	15	17	18	20	21	23	26	29
三季度	18	20	23	25	27	30	35	40
四季度	12	14	15	18	21	24	26	30

【分析】不妨先通過時間數列折線圖看看該企業啤酒銷量的趨勢特徵，如果時間數列沒有長期趨勢，則可以直接使用按季平均法計算季節指數，否則應當先剔除趨勢因素。

【操作步驟】

① 錄入觀測數據。在 A 列輸入年份，在 B 列輸入季度（把年份和季度分為兩列錄入，以便後續分析），在 C 列錄入時間點的連續取值（便於作圖），在 D 列對應各時間錄入銷售量觀察值（如圖 9-7）。

② 繪製時間數列折線圖。選中 C1:D33 區域，點擊「插入」菜單中的「散點圖」，子圖選「帶折線和數據標記的散點圖」，在自動生成的圖形中，用鼠標右鍵單擊圖中任一點，在彈出的快捷菜單中選擇「添加趨勢線」，在彈出的對話框中使用默認值就可以了，點「關閉」後就添加了線性趨勢線（如圖 9-7）。從圖 9-7 可以看出，該企業銷量具有明顯的增長趨勢和季節變動特徵。因此，應當先分離趨勢因素，然後再進行季節變動的測定（計算季節指數）。這裡，我們採用乘法模型分離各因素，即認為 $Y = T \times S \times C \times I$。

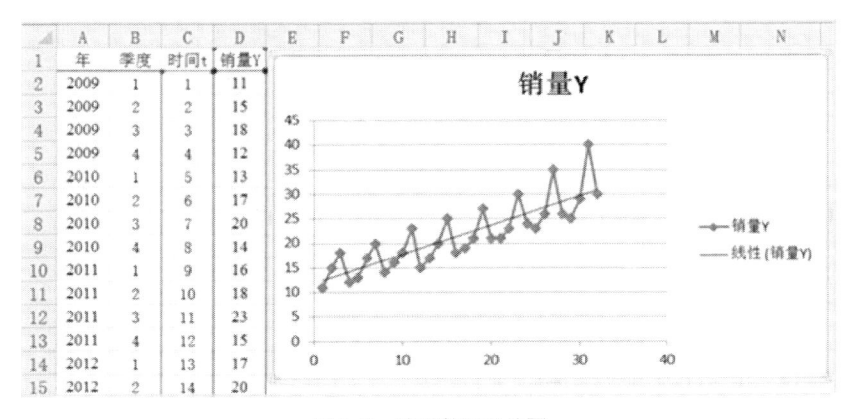

圖 9-7　時間數列折線圖

③計算趨勢值。計算趨勢值可以使用移動平均法或者數學模型法，移動平均法對時間數列的長期趨勢特徵沒有要求，而數學模型法要求能夠用一定的數學函數刻畫長期趨勢，以便進行迴歸擬合，再得出相應的趨勢值。

① 移動平均法。在 E3 單元格輸入計算 4 項移動平均的公式（採用移動平均法計算趨勢值，時期數為 4 的原因是，該例為季度數據，4 個季度就是 1 年）：

「＝AVERAGE(D2:D5)」，

然後向下填充至 E31，在 F4 單元格輸入計算 2 期移動平均的公式：

「＝AVERAGE(E3:E4)」，

然後向下填充至 F31，就得到趨勢值 T 了（參見圖 9-8）。

②數學模型法。先選中 E2:E33 區域，輸入計算函數：「＝TREND(D2:D33)」

敲組合鍵「Ctrl+Shift+Enter」，Excel 即返回 2009—2016 年各季度的趨勢值。由於方法不同，數學模型法與移動平均法測定的趨勢值會略有不同。下文介紹以移動平均法測定的趨勢值來進一步計算季節指數。

④ 剔除長期趨勢。

在 G4 單元格計算季節比值（剔除趨勢值），輸入：「＝D4/F4」，

然後向下填充至 G31。

	A	B	C	D	E	F	G
1	年	季度	時間t	銷量Y	4項移動平均	移正 (T)	比值Y/T
2	2009	1	1	11			
3	2009	2	2	15	=AVERAGE(D2:D5)		
4	2009	3	3	18	=AVERAGE(D3:D6)	=AVERAGE(E3:E4)	=D4/F4
5	2009	4	4	12	=AVERAGE(D4:D7)	=AVERAGE(E4:E5)	=D5/F5
6	2010	1	5	13	=AVERAGE(D5:D8)	=AVERAGE(E5:E6)	=D6/F6
7	2010	2	6	17	=AVERAGE(D6:D9)	=AVERAGE(E6:E7)	=D7/F7
8	2010	3	7	20	=AVERAGE(D7:D10)	=AVERAGE(E7:E8)	=D8/F8
9	2010	4	8	14	=AVERAGE(D8:D11)	=AVERAGE(E8:E9)	=D9/F9
10	2011	1	9	16	=AVERAGE(D9:D12)	=AVERAGE(E9:E10)	=D10/F10
11	2011	2	10	18	=AVERAGE(D10:D13)	=AVERAGE(E10:E11)	=D11/F11
12	2011	3	11	23	=AVERAGE(D11:D14)	=AVERAGE(E11:E12)	=D12/F12
13	2011	4	12	15	=AVERAGE(D12:D15)	=AVERAGE(E12:E13)	=D13/F13
14	2012	1	13	17	=AVERAGE(D13:D16)	=AVERAGE(E13:E14)	=D14/F14
15	2012	2	14	20	=AVERAGE(D14:D17)	=AVERAGE(E14:E15)	=D15/F15
16	2012	3	15	25	=AVERAGE(D15:D18)	=AVERAGE(E15:E16)	=D16/F16
17	2012	4	16	18	=AVERAGE(D16:D19)	=AVERAGE(E16:E17)	=D17/F17
18	2013	1	17	19	=AVERAGE(D17:D20)	=AVERAGE(E17:E18)	=D18/F18
19	2013	2	18	21	=AVERAGE(D18:D21)	=AVERAGE(E18:E19)	=D19/F19
20	2013	3	19	27	=AVERAGE(D19:D22)	=AVERAGE(E19:E20)	=D20/F20
21	2013	4	20	23	=AVERAGE(D20:D23)	=AVERAGE(E20:E21)	=D21/F21
22	2014	1	21	21	=AVERAGE(D21:D24)	=AVERAGE(E21:E22)	=D22/F22
23	2014	2	22	23	=AVERAGE(D22:D25)	=AVERAGE(E22:E23)	=D23/F23
24	2014	3	23	30	=AVERAGE(D23:D26)	=AVERAGE(E23:E24)	=D24/F24
25	2014	4	24	24	=AVERAGE(D24:D27)	=AVERAGE(E24:E25)	=D25/F25
26	2015	1	25	23	=AVERAGE(D25:D28)	=AVERAGE(E25:E26)	=D26/F26
27	2015	2	26	29	=AVERAGE(D26:D29)	=AVERAGE(E26:E27)	=D27/F27
28	2015	3	27	35	=AVERAGE(D27:D30)	=AVERAGE(E27:E28)	=D28/F28
29	2015	4	28	25	=AVERAGE(D28:D31)	=AVERAGE(E28:E29)	=D29/F29
30	2016	1	29	25	=AVERAGE(D29:D32)	=AVERAGE(E29:E30)	=D30/F30
31	2016	2	30	27	=AVERAGE(D30:D33)	=AVERAGE(E30:E31)	=D31/F31
32	2016	3	31	40			
33	2016	4	32	30			

圖 9-8　移動平均法測定趨勢值

第九章　時間數列分析

⑤ 按年度和季度整理季節比值。可以通過建立數據透視表實現。點擊「插入」菜單中的「數據透視表」工具，選擇「數據透視表」，在彈出的向導對話框中（如圖9-9）的「選擇一個表或區域」輸入「A1:G33」，將「選擇放置數據透視表的位置」設置為「現有工作表」位置「H1」，點擊「確定」後得到圖9-10所示界面。

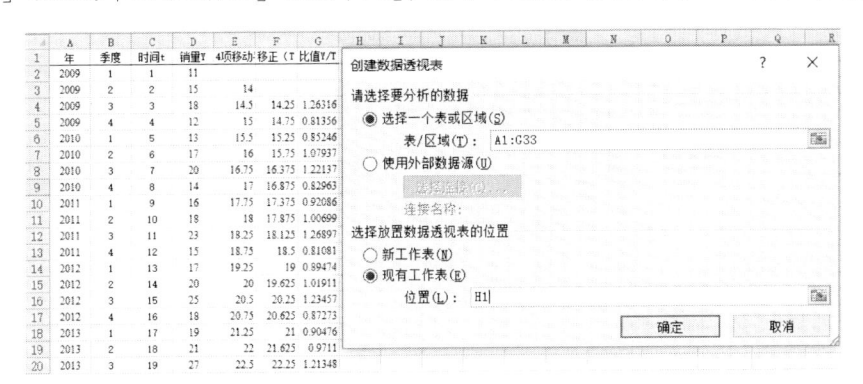

圖 9-9　建立數據透視表

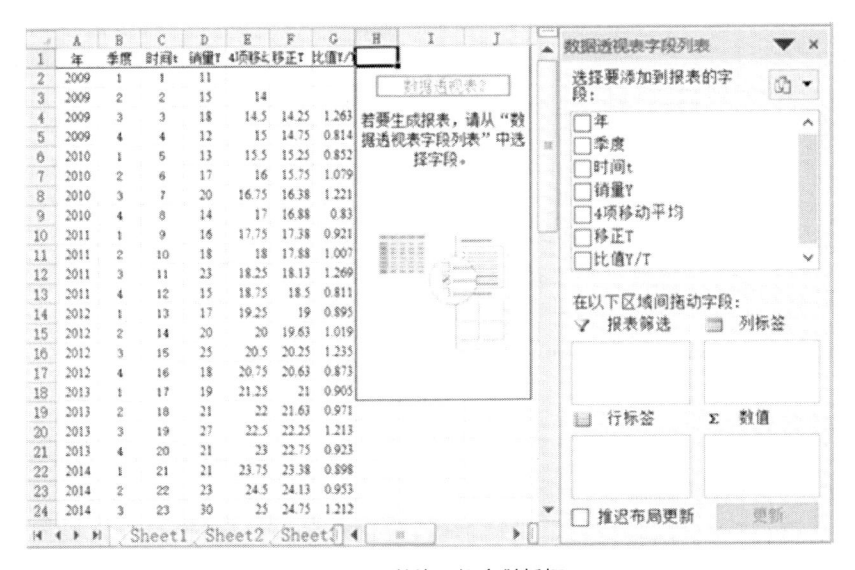

圖 9-10　數據透視表對話框

接下來，在工作表右側出現的字段列表中，勾選「年」「季度」和「比值Y/T」，在右下角區域之間拖動這些字段，把「年」作為「行標籤」，將「季度」作為「列標籤」，將「比值Y/T」作為「數值」。「數值」區域默認是「計數」，點擊旁邊的小三角，在彈出的列表中選擇「值字段設置」，在接下來彈出的對話框中選擇計算類型為「平均值」，點擊「確定」後就得到了圖9-11所示的結果。

219

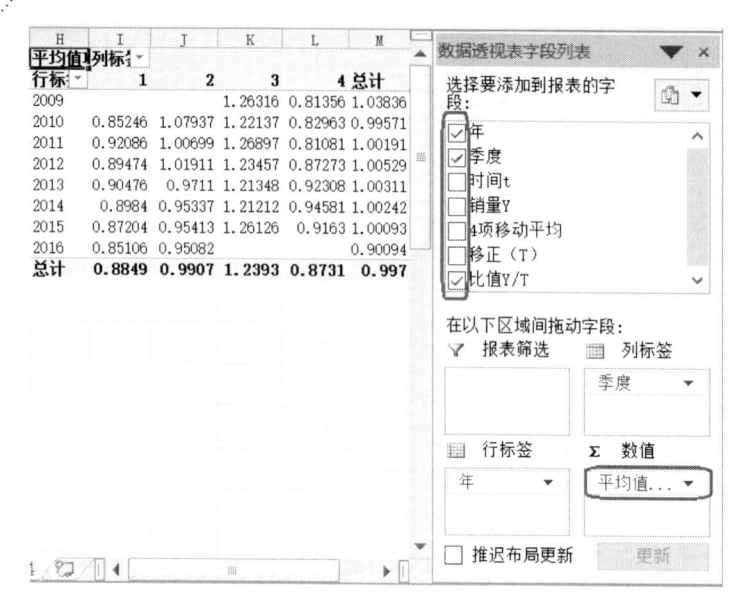

圖 9-11　數據透視表字段設置

⑥ 計算季節指數。在圖 9-11 中，由於 M11 單元格的總平均（所有觀測值的總平均數）不是 1，所以還需要用各季平均數除以所有觀測值總平均數，在 I12 單元格輸入：「=I11/ $M11」，然後向右填充至 L12 就得出了最終的季節指數：「0.887,56、0.993,68、1.243,00、0.875,76」。

（四）實驗實踐

1. 中國 1990—2015 年的糧食產量和年末人口情況見表 9-5。

（1）分別對糧食產量和人口數做水準分析、速度分析；

（2）計算人均糧食產量並分析其特徵。

表 9-5　　　　　　1990—2015 年中國糧食產量及年末人口數據

年份	糧食產量（百萬噸）	年末人口（百萬人）	年份	糧食產量（百萬噸）	年末人口（百萬人）
1990	446.2	1,143.3	2003	430.7	1,292.3
1991	435.3	1,158.2	2004	469.5	1,299.9
1992	442.7	1,171.7	2005	484.0	1,307.6
1993	456.5	1,185.2	2006	498.0	1,314.5
1994	445.1	1,198.5	2007	501.6	1,321.3
1995	466.6	1,211.2	2008	528.7	1,328.0
1996	504.5	1,223.9	2009	530.8	1,334.5
1997	494.2	1,236.3	2010	546.5	1,340.9

第九章 時間數列分析

表9-5(續)

年份	糧食產量 (百萬噸)	年末人口 (百萬人)	年份	糧食產量 (百萬噸)	年末人口 (百萬人)
1998	512.3	1,247.6	2011	571.2	1,347.4
1999	508.4	1,257.9	2012	589.6	1,354.0
2000	462.2	1,267.4	2013	601.9	1,360.7
2001	452.6	1,276.3	2014	607.0	1,367.8
2002	457.1	1,284.5	2015	621.4	1,374.6

2. 某企業2008—2016年生產A產品的產量見表9-6。

(1) 試建立線性趨勢方程，並計算出2008—2016年各年的趨勢值；

(2) 預測2017和2018年的產品產量。

表9-6　　　　某企業2008—2016年A產品產量數據

年　份	2008	2009	2010	2011	2012	2013	2014	2015	2016
產量（臺）	510	541	576	613	613	678	727	752	801

3. 2009—2016年各季度中國社會消費品零售總額見表9-7。試分析該時間數列的季節變動特徵，並對2017年各季度的社會消費品零售總額做出預測［提示：如果趨勢方程為 $\hat{y} = \hat{\beta}_0 + \hat{\beta}_1 t$，則 t_0 期（按乘法模型，對應季節指數為 S_0）的預測值為：$\hat{y}_0 = (\hat{\beta}_0 + \hat{\beta}_1 t_0) \times S_0$］。

表9-7　　　2009—2016年中國各季度社會消費品零售總額　　　　單位：億元

季＼年	2009	2010	2011	2012	2013	2014	2015	2016
1	29,399	36,374	43,458	49,319	55,451	62,081	70,715	78,024
2	29,312	36,295	42,911	48,903	55,313	62,118	70,862	78,114
3	30,966	38,360	44,978	51,201	58,053	64,952	74,503	82,344
4	35,667	43,526	50,415	57,745	65,563	73,243	84,851	93,834

三、統計實訓

(一) 單項選擇題

1. 動態數列中的指標數值應該是（　　）。

　　A. 相對指標　　　B. 平均指標　　　C. 總量指標　　　D. 三者均可

2. 平均增減速度等於（　　）。

　　A. 總增減速度開n次方　　　　B. 環比增減速度的簡單算術平均數

C. 平均發展速度-1　　　　　　　　D. 環比增減速度的幾何平均數

3. 下面哪一種動態數列中的指標數值直接相加具有現實意義（　　）。

　　A. 相對數動態數列　　　　　　　B. 平均數動態數列
　　C. 時期數列　　　　　　　　　　D. 時點數列

4. 連續 3 年的環比增減速度分別為 5%、6%、7%，則總增減速度為（　　）。

　　A. $105\% \times 106\% \times 107\% - 1$　　　　B. $5\% \times 6\% \times 7\%$
　　C. $5\% + 6\% + 7\%$　　　　　　　D. $\sqrt[3]{105\% \times 106\% \times 107\%} - 1$

5. 時間數列的構成要素是（　　）。

　　A. 時間和指標數值　　　　　　　B. 頻數和頻率
　　C. 變量值和頻數　　　　　　　　D. 時間和標志值

6. 已知各環比發展速度分別為 110%、120%、98%，則平均增減速度為（　　）。

　　A. $110\% \times 120\% \times 98\% - 1$　　　　B. $\dfrac{110\% + 102\% + 98\%}{3} - 1$
　　C. $\sqrt[12]{(116\%)^5 \times (127\%)^7} - 1$　　D. $\sqrt[11]{(116\%)^4 \times (127\%)^7} - 1$

7. 將某地區 2010—2016 年新生嬰兒數量按年份排列而成的動態數列屬於（　　）。

　　A. 相對數動態數列　　　　　　　B. 時期數列
　　C. 平均數動態數列　　　　　　　D. 時點數列

8. 最基本的動態數列是（　　）。

　　A. 絕對數動態數列　　　　　　　B. 相對數動態數列
　　C. 時期數列　　　　　　　　　　D. 時點數列

9. 某鄉糧食產量 2012 年為 8.3 萬噸，2013 年比 2012 年增產 0.6 萬噸，2014 年比 2013 年增產 0.5 萬噸，2015 年產量為 9.8 萬噸，2016 年比 2015 年增產 0.7 萬噸，則 2012—2016 年該鄉糧食產量的平均增減量為（　　）。

　　A. 0.44 萬噸　　　B. 0.55 萬噸　　　C. 0.6 萬噸　　　D. 0.75 萬噸

10. 某企業 2004 年至 2009 年淨利潤的年平均增長率為 16%，2009 年至 2016 年淨利潤的年平均增減速度為 27%，則該企業 2004 年至 2016 年淨利潤的年平均增減速度為（　　）。

　　A. $\dfrac{16\% \times 5 + 27\% \times 7}{5 + 7}$　　　　B. $\dfrac{16\% \times 4 + 27\% \times 7}{4 + 7}$
　　C. $\sqrt[12]{(116\%)^5 \times (127\%)^7} - 1$　　D. $\sqrt[11]{(116\%)^4 \times (127\%)^7} - 1$

11. 計算平均發展速度採用幾何平均法的理由是（　　）。

　　A. 總發展速度等於各環比發展速度之和
　　B. 總發展速度等於各環比發展速度之積
　　C. 總增減速度等於各環比增減速度之積

第九章 時間數列分析

　　D. 總增減速度等於各環比增減速度之和

12. 某公司連續五年淨利潤均環比增長15%，則各年的淨利潤增減量（　　）。

　　A. 每年相等　　　　　　　　B. 一年比一年多
　　C. 一年比一年少　　　　　　D. 不能確定

13. 某地區工業增加值2016年是2010年的1.95倍，則該地區工業增加值年均增減速度為（　　）。

　　A. $\sqrt[6]{1.95}$　　B. $\sqrt[6]{1.95}-1$　　C. $\sqrt[7]{1.95}$　　D. $\sqrt[7]{1.95}-1$

14. 某企業單位產品成本連年下降，2016年較2010年降低了36%，則平均每年的降低率為（　　）。

　　A. 36%/6　　B. 36%/7　　C. $1-\sqrt[6]{1-36\%}$　　D. $\sqrt[7]{36\%}$

15. 序時平均數和一般平均數的共同點是（　　）。

　　A. 都是反應同質總體各單位標志值的一般水準
　　B. 都是反應現象的一般水準
　　C. 都是反應現象在不同時間上的一般水準
　　D. 都反應現象的離中趨勢

16. 逐期增減量（　　）。

　　A. 與累積增減量沒有關係　　　　B. 又叫總增減量
　　C. 只能依據時期數列計算　　　　D. 等於報告期水準減去前期水準

17. 環比發展速度（　　）。

　　A. 等於報告期水準除以前期水準　　B. 不能根據定基發展速度推算
　　C. 等於報告期水準除以固定基期水準　D. 等於定基增減速度-1

18. 將某地區的人均地區生產總值按時間先後順序排列形成的時間數列屬於（　　）。

　　A. 絕對數動態數列　　　　　　B. 相對數動態數列
　　C. 時期數列　　　　　　　　　D. 時點數列

19. 定基增減速度（　　）。

　　A. 等於定基發展速度之和　　　　B. 等於累積增減量除以固定基期水準
　　C. 不可以用來構成動態數列　　　D. 等於逐期增減量除以上期水準

20. 某市居民實際收入水準在2015年、2016年分別環比增長8%、11%，則兩年間居民實際收入總增長率為（　　）。

　　A. 8%+11%　　　　　　　　B. 8%×11%
　　C. 108%×111%-1　　　　　D. $\sqrt{108\% \times 111\%}-1$

21. 某企業2016年9月~12月職工人數資料如下：

日　期	9月30日	10月31日	11月30日	12月31日
職工人數（人）	1,400	1,510	1,460	1,420

223

該企業第四季度的平均職工人數為（　　）。

A. 1,447.5 人　　　B. 1,500 人　　　C. 1,480 人　　　D. 1,460 人

22. 某企業產品庫存量的統計資料：元月 1 日為 200 噸，4 月 1 日為 240 噸，8 月 1 日為 220 噸，12 月 31 日為 250 噸，則該企業全年平均庫存量應依下列公式計算（　　）。

A. $\bar{a} = \dfrac{200 + 240 + 220 + 250}{4}$

B. $\bar{a} = \dfrac{200 \times 3 + 240 \times 4 + 220 \times 4 + 250}{3 + 4 + 4 + 1}$

C. $\bar{a} = \dfrac{\dfrac{200}{2} + 240 + 220 + \dfrac{250}{2}}{4 - 1}$

D. $\bar{a} = \dfrac{\dfrac{200 + 240}{2} \times 3 + \dfrac{240 + 220}{2} \times 4 + \dfrac{220 + 25}{2} \times 5}{3 + 4 + 5}$

23. 定基增減速度與環比增減速度之間的關係是（　　）。

A. 定基增減速度等於相應各環比增減速度的連乘積

B. 定基增減速度等於相應各環比增減速度之和

C. 各環比增減速度加 1 後的連乘積等於相應定基增減速度加 1

D. 各環比增減速度加 1 後的連乘積等於相應定基增減速度

24. 某公司 1 月份平均人數 200 人，2 月份平均人數 250 人，3 月份平均人數 220 人，4 月份平均人數 230 人，則該單位第一季度的平均職工人數的計算公式應為（　　）。

A. $\dfrac{200 + 250 + 220}{3}$

B. $\dfrac{200 + 250 + 220 + 230}{4}$

C. $\dfrac{\dfrac{200}{2} + 250 + 220 + \dfrac{230}{2}}{4 - 1}$

D. $\dfrac{\dfrac{200 + 250}{2} \times 1 + \dfrac{250 + 220}{2} \times 2 + \dfrac{220 + 230}{2} \times 3}{1 + 2 + 3}$

25. 已知某地區 2016 年糧食產量比 2009 年增長了 1 倍，比 2004 年增長了 2.5 倍，那麼 2009 年糧食產量比 2004 年增長了（　　）。

A. 0.33 倍　　　B. 0.5 倍　　　C. 0.75 倍　　　D. 1.5 倍

26. 由間斷時點數列計算序時平均數需假定（　　）。

第九章 時間數列分析

A. 相鄰兩個時點間之間的指標數值是均勻變動的
B. 相鄰兩個時點間的指標數值呈增長趨勢的
C. 相鄰兩個時點間的指標數值呈遞減趨勢的
D. 相鄰兩個時點間的指標數值是季節性變化的

27. 某企業 2012 年的銷售收入為 2008 年的 280%，2016 年為 2013 年的 230%，則該企業 2008—2016 年銷售收入的年平均發展速度的計算式為（　　）。

A. $\sqrt[9]{2.8 \times 2.3}$　　B. $\sqrt[7]{2.8 \times 2.3}$　　C. $\sqrt[7]{2.8^4 \times 2.3^3}$　　D. $\sqrt[9]{2.8^5 \times 2.3^4}$

28. 按水準法計算平均發展速度，要求以平均發展速度推算的（　　）。

A. 各期水準之和等於各期實際水準之和
B. 最後一期的水準等於最後一期實際水準
C. 各期增減量之和等於各期實際逐期增減量之和
D. 各期定基發展速度之和等於各期實際定基發展速度

29. 某企業全年各季初、季末資產總額分別用 a_1、a_2、a_3、a_4、a_5 表示，那麼全年平均資產總額的計算式為（　　）。

A. $\dfrac{a_1 + a_2 + a_3 + a_4 + a_5}{5}$

B. $\dfrac{a_1 + a_2 \times 2 + a_3 \times 3 + a_4 \times 4 + a_5 \times 5}{1 + 2 + 3 + 4 + 5}$

C. $\dfrac{\dfrac{a_1}{2} + a_2 + a_3 + a_4 + \dfrac{a_5}{2}}{5 - 1}$

D. $\dfrac{\dfrac{a_1}{2} + a_2 + a_3 + \dfrac{a_4}{2}}{4 - 1}$

30. 某地區國內生產總值 2016 年比 2009 年增長 127%，則該地區在這一時期國內生產總值的年平均發展速度的計算式為（　　）。

A. $\sqrt[7]{127\%}$　　B. $\sqrt[8]{127\%}$　　C. $\sqrt[7]{227\%}$　　D. $\sqrt[8]{227\%}$

（二）多項選擇題

1. 以下各指標構成的時間數列中，屬於時期數列的是（　　）。

A. 職工人數　　　　　　B. 商品庫存量
C. 商品銷售額　　　　　D. 工資總額
E. 出生人口數

2. 增減速度（　　）。

A. 等於發展速度減去 100%

B. 可分為定基增減速度與環比增減速度

C. 等於增減量與基期水準之比

D. 等於平均發展速度減去 100%

E. 等於發展速度的連乘積

3. 動態數列的發展水準可以是（　　）。

　　A. 絕對指標數值　　　　　　B. 相對指標數值

　　C. 統計分組　　　　　　　　D. 變量數列

　　E. 平均指標數值

4. 平均增減量等於（　　）。

　　A. 逐期增減量之和除以逐期增減量項數

　　B. 累計增減量除以動態數列項數

　　C. 最後一期總增減量／（動態數列項數－1）

　　D. 累積增減量之和／（動態數列項數－1）

　　E. 逐期增減量之和除以動態數列項數

5. 定基增減速度等於（　　）。

　　A. 環比增減速度之和

　　B. 相應環比發展速度的連乘積減去 100%

　　C. 累計增減量除以固定基期水準

　　D. 定基發展速度減去 100%

　　E. 環比增減速度之和

6. 下列等式中正確的有（　　）。

　　A. 增減速度＝發展速度－1

　　B. 環比發展速度＝環比增減速度＋1

　　C. 定基發展速度＝定基增減速度＋1

　　D. 平均發展速度＝平均增減速度＋1

　　E. 平均增減速度＝平均發展速度－1

7. 下列數列中屬於時點數列的有（　　）。

　　A. 某銀行每天的儲蓄存款餘額　　B. 中國歷年的貨幣發行總額

　　C. 某企業每年末的在冊工人數　　D. 某農場每年耕地面積

　　E. 某地區每年癌病死亡人數

8. 環比發展速度與定基發展速度之間的數量關係是（　　）。

　　A. 觀察期內各環比發展速度之和等於最後一期的定基發展速度

　　B. 觀察期內各環比發展速度的連乘積等於最後一期的定基發展速度

　　C. 本期定基發展速度除以上期定基發展速度等於本期的環比發展速度

　　D. 環比發展速度的連乘積等於相應的定基發展速度

　　E. 上期定基發展速度乘以本期環比發展速度等於本期定基發展速度

第九章　時間數列分析

9. 設某企業 1~5 月初商品庫存資料如下表：

月　份	1月	2月	3月	4月	5月
月初庫存量（噸）	10	11	13	12	10

則該動態數列有如下特點（　　）。

A. 數列中各項指標數值可以相加

B. 數列中各項指標數值不能相加

C. 數列中每一指標數值大小與時間間隔長短存在著直接關係

D. 數列中每一指標數值大小與時間間隔長短不存在直接關係

E. 數列中每一指標數值是採用一次性調查而取得的

10. 在直線趨勢方程 $\hat{y}_t = a + bt$ 中，b 表示（　　）。

A. 趨勢線在 Y 軸上的截距

B. 當 $t=0$ 時的趨勢值

C. 趨勢線的斜率

D. 時間變動一個單位時觀察值的平均變動量

E. 觀察值變動一個單位時 t 的平均變動量

11. 測定長期趨勢的基本方法有（　　）。

A. 時距擴大法　　　　　　B. 移動平均法

C. 簡捷法　　　　　　　　D. 數學模型法

E. 最小平方法

12. 以下屬於兩個時期數列對比構成的相對數動態數列有（　　）。

A. 工業企業全員勞動生產率動態數列

B. 產品合格率動態數列

C. 某產品產量計劃完成程度動態數列

D. 營業收入發展速度動態數列

E. 資金利稅率動態數列

13. 動態數列水準分析指標有（　　）。

A. 發展水準指標　　　　　B. 增減量指標

C. 平均增減量　　　　　　D. 平均發展水準

E. 環比增減 1% 的絕對值

14. 動態數列的構成要素包括（　　）。

A. 變量值　　B. 頻數　　C. 時間　　D. 指標數值

E. 頻率

15. 動態數列按統計指標的表現形式不同，可分為（　　）。

A. 絕對數動態數列　　　　B. 變量數列

C. 相對數動態數列　　　　　　D. 分佈數列

E. 平均數動態數列

16. 某公司 2013 年、2016 年淨利潤分別為 3,800 萬元、5,600 萬元。下列說法正確的有（　　）。

A. 2013 年至 2016 年，公司淨利潤由 3,800 萬元發展到 5,600 萬元

B. 2013 年至 2016 年，公司淨利潤增加了 1,800 萬元

C. 2013 年至 2016 年，公司淨利潤由 3,800 萬元增加到 5,600 萬元

D. 2013 年至 2016 年，公司淨利潤由 3,800 萬元增加了 5,600 萬元

E. 公司 2013 年淨利潤較 2016 年減少 1,800 萬元

17. 計算平均發展速度的公式可採用（　　）。

A. $\bar{x} = \sqrt[n]{\prod \dfrac{a_i}{a_{i-1}}}$　　B. $\bar{x} = \sqrt[n]{\dfrac{a_n}{a_0}}$　　C. $\bar{x} = \sqrt[n]{\prod \dfrac{a_n}{a_0}}$　　D. $\bar{x} = \sqrt[n]{\sum \dfrac{a_n}{a_0}}$

E. $\bar{x} = \sqrt[n]{\sum \dfrac{a_i}{a_{i-1}}}$

18. 影響時間數列變化的因素有（　　）。

A. 長期趨勢因素　　　　　　　B. 不規則變動因素

C. 主觀判斷因素　　　　　　　D. 循環變動因素

E. 季節變動因素

（三）判斷題

1. 發展水準就是動態數列中的每一項具體指標數值，它只能表現為絕對數。
　　　　　　　　　　　　　　　　　　　　　　　　　　　　　　　　（　　）

2. 相對數動態數列中，各項指標數值相加具有實際意義。　　　　（　　）

3. 時點數列中各項指標數值的大小與其時間間隔長短無直接關係。（　　）

4. 在一定期間內，定基增減速度等於相應各個環比增減速度的連乘積。（　　）

5. 在各種動態數列中，指標數值的大小都受到時間間隔長短的制約。（　　）

6. 增減速度等於增減量與基期水準之比。　　　　　　　　　　　（　　）

7. 發展速度是以相對數形式表示的速度分析指標，增減量是以絕對數形式表示的速度分析指標。　　　　　　　　　　　　　　　　　　　　　　　　　（　　）

8. 平均增減量是對時間數列中各逐期增減量計算的序時平均數。（　　）

9. 定基發展速度等於相應各個環比增減速度的連乘積。　　　　（　　）

10. 如果某工企業增加值的逐期增減量年年相等，那麼各年的環比增減速度也必然相等。　　　　　　　　　　　　　　　　　　　　　　　　　　　（　　）

11. 累積增減量與逐期增減量之間的關係是：累積增減量等於相應各個逐期增減量之和。　　　　　　　　　　　　　　　　　　　　　　　　　　　（　　）

第九章 時間數列分析

12. 平均增減量等於各逐期增減量之和除以逐期增減量的項數。（　）
13. 移動平均法能夠對現象的波動加以「修勻」，測定現象長期趨勢。（　）
14. 在直線趨勢方程 $\hat{y}_t = a + bt$ 中，a 表示時間值為 0 那一期的趨勢值。（　）
15. 平均發展速度的水準法就是運用幾何平均法計算平均發展速度。（　）
16. 在時點都處在期初或期末，且相鄰時點之間間隔不等的情況下，應採用對分層平均數進行加權算術平均的方法計算序時平均數。（　）
17. 累積增減量等於報告期水準與前期水準之差。（　）
18. 環比增減 1% 的絕對值＝上期水準/100。（　）

（四）簡答題

1. 時期數列與時點數列有哪些區別？
2. 序時平均數與一般平均數有何區別和聯繫？
3. 計算和使用速度分析指標應注意哪些問題？

（五）計算題

1. 某市財政收入以 2000 年為基礎，到 2016 年翻了 3 番，問在此期間該市財政收入年平均增長率是多少？

2. 某商店 2016 年各月商品流通費用率見下表所示：

月　份	1月	2月	3月	4月	5月	6月	7月	8月	9月	10月	11月	12月
商品流通費用率(%)	3.50	2.99	2.95	2.98	4.58	3.81	3.02	4.00	3.75	3.27	3.95	4.58
商品流通費用額(萬元)	98.6	87.8	85	99.1	110	120	98.4	109	116	78.6	80.5	103

計算全年平均商品流通費用率（商品流通費用率＝商品流通費用總額/商品銷售淨額）。

3. 甲、乙兩市 2006—2010 年財政收入資料如下表：

年　份	2006 年	2007 年	2008 年	2009 年	2010 年
甲市財政收入（億元）	65.7	76.5	84.1	91.8	102.9
乙市財政收入（億元）	98.3	104.9	112.5	123.2	128.4

問：（1）按照 2006—2010 年兩市現有的平均發展速度，甲市要超過乙市還需要幾年時間？（2）如果乙市仍按現有的平均發展速度發展，甲市打算從 2011 年開始用八年時間即到 2018 年的財政收入達到乙市同期的 1.5 倍，那麼，甲市在 2011 年後平均每年的遞增速度需要達到多少？

4. 某地區 2011—2016 年間定期儲蓄存款占全部儲蓄存款總額的比重資料如下表：

年　份	2011 年	2012 年	2013 年	2014 年	2015 年	2016 年
年末定期儲蓄存款占儲蓄存款總額的%	74.25	72.16	70.15	67.28	65.25	64.40
年末定期儲蓄存款（億元）	6,838.7	7,778.2	8,973.4	11,226.7	14,791.6	18,955.1

計算該期間定期儲蓄存款占全部儲蓄存款總額的平均比重。

5. 某公司 2008—2016 年產品淨利潤數據如下：

年　份	2008	2009	2010	2011	2012	2013	2014	2015	2016
淨利潤（萬元）	841	862	899	925	952	990	1,020	1,048	1,077

要求：用最小二乘法配合線性趨勢方程，並預測 2017 年、2018 年的淨利潤。

6. 根據動態分析指標之間的相互關係，計算下表空缺指標。

年　份	2011 年	2012 年	2013 年	2014 年	2015 年	2016 年
淨利潤（萬元）						
逐期增減量（萬元）			300			
累計增減量（萬元）		200				
環比發展速度（%）					120	
定基發展速度（%）				200		
環比增減速度（%）						25
定基增減速度（%）		20				
環比增減1%的絕對值(萬元)						

7. 某商場 2013—2016 年某季節性商品各季度銷售數據如下表：（單位：萬元）

年＼季	一季度	二季度	三季度	四季度
2013 年	270	210	70	300
2014 年	350	240	100	400
2015 年	430	290	120	520
2016 年	500	350	170	660

要求：（1）採用趨勢剔除法計算該季節性商品各季度的季節比率。（2）假定 2017 年第一季度的銷售額為 550 萬元，預測 2017 年第二、三、四季度的銷售額。

8. 某企業連續五年產量資料如下表：

年份	第 1 年	第 2 年	第 3 年	第 4 年	第 5 年	第 6 年
產量（萬噸）	200	240	300	450	520	620

第九章 時間數列分析

要求：(1) 計算各年的逐期增減量、累積增減量以及平均增減量；(2) 計算各年的環比發展速度、定基發展速度與平均發展速度；(3) 計算各年的環比增減速度、定基增減速度與平均增減速度；(4) 計算環比增減1%的絕對值。

9. 某企業2016年一季度庫存A產品的數量變動情況如下表：

日 期	1月1日	1月13日	2月5日	2月19日	3月13日	3月25日
庫存量（噸）	210	60	250	120	30	170
增加數量（噸）			190	70		140
減少數量（噸）		150		200	90	

根據上表數據計算一季度A產品平均庫存量。

10. 某公司2016年各季度銀行存款餘額變動情況如下表：

時 點	一季度初	二季度初	三季度初	四季度初	四季度末
銀行存款（萬元）	218	146	352	226	184

計算2016年上半年、下半年以及全年銀行存款平均餘額。

11. 某公司12月份職工人數增減變動情況如下：

1日職工總數560人，其中管理人員48人；15日職工15人離職，其中3人為管理人員；22日新招聘20名工人報到。

要求：計算本月管理人員平均數、全部職工平均人數及管理人員占全部職工的比重。

12. 某公司2016年A材料庫存量變動情況如下表：

時 點	1月初	3月初	7月初	10月初	12月末
庫存量（噸）	168	216	250	166	234

計算A材料全年平均庫存量。

13. 某公司2016年各季度營業收入計劃完成程度如下表：

季 別	一季度	二季度	三季度	四季度
實際營業收入（萬元）	2,350	3,140	4,070	5,230
營業收入計劃完成程度（%）	108	124	135	143

要求：計算全年營業收入平均計劃完成程度。

14. 某公司2016年各季度淨利潤及淨資產數據見下表：

季度	一季度	二季度	四季度	四季度
淨利潤（萬元）	8,750	7,680	9,940	11,290
季初淨資產（萬元）	25,700	22,400	27,500	29,300

另：四季度末淨資產額為 28,100 萬元。要求計算 2012 年全年平均淨資產收益率。

15. 某公司 2016 年各月產品庫存量數據見下表：

月　份	1月初	4月初	7月初	8月初	12月初	12月末
庫存量（臺）	206	124	26	280	126	130

要求：計算全年平均庫存量。

16. 某工企業 2011—2017 年各年初職工總數及生產工人數如下：

年　份	2011	2012	2013	2014	2015	2016	2017
全部職工總數（人）	1,500	1,550	1,600	1,580	1,560	1,620	1,680
生產工人數（人）	1,200	1,320	1,350	1,400	1,410	1,420	1,440

要求：計算 2011 年初至 2017 年初生產工人占職工總數的平均比重。

17. 某企業 2004—2010 年淨利潤的平均增長率為 32%，2011—2016 年的平均增長率為 45%，試計算該企業 2004—2016 年間淨利潤的年平均增長率。

● 四、實訓題解

（一）單項選擇題

1. 答案：D。動態數列中的指標數值可以是絕對指標，也可以是相對指標和平均指標，分別表示總水準、相對水準和平均水準。

2. 答案：C。平均增長速度＝平均發展速度-1。

3. 答案：C。時期數列中的指標數值可以直接相加。

4. 答案：A。總增長速度＝總發展速度-1，總發展速度等於環比發展速度的連乘積。

5. 答案：A。時間數列的構成要素是若干個不同時間及其對應的指標數值，即時間和指標數值。

6. 答案：C。平均增長速度＝平均發展速度-1。

7. 答案：B。新生嬰兒數量為時期指標。

8. 答案：A。

9. 答案：B。平均增長量＝（0.6+0.5+0.4+0.7）/4＝0.55。

10. 答案：D。很明顯，前一段時間的固定基期是 2005 年，間隔期 4 年，後一段時間的固定基期是 2009 年，間隔期 7 年。

11. 答案：B。若干個連續比率的連乘積等於一個總比率，求平均比率應該採用

第九章 時間數列分析

幾何平均方法。

12. 答案：B。基數越來越大，在增長率相等的情況下，增長量也越來越大。
13. 答案：B。固定基期是 2010 年，間隔期 6 年。
14. 答案：C。固定基期是 2010 年，間隔期 6 年，定基發展速度為 1－36%。
15. 答案：B。
16. 答案：D。
17. 答案：A。
18. 答案：B。人均地區生產總值為強度相對指標。
19. 答案：B。
20. 答案：C。
21. 答案：D。時點之間間隔相等，採用首尾折半平均法。
22. 答案：D。時點之間間隔不等，採用對分層平均數進行加權平均的方法。
23. 答案：C。把兩種增長速度轉換為相應的發展速度後，存在間接數量關係。
24. 答案：A。各序時平均數代表的時間長度均為 1 個月，應對序時平均數進行簡單算術平均。
25. 答案：C。計算過程：3.5/2-1。
26. 答案：A。只有在均勻變動情況下，才可以用期初數加期末數除以 2 的方法計算期間的分層平均數。
27. 答案：D。很明顯，前一段時間的固定基期是 2007 年，到 2012 年間隔 5 年，後一段時間的固定基期是 2012 年，到 2016 年間隔 4 年，到 2016 年的定基發展速度為 2.8×2.3。
28. 答案：B。水準法計算的平均發展速度要求以平均發展速度推算的最後一期水準應等於最後一期實際發展水準；累計法計算的平均發展速度要求以平均發展速度推算的各期發展水準之和應等於各期實際發展水準之和。
29. 答案：C。
30. 答案：C。固定基期 2009 年，間隔期 7 年，定基發展速度 227%。

(二) 多項選擇題

1. 答案：CDE。職工人數、商品庫存量都屬於時點指標。
2. 答案：ABC。
3. 答案：ABE。
4. 答案：AC。
5. 答案：BCD。
6. 答案：ABCDE。
7. 答案：ACD。貨幣發行總額、癌病死亡人數均為時期指標。

8. 答案：BCDE。

9. 答案：BDE。需要弄清楚時期數列與時點數列的特點。

10. 答案：CD。

11. 答案：ABD。

12. 答案：BCD。

13. 答案：BCD。

14. 答案：CD。

15. 答案：ACE。

16. 答案：ABC。

17. 答案：AB。

18. 答案：ABDE。

（三）判斷題

1. 答案：×。動態數列中指標數值稱為發展水準，它既可以是絕對數，也可以相對數或平均數。

2. 答案：×。通常情況下，只有時期數列中的指標數值可以直接相加。

3. 答案：√。注意時期數列與時點數列各自的特徵。

4. 答案：×。定基增減速度與環比增減速度之間沒有直接關係，只有間接關係。

5. 答案：×。時期指標、平均指標數值大小與時間間隔長短有直接關係，時點指標和絕大多數相對指標數值大小與時間間隔長短無直接關係。

6. 答案：√。

7. 答案：×。增減量屬於水準分析指標而非速度分析指標。

8. 答案：√。

9. 答案：×。定基發展速度等於相應各個環比發展速度的連乘積。

10. 答案：×。基數越來越大，環比增減速度越來越小。

11. 答案：√。

12. 答案：√。

13. 答案：√。

14. 答案：√。

15. 答案：√。累計法呢？

16. 答案：√。

17. 答案：×。累積增減量等於報告期水準與固定基期水準之差，逐期增減量等於報告期水準與前期水準之差。

18. 答案：√。

第九章 時間數列分析

(四) 簡答題

略。

(五) 計算題

1. 年平均增長率 $\sqrt[16]{2^3} - 100\% = 13.88\%$。

2. c 代表商品流通費用率，a 代表商品流通費用總額，b 代表商品銷售淨額，顯然 a 和 b 都為時期指標，全年平均商品流通費用率 $\bar{c} = \dfrac{\bar{a}}{\bar{b}} = \dfrac{\sum a/n}{\sum b/n} = \dfrac{\sum a}{\sum b} = \dfrac{\sum a}{\sum (a/c)}$ = 3.56%。

3. (1) 2006—2010 年甲、乙兩市的平均發展速度分別為 111.87%、106.91%，兩市以 2010 年為起點，按現有的平均發展速度發展再經歷 5 年時間，甲市的財政收入超過乙市。(2) 每年平均遞增速度 15.62%。

4. 年末定期儲蓄存款額 a、年末儲蓄存款總額 b 都屬於時點指標，$\bar{a}$ 和 $\bar{b}$ 均採用首尾折半平均法，平均比重 67.68%。

5. 簡捷法下直線趨勢方程 $\hat{y}_t = 957.11 + 30.15t$（$t = -4, -3, -2, -1, 0, 1, 2, 3, 4$），2017 年預測值為 1,107.86 萬元，2018 年預測值 1,138.01 萬元。直接法下直線趨勢方程 $\hat{y}_t = 836.51 + 30.15t$（$t = 0, 1, 2, 3, 4, 5, 6, 7, 8$），2017 年預測值為 1,107.86 萬元，2018 年預測值為 1,138.01 萬元。

6. 計算思路：想辦法找出 2011—2016 年的淨利潤，也就是第一行的發展水準指標，然後再推算其餘指標。首先要根據 2011 年已知的累積增減量和定基增減速度推算出 2011 年、2012 年的淨利潤分別為 1,000 萬元、1,200 萬元。再結合動態分析指標之間的相互關係推算其餘空缺指標。

7. (1) 一、二、三、四季度的季節比率分別為 139.82%、90.36%、34.08%、135.74%；(2) 第二、第三、第四季度銷售額的預測值分別為 355 萬元，134 萬元，534 萬元。

8. (1) 平均增減量為 84 萬噸；(2) 平均發展速度為 125.39%；(3) 平均增減速度為 25.39%；其他指標：逐期增減量、累積增減量、環比發展速度、定基發展速度、環比增減速度、定基增減速度、環比增減 1% 的絕對值參見第 6 題列表計算方法。

9. 平均庫存量為 128.68 噸（6 個時間段的天數分別為 12、23、14、23、12、7）。

10. 上半年、下半年以及全年平均存款餘額分別為 215.5、247、231.25 萬元。

11. 管理人員平均數為 46.35 人；全部職工平均數為 558.23 人，管理人員佔全員比重為 8.3%。

12. 平均庫存量為 211.67 噸。

13. 營業收入計劃完成程度 $c = $ 實際完成數 $a /$ 計劃完成數 b，其中 a 和 b 均為時期指標。$\bar{a}$ 和 $\bar{b}$ 均採用簡單算術平均法，平均計劃完成程度 129.96%。

14. 淨資產收益率 $c = $ 淨利潤 $a /$ 平均淨資產額 b，其中 a 為時期指標，淨資產額為時點指標。全年平均淨資產收益率為 35.49%。

15. 時點之間間隔不等，採用對分層平均數進行加權平均法。全年平均庫存量為 151.08 臺。

16. 生產工人占職工總數的比重 $c = $ 生產工人數 $a /$ 職工總人數 b，其中 a 和 b 均為時點指標。$\bar{a}$ 和 $\bar{b}$ 均採用首尾折半平均法，平均比重為 86.53%。

17. 顯然，前一段時間的固定基期是 2003 年，間隔期 7 年；後一段時間的固定基期是 2010 年，間隔期 6 年。年平均增長率 $= \sqrt[13]{1.32^7 \times 1.45^6} - 100\% = 37.85\%$。注意對照單選題第 10 題。

第十章　統計指數

● 一、統計知識

(一) 統計指數的概念及分類

1. 統計指數的概念

有狹義指數與廣義指數之分，廣義的統計指數是指兩個同類指標數值對比形成的相對數，如計劃完成程度相對數、比較相對數以及動態相對數就是典型的廣義指數；狹義的統計指數是用來綜合說明複雜現象總體在數量上總變動程度的一種特殊相對數，它是一種特殊的動態相對數。本章主要研究狹義的統計指數。

2. 統計指數的作用

3. 統計指數的分類

(1) 統計指數按其所反應現象的範圍不同分為個體指數與總指數

個體指數是反應單個個事物數量變動程度的一種普通相對數，屬於廣義的統計指數。如個體價格指數、個體銷售量指數等。

綜合反應複雜現象總體綜合變動程度的特殊相對數成為總指數，如股票價格指數、工業生產指數等。

(2) 總指數按編製方法不同分為綜合指數與平均指數

綜合指數是指將兩個時期不能直接加總的複雜現象總體，通過同度量因素轉換為可以加總的價值量指標後，再進行不同時期對比所形成的特殊相對數。

平均指數是以基期或報告期的價值量為權數，對個體指數進行加權算術平均或加權調和平均所形成的總指數。

(3) 統計指數按指數化指標的性質不同分為數量指標指數與質量指標指數

以數量指標為指數化因素編製而成的統計指數稱為數量指標指數，如產品產量指數、商品銷售量指數等。

以質量指標為指數化因素編製而成的統計指數稱為質量指標指數，如居民消費價格指數（CPI）、股票價格指數等。

(4) 指數數列中，按指數選用的基期不同分為定基指數與環比指數

在指數數列中，採用固定基期編製而成的統計指數稱為定基指數。股票價格指數即是典型的定基指數。

以報告期的上一期為基期編製而成的統計指數稱為環比指數。

（二）綜合指數

1. 綜合指數的意義

編製綜合指數必須使用同度量因素，同度量因素是指把不能直接相加的現象轉化為可以相加，在指數編製過程中起著媒介作用的因素。同度量因素在綜合指數編製中具有兩大功能：一是同度量功能，二是權重功能。

2. 數量指標綜合指數的編製

（1）拉氏公式

選擇與數量指標關聯的基期質量指標作為同度量因素。拉氏數量指標指數公式為：

$$\bar{k}_q = \frac{\sum_{i=1}^{n} q_{i1} p_{i0}}{\sum_{i=1}^{n} q_{i0} p_{i0}}$$

其中，n 為用於指數計算的個體數，q_{i1}、q_{i0} 分別為第 i 個個體在報告期、基期的數量指標數值，p_{i0} 為第 i 個個體在基期的質量指標數值。拉氏數量指標指數公式通常簡記為（下面類似公式均採用一般的簡記形式，不再單獨說明）：

$$\bar{k}_q = \frac{\sum q_1 p_0}{\sum q_0 p_0}$$

差額 $\sum q_1 p_0 - \sum q_0 p_0$ 中只單純反應了數量指標變動引起的總量指標變動的絕對額。

（2）派氏公式

選擇與數量指標關聯的報告期質量指標作為同度量因素，$\bar{k}_q = \dfrac{\sum q_1 p_1}{\sum q_0 p_1}$。

差額 $\sum q_1 p_1 - \sum q_0 p_1$ 中不僅反應了數量指標變動引起的變動，還反應了數量指標與質量指標共同變動引起的總量變動結果。

第十章 統計指數

結論：實際應用中，一般選擇拉氏公式編製數量指標指數。

3. 質量指標綜合指數的編製

（1）拉氏公式

選擇與質量指標關聯的基期數量指標作為同度量因素，$\bar{k}_p = \dfrac{\sum p_1 q_0}{\sum p_0 q_0}$。

差額 $\sum p_1 q_0 - \sum p_0 q_0$ 中只單純反應了質量指標變動引起的總量指標變動的絕對額。

（2）派氏公式

選擇與質量指標關聯的報告期數量指標作為同度量因素，$\bar{k}_p = \dfrac{\sum p_1 q_1}{\sum p_0 q_1}$。

差額 $\sum p_1 q_1 - \sum p_0 q_1$ 中不僅反應了質量指標變動引起的變動，還反應了數量指標與質量指標共同變動引起的總量變動結果。

結論：實際應用中，一般選擇派氏公式編製數量指標指數。只有選擇派氏公式編製的質量指標指數才具有現實意義。

4. 編製綜合指數應該明確的幾個問題

（1）確定指數化因素和同度量因素。每編製一個綜合指數都需要選擇相應的指數化因素及其對應的同度量因素。

（2）指數的分子、分母都表示價值量指標。其中分子是報告期的指數化因素與同度量因素之積；分母是基期的指數化因素與同度量因素之積。

（3）同度量因素選擇的一般原則：編製數量指標指數，應選擇基期的質量指標作為同度量因素；編製質量指標指數，應選擇報告期的數量指標作為同度量因素。

（三）平均指數

1. 加權算術平均指數

（1）加權算術平均數量指標指數：$\bar{k}_q = \dfrac{\sum k_q \cdot p_0 q_0}{\sum p_0 q_0}$

（2）加權算術平均質量指標指數：$\bar{k}_p = \dfrac{\sum k_p \cdot p_0 q_0}{\sum p_0 q_0}$

加權算術平均指數變形後與拉氏公式一致。

2. 加權調和平均指數

（1）加權調和平均數量指標指數：$\bar{k}_q = \dfrac{\sum p_1 q_1}{\sum \dfrac{p_1 q_1}{k_q}}$

（2）加權調和平均質量指標指數：$\bar{k}_p = \dfrac{\sum p_1 q_1}{\sum \dfrac{p_1 q_1}{k_p}}$

加權調和平均指數變形後與派氏公式一致。

3. 平均數指數與綜合指數的比較

（四）指數體系與因素分析

1. 指數體系的意義

指數體系的作用表現在以下兩個方面：一是利用指數體系可以進行因素分析，二是利用指數體系還可以進行指數間的相互推算。

2. 總量指標變動的因素分析

$$\frac{\sum p_1 q_1}{\sum p_0 q_0} = \frac{\sum q_1 p_0}{\sum q_0 p_0} \times \frac{\sum p_1 q_1}{\sum p_0 q_1}$$

$$\sum p_1 q_1 - \sum p_0 q_0 = \left(\sum q_1 p_0 - \sum q_0 p_0\right) + \left(\sum p_1 q_1 - \sum p_0 q_1\right)$$

利用指數體系進行因素分析的一般步驟：

第一步，計算現象總量的變動：

總量指標指數：$\bar{k}_{pq} = \dfrac{\sum p_1 q_1}{\sum p_0 q_0}$

總量指標變動的絕對額：$\sum p_1 q_1 - \sum p_0 q_0$

第二步，計算數量指標因素變動對現象總量的影響：

數量指標指數：$\bar{k}_q = \dfrac{\sum q_1 p_0}{\sum q_0 p_0}$

由於數量指標因素變動對總量指標影響的絕對額：$\sum q_1 p_0 - \sum q_0 p_0$

第三步，計算質量指標因素變動對現象總量的影響：

質量指標指數：$\bar{k}_p = \dfrac{\sum p_1 q_1}{\sum p_0 q_1}$

由於質量指標因素變動對總量指標影響的絕對額：$\sum p_1 q_1 - \sum p_0 q_1$

第四步，將以上三個步驟計算的結果代入指數體系進行檢驗，並敘述說明現象總量變動的原因。

3. 複雜現象總量變動的多因素分析分析

相對數：$\dfrac{\sum q_1 m_1 p_1}{\sum q_0 m_0 p_0} = \dfrac{\sum q_1 m_0 p_0}{\sum q_0 m_0 p_0} \times \dfrac{\sum q_1 m_1 p_0}{\sum q_1 m_0 p_0} \times \dfrac{\sum q_1 m_1 p_1}{\sum q_1 m 1 p_0}$

第十章 統計指數

絕對數：$\sum q_1 m_1 p_1 - \sum q_0 m_0 p_0 = (\sum q_1 m_0 p_0 - \sum q_0 m_0 p_0) + (\sum q_1 m_1 p_0 - \sum q_1 m_0 p_0) + (\sum q_1 m_1 p_1 - \sum q_1 m_1 p_0)$

參照兩因素指數體系因素分析的步驟，三因素總量指標變動的因素分析有五個步驟。

(五) 平均指標指數及其因素分析

1. 加權算術平均數的影響因素

加權算術平均數的影響因素就是各組變量值 x 和各組變量值的頻率（或結構 $\dfrac{f}{\sum f}$）。

2. 平均指標指數及其體系

(1) 反應平均指標本身變動程度的指數——平均指標可變構成指數：

$$I_{可變} = \frac{\bar{x}_1}{\bar{x}_0} = \frac{\sum x_1 f_1}{\sum f_1} \div \frac{\sum x_0 f_0}{\sum f_0}$$

平均水準變動的絕對值：

$$\bar{x}_1 - \bar{x}_0 = \frac{\sum x_1 f_1}{\sum f_1} - \frac{\sum x_0 f_0}{\sum f_0}$$

(2) 反應變量值水準變動程度的指數——平均指標固定構成指數：

$$I_{固定} = \frac{\sum x_1 f_1}{\sum f_1} \div \frac{\sum x_0 f_1}{\sum f_1}$$

由於變量值水準變動引起平均指標變動的絕對值：

$$\frac{\sum x_1 f_1}{\sum f_1} - \frac{\sum x_0 f_1}{\sum f_1}$$

(3) 反應結構變動程度的指數——平均指標結構影響指數：

$$I_{結構} = \frac{\sum x_0 f_1}{\sum f_1} \div \frac{\sum x_0 f_0}{\sum f_0}$$

由於結構變動引起平均指標變動的絕對值：

$$\frac{\sum x_0 f_1}{\sum f_1} - \frac{\sum x_0 f_0}{\sum f_0}$$

(4) 平均指標指數體系：

相對數：$\dfrac{\sum x_1 f_1}{\sum f_1} \div \dfrac{\sum x_0 f_0}{\sum f_0} = \left(\dfrac{\sum x_1 f_1}{\sum f_1} \div \dfrac{\sum x_0 f_1}{\sum f_1} \right) \times \left(\dfrac{\sum x_0 f_1}{\sum f_1} \div \dfrac{\sum x_0 f_0}{\sum f_0} \right)$

絕對數：$\dfrac{\sum x_1 f_1}{\sum f_1} - \dfrac{\sum x_0 f_0}{\sum f_0} = \left(\dfrac{\sum x_1 f_1}{\sum f_1} - \dfrac{\sum x_0 f_1}{\sum f_1} \right) + \left(\dfrac{\sum x_0 f_1}{\sum f_1} - \dfrac{\sum x_0 f_0}{\sum f_0} \right)$

（六）幾種常用的經濟指數

1. 工業生產指數的一般公式

$$\bar{k}_q = \dfrac{\sum k_q \cdot p_0 q_0}{\sum p_0 q_0}$$

簡化後可運用「固定權數的加權算術平均指數」方法，連續地編製各個時期的工業生產指數：

$$\bar{k}_q = \dfrac{\sum k_q \cdot W}{\sum W}$$

2. 居民消費價格指數（CPI）

$$\bar{k}_p = \dfrac{\sum k_p \cdot W}{\sum W}$$

3. 股票價格指數

$$\bar{k}_p = \dfrac{\sum p_{i1} q_i}{\sum p_{i0} q_i} \times 基日股票價格指數$$

● 二、統計實驗

（一）實驗目的

掌握借助 Excel 完成統計指數計算的方法，能夠根據計算結果完成指數體系分析。能夠應用統計指數縮減經濟時間序列。

（二）實驗內容

（1）使用 Excel 工作表完成綜合指數計算。
（2）在 Excel 工作表中完成用統計指數縮減經濟時間序列。

（三）實驗操作

借助 Excel 計算統計指數的操作比較簡單，下面舉例說明。

1. 用 Excel 計算指數和進行因素分析

【例 10.1】某蛋品專營店 11 月份和 12 月份的蛋品銷售量和平均銷售價格情況

第十章 統計指數

如表 10-1。試根據表中數據分析：該專營店 12 月份銷售額比 11 月份增加多少？其中多少是由於銷售量的變化引起的？多少是由於銷售價格變化引起的？

表 10-1　　　　　　　　　　某專營店蛋品銷售情況

種類	價格（元/kg）		銷售量（kg）	
	11 月份	12 月份	11 月份	12 月份
雞蛋	8.10	8.60	1,680	1,820
鴨蛋	11.40	12.10	850	910
鵝蛋	32.50	34.60	320	380
鵪鶉蛋	14.80	15.50	540	670

【操作提示】如圖 10-1 錄入數據。在 F3 單元格中輸入公式「=B3*D3」，並把公式填充到 F4:F6，在單元格 F7 中輸入公式「=SUM(F3:F6)」（或直接點擊「開始」菜單中的求和符號「Σ」），可以計算出 11 月份的總銷售額 $\sum p_0 q_0$。同樣，在單元格 G7 中計算 p0*q1 的合計值 $\sum p_0 q_1$，在單元格 H7 中計算 12 月份的總銷售額 $\sum p_1 q_1$。

	A	B	C	D	E	F	G	H
1		价格（元/kg）		销售量（kg）				
2		11月份	12月份	11月份	12月份	p0*q0	p0*q1	p1*q1
3	鸡蛋	8.1	8.6	1680	1820	=B3*D3	=B3*E3	=C3*E3
4	鸭蛋	11.4	12.1	850	910	=B4*D4	=B4*E4	=C4*E4
5	鹅蛋	32.5	34.6	320	380	=B5*D5	=B5*E5	=C5*E5
6	鹌鹑蛋	14.8	15.5	540	670	=B6*D6	=B6*E6	=C6*E6
7						=SUM(F3:F6)	=SUM(G3:G6)	=SUM(H3:H6)
8						销售额指数：	销售量指数：	价格指数：
9						=H7/F7	=G7/F7	=H7/G7
10						销售额增长：	销售量引起：	价格引起：
11						=H7-F7	=G7-F7	=H7-G7

圖 10-1　借助 Excel 計算統計指數

在 F9 單元格中輸入公式「=H7/F7」，在 F11 單元格中輸入公式「=H7-F7」，可以得到 11 月份至 12 月份銷售額變動的相對數和絕對數；在 G9 單元格中輸入公式「=G7/F7」可以得到銷售量指數（拉氏指數），在 G11 單元格中輸入公式「=G7-F7」可以得到銷售量變化引起的銷售額變動絕對數；在 H9 單元格中輸入公式「=H7/G7」可以得到價格指數（派氏指數），在 H11 單元格中輸入公式「=H7-G7」，可以得到價格變化引起的銷售額變動絕對數。

因素分析：該專營店銷售額增長了 20.40%，銷售額增加了 8,506 元，其中，由於銷售量增長 13.65% 引起銷售額增加了 5,692 元，由於銷售價格提高 5.94% 引起銷售額增加了 2,814 元。有 120.40% = 113.65%×105.94%；8,506 元 = 5,692 元+2,814 元。

2. 用 Excel 進行時間序列的價格調整

在多數情況下，直接得到的經濟總量數據（如 GDP、銷售總額、投資總額等）

243

都是以當年價格計算的,而在經濟分析時需要首先剔除價格因素的影響,這時就需要用相應的價格指數來「縮減」現價指標。

【例 10.2】圖 10-2 中 B 列所示為 2006—2015 年中國社會消費品零售總額(當年價),試以商品零售價格指數剔除社會消費品零售總額中的價格影響,得到以 2006 年價格衡量的各年社會消費品零售總額。

	A	B	C	D	E
1	指標	社會消費品零售總額(億元)	商品零售價格指數(上年=100)	定基指數(2006年=100)	序列縮減(不變價)
2	2006年	79145.2	101	100	=B2/D2*100
3	2007年	93571.6	103.8	=D2*C3/100	=B3/D3*100
4	2008年	114830.1	105.9	=D3*C4/100	=B4/D4*100
5	2009年	133048.2	98.8	=D4*C5/100	=B5/D5*100
6	2010年	158008	103.1	=D5*C6/100	=B6/D6*100
7	2011年	187205.8	104.9	=D6*C7/100	=B7/D7*100
8	2012年	214432.7	102	=D7*C8/100	=B8/D8*100
9	2013年	242842.8	101.4	=D8*C9/100	=B9/D9*100
10	2014年	271896.1	101	=D9*C10/100	=B10/D10*100
11	2015年	300930.8	100.1	=D10*C11/100	=B11/D11*100

圖 10-2　借助 Excel 縮減時間數列

【操作提示】圖 10-2 中 C 列給出的是環比價格指數,所以需要先計算以 2006 年為基期的定基價格指數。

先在單元格 D2 中輸入數值 100,然後在單元格 D3 中輸入公式「=D2*C3/100」,再雙擊填充柄把公式複製到 D4:D11 區域,這樣就得到了以 2006 年為基期的定基價格指數序列。在 E2 中輸入公式「=B2/D2*100」,再把公式填充到 E3:E11 區域,就得到了以 2006 年價格計算的各年社會消費品零售總額(不變價)。

(四)實驗實踐

1. 某商店三種商品的銷售資料如下表:

商品名稱	計量單位	銷售量 基期	銷售量 報告期	銷售單價(元) 基期	銷售單價(元) 報告期
甲	米	1,000	2,000	10	9
乙	件	2,000	2,200	25	28
丙	臺	3,000	3,150	20	25

借助 Excel 完成:

(1)根據這三種商品編製銷售量總指數;

(2)根據這三種商品編製銷售價格總指數;

(3)分別從相對數和絕對數兩個方面分析銷售量及銷售價格變動對銷售額的

影響。

2. 某地區 2016—2017 年三種商品的銷售情況如下：

品名	2017 年銷售價格比上年增長（%）	銷售額（億元） 2016 年	銷售額（億元） 2017 年
A	9	1,950	2,140
B	8	1,700	1,980
C	10	5,210	6,420

借助 Excel 完成：（1）計算三種商品銷售量總指數。

（2）計算三種商品銷售價格總指數。

（3）從絕對數和相對數兩個方面分析銷售量以及銷售價格變動對銷售額的影響。

3. 在實際中，一般通過價格指數的增長率來計算通貨膨脹率。請查閱中國 2000—2017 年的居民消費價格指數（CPI），分析這期間的通貨膨脹情況。

三、統計實訓

（一）單項選擇題

1. 狹義的統計指數是一種（　　）。
   A. 絕對數　　　　　　　　B. 一般相對數
   C. 平均數　　　　　　　　D. 特殊相對數
2. 平均指標固定構成指數（　　）。
   A. 是反應各組變量值水準變動對總體平均水準變動影響程度的相對數
   B. 是反應總體平均水準變動程度的相對數
   C. 是反應各組結構變動對總體平均水準變動影響程度的相對數
   D. 是平均指數的一種
3. 統計指數按編製對象的範圍不同可分為（　　）。
   A. 定基指數和環比指數　　　B. 數量指標指數和質量指標指數
   C. 個體指數和總指數　　　　D. 綜合指數和平均數指數
4. 某工業企業工業總產值比上年增長 56%，產量增長 50%，則出廠價格提高（　　）。
   A. 4%　　　　B. 6%　　　　C. 106　　　　D. 134%
5. 若商品銷售量增長 50%，商品銷售價格下降 4%，則銷售總額增長（　　）。
   A. 44%　　　B. 45%　　　C. 55%　　　D. 57.5%

6. 對平均指標變動進行影響因素分析，當分析各組變量值水準變動對總體平均水準變動的影響程度時，另一個影響因素應該採用（　　）。

　　A. $\dfrac{f_0}{\sum f_0}$　　　B. $\dfrac{f_0}{\sum f_1}$　　　C. $\dfrac{f_1}{\sum f_0}$　　　D. $\dfrac{f_1}{\sum f_1}$

7. 編製總指數的兩種方法是（　　）。
　　A. 數量指標指數和質量指標指數　　B. 綜合指數和平均數指數
　　C. 算術平均數指數和調和平均數指數　　D. 定基指數和環比指數

8. 編製質量指標綜合指數時，同度量因素一般選擇（　　）。
　　A. 報告期的數量指標　　B. 基期的數量指標
　　C. 報告期的質量指標　　D. 基期的質量指標

9. 綜合指數是（　　）。
　　A. 用非全面資料編製的指數　　B. 平均指標指數的變形
　　C. 總指數的基本形式　　D. 編製總指數的唯一方法

10. 加權算術平均數量指標指數採用特定權數時，其結果與綜合指數相同。特定權數是（　　）。
　　A. q_1p_1　　　B. q_0p_1　　　C. q_1p_0　　　D. q_0p_0

11. 平均指數（　　）。
　　A. 反應總體平均水準變動的相對數　　B. 是總指數的一種形式
　　C. 亦叫可變構成指數　　D. 是個體指數

12. 在編製綜合指數時，把同度量因素固定在基期，稱為（　　）。
　　A. 質量指標指數　　B. 數量指標指數
　　C. 拉式指數　　D. 派式指數

13. 某鄉糧食畝產量水準比上年提高8%，播種面積增加5%，則糧食總產量增長（　　）。
　　A. 2.86%　　　B. 3%　　　C. 13%　　　D. 13.4%

14. 某連鎖超市2013年商品零售總額為22,000萬元，2016年增至45,600萬元，如果這三年間物價上漲了7%，則商品銷售量指數為（　　）。
　　A. 207.27%　　　B. 107.27%　　　C. 100.27%　　　D. 193.71%

15. 某發電廠2016年的發電量比2015年增長了13.6%，總成本增長了12.9%，則發電廠2016年單位發電成本比2015年（　　）。
　　A. 降低0.62%　　　B. 降低5.15%　　　C. 增加12.9%　　　D. 增加1.75%

16. 在居民消費價格指數上漲8%，則現在的100元錢相當於過去的（　　）。
　　A. 92元　　　B. 92.59元　　　C. 100元　　　D. 108元

17. 如果單位產品成本報告期比基期下降5%，產量增長5%，則生產總成本（　　）。

第十章 統計指數

A. 增加　　　　B. 減少　　　　C. 沒有變化　　D. 無法判斷

18. 某省統計公報顯示「社會商品零售總額是上年的 128.4%，扣除物價上漲因素實際上漲了 9.8%」，則物價上升了（　　）。

A. 40.98%　　　B. 18.6%　　　C. 16.94%　　　D. 38.2%

19. 設甲、乙、丙三種商品的單價分別比基期上漲了 5%，6%，8%，三種商品在報告期的銷售額分別是 2,300 元、4,600 元、1,900 元，則三種商品價格總指數應按下式編製（　　）。

A. $\bar{k}_p = \dfrac{105\% + 106\% + 108\%}{3}$

B. $\bar{k}_p = \dfrac{105\% \times 2,300 + 106\% \times 4,600 + 108\% \times 1,900}{2,300 + 4,600 + 1,900}$

C. $\bar{k}_p = \dfrac{3}{\dfrac{1}{105\%} + \dfrac{1}{106\%} + \dfrac{1}{108\%}}$

D. $\bar{k}_p = \dfrac{2,300 + 4,600 + 1,900}{\dfrac{2,300}{105\%} + \dfrac{4,600}{106\%} + \dfrac{1,900}{108\%}}$

20. 以下屬於平均指標結構影響指數的是（　　）。

A. $\dfrac{\sum x_0 f_0}{\sum f_0} \div \dfrac{\sum x_1 f_1}{\sum f_1}$　　　　B. $\dfrac{\sum x_1 f_1}{\sum f_1} \div \dfrac{\sum x_0 f_0}{\sum f_0}$

C. $\dfrac{\sum x_1 f_1}{\sum f_1} \div \dfrac{\sum x_0 f_1}{\sum f_1}$　　　　D. $\dfrac{\sum x_0 f_1}{\sum f_1} \div \dfrac{\sum x_0 f_0}{\sum f_0}$

(二) 多項選擇題

1. 居民消費價格指數（CPI）屬於（　　）。
   A. 平均數指數　　　　　　　B. 總指數
   C. 質量指標指數　　　　　　D. 數量指標指數
   E. 加權算術平均指數

2. 下列屬於質量指標指數的有（　　）。
   A. 商品銷售量指數　　　　　B. 商品銷售額指數
   C. 商品零售價格指數　　　　D. 股票價格指數
   E. 房地產價格指數

3. 平均指標指數（　　）。
   A. 受各組變量值水準變動的影響　　B. 受總體內部結構變動的影響
   C. 是反應簡單現象變動的指數　　　D. 和平均指數實質上是相同的

247

E. 可以說明總體平均水準的變動情況
4. 下列屬於數量指標指數的有（　　）。
   A. 工業總產值指數　　　　　　B. 股票價格指數
   C. 職工人數指數　　　　　　　D. 產品產量指數
   E. 商品銷售量指數
5. 總量指標指數體系包括（　　）。
   A. 總量指標指數　　　　　　　B. 數量指標綜合指數
   C. 平均指標指數　　　　　　　D. 平均數指數
   E. 質量指標綜合指數
6. 編製綜合指數時，同度量因素選擇的原則是（　　）。
   A. 質量指標指數一般以報告期的數量指標作為同度量因素
   B. 質量指標指數一般以基期的數量指標作為同度量因素
   C. 數量指標指數一般以基期的數量指標作為同度量
   D. 數量指標指數一般以基期質量指標作為同度因素
   E. 數量指標指數一般以固定基期的質量指標作為同度量因素
7. 平均指標指數體系包括（　　）。
   A. 平均數指數　　　　　　　　B. 平均指標可變構成指數
   C. 總量指標指數　　　　　　　D. 平均指標結構影響指數
   E. 平均指標固定構成指數
8. 以下屬於綜合指數的有（　　）。
   A. $\dfrac{\sum p_1 q_1}{\sum p_0 q_0}$　　B. $\dfrac{\sum p_0 q_1}{\sum p_0 q_0}$　　C. $\dfrac{\sum p_1 q_1}{\sum p_0 q_1}$　　D. $\dfrac{\sum K_p \cdot p_0 q_0}{\sum p_0 q_0}$
   E. $\dfrac{\sum p_1 q_1}{(\dfrac{\sum p_1 q_1}{K_p})}$
9. 統計指數按其所反應對象的範圍不同，可分為（　　）。
   A. 平均指標指數　　　　　　　B. 個體指數
   C. 數量指標指數　　　　　　　D. 總指數
   E. 綜合指數
10. 對某連鎖超市報告期商品銷售總額變動情況進行分析，其指數體系包括（　　）。
    A. 銷售量指數　　　　　　　　B. 銷售價格指數
    C. 總平均價格指數　　　　　　D. 銷售總額指數
    E. 個體指數
11. 加權算術平均指數（　　）。

第十章 統計指數

A. 屬於總指數
B. 在一定條件下可以是綜合指數的變形
C. 可以編製質量指標指數
D. 也稱為平均指標指數
E. 可以編製數量指標指數

12. 若 p 表示商品價格，q 表示商品銷售量，則公式 $\sum p_0q_1 - \sum p_0q_0$ 表示的意義是（　　）。

A. 綜合反應銷售額變動的絕對額
B. 綜合反應價格變動和銷售量變動的絕對額
C. 綜合反應多種商品銷售量變動而增減的銷售額
D. 綜合反應由於銷售量變動而使消費者多（或少）支付的金額
E. 綜合反應多種商品銷售價格變動的絕對額

13. 以下屬於平均指標指數的是（　　）。

A. $\dfrac{\sum x_0f_0}{\sum f_0} \div \dfrac{\sum x_1f_1}{\sum f_1}$　　B. $\dfrac{\sum x_1f_1}{\sum f_1} \div \dfrac{\sum x_0f_0}{\sum f_0}$

C. $\dfrac{\sum x_1f_1}{\sum f_1} \div \dfrac{\sum x_0f_1}{\sum f_1}$　　D. $\dfrac{\sum x_0f_1}{\sum f_1} \div \dfrac{\sum x_1f_0}{\sum f_0}$

E. $\dfrac{\sum x_0f_1}{\sum f_1} \div \dfrac{\sum x_0f_0}{\sum f_0}$

14. 編製工業產品產量綜合指數，可以選擇的同度量因素有（　　）。

A. 基期產品出廠價格　　B. 報告期產品出廠價格
C. 基期產品單位成本　　D. 報告期產品單位成本
E. 報告期計劃產量

15. 同度量因素的作用有（　　）。

A. 平衡作用　　B. 比較作用
C. 權數作用　　D. 穩定作用
E. 同度量作用

16. 加權算術平均數指數是一種（　　）。

A. 綜合指數　　B. 總指數
C. 平均數指數　　D. 個體指數平均數
E. 平均指標指數

(三) 判斷題

1. 同度量因素在編製綜合指數中只起著同度量的作用。　　（　　）

2. 同類指標數值直接對比形成的相對數屬於廣義的指數。（　）
3. 加權算術平均指數可以變形為拉氏指數。（　）
4. 用拉氏公式編製的綜合指數，不包含指數化因素與同度量因素共同變動對現象產生的影響。（　）
5. 在編製多因素構成的綜合指數時，質量指標指數的同度量因素應全部固定在報告期。（　）
6. 用派氏公式編製的綜合指數，既包含指數化因素變動的結果，也包含指數化因素與同度量因素共同變動的結果。（　）
7. 質量指標綜合指數不僅反應了質量指標本身變動的結果，還反應了質量指標與同度量因素共同變動產生的影響。（　）
8. 可變構成指數是反應各組變量值水準變動程度對平均指標的影響。（　）
9. 編製多因素構成的綜合指數時，排在前面的因素作同度量因素應固定在報告期，排在後面的因素作同度量因素應固定在基期。（　）
10. 可變構成指數是反應權數結構變動以及變量值水準變動對總體平均指標影響程度的指數。（　）
11. 居民消費價格指數是採用固定權數的加權算術平均數指數編製的。（　）
12. 如果某地區商品零售物價指數為105%，那麼用同樣多的人民幣要比原來少買5%的商品。（　）

（四）簡答題

1. 什麼是廣義的指數、狹義的指數？
2. 什麼叫同度量因素，它在綜合指數中有何作用？
3. 數量指標綜合指數與質量指標綜合指數如何選擇同度量因素？為什麼？
4. 由多因素構成的總量指標進行因素分析，應如何確定各因素的排列順序及其同度量因素？

（五）計算題

1. 某商場商品銷售情況統計如下：

品名	單位	銷售量 基期	銷售量 報告期	基期銷售額（萬元）
甲	臺	2,500	3,000	1,200
乙	噸	1,800	2,000	900
丙	件	5,000	4,500	400

要求：編製三種商品銷售量總指數，並計算由於銷售量變動對銷售額的影響。

第十章 統計指數

2. 某市肉蛋類商品調價前後的零售價格及比重權數資料如下:

品名	單位	平均零售價（元）基期 P_0	平均零售價（元）報告期 P_1	權重 $W(\%)$
豬肉	千克	24.00	25.00	70
牛肉	千克	33.50	46.00	6
羊肉	千克	45.00	78.00	2
雞	千克	33.00	44.00	10
雞蛋	千克	9.60	9.80	12
合計	-	-	-	100

試編製該市肉蛋類商品零售價格指數。

3. 某企業職工人數和工資水準資料統計如下:

組別	人數（人）基期 f_0	人數（人）報告期 f_1	工資水準（元）基期 x_0	工資水準（元）報告期 x_1
技術人員	50	60	3,500	5,200
普通職工	180	250	2,450	3,860

根據資料，從相對數和絕對數兩個方面分析工人結構變化及各組職工工資水準變動對總平均工資的影響。

4. 某企業四種產品銷售價格及銷售額資料統計如下:

產品名稱	單位	銷售價格（元）基期 P_0	銷售價格（元）報告期 P_1	報告期銷售額（萬元）
甲	件	420	500	150
乙	臺	1,560	1,680	280
丙	米	800	950	120
丁	噸	620	600	340

根據表中資料編製四種產品個體價格指數和價格總指數，並分析由於銷售價格的變動對銷售額的影響？

5. 某企業生產三種產品，其產量和單位產品成本資料統計如下:

品名	單位	產量 基期 q_0	產量 報告期 q_1	單位產品成本（元）基期 z_0	單位產品成本（元）報告期 z_1
甲	噸	5,200	6,000	240	245
乙	件	3,000	2,500	150	146
丙	擔	2,500	3,400	96	96

根據上表資料，分別從相對數和絕對數兩個方面計算分析產品產量和單位產品成本變動對企業總成本的影響。

6. 某連鎖超市2014年商品銷售總額35,800萬元，2016年商品銷售總額59,572萬元，並且已知兩年間商品價格上漲了6%。試分別從相對數和絕對數兩個方面計算分析該連鎖超市商品銷售量以及銷售價格變動對銷售總額的影響。

7. 某市2016年「社會商品零售總額2,820億元，比上年增長17.6%，扣除零售物價上漲因素，實際增長12.8%」。依據所給定的資料：

（1）編製零售物價指數；（2）分別從相對數和絕對數兩方面計算分析商品零售量和零售價格變動對社會商品零售總額的影響。

8. 某商場近兩年三種商品的銷售情況統計如下：

品名	2016年銷售量比 2015年增長%	銷售額（萬元） 2015年	2016年
甲	12	1,850	2,040
乙	6	1,600	1,880
丙	10	5,200	6,420

要求：（1）編製三種商品銷售量總指數。（2）分別從絕對數和相對數兩個方面計算分析銷售量以及銷售價格變動對銷售額的影響。

四、實訓題解

（一）單項選擇題

1. 答案：D。廣義的指數是兩個相互聯繫的指標數值對比形成的相對數，即一般相對數；狹義指數是反應數量上不能直接相加的複雜現象總體變動程度的特殊相對數。

2. 答案：A。平均指標固定構成指數是反應各組變量值水準變動對總體平均水準變動影響程度的相對數，平均指標結構影響指數是反應各組結構變動對總體平均水準變動影響程度的相對數，平均指標可變構成指數是同時反應各組變量值水準變動和各組結構變動對總體平均水準變動影響程度的相對數。

3. 答案：C。注意統計指數按其他標準分類的結果。

4. 答案：A。156%/150%-100%=4%。

5. 答案：A。150%×96%-100%=44%。

6. 答案：D。把結構固定在報告期。

7. 答案：B。注意平均指數又稱平均數指數。

8. 答案：A。選擇同度量因素的一般原則：編製質量指標綜合指數時，一般選擇與質量指標關聯的報告期數量指標作為同度量因素；編製數量指標綜合指數時，

第十章 統計指數

一般選擇與數量指標關聯的基期質量指標作為同度量因素。

9. 答案：C。

10. 答案：D。加權算術平均數量指標指數採用 p_0q_0 權數的結果與綜合指數一致；加權調和平均質量指標指數採用 p_1q_1 權數的結果與綜合指數相同。

11. 答案：B。綜合指數、平均指數是編製總指數的兩種方法。注意，平均指數不能與平均指標指數混淆。

12. 答案：C。拉氏指數將同度量因素固定在基期，派氏指數將同度量因素固定在報告期。

13. 答案：D。$108\% \times 105\% - 100\% = 13.4\%$。

14. 答案：D。$(45,600/22,000)/107\% = 193.71\%$

15. 答案：A。$112.9\%/113.6\% = 99.38\%$

16. 答案：B。$100/108\% = 92.59$

17. 答案：B。$105\% \times 95\% = 99.75\%$。

18. 答案：C。$128.4\%/109.8\% = 116.94\%$

19. 答案：D。使用基期總量指標 p_0q_0 編製平均指數，應採用加權算術平均方法；使用報告期總量指標 p_1q_1 編製平均指數，應採用加權調和平均法。

20. 答案：D。B 為可變構成指數，C 為結構影響指數。

(二) 多項選擇題

1. 答案：ABCE。
2. 答案：CDE。各種價格指數都屬於質量指標指數。
3. 答案：ABE。注意：平均指標指數不要與平均數指數混淆。
4. 答案：CDE。職工人數、產品產量和商品銷售量指標都是數量指標。
5. 答案：ABE。
6. 答案：AD。
7. 答案：BDE。
8. 答案：BC。A 為總量指標指數，不屬於綜合指數；D、E 為平均指數。
9. 答案：BD。其他分類標準又如何分類呢？
10. 答案：ABD。
11. 答案：ABCE。
12. 答案：CD。
13. 答案：BCE。
14. 答案：AC。
15. 答案：CE。
16. 答案：BC。

（三）判斷題

1. 答案：×。還有權重的作用。
2. 答案：√。
3. 答案：√。
4. 答案：√。
5. 答案：×。
6. 答案：√。
7. 答案：√。質量指標組合指數一般採用派氏公式。
8. 答案：×。固定構成指數是反應各組變量值水準變動對總體平均指標的影響。
9. 答案：×。編製多因素構成的綜合指數時，排在前面的因素作同度量因素應固定在基期，排在後面的因素作同度量因素應固定在報告期。
10. 答案：√。
11. 答案：√。
12. 答案：×。$100\%/105\% = 95.24\%$，少買商品（量）4.76%。

（四）簡答題

略。

（五）計算題

1. 銷售量總指數 $\bar{K}_q = \dfrac{\sum k_q \cdot p_0 q_0}{\sum p_0 q_0} = 112\%$，由於銷售量增加而增加的銷售總額 300 萬元。

2. 肉蛋類商品零售價格指數 $\bar{K}_p = \dfrac{\sum k_p \cdot w}{\sum w} = 110.21\%$。

3. 平均工資可變構成指數 153.81%，總平均工資增加 1,441.09 元；固定構成指數 155.26%，由於工資水準提高增加的總平均工資 1,466.13 元；結構影響指數 99.07%，由於職工結構變動而減少的總平均工資 25.04 元。

4. 甲、乙、丙、丁四種產品個體價格指數分別為 119.05%、107.69%、118.75%、96.77%，價格總指數 106.16%，由於銷售價格提高而增加的銷售額 51.61 萬元。

5. 企業總成本指數 111.53%，報告期比基期增加的總成本 223,400 元；產品產量總指數 110.5%，由於產量增加而增加的總成本 203,400 元；單位產品成本總指數 100.93%，由於單位產品成本提高而增加的總成本 20,000 元。

6. 商品銷售總額指數 166.4%，報告期比基期增加的銷售總額 23,772 萬元；商

第十章 統計指數

品銷售量總指數 156.98%，由於銷售量增加而增加的銷售總額 20,400 萬元；銷售價格指數 106%，由於銷售價格提高而增加的銷售總額 3,372 萬元。

7. （1）零售物價指數 104.26%。

（2）零售總額指數 117.6%，報告期比基期增加的零售總額 422.04 億元；商品零售量總指數 112.8%，由於零售量增加而增加的零售總額 306.82 億元；零售價格指數 104.26%，由於銷售價格提高而增加的銷售總額 115.22 億元。

8. （1）三種商品銷售量總指數 $\bar{K}_q = \dfrac{\sum k_q \cdot p_0 q_0}{\sum p_0 q_0} = 109.69\%$。

（2）商品銷售總額指數 $\bar{K}_{pq} = \dfrac{\sum p_1 q_1}{\sum p_0 q_0} = 119.54\%$，報告期比基期增加的銷售總額為 1,690 萬元；商品銷售量總指數 109.69%，由於銷售量增加而增加的銷售總額為 838 萬元；銷售價格指數 $\bar{K}_p = \dfrac{\bar{K}_{pq}}{\bar{K}_q} 108.98\%$，由於銷售價格提高而增加的銷售總額為 852 萬元。

第十一章 統計綜合實驗

● 一、實驗目的

　　該實驗是適應當前的統計學教學改革需要，把學生掌握知識的方法從對原理概念的死記硬背拓展到解決問題的活學活用能力培養上來，即培養學生的動手能力和綜合素質。該環節需要達到以下幾個目的：

　　（1）激發學習興趣，鞏固所學理論知識，在實踐中檢驗課堂學習的效果。

　　（2）鍛煉學生不怕吃苦、克服困難的精神，培養學生協作（或獨立）解決問題的能力。

　　（3）培養學生設計調查方案、進行實地調查，搜集第一手數據資料的能力；培養學生通過檢索各類文獻搜集第二手數據資料的能力。

　　（4）通過對統計調查資料的整理和分析，培養和提高學生借助計算機處理數據的能力、運用統計方法綜合分析問題的能力和動手解決問題的能力。

　　（5）能夠對整理分析的數據資料進行正確的解釋，並從中得出結論，培養論文撰寫能力。拓寬學生的知識面，培養學生實踐能力和創新精神。

● 二、實驗內容與要求

　　1. 選題並設計研究方案

　　分組完成整個綜合實驗，每組原則上為 6 人。各組自行討論確定綜合實驗的選題，並由小組同學協作設計研究方案。選題原則上分為兩類：一類是校園內大學生

第十一章　統計綜合實驗

們關注的、現實熱點問題，這類選題可以參考後面列出的「參考選題」；另一類是可以從權威網站、專題數據庫或統計年鑒上檢索二手資料的有關社會經濟問題，這類選題大家可以結合自己的專業和興趣自擬題目。

隨機抽取部分組進行選題答辯：組內同學介紹自己的選題背景，相關問題的研究現狀，準備如何進行統計研究（思路、方法），預期的研究結果等。其他同學參與討論，指出研究方案的不足和缺陷，相互啓發、相互學習。

2. 資料搜集

組內同學分工協作完成。

（1）問卷調查。印製調查問卷，按設計方案搜集第一手數據資料。組織實施調查，具體訪問量分配到人，每個同學嚴格按照調查方案的要求，嚴格、認真地完成調查工作，獲取客觀、真實的原始資料。

（2）文獻檢索。主要是指第二手數據資料的搜集以及進行問題分析、論文撰寫所需的各類文獻資料。這類資料一般來自權威網站、數據庫或統計年鑒。

3. 數據的整理和分析

組內同學共同討論、協作完成。結合上機實驗，進行數據資料的整理和分析。

4. 撰寫分析論文

綜合實驗的最終成果以小論文形式呈現，按組提交，基本要求如下：

（1）內容要求完整，一般應包括提出問題、分析問題和解決問題幾個部分。論文中必須包含說明問題的統計圖表。文章應緊扣主題，層次清晰，重點突出，語言要準確，盡量有一定的研究深度和創新成果。字數不少於 4,000 字，並附資料樣本。

（2）格式要求：

題目：二號黑體，居中。

作者信息（小組名單，專業班級及分工情況）：小四號宋體，居中。

摘要、關鍵詞：宋體，小四號。

一級標題：三號，黑體，加粗，左起排，上下各空一行。

二級標題：四號，黑體，不加粗，縮進兩字開始排，段前段後各空 0.5 行。

正文文字：宋體，小四號，首行縮進兩個字，行間距設置為 22 磅固定值。

裝訂要求：A4 紙打印，左側裝訂。

● 三、實驗指導

（一）選題

選題是確定「做什麼和怎樣開始」的問題，好的開始等於成功的一半。應注意從實際需要出發選題：①依託校園平臺，結合專業知識，選取學習、生活以及同學

統計學實驗與實訓

們關注的熱點話題,作為綜合實驗的選題。②結合已經學習過的經濟、管理及其他專業課程,結合現實,選擇值得從數量上進行統計分析、進行實證估計和檢驗的問題。具體選題應注意:

(1) 盡量選擇在經濟和社會領域中受到廣泛關注的問題,題目要具體化,不宜空洞。

(2) 明確研究的範圍(研究的範圍也決定了收集數據的範圍)。研究的範圍可以是宏觀社會經濟領域,比如:探討 GDP 增長與固定資產投資增長之問的關係,對財政收支、教育發展、全要素生產率、能源價格、科技進步、人力資本進行數量分析,研究犯罪、貧困、離婚率、就業等方面問題的成因等。在宏觀經濟中選擇題目作統計研究,其好處在於相關數據易於從各種年鑒中獲得;其不足在於宏觀經濟的問題往往較為綜合,影響因素眾多,涉及諸多方面的知識,需要花費較多的時間和力量,通常只能研究其中一個問題的某個具體方面。研究的範圍也可以是微觀方面的,如:對某公司的管理、財務分析,或對一所大學的學生管理工作的研究等。這類選題一般比較具體,針對性強。其不足是微觀經濟的數據收集有相當的難度,當然上市公司公開披露的資料則容易獲取。

(3) 所選題目的大小要適中。應充分考慮研究的條件和現實可能性,包括理論把握的程度、數據獲得的難易、統計分析的方法、完成項目研究的人力和時間條件等。

(4) 要充分考慮數據來源的可能性。在選題過程中除了自己做深入研究以外,選題時要充分借鑒他人的研究成果,充分有效地利用各種文獻和互聯網提供的信息,以避免重複做別人已經完成的工作,也可從中發現自己可能的創新之處。具體題目的擬定也可以借鑒這些文獻的標題,如:從題目「從統計分析解讀民間資本對西部發展的作用」我們就可以做如下引申借鑒:

| 從統計分析解讀 | 民間資本
外商投資
教育
基礎設施
旅遊產業
…… | 對 | 西部
我國
四川省
農村
革命老區
…… | 發展的作用 |

或者,再稍微對題目的措辭做些改變:「……對……發展作用的統計分析」「從統計視角看……對……發展的作用」,……

(二) 資料搜集

1. 數據資料

(1) 第一手數據資料

根據研究目的設計調查問卷;抽取研究樣本進行問卷調查;回收問卷整理數據。

第十一章　統計綜合實驗

（2）第二手數據資料

最基本的數據主要來自於各種統計年鑒、月報、季報等，如《中國統計年鑒》及各地區或各部門編製的年鑒、報告等。一些信息類的報刊也經常提供經濟數據。

現在許多年鑒等數據報告已經通過網絡對公眾提供，如：國家統計局統計數據（http:// www.stats.gov.cn/tjsj/），中國人民銀行統計數據（http://www.pbc.gov.cn/diaochatongji/ tongjishuju/），中國證券監督管理委員會統計數據（http://www.csrc.gov.cn/cn/statinfo/）以及國務院各部委、各地區統計局的網頁等。電子文獻如：國家哲學社會科學文獻中心（http://www.ncpssd.org/），中國知網（http://www.cnki.net/），維普（http://www.cqvip.com/），超星（http://www.chaoxing.com/）等。

2. 文獻資料的利用、綜述與評價

做研究不能閉門造車，必須檢索和閱讀大量相關的文獻，並將這些文獻加以整理，以文獻綜述的形式總結出來，以利於梳理思路。它通常由文獻回顧性綜述和文獻評價兩個部分組成。

（1）回顧性綜述

主要是交代所研究問題的理論研究與實證分析的發展沿革、回顧主要研究流派的觀點、論點、命題以及支撐這些觀點的理論與實證研究方法等。進一步明確別人主要的觀點和分歧，對那些與自己所選題目相似或密切相關的文獻，應當特別關注建立統計學模型的基本思路，採用的數據是哪些類型、數據來源以及測度方法、使用了哪些估計和假設檢驗方法等。

（2）文獻的評價

可從理論和方法論兩個方面展開。從理論方面，主要是對理論的前提、理論命題或立論的準確性、論證推理的邏輯性等方面進行評價。從方法論方面，主要考證方法的假設條件、應用範圍、應用對象以及實證衡量標準等。對文獻的評價具有相當難度，需要綜合運用所學知識和社會實踐經驗，對相關文獻的現有研究成果給出自己的判定和評價，指出現有研究成果中存在的不足，發現其他尚未涉足的研究領域和內容。

相關文獻的回顧性綜述是論文不可缺少的組成部分。有人喜歡用專門的一章對相關的文獻進行綜述，表明作者對所研究問題的國內外發展現狀的系統把握；也有人將文獻綜述作為「引言」中的一部分，以保持整個論文在結構上的連貫性。不過關鍵不在於形式，而是要注意文獻綜述的內容與實質。

（三）數據的統計分析

1. 數據一般描述性分析

（1）圖表分析

將雜亂無章的原始數據經過整理，恰當地以統計圖或統計表的形式顯示出來，

直觀地展現數據的分佈特徵，並由此識別數據的異常值、識別變量之間的依存關係、瞭解變量變化的時間路徑和基本增長率等。

（2）數據的基本統計量

包括最小值、最大值、平均數、中位數、標準差、變異系數、峰度系數、偏態系數、相關係數等。通過這些量化的指標數據，定量說明研究對象的基本特徵。

（3）相對指標分析

通常所說的橫向對比和縱向對比分析，涉及 6 種相對指標：結構相對指標、比較相對指標、比例相對指標、強度相對指標、計劃完成程度相對指標和動態相對指標。注意在分析中恰當地選擇對比的基數（比較的對象）。

2. 對總體的推斷分析

如果數據是隨機抽樣得到的樣本數據，則可以通過參數估計和假設檢驗等方法對總體的數量特徵做出推斷。

3. 建立統計分析模型

如果研究的問題是時間序列數據，可以考慮建立趨勢分析模型；如果涉及多個變量，在相關分析的基礎上，可進一步確定自變量和因變量，進行迴歸分析。

對迴歸分析模型，應注意檢驗：

（1）經濟意義檢驗：檢驗所估計的模型參數的數值和符號是否符合特定的經濟意義。

（2）統計推斷檢驗：主要是可決系數的分析、t 檢驗、F 檢驗，通過檢驗分析模型和自變量是否顯著。

建立模型的目的可能是經濟結構分析、經濟預測、政策評價。其中經濟預測和政策評價都要以所確立的經濟結構為基礎。

（四）撰寫分析論文

為了讓別人瞭解研究的成果，應形成論文（或研究報告）。實驗論文通常可以考慮包括以下內容：

1. 引言

說明所研究項目的理論意義或應用價值；相關文獻綜述及評論；本項目研究的基本思路或研究基本目標的簡單陳述。

2. 理論分析與研究思路

對所要研究的問題作簡要的理論描述，說明理論上對所研究問題有什麼結論；對所提出的有關概念、範疇給出明確的界定和解釋；從理論上對統計分析的前提條件、基本思路和預計達到的目標作簡要說明。

3. 統計分析模型

如果要建立統計分析模型，則需要對所建的統計學模型進行系統全面的論述：

第十一章 統計綜合實驗

對整個建模思路進行說明，特別是研究的主要對象（被解釋變量）的確定、影響因素的分析及解釋變量的選擇、模型函數形式的設定等。注意說明所選擇的估計和假設檢驗的方法，指出所用方法與他人在研究類似問題時所使用的方法有何差別等。

4. 數據及處理

內容包括：①數據的來源；②對數據所做的加工處理；③代用數據的理由和處理方式的說明；④數據的描述性統計分析等。

5. 結果分析

如果使用了統計分析模型，按規範格式報告迴歸分析計算的結果，對結果進行評價和解釋。重點陳述所得結果的特徵，對出現的意外結果給出相應的解釋。

6. 結論

結論部分一般包括：①對統計研究的結論和觀點等進行總結；②根據統計分析結果提出政策建議；③本項研究的局限性，進一步應當做的工作。

四、實驗評分

綜合實驗與實踐成績的評定，將按總體格式、選題、文獻綜述、數據來源、統計分析、結論及評價等方面進行綜合評分，具體見下面的表 11-1。

表 11-1　　　　　統計學綜合實驗成績評定表（總分 100 分）

評分項目	評分標準		得分
選題 （15 分）	選題有新意，與專業聯繫緊密，具有鮮明特色	11~15 分	
	選題有一定新意，與專業有關，有一定特色	6~10 分	
	選題落入俗套，老調重彈，無新意	0~5 分	
文獻綜述 （15 分）	覆蓋面廣，重點突出，形成統計研究的重要鋪墊	11~15 分	
	覆蓋面較廣，重點較突出，形成統計研究的基礎	6~10 分	
	內容相關，基本能形成統計研究的前提	0~5 分	
數據來源 （15 分）	數據來源可信度高、及時、準確	11~15 分	
	數據來源真實性有保障，較及時	6~10 分	
	數據來源基本可靠	0~5 分	
統計分析 （25 分）	恰當使用描述統計分析方法與推斷統計分析方法展開有說服力的分析	17~25 分	
	圖表、數據結合，分析正確	9~16 分	
	有簡單的統計分析數據	0~8 分	
結論及評價 （20 分）	結論提煉合理，視角獨到，現實指導意義顯著	15~20 分	
	結論提煉較合理，有一定的現實意義	8~14 分	
	結論提煉較合理	0~7 分	

表11-1(續)

評分項目	評分標準		得分
總體格式 （10分）	格式規範，圖表、公式美觀	7~10分	
	格式比較規範	4~6分	
	格式不規範或字數不足4,000字	0~3分	
總　分			

五、統計調查分析參考選題

進行統計調查分析，可以依託校園環境，重點圍繞大學學習、生活、大學生世界觀、人生觀、價值觀等問題進行選題，表11-2所示選題可做參考。

表11-2　　　　　　　　　統計調查分析參考選題

序號	參考選題
1	大學生圖書館資源利用情況調查分析
2	大學生課餘時間利用情況調查分析
3	在校大學生課外閱讀情況調查分析
4	大學生專業認識及學習能力調查分析
5	關於大學生逃課問題的調查分析
6	大學生假期活動調查分析
7	大學生兼職狀況調查分析
8	大學生擇業意向調查分析
9	大學生創業意向調查分析（只針對有自主創業意願的同學）
10	大學生生活狀況調查分析
11	大學生生活習慣調查分析
12	大學生體育運動情況調查分析
13	大學生睡眠及健康狀況調查分析
14	大學生營養與健康情況調查分析
15	大學生食堂就餐狀況調查分析
16	大學生水電使用狀況的調查分析
17	大學生校外住宿調查分析
18	學校校園周邊環境調查分析
19	家庭經濟困難學生調查分析
20	大學生公益活動調查分析
21	大學生網上購物調查分析
22	大學生消費支出狀況調查分析

第十一章　統計綜合實驗

表11-2(續)

序號	參考選題
23	大學生電腦使用情況調查分析
24	在校大學生手機使用情況調查分析
25	學校體育場館使用情況調查分析
26	大學生道德與法律基礎調查分析
27	大學生心目中的「官二代、富二代」調查分析
28	大學生戀愛、婚姻觀念調查分析
29	大學生安全意識調查分析
30	關於大學生環保意識的調查分析
31	關於大學生理想信念的調查分析
32	大學生關於盜版問題的調查分析
33	在校大學生師生關係調查分析
34	對任課老師教學評價的調查分析
35	大學生與父母溝通及理解情況調查分析
36	大學生對選秀節目看法的調查分析
37	大學生對「財富榜」認知的調查分析
38	關於大學生社會責任的調查分析
39	關於大學生社會道德的調查分析——由扶不起的老人引出
40	大學生人生價值取向調查分析
41	關於大學生「考證熱」的調查分析
42	大學生考研問題的調查分析
43	在校大學生對電影、電視及歌曲偏好的調查分析
44	關於大學生網絡語言的調查分析
45	對大學生「中國夢」的調查分析
46	關於大學校區設置問題的調查分析
47	公交車車載（或網絡等）廣告效果調查分析
48	其他社會熱點問題

六、綜合實驗選例一

該例選自學生提交的一份統計學實驗報告，儘管較為簡單且不夠規範，但它比較客觀地反應了同學們的勞動成果，在編入本書的過程中基本沒有加以改動。考慮到實驗報告的內容不盡完善，此處對一些重要地方進行了點評。

實驗報告	點　評
大學生消費調查[1] 一、實驗目的 　　通過調查大學生的日常消費情況，旨在發現當代大學生的消費問題，並提出合理化的建議。同時，該調查有助於瞭解身邊同學的消費習慣，也有助於我們小組成員自身建立良好的消費觀念，做一名有責任感的大學生[2]。因此，調查具有很好的社會與現實意義！ 二、實驗要求 　　由小組成員推選一位組長，以協調各位成員的工作任務，特別是問卷的調查、資料的整理和分析報告的撰寫。由小組成員集體討論調查問卷的內容，待調查資料搜集起來之後，再分工整理資料，在此基礎上寫出實驗分析報告。 三、調查問卷的設計 　1. 確定調查的目的和任務 　　目的：瞭解大學生消費水準、消費支出構成情況以及大學生之間消費支出差異情況，為在大學生中倡導理性消費提供依據。 　　任務：獲取大學生月平均消費支出、消費支出的差異情況以及消費支出的主要構成情況[3]。 　2. 確定調查對象、調查單位及報告單位 　　調查對象：調查對象就是統計調查的範圍，由於條件限制，本次調查的對象設定為四川理工學院所有在校大學生。 　　調查單位：調查單位就是調查資料的承擔者，本次調查將從四川理工學院所有在校大學生中隨機抽選 200 名同學作為調查單位[4]。 　　報告單位：報告單位是負責填寫調查資料、並向調查組織者提供調查資料的單位。本次調查的調查單位就是隨機抽樣選中的每一位被調查者。為了保證資料的質量，調查人員將協助被調查者填寫調查問卷，並現場收回問卷[5]。 　3. 擬定調查項目，形成調查問卷 　　調查項目就是調查資料的名稱。經過組內同學的激烈討論，最終確定的調查項目為性別、年齡、專業三個基本信息外加來源地、家庭月平均收入、月消費支出在內的 15 個主要與消費相關的項目共計 18 個項目。根據調查目的和任務確定的調查項目見調查問卷。 　4. 確定調查時間、調查地點 　　調查時間服從老師的安排。調查地點可以安排在教室、寢室、圖書館、食堂等學生密集的地方。 　5. 確定調查方法 　　調查方法主要採用訪問法，當面訪問同學、填寫調查問卷後現場收回。	[1] 選題是同學們關注的熱點問題。 [2] 應該在所有大學生中倡導、樹立良好的消費觀念。 [3] 研究大學生消費支出應該同時關注大學生的家庭收入情況。 [4] 樣本分佈是否考慮不同家庭收入水準、不同年級、不同專業等方面的代表性。 [5] 這樣做比較好，有助於提高問卷回收率，保證調查問卷的質量。

第十一章 統計綜合實驗

實驗報告	點　評

附：調查問卷

大學生消費調查問卷

親愛的同學：你好！

　　我們是2015級會計專業的同學，正在做大學生消費調查，希望借此瞭解大學生的消費支出水準及消費支出構成情況。我們希望通過這樣的調查，能夠在大學生中樹立良好的消費觀念，為倡導理性消費提供數據支持。在此感謝你的參與及支持⑥！

　　基本信息：性別____　年級____　專業_____

　1. 你來自於哪裡？（　　）。

　　A. 城市　　　　　　B. 農村

　2. 包括各種收入在內，你家庭月平均收入大約是（　　）。

　　A. 3,000元以內　　B. 3,000~5,000元　　C. 5,000~8,000元

　　D. 8,000~10,000元　E. 10,000~20,000元 F. 20,000元以上⑦

　3. 你最近一年平均每個月的消費支出是（　　）。

　　A. 400元以下　　　B. 400~700元　　　C. 700~1,000元

　　D. 1,000~1,500元　E. 1,500元以上

　4. 你每個月生活費主要來源是（　　）。

　　A. 父母給　　　　　B. 勤工儉學　　　　C. 獎助學金

　　D. 做家教　　　　　E. 校外兼職

　5. 你每個月的飲食開支是（　　）。

　　A. 300元以下　　　B. 300~500元　　　C. 500~800元

　　D. 800元以上

　6. 你每個月用在學習方面（不含學費，包含教材、其他書籍、文具、考證、資料複印等）⑧的開支是（　　）。

　　A. 30元以下　　　　B. 30~50元　　　　C. 50~80元

　　D. 80元以上

　7. 你每個月在戀愛上的開支是（　　）。

　　A. 沒有　　　　　　B. 50元以下　　　　C. 50~100元

　　D. 100~200元　　　E. 200元以上

　8. 你每個月通訊、上網費是（　　）。

　　A. 40元以下　　　　B. 40~70元　　　　C. 70~100元

　　D. 100~150元　　　E. 150元以上

　9. 加上學費、電腦、手機、住宿和吃穿等日常費用，你一年的花銷大約為（　　）。

　　A. 9,000元以內　　B. 9,000~12,000元　C. 12,000~15,000元

　　D. 15,000~20,000元 E. 20,000元以上　　F. 沒算過，不清楚

　10. 估算一下，你大學四年的總費用（　　）。

　　A. 50,000元以內　　B. 50,000~70,000元　C. 70,000~90,000元

⑥把調查目的向被調查者交代清楚，是調查取得成功的重要條件。

⑦組距式分組時，多數情況下宜採用等距分組。應標明數據單位。像這種問題，還應考慮到家庭人口的差異，所以「家庭人均收入」可能更有研究價值。

⑧為了保證統計口徑一致，在某些項目上做些補充說明也是必需的。

265

實驗報告	點　評
D. 90,000~110,000 元　　E. 110,000 元以上　　F. 不清楚 11 你平時的消費習慣是（　　）。 　A. 能省則省　　　　　B. 有計劃消費　　　　C. 想花就花 12. 你每個月的生活費是否有節餘？（　　）。 　A. 有剩餘　　　　　　B. 剛剛夠花　　　　　C. 不夠用 13. 你平均每個月用於交友、聚餐的花銷為（　　）。 　A. 基本沒有　　　　　B. 50 元以內　　　　　C. 50~100 元 　D. 100~200 元　　　E. 200 元以上 14. 下面哪一項消費是你眼下最奢望能實現的？（　　）。 　A. 高檔時裝　　　　　B. 旅遊　　　　　　　C. 出國留學 　D. 筆記本電腦　　　　E. 汽車　　　　　　　F. 高檔手機⑨ 15. 你平均每個月用在電影、音樂等娛樂上面的費用為（　　）。 　A. 基本沒有　　　　　B. 50 元以內　　　　　C. 50~100 元 　D. 100~150 元　　　E. 150 元以上 　小組成員名單：＊＊＊	⑨題目設計的選項就是一種分組，分組應當「不重不漏」，既然是「奢望」，可能就不止這些，所以，最好能列出「其他」選項進行囊括。

大學生消費調查分析報告

　　摘要：當前的消費市場中，大學生作為一個特殊的消費群體正受到越來越大的關注。由於大學生年輕，群體較特別，他們有著不同於社會其他消費群體的消費需求和行為。一方面他們有著旺盛的消費需求，另一方面他們尚未獲得經濟上的獨立，消費受到很大的制約。消費觀念的超前和消費實力的滯後，都對他們的消費帶來很大影響。特殊群體自然有自己特殊的心理和行為特徵，同時難免存在一些非理性的消費行為甚至一些消費的問題。本次調查研究的目的有兩個方面：一是調查當前四川理工學院大學生的消費狀況，獲取大學生消費水準、消費構成、消費差異及其主要影響因素；二是通過對四川理工學院大學生的抽樣調查，嘗試解讀當前全國高校大學生們的消費理念、消費意識以及消費心理等⑩。

　　關鍵詞：大學生　消費支出　消費結構　消費行為

　一、引言

　　消費是大學生生活方式的重要組成部分。作為一個特殊的消費群體，大學生們在引領消費時尚、改善消費構成方面起著不可替代的作用。同時，他們的消費現狀、消費特點在一定程度上折射出當前大學生的生活狀態和價值取向。之所以開展此項調查，主要基於以下兩個目的：作為當代莘莘學子中的一員，作為深切關注中國經

⑩摘要應少談或不談研究背景，重點介紹自己所做的工作、自己的觀點、成果等。

第十一章 統計綜合實驗

實驗報告	點評
濟發展的一群朝氣蓬勃的大學生，本著對中國經濟的深切關注，通過深入調查和收集數據，我們完成了這份《調查分析報告》，並力圖從消費行為、消費結構、消費意識解讀目前四川理工學院大學生們的消費現狀和消費趨勢。也許我們的數據不夠權威，也許我們的分析方法不夠完善，但我們有自己的角度，自己的眼光，自己的方法。它代表我們的勞動成果。希望廣大讀者和所有關心大學生消費的人們，能夠通過這份調查分析報告去把握當前大學生的消費行為，解讀大學生消費的理念[11]。 二、基本情況 　　此次調查的對象為四川理工學院全體在校學生。為了更好地細分目標群體，將訪問對象分為大一、大二、大三、大四學生。 　　本次調查共發放問卷200份，其中收回有效問卷200份，有效回收率為100%。在收回的問卷中大一、大二、大三、大四學生分別32人、58人、60人、40人。其中男女比例5：2，涉及四川理工學院10個專業。 三、大學生消費情況 　　根據樣本數據計算，四川理工學院大學生月平均消費支出為798.6元，平均消費水準較為適中。各年級在吃、穿、學習、交友、通信以及娛樂方面的消費支出見表1。	[11]引言部分應闡述研究的背景、意義等。

表1　大學生月平均消費支出及其構成情況（元、%）[12]

消費支出	吃和穿		學習		交友		其他		合計	
	金額	比重	金額	比重	金額	比重	金額	比重	金額	比重
大一	408	61	49	7	64	10	152	23	673	100
大二	443	57	71	9	83	11	177	23	774	100
大三	455	50	94	10	125	14	237	26	911	100
大四	468	48	41	4	168	17	289	30	966	100
平均	423.9	53.1	64.8	8.1	105.4	13.2	204.5	25.6	798.6	100

[12]計量單位和百分號標註不規範。

　　大學生的消費支出中，用於吃喝穿的支出占53.1%，用於學習方面的支出僅占8.1%，用於談戀愛、交友的支出占13.2%，用於通信、上網以及娛樂等方面的支出占25.6%。

　　其中大一新生平均消費水準最低，可能[13]是由於大一年級的校區相對偏僻，限制了他們的消費。而大四學生消費最高，可能是有的大四同學已經進入實習環節，能夠取得一定的經濟收入，消費能力也就自然提高了，還有就是他們面臨畢業即將分手，聚餐、請客方面的支出自然也就多了一些。

[13]論述問題的原因，一般用「因為」，而不說「可能」。

實驗報告	點　評
根據我們的調查，大學生日常消費支出有以下幾個特點： 1. 聚餐請客，花銷不菲 　　在吃的方面，大學生們走出校園食堂到校園周邊餐館聚餐的費用在與日俱增，麥當勞、肯德基以及一些價格不菲的特色餐廳已成為當前大學生尤其是校園情侶們經常光顧的地方。 　　同學過生日、考試得高分、當了學生幹部、入了黨、評上獎學金、比賽獲獎等都要請客，要不人家會說你不夠交情。人情消費因為其形式多樣和不確定性較大而相對難以統計。有統計結果顯示，近六成大學生在各種形式的聚會、聚餐，每年要花費 500 元左右，近三成大學生這類花費在 800 元左右，更有極少數人每年要花費上千元甚至數千元。 2. 形象工程投入大 　　家庭條件較好的大學生中，有三成學生擁有價值 4,000~5,000元的手機。特別是即將步入社會的大四學生，他們更加注重自己的外在形象，在這方面，女生的消費水準普遍高於男生，在被調查的女生中，近三成擁有價格在 500 元以上的品牌服裝，少數女生還擁有價格昂貴的化妝品。 3. 省錢也要談戀愛 　　校園流行一句順口溜——「饅頭就鹹菜，省錢談戀愛」，已成為不少校園愛情男主角的忠實信條。根據我們的調查，在承認談對象的同學中，有 50% 的「男主角」每月在女友身上的投入超過 200 元。對於戀愛費用的來源，有的同學說是由「家裡特別提供」的，有的來自「勤工儉學」，更多的則是從「生活費中支付」的。其中也有兩成的戀人坦承，他們戀愛中的花銷實行 AA 制。 四、大學生消費心態較為平和 　　在消費心態上，35% 的同學都說能省則省，52% 的同學堅持有計劃消費，只有 13% 的同學是想花就花。與此相對應，25% 的同學生活費有剩餘，38% 的同學生活費剛好夠用，而有 37% 的同學每個月的生活費不夠花。這種情況，與絕大多數同學的家庭經濟條件不夠好有直接關係。 　　根據我們的調查，有 68% 的同學來自農村，他們的父母絕大多數都在務農或外出打工，家庭收入本身就不高。相關數據見表 2。	

第十一章　統計綜合實驗

實驗報告	點　評

表2　　　農村及城市同學的家庭收入水準[14]

家庭月收入（元）	農村 人數	農村 比重	城市 人數	城市 比重	合計 人數	合計 比重
3,000以下	31	15.5	1	0.5	32	16
3,000~5,000	46	23.0	8	4.0	54	27
5,000~8,000	23	11.5	24	12.0	47	23.5
8,000~10,000	17	8.5	20	10.0	37	18.5
10,000~20,000	15	7.5	8	4.0	23	11.5
20,000以上	4	2.0	3	1.5	7	3.5
合計	136	68	64	32	200	100

[14]人數的計量單位、比重的百分號應該標註在指標名稱位置。

　　絕大多數來自農村的同學，都能體諒父母的艱辛，因此在日常花銷中，都盡可能節約，能省則省。當生活費透支時，有58%的同學願意節約開支或自己打工賺錢。「我來上學就已經花費了很多錢了，咋好意思再向父母伸手要錢呢？」某大學生說，自己家是農村的，經濟條件本來就很一般，再加上自己上學花錢，家裡都快承受不了了，自己說啥也不願意再向父母伸手了。她告訴我，自己經濟上的「額外」收入，都是她平時做兼職掙的。「我寧願去打工，也不願意再向家裡要錢。」另一位同學說，有時候，一不小心，生活費用就花超了，只好向同學或親戚借點，等到了假期，自己再找份工作，掙點錢補「窟窿」。總的來看，當生活費透支時，只有不到一成的同學張口向父母索取，絕大部分同學更願意節約開支或自己打工賺取。

　　五、大學生消費行為存在的問題[15]

　　1. 消費的盲目性

　　部分同學消費沒有計劃，隨意性很強。曾經有人調查：①3.7%的學生，竟不知道每月、每學期要花或花了多少錢，從未思考過錢是怎樣花的，反正沒了就回家去拿，家裡人給的時候也無定數，這類學生以城鎮女孩居多；②有了錢就大手大腳地亂花一氣，把本是幾個月的生活費一塊兒花，接下來只得過拮据日子，要麼向家裡求援，要麼東挪西借；③在該買什麼與不該買什麼上沒有主見，看到別人買啥自己也「隨波逐流」，結果是錢花了卻用處不大，造成了不小的浪費。

[15]分析問題時，很多地方缺乏數據支撐。而且調查問卷中的有些數據還沒有使用。

269

實驗報告	點評

2. 重物質消費輕精神消費

較高比例的同學片面追求物質享受，把錢花在吃、喝、玩、樂上，而對精神生活投資甚少。本次調查中，同學們用於學習方面的支出僅占日常開銷的8.1%。曾經有人調查，大學四年中有23.6%的同學從未光顧過書店；有的大學平均每15個人才擁有一部《英語辭典》這樣的工具書。至於購書的同學中，花費也很有限，每學期不過是幾十到上百元。與之截然相反的情況是同學們對吃、穿、用卻十分「慷慨」，高檔酒店有大學生們的吆喝聲，穿名牌時裝不乏其人，名貴的化妝品備受青睞，還有同學為手中的蘋果、三星手機而沾沾自喜。

3. 消費的模仿趨向

許多學生在努力適應社會過程中最明顯的表徵就是消費選擇的模仿化趨勢。男生為裝出男子漢的氣質與風度，隨波逐流地學抽菸，勉強地訓練喝酒，刻意用白酒增強「內功」，女生則對時裝、化妝品、各類首飾情有獨鐘。再者是模仿港臺影視歌壇上的俊男靚女的包裝打扮生活方式，追逐名牌，看通宵電影，上高檔舞廳去感受羅曼蒂克氛圍。校園中掀起的「生日熱」「旅遊熱」「追星熱」……無不與這種消費中的模仿心態有關。

4. 消費的攀比行為

同學們在推崇世俗化的物質享受時，在群體模仿式消費行為中自然會滋生相互攀比的畸形心理。我們往往可以看到某寢室某女生穿了件時髦服裝，不久，同寢室的其他女生也會悄悄地穿上與之媲美的時裝。某女生家本清貧，可為了跟上步伐，穿上一件流行時裝，省飯節菜地節儉了一個多月才如願以償，某男生買了一名牌產品暫時領了校園新潮流，其他同學也不甘落後，聚「財」力爭。這樣你追我趕，相互攀比，導致了高消費不斷升溫。

六、培養大學生理性消費行為的幾點建議⑯

（一）給高校的建議

1. 加強對大學生消費心理和行為的調查研究

在「兩課」⑰教學中，大力提倡調查研究與理論教學相結合的科學方法，使理論教學真正擺脫空洞無物的說教。高校應當重視和加強對大學生消費狀況的關注，注重在研究他們的消費心理與行為中發現問題和解決問題。當然，調查研究是一個艱辛的過程，但是

⑯為使研究更全面，除了給高校、大學生個人提出建議外，對大學生家長也應該有相應的建議。

⑰除了在「兩課」中進行消費教育外，還可以在大學中推廣「消費心理學」選修課。

第十一章 統計綜合實驗

實驗報告	點 評
作為教育工作者應該首先培養自己刻苦鑽研的科學精神、實事求是的科學態度、理論聯繫實際的科學思維。 　2. 教育學生樹立艱苦奮鬥、勤儉節約的消費意識 　　引導他們在考慮個人消費時不忘光榮傳統，科學規劃安排，是個人消費標準與家庭情況相適應。當然，在社會主義市場經濟條件下，從不斷推動社會經濟發展和繁榮市場這個角度看，需要鼓勵人們積極、合理消費。如果不考慮個人經濟狀況和支付能力，盲目追求奢侈的消費模式是十分有害的。思政教育工作者要及時客觀地分析社會上的消費主義現象，引導學生形成積極的心態，作一個清醒的消費者。 　3. 培養和加強大學生的財商 　　所謂財商，指的是一個人在財務方面的智力，即對錢財的理性認識與運用。財商是與智商、情商並列的現代社會三大不可缺少的素質。財商主要包括兩方面的內容：其一，正確認識金錢及金錢規律的能力；其二，正確運用金錢及金錢規律的能力。我們應該圍繞這兩方面的內容，在相關課程的教學活動中設計生動活潑的教學形式以達到教育目的。 　4. 把理性消費融入節約型校園建設之中 　　高校校風建設應該把握育人第一位的原則，重視大學生為人處世每個環節的教育，重視培養和塑造大學生健康的消費心理和行為，以促進大學生學業的成功追求。建議把大學生良好消費心理和行為的培養作為校園文化建設的重要組成部分。在校園文化建設中設計有關大學生健康消費理念的活動專題，並且持之以恒。塑造節約型的校園理念，利用校園環境促進大學生理性健康的消費習慣的養成，形成良好的生活作風，向社會輸出具有健康、理性消費習慣的社會人才。 　（二）給在校大學生的建議 　1. 合理規劃自身消費構成，增強理財意識 　　要在社會的激烈競爭中站穩腳跟，同學們對自身的消費現狀需要有更理性的思考，在大學生活中就要注重養成健康的消費心理和良好的消費習慣。要強調「合理和適度」消費，提倡「量入為出」，有計劃地消費。注意發揚勤儉節約的傳統美德，自覺抵制不良消費風氣影響。 　2. 注意克服攀比心理，不要盲目追求高消費 　　大學生沒有獨立的經濟來源，所以在消費的過程中要做到「一	

實驗報告	點　評

切從實際出發〕。要選擇適合大學生群體的消費標準，而不能因為攀比而一味追求名牌和高標準、高消費。要克服這種心理，同學們就應樹立適應時代潮流的、正確的、科學的價值觀，逐漸確立正確的人生準則，給自己理性的定位。

　　3. 注重精神消費，養成健康習慣

　　對於尚未有固定經濟來源的大學生而言，精神消費不但能彌補物質生活上的不足，還能讓大學生有更深的精神內涵和更豐富的精神生活。所以，大學生應通過各種教育和文化活動，把娛樂和知識攝取結合進行，以陶冶性情，獲取知識。另外，要注意強調綠色消費，反對不利於保護生態環境的消費行為。

　　七、結束語

　　大學生多數是自進入大學開始，才更多地擁有選擇消費的自主權。有了更多消費自由的同時也面臨著一些問題。能否處理好，將關係到整個大學生活。消費的安排直接地影響生活的質量，畢竟學生的經濟來源主要是來自家長，基本都是有限定的。不合理的消費會打亂個人的生活秩序，影響學習生活。同時，大學生的消費行為，直接體現了其生活觀、享樂觀、人身價值等價值觀，這對同學們的學習、生活乃至日後工作、成才都有著重要影響。加強對大學生的消費教育，幫助他們走出消費誤區，引導他們樹立正確的消費觀念，也是高教育工作的重要組成部分。

　　參考文獻：

　　［1］張玉奇. 論大學生消費與消費觀的培養［J］. 西南科技大學高教研究，2006（1）.

　　［2］周濤. 大學生消費行為存在的問題及對策［J］. 改革與開放，2010（18）.

　　［3］彭錦霞. 大學生消費狀況分析［J］. 湖南商學院學報，2004（3）.

　　［4］袁博，王喬健. 當前大學生消費的誤區及對策［J］. 中國職工教育，2012（14）.

　　［5］焦愛蘭. 探析大學生消費偏高的成因與對策［J］. 山東紡織經濟，2012（10）.

　　［6］張倩，蔡文伯. 大學生消費行為調查分析及對策研究［J］. 兵團教育學院學報，2012（5）.

第十一章 統計綜合實驗

七、綜合實驗選例二

該例是針對宏觀經濟問題進行選題的一份統計學實驗報告，此處對其論文的一些重要地方進行了點評，便於初學者學習、借鑑。

實驗報告	點　評
【實驗名稱】統計學綜合實驗 【實驗目的】 1. 鞏固理論知識，綜合運用知識解決實際問題。 2. 鍛煉克服困難的精神，培養協作解決問題的能力。 3. 培養檢索各類文獻的能力和搜集數據資料的能力。 4. 通過對統計資料的整理和分析，培養借助計算機處理數據的能力、運用統計方法綜合分析問題的能力和動手解決問題的能力。 5. 培養論文撰寫能力。拓寬知識面，培養實踐能力和創新精神。 【實驗要求】 自主確定綜合實驗的具體選題，設計研究方案，通過各種渠道搜集數據資料和其他文獻資料，對獲得的數據進行整理、分析，形成研究論文。 【實驗論文】 ### 中國城鎮居民邊際消費傾向研究 小組名單：＊＊＊ （專業班級、分工情況：＊＊＊） **摘要**：根據中國城鎮居民 2011 年收入與消費的特點，按照居民的收入水準分組研究了中國城鎮居民的消費函數，運用 ELES 系統方法對中國城鎮居民邊際消費傾向、基本消費支出和消費結構進行了分析，根據中國城鎮居民的消費現狀及存在的問題提出了相應的對策和建議。[①] **關鍵詞**：城鎮居民　邊際消費傾向　ELES 一、引言 消費需求主要包括政府消費需求和居民消費需求兩部分。多年以來，政府加強基礎設施建設等政策極大增強了政府消費需求。而居民消費需求仍持續低迷，消費需求的研究也一直是熱點問題。消費是拉動經濟增長的「三駕馬車」之一，居民消費受居民收入和居民邊際消費傾向影響，根據凱恩斯宏觀經濟理論，居民邊際消費	①「摘要」主要寫這篇論文運用什麼方法對什麼問題進行了研究，發現了什麼問題、得出了什麼結論等。

實驗報告	點　評
傾向會通過乘數效應影響投資需求。邊際消費傾向越高，投資乘數效應越大，對經濟的推動作用越大。邊際消費傾向是地區經濟增長的根源和起點，提高居民的邊際消費傾向就能擴大需求。②	②介紹自己的選題背景，說明自己的分析研究是有價值的。
對居民邊際消費傾向的研究，常採用 Liuch（1973）提出的擴展線性支出系統模型（ELES）。ELES 模型考慮了消費需求和價格因素對居民消費結構的影響，把居民的各項消費支出看作是相互聯繫、相互制約的行為，橫向上可以反應出生存資料所占的比重，縱向上能夠反應各種消費資料的比例關係隨收入和價格變動而變化的幅度和趨勢，因而得到了廣泛的應用。如臧旭恒、孫文祥（2003）用 ELES 模型和 AIDS 模型對中國城鄉居民的消費結構進行了分析；王恩胡、李錄堂（2007）使用 ELES 模型分析了中國食品消費結構的演進；蘇月霞（2012）使用 ELES 模型對 2005—2009 年江蘇省城鎮居民消費結構進行了實證研究。③但總的說來，在經濟快速增長、社會快速轉型的背景下，在全國層面上研究城鎮居民邊際消費傾向的文獻並不多見，對後金融危機時期中國城鎮居民消費結構新情況的研究也甚少。本文應用 ELES 模型，嘗試做這方面的分析，以期掌握中國城鎮居民消費結構的新特點，為拉動內需、推動中國經濟發展尋找對策。④	③進行簡要的文獻綜述。 ④總結文獻，引出自己下文將要研究的問題，介紹自己的研究視角、研究思路、研究創新點等。
二、擴展的線性支出系統模型⑤ 　　擴展線性支出系統模型（ELES）的經濟含義為：一定時期內，在收入和價格既定的前提下，對各類商品和服務的需求存在基本需求量，消費者首先滿足其基本需求支出，扣除基本需求支出之後則按比例在各消費支出和儲蓄之間分配。該方法具有科學合理、全面、方便實用的特點。其具體模型如下： $$V_i = p_i X_i + b_i (Y - \sum_{i=1}^{n} p_i X_i),\quad (i=1,2,3,\cdots,n) \qquad (1)⑥$$ 　　其中，V_i 為居民用於第 i 類商品或服務的消費支出，$\sum_{i=1}^{n} V_i$ 就是消費總支出，p_i 為第 i 類商品或服務的價格，X_i 為對第 i 種商品或服務的基本需求量，$\sum_{i=1}^{n} p_i X_i$ 為基本消費總支出，Y 為居民可支配收入。b_i 為第 i 類商品或服務的邊際消費傾向，滿足 $0 \leqslant b_i \leqslant 1$，$\sum_{i=1}^{n} b_i \leqslant 1$。令 $$a_i = p_i X_i - b_i \sum_{i=1}^{n} p_i X_i,\quad (i=1,2,3,\cdots,n) \qquad (2)$$ 　　則（1）式可以整理為： $$V_i = a_i + b_i Y,\quad (i=1,2,3,\cdots,n) \qquad (3)$$	⑤對自己要用到的模型、理論、方法等進行簡要的介紹、推導。 ⑥注意格式，重要公式一般獨立成一行，居中，公式編號右對齊。

第十一章 統計綜合實驗

實驗報告	點 評
實證分析時對模型（3）一般採用最小二乘法就可以估計出參數 a_i，b_i 的值。 第 i 類商品或服務的基本消費支出 $p_i X_i$ 可以這樣計算：把（2）式兩邊對 i 求和可得 $\sum_{i=1}^{n} p_i X_i = \sum_{i=1}^{n} a_i / (1 - \sum_{i=1}^{n} b_i)$，再把它代入（2）式，有 $$p_i X_i = a_i + b_i \sum_{i=1}^{n} a_i / (1 - \sum_{i=1}^{n} b_i), \quad (i = 1, 2, 3, \cdots, n) \quad (4)$$ 三、實證分析 1. 樣本數據 居民消費分為食品、衣著、居住、家庭設備及用品、交通通信、文教娛樂、醫療保健、其他這八個大類。以 2011 年的截面數據為樣本，將中國城鎮居民的消費情況按收入劃分為最低收入戶（10%）、較低收入戶（10%）、中等偏下戶（20%）、中等收入戶（20%）、中等偏上戶（20%）、較高收入戶（10%）和最高收入戶（10%）共 7 組。各組居民家庭人均全年現金消費支出具體資料見表 1。	

表 1　2011 年中國城鎮居民家庭人均全年現金消費支出[7]　　單位：元

	總平均	最低收入	較低收入	中等偏下	中等收入	中等偏上	較高收入	最高收入
人均可支配收入	21,810	6,876	10,672	14,498	19,545	26,420	35,579	58,842
現金消費支出	15,161	6,432	8,509	10,873	14,028	18,161	23,906	35,184
食品	5,506	2,949	3,716	4,536	5,467	6,515	7,790	9,682
衣著	1,675	608	913	1,251	1,629	2,046	2,598	3,699
居住	1,405	749	875	1,023	1,233	1,628	2,117	3,273
家庭設備及用品	1,023	335	490	666	923	1,277	1,736	2,626
交通通信	2,150	501	841	1,150	1,762	2,648	3,963	6,913
文教娛樂	1,852	643	877	1,163	1,637	2,238	3,156	5,061
醫療保健	969	484	579	760	911	1,137	1,512	1,960
其他	581	163	218	324	466	672	1,034	1,971

數據來源：《中國統計年鑒 2012》，中國統計出版社。

[7] 注意按統計學中的要求規範地編製表格，一定要說明原始數據的來源。

從表 1 可見，中等收入及其以下收入的居民在各個大類商品或服務上的消費都低於平均水準，即消費低於平均水準的家庭占多數（約占 60%），而消費高於平均水準的家庭占少數（約占 40%），從一定程度上反應出中國居民收入消費的不平等特徵。

收入高低人群在消費上的相對差異，最大的是交通通信，最高

實驗報告	點　評
最低收入戶消費支出比達到13.79倍；其次是其他、文教娛樂、家庭設備及用品、衣著等大類的消費上，最高最低收入戶消費支出比分別為12.08、7.87、7.83、6.08；相對差異最小的是食品消費，最高最低收入戶消費支出比為3.28倍。說明隨著收入水準的提高，城鎮居民在交通通信方面的花費增加幅度最大，在其他類、文教娛樂、家庭設備及用品、衣著等方面的花費次之，居住、醫療保健和食品的花費增加幅度較小。⑧ 2. 實證結果 　　模型（3）符合凱恩斯的「絕對收入假說」，按此模型，取中國2011年城鎮居民人均可支配收入為自變量，家庭人均現金消費支出為因變量，以不同收入等級的家庭戶為樣本點，運用 Excel 軟件進行迴歸分析。對中國城鎮居民的消費函數進行擬合的具體結果如下： （1）食品消費函數 $$V_1 = 2,619.375,3+0.129,4Y$$ 　　　　（7.455,1）（10.945,6） 　　　　$R^2=0.959,9$　$F=119.81$⑨ （2）衣著消費函數 $$V_2 = 365.537,2+0.059,1Y$$ 　　　　（3.862,8）（18.546,1） 　　　　$R^2=0.985,7$　$F=343.96$ （3）居住消費函數 $$V_3 = 334.247,1+0.049,6Y$$ 　　　　（9.883,2）（43.597,4） 　　　　$R^2=0.997,4$　$F=1,900.73$ （4）家庭設備及用品消費函數 $$V_4 = 42.986,3+0.045,0Y$$ 　　　　（1.089,6）（33.862,8） 　　　　$R^2=0.995,7$　$F=1,146.69$ （5）交通通信消費函數 $$V_5 = -562.387,0+0.125,9Y$$ 　　　　（-6.067,2）（40.367,5） 　　　　$R^2=0.996,9$　$F=1,629.53$	⑧對數據一般可以先做這樣的描述統計分析：通過平均數、中位數、標準差、偏度、峰度等指標說明一組數據的基本特徵。通過增減量、結構相對數、比較相對數、強度相對數、動態相對數（發展速度、增長速度）等指標對數據進行橫向、縱向的對比分析。 ⑨這是迴歸分析結果的一般報告格式。

第十一章 統計綜合實驗

實驗報告	點　評
（6）文教娛樂消費函數 　　　　$V_6 = -29.911,4+0.086,9Y$ 　　　　$(-0.672,8)\ (58.073,0)$ 　　　　$R^2 = 0.998,5\quad F = 3,372.47$ （7）醫療保健消費函數 　　　　$V_7 = 327.095,2+0.029,3Y$ 　　　　$(5.711,4)\ (15.202,9)$ 　　　　$R^2 = 0.978,8\quad F = 231.13$ （8）其他類消費函數 　　　　$V_8 = -178.816,1+0.035,4Y$ 　　　　$(-3.656,4)\ (21.493,8)$ 　　　　$R^2 = 0.989,3\quad F = 461.98$ 　其中，括號中的數字為對應系數的 t 統計量值。上述結果可決系數 R^2 都在 0.95 以上，說明模型對樣本點都擬合得非常好。從自變量系數的 t 檢驗（或模型的 F 檢驗）可以判斷出，人均可支配收入對八個大類消費支出的影響都是顯著的（顯著性水準 1%）。各類消費的消費函數的自變量系數都在 0~1 之間，與邊際消費傾向的經濟意義相符。[⑩] 　3. 城鎮居民各類消費的邊際分析 　　從擬合的消費函數可以知道，2011 年中國城鎮居民的邊際消費傾向為 $\sum_{i=1}^{8} b_i = 0.560,6$，與全球金融危機發生前的 2007 年相比有一定程度的下降，與五年前的 2006 年的邊際消費傾向 0.617,6 相比下降程度更明顯，這種變化與邊際消費傾向隨收入增加而降低的理論相符合，也反應出了金融危機對中國城鎮居民邊際消費傾向的影響狀況。究其原因，受 2008 年開始的全球金融危機影響，中國經濟增速開始放緩，居民對收入增長和消費的不確定性預期增加，消費趨於謹慎，雖然 2009—2010 年在國家強力經濟刺激政策影響下居民邊際消費傾向沒有出現下降，但 2011 年開始仍然下降明顯（參見圖 1）。[⑪]2011 年 0.560,6 的邊際消費傾向表明新增可支配收入中平均有 56.06% 用於消費支出，其餘的 43.94% 用於儲蓄，這也是内需不足的重要原因。雖然近年來中國在就業、教育、養老、醫療和住房等方面不斷進行改革，消費信貸也已經在汽車、住房等領域迅速發展，但由於傳統消費觀念保守、居民對潛在支出的預期增加、貧富差距依然很大等各種因素影響，居民仍傾向於把錢留著防患風險。	⑩對模型擬合的結果進行必要的評價，從統計意義和實際經濟意義上進行檢驗。 ⑪結合有關理論和現實對模型數據進行解釋、分析。

實驗報告	點評

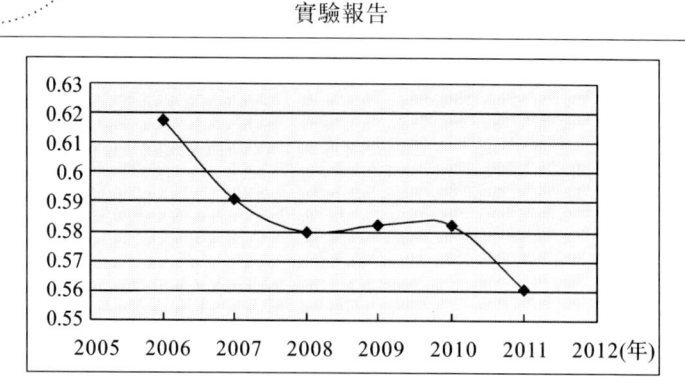

圖1 2006—2011年中國城鎮居民的邊際消費傾向[12]

從各類消費支出的邊際消費傾向看,2011年城鎮居民邊際消費傾向最高的是食品(0.129,4),說明新增可支配收入在滿足基本消費需求之後,剩餘收入中12.94%用於增加食品消費。中國還屬於發展中國家,隨著居民實際收入的增加,居民飲食向營養化發展,食品支出還將進一步擴大。交通通信(0.125,9)、文教娛樂(0.086,9)和衣著(0.059,1)的邊際消費傾向分別排第二、三、四位,與2006年排第四位的是居住消費略有不同。近年來中國居民對交通通信的邊際消費傾向一直較高,所以交通通信業依然有著良好的市場前景。

4.城鎮居民基本消費支出分析[13]

居民的基本消費需求支出,是指在一定的經濟水準下,為了保證勞動力的正常再生產,居民對物質產品和勞務所需基本消費量的貨幣支付能力。按公式(4),可以計算出2011年中國城鎮居民在八個大類上的基本消費支出 $p_i X_i$,結果見表2所示。

表2　　　　2011年中國城鎮居民消費支出情況

項目	實際支出占總支出的比重(%)	基本消費支出(元)	基本消費支出占實際支出之比(%)
食品	36.32	3,478.98	63.18
衣著	11.05	757.82	45.25
居住	9.27	663.81	47.25
家庭設備及用品	6.75	341.60	33.39
交通通信	14.18	273.97	12.74
文教娛樂	12.22	547.17	29.55
醫療保健	6.39	521.71	53.84
其他	3.83	56.13	9.66
合計	100	6,641.20	43.80

⑫圖表結合,形式多樣化,形象直觀地呈現數據,為論證自己的觀點服務。

⑬對問題的分析應盡量深入和全面。

第十一章 統計綜合實驗

實驗報告	點　評
由表2可以看出，總體來看2011年中國城鎮居民人均基本消費需求為6,641.20元，占同年人均消費支出的比重為0.438,0，即為滿足生活基本需要，平均所需要支付的貨幣約占總消費支出的43.80%。而另外的56.2%則用於發展和享受的消費支出，居民生活處於較高的水準。從各大類商品或服務來看：①食品類的基本消費需求占本類實際支出的比重居各類之首，為63.18%。食品類的需求彈性小，基本需求與實際消費的差距也最小。②基本需求占本類實際支出比重超過50%的還有醫療保健，為53.84%。這與中國現行醫療制度有關，老百姓需要自行支付基本的醫療保健費用，雖然總體上看有46.16%的發展、享受型消費支出，但最低收入戶對這類需求還是存有缺口的。③其他類的基本需求消費占本類實際支出比重最小，僅為9.66%，說明其他類消費（如金銀珠寶飾品、美容、旅遊等）基本屬於發展和享受型消費。 　　社會主義的基本目標是滿足人們日益增長的物質文化生活需要，實現共同富裕，因此對低收入家庭的基本消費需求進行分析具有重要意義。把基本消費支出與表1中的實際消費支出比較可以發現，10%最低收入家庭的實際支出水準是基本消費需求的96.85%，其中衣著（80.22%）、食品（84.76%）、醫療保健（92.70%）、家庭設備及用品（98.16%）這四大類的基本消費支出與實際消費支出的比值低於100%，其餘各大類都高於100%。較低收入家庭在各大類上的消費支出都高於基本消費需求，因此，至少90%的家庭已經不僅能滿足各方面的基本消費生活需要，而且正在向發展和享受型邁進，僅有10%的家庭生活水準較低，在某些消費類別上不能滿足基本消費需求。 　　恩格爾系數反應了居民消費水準和消費結構優化的程度。根據聯合國糧農組織的劃分標準：恩格爾系數在60%以上為絕對貧困型，50%-59%為溫飽型，40%-49%為小康型，30%-39%為富裕型，30%以下為極富裕型。1978年中國城鎮居民的恩格爾系數為57.5%，1996年開始低於50%，2000年開始低於40%，2011年的恩格爾系數為36.32%，這表明從總體上看，中國城鎮居民的生活從改革開放之初的溫飽型很快發展為小康型，又快速過渡到了富裕型。目前，除食品外，交通通信、文教娛樂和衣著消費都各自占據了居民10%以上的消費份額，總體上的享受型消費特徵比較明顯。⑭ 　　四、擴大中國城鎮居民消費需求的對策 　　影響居民消費需求的因素是多方面的，經濟發展水準、居民收入水準、消費品價格水準、消費習慣和消費預期等都會影響居民的實際消費。因此，提高中國城鎮居民整體消費水準，可以著力從以	⑭「說話要有依據」，論文一定要論據充分，而客觀、真實的數據就是非常有說服力的論據。

實驗報告	點　評
下幾方面加以完善： 　　第一，增加居民收入，抑制收入差距擴大。收入水準決定消費水準，提高居民收入，能夠增強居民的有效購買力。調整收入分配政策，縮小貧富差距，尤其是提高低收入群體的收入，由於他們的邊際消費傾向高，提高該群體的收入水準，能夠有效提高居民的總消費額。 　　第二，完善社會保障體系，增強消費者信心。完善社會保障體系可以穩定社會，拉動經濟增長，促進社會發展，而且通過社會經濟的槓桿效應，在一定程度上可以緩解社會收入分配不公、貧富差距大的問題。它可以增強人們的消費信心，提高人們的邊際消費傾向，避免出現「有錢不敢花，有錢不願花」的現象。2011年中國城鎮居民的邊際消費傾向只有0.560,6，還有很大提升空間。完善社會保障體系是促進居民消費的重要方式。⑮ 　　第三，培育新的消費熱點，促進消費結構升級。培育新的消費熱點，可以激活居民的潛在需求，解決居民的潛在需求與有效需求的矛盾。目前中國城鎮居民總體上已經過上富裕生活，後續應著力培養發展和享受型消費，如高檔耐用消費品、旅遊、教育、住房等方面的消費，進一步完成中國居民消費結構升級，同時改善居民消費環境，提高居民消費質量，拉動經濟增長。 　　第四，發展消費信貸，改變居民消費觀念。中國一直以來的低邊際消費傾向嚴重制約著中國消費市場的繁榮，培養人們的適當超前消費意識，完善消費信貸市場制度，不僅可以有效改善當前居民的生活水準，更能從根本上提高中國居民的邊際消費傾向，進一步實現消費拉動經濟增長的目標。 　　參考文獻：⑯ 　　［1］國家統計局.中國統計年鑒（各年度）[M].北京：中國統計出版社，2008—2012. 　　［2］臧旭恒，孫文祥.城鄉居民消費結構：基於ELES模型和AIDS模型的比較分析［J］.山東大學學報（哲學社會科學版），2003（6）. 　　［3］王恩胡，李錄堂.中國食品消費結構的演進與農業發展戰略［J］.中國農村觀察，2007（2）. 　　［4］蘇月霞.基於ELES模型的江蘇省城鎮居民消費結構研究［J］.安徽農業科學，2012，40（4）.	⑮結合前文的定量分析結論提出對策建議，前後呼應。 ⑯參考文獻的列示應注意要件齊全、格式規範。

附錄一：統計學模擬試題

課程名稱：統計學

命題教師：

適用班級：

考試					年		月	日	共	頁
題號	一	二	三	四	五	六	七	八	總分	評閱（統分）教師
得分										

注意事項：

1. 滿分 100 分。要求卷面整潔、字跡工整、無錯別字。

2. 考生必須將姓名、班級、學號完整、準確、清楚地填寫在試卷規定的地方，否則視為廢卷。

3. 考生必須在簽到單上簽到，若出現遺漏，後果自負。

4. 如有答題紙，答案請全部寫在答題紙上，否則不給分；考完請將試卷和答題卷分別一同交回，否則不給分。

模擬試題一

一、**單項選擇題**：以下每個小題的四個備選答案中都只有一個是正確的，請將正確答案的選項填入下表。錯選、多選和不選均不得分（每小題1分，共14分）

題號	1	2	3	4	5	6	7
選項							
題號	8	9	10	11	12	13	14
選項							

1. 如果居民消費價格指數CPI上漲3%,則現在的100元錢相當於上漲前的（　　）。
    A. 97元　　　　B. 100元　　　　C. 97.09元　　　　D. 103元
2. 關於調查單位的說法，以下正確的是（　　）。
    A. 總體單位就是調查單位
    B. 調查資料的承擔者
    C. 始終與報告單位一致
    D. 負責調查資料登記並上報的單位或組織
3. 要驗證大學生所學專業對其之後的職業收入有無顯著影響，對專業與職業收入之間的關係進行研究的最佳方法是（　　）。
    A. 動態分析　　B. 方差分析　　C. 相關分析　　D. 迴歸分析
4. 研究自貢市高新技術企業的創新能力，其總體單位是（　　）。
    A. 自貢市每一戶高新技術企業
    B. 自貢市所有高新技術企業
    C. 自貢市所有高新技術企業的創新能力數據
    D. 自貢市每一戶高新技術企業的創新能力數據
5. 假定2000至2009年淨利潤年平均遞增25%，2009至2016年淨利潤年平均遞增19%，則2000至2016年淨利潤年平均遞增速度的計算式為（　　）。

    A. $\dfrac{25\% \times 9 + 19\% \times 7}{9+7}$　　　　B. $\dfrac{125\% \times 9 + 119\% \times 7}{9+7} - 100\%$

    C. $\sqrt[16]{1.25^9 \times 1.19^7} - 100\%$　　　　D. $\sqrt[14]{1.25^8 \times 1.19^6} - 100\%$

6. 會同時產生代表性誤差和登記性誤差的統計調查組織形式是（　　）。
    A. 普查　　　　　　　　　　B. 統計報表
    C. 重點調查和典型調查　　　D. 抽樣調查

附錄一：統計學模擬試題

7. 某連鎖超市三種商品報告期比基期的銷售價格分別比增長17%、24%、6%，三種商品在報告期的銷售額分別為680萬元、720萬元和950萬元，則編製三種商品銷售價格總指數的算式應為（　　）。

   A. $\dfrac{17\%+24\%+6\%}{3}+100\%$
   B. $\dfrac{117\%\times 680+124\%\times 720+106\%\times 950}{180+750+520}$
   C. $\dfrac{117\%+124\%+106\%}{3}$
   D. $\dfrac{680+720+950}{\dfrac{680}{117\%}+\dfrac{720}{124\%}+\dfrac{950}{106\%}}$

8. 某課程考核成績分佈情況見下表。

成績等級	優秀	良好	中等	及格	不及格
學生比重（%）	18	25	39	13	5

   將上述數據用統計圖展示出來，最佳選擇是（　　）。

   A. 餅圖　　　B. 柱狀圖　　　C. 折線圖　　　D. 條形圖

9. 某投資者以10萬元本金在股票市場進行連續投資（假定投資過程中既不追加資金，也不取出盈利），連續5年的收益率分別為38%、89%、-22%、156%、40%。則該投資者5年間的平均收益率為（　　）。

   A. $\sqrt[5]{1.38\times 1.89\times 0.78\times 2.56\times 1.4}-1$
   B. $\dfrac{0.38+0.89-0.22+1.56+0.4}{5}$
   C. $\dfrac{5}{\dfrac{1}{0.38}+\dfrac{1}{0.89}-\dfrac{1}{0.22}+\dfrac{1}{1.56}+\dfrac{1}{0.4}}$
   D. $\dfrac{\dfrac{0.38}{2}+0.89-0.22+1.56+\dfrac{0.4}{2}}{4}$

10. 「學號」可以用來識別每一個具體的學生，統計上把「學號」這種計量方式稱為（　　）。

    A. 類型計量　　　B. 順序計量　　　C. 間距計量　　　D. 比率計量

11. 如果某企業產品合格率為95%，隨機抽取4件產品進行質量檢驗，則4件產品中有3件合格品的概率為（　　）。

    A. $C_4^3\times 0.95^4\times 0.05^3$
    B. $C_4^3\times 0.95^3\times 0.05^1$
    C. $C_4^1\times 0.95^1\times 0.05^3$
    D. $C_4^3\times 0.95^3\times 0.05^4$

12. 某連續變量編製的等距數列，其末組為8,000以上。如果其相鄰組的組中值為7,200，則末組的組中值為（　　）。

    A. 9,200　　　B. 8,800　　　C. 8,600　　　D. 8,200

13. 根據經驗，某課程考試成績的優秀率為25%。現隨機抽查200名學生，成績為優秀的有52人。為了檢驗成績優秀率是否有顯著上升，此假設檢驗的原假設與備擇假設為（　　）。

    A. $H_0: \pi \geqslant 25\%$；$H_1: \pi < 25\%$
    B. $H_0: \pi \leqslant 25\%$；$H_1: \pi > 25\%$
    C. $H_0: \pi = 25\%$；$H_1: \pi \neq 25\%$
    D. $H_0: \pi \geqslant 26\%$；$H_1: \pi < 26\%$

14. 某公司產品銷售費用計劃比上年降低 7%，執行結果實際比上年降低 5.7%，則該企業產品銷售費用計劃完成程度的計算式為（　　）。

A. $\dfrac{5.7\%}{7\%}$　　B. $\dfrac{5.7\%}{7\%} - 100\%$　　C. $\dfrac{1 + 5.7\%}{1 + 7\%}$　　D. $\dfrac{1 - 5.7\%}{1 - 7\%}$

二、多項選擇題：以下各題分別有 2~4 個不確定的正確選項，請將各題正確答案的選項填入下表答題框（每小題 2 分，共 10 分）

題號	1	2	3	4	5
選項					

1. 把職工月工資劃分為 6,000 以下、6,000~8,000、8,000~10,000、10,000~12,000、12,000 以上五個組，這種分組屬於（　　）。

　　A. 組距式分組　　B. 等距分組　　C. 異距分組　　D. 同限分組

2. 以下屬於相關關係的有（　　）。

　　A. 父母身高與子女身高的關係　　B. 正方形的邊長與面積的關係
　　C. 數學成績與統計學成績的關係　　D. 降雨量與糧食產量的關係

3. 影響抽樣誤差的因素有（　　）。

　　A. 總體標準差 σ　　B. 抽樣方法差異　　C. 樣本容量 n　　D. 置信度大小

4. 以下屬於描述分析指標的有（　　）。

　　A. 總量指標　　B. 相對指標　　C. 平均指標　　D. 檢驗統計量

5. 如果銀行基準利率由 3% 調整為 3.25%，則以下說法正確的有（　　）。

　　A. 基準利率調高 0.25%
　　B. 基準利率上調後每百元存款可多得利息 0.25 元
　　C. 基準利率調高 0.25 個百分點
　　D. 基準利率調高 8.33%

三、判斷題：正確說法打「√」，錯誤說法打「×」。（每小題 1 分，共 16 分）

題　號	1	2	3	4	5	6	7	8
判斷符號								
題　號	9	10	11	12	13	14	15	16
判斷符號								

1. 方差分析的結果只能判斷各總體的均值是否存在顯著差異，而不能判斷哪個總體的均值更大或者更小。　　　　　　　　　　　　　　　　　　（　　）

2. 當存在極端變量值的條件下，使用中位數或者眾數來反應現象的一般水準效果會更好。　　　　　　　　　　　　　　　　　　　　　　　　（　　）

附錄一：統計學模擬試題

3. 抽樣調查中，總體參數和樣本統計量都具有隨機性和不確定性特點。（　　）
4. 假設檢驗中，如果要降低犯「棄真」錯誤的概率，應當增大顯著性水準 α。
（　　）
5. 統計工作研究的對象是社會、經濟以及自然現象的數量方面，但統計研究的最終目的是通過研究現象的數量來認識事物的本質。（　　）
6. 總體標準差越大，總體各單位之間變量值的差異程度越大。（　　）
7. 課程「考核成績」標誌有時是數量標誌，有時是品質標誌。（　　）
8. 如果某企業淨利潤的逐期增長量年年相等，那麼淨利潤指標各年的環比增長速度也年年相等。（　　）
9. 統計調查中的填報單位與調查單位有時是一致的，有時又不一致。（　　）
10.「職工總人數」指標在說明「所有職工」總體時屬於總體單位總量，在說明「所有企業」總體時屬於總體標誌總量。（　　）
11. 統計所指的大量觀察法，就是對研究對象的所有單位進行觀察、研究。
（　　）
12. 向上累計頻數是將變量數列中的頻數由變量值高的組向變量值低的組依次進行累加。（　　）
13. 計劃完成程度相對指標的數值大於100%，說明計劃完成得好；指標數值小於100%，說明計劃完成得不好。（　　）
14. 職工平均工資、糧食平均每畝產量、全國人均糧食產量都是平均指標。
（　　）
15. 樣本相關係數能否說明總體的相關程度，需要借助樣本相關係數的顯著性檢驗才能確定。（　　）
16. 序時平均數是對總體單位在不同時間下的指標數值計算平均數。（　　）

四、簡答題：

簡述序時平均數與一般平均數之間的區別和聯繫（5分）。

五、計算分析題（5個小題，共55分）

1. 根據經驗，某小區業主對物管的滿意率維持在80%的水準。在採取諸多服務改進措施後，物管公司經理希望這個數據會有所上升。於是展開了新一輪調查，在隨機調查的小區300戶業主中有252戶業主對物管的服務表示滿意。試問在5%的顯著性水準下，調查結果能否支持業主滿意率有所升高的說法？（9分）
2. 某企業2015年產品合格率數據如下表：

指　　標	一季度	二季度	三季度	四季度
合格品數量（萬件）	4,570	4,930	5,350	5,890
產品合格率（%）	95	98	96	92

根據上表資料計算全年平均合格率。（8分）

3. 飛機晚點是讓乘客頗為煩惱的事情之一。某機場隨機調查了2,000架次飛機的起降情況，獲得如下數據：

晚點時間（分鐘）	飛機架次 f	組中值 x				
10以下	50	5				
10~20	200	15				
20~30	350	25				
30~40	700	35				
40~50	550	45				
50以上	150	55				
合計	2,000	—				

要求根據上表資料，以95%的把握程度推斷該機場全部起降飛機平均晚點時間的可能區間。（12分）

4. 某企業產品產量與單位成本資料見下表：

產量（臺）x	單位成本（萬元）y	xy	x^2	y^2
54	98			
69	95			
85	93			
98	89			
120	85			
136	81			
153	76			
合計				

要求：（1）根據上表資料計算產品產量與單位成本之間的相關係數，並判斷相關的程度和方向；（2）建立產品產量與單位成本之間的迴歸直線方程，並解釋迴歸係數 b 的含義。（12分）

5. 某工業企業三種產品的產量及單位成本資料如下表：

商品	計量單位	產品產量 基期 q_0	產品產量 報告期 q_1	單位成本（萬元）基期 p_0	單位成本（萬元）報告期 p_1	總成本（萬元）基期 p_0q_0	總成本（萬元）報告期 p_1q_1	假定 p_0q_1
甲	只	230	350	10	9			
乙	臺	380	550	45	50			
丙	千克	620	760	32	35			
合計								

要求分別從相對數和絕對數兩個方面計算分析該工業企業產品產量以及單位成本變動對產品總成本的影響。（14分）

附錄一：統計學模擬試題

模擬試題一參考答案及評分標準

一、單項選擇題（每小題1分，共14分）

題號	1	2	3	4	5	6	7
選項	C	B	B	A	C	D	D
題號	8	9	10	11	12	13	14
選項	A	A	C	B	B	B	D

二、多項選擇題（每小題2分，共10分）

題號	1	2	3	4	5
選項	ABD	ACD	ABC	ABC	BCD

三、判斷題（每小題1分，共16分）

題 號	1	2	3	4	5	6	7	8
判斷符號	✓	✓	×	×	✓	×	✓	×
題 號	9	10	11	12	13	14	15	16
判斷符號	✓	✓	×	×	×	×	✓	×

四、簡答題：序時平均數與一般平均數之間的區別和聯繫（5分）

答案要點：區別：①計算的對象不同：序時平均數是對總體現象在不同時間下的指標數值計算的平均數，而一般平均數是對總體各單位在同一時間下的變量值計算的平均數；②計算的依據不同：序時平均數是根據動態數列計算的，而一般平均數是依據變量數列計算的。

聯繫：二者都說明現象的一般水準；兩種平均數在計算方法（公式）上有一致的地方。

五、計算分析題（5個小題，共55分）

1. （9分）樣本滿意率為：$P = \dfrac{252}{300} = 84\%$，調查300戶業主中表示滿意和不滿意

287

的戶數分別達到252戶、48戶業，表明nP和$n(1-P)$均大於5，所以二項式分佈近似於正態分佈。根據題意，提出原假設和備擇假設如下（想要驗證的結論作為備擇假設）： (2分)

$H_0: \pi \leqslant 80\%$；$H_1: \pi > 80\%$ (1分)

如果原假設成立，檢驗統計量 $Z = \dfrac{P - \pi_0}{\sqrt{\pi_0(1-\pi_0)/n}} \sim N(0, 1)$ (1分)

在顯著性水準 $\alpha = 5\%$ 的條件下，得此問題的拒絕域為 $Z > z_{0.05}$，查標準正態分佈表得 $z_{0.05} = 1.645$ (1分)

計算檢驗統計量：

$$Z = \dfrac{P - \pi_0}{\sqrt{\pi_0(1-\pi_0)/n}} = \dfrac{0.84 - 0.8}{\sqrt{0.8 \times (1-0.8)/300}} = 1.73$$ (3分)

由於 $Z = 1.73 > 1.645$，檢驗統計量的值落入拒絕域，所以拒絕原假設 H_0，接受備擇假設。即在5%的顯著性水準下，調查結果支持業主滿意率有所升高的說法。

(1分)

2.（8分）解：本題中，已知「產品合格率」及其比數指標「合格品數量」，其基數指標「送檢產品數量」未知。但比數指標「合格品數量」和基數指標「送檢產品數量」均為時期指標，所以全年平均合格率為： (1分)

$$\bar{c} = \dfrac{\bar{a}}{\bar{b}} = \dfrac{\dfrac{\sum a}{n}}{\dfrac{\sum b}{n}} = \dfrac{\sum a}{\sum b} = \dfrac{\sum a}{\sum \dfrac{a}{c}} = \dfrac{4,570 + 4,930 + 5,350 + 5,890}{\dfrac{4,570}{0.95} + \dfrac{4,930}{0.98} + \dfrac{5,350}{0.96} + \dfrac{5,890}{0.92}} = \dfrac{20,740}{21,816.23}$$

$= 95.07\%$ (7分)

3.（12分）解：列表計算樣本平均數及樣本標準差： (3分)

晚點時間（分鐘）	飛機架次 f	組中值 x	$\dfrac{x-A}{d}\begin{pmatrix}A=35\\d=10\end{pmatrix}$	$\left(\dfrac{x-A}{d}\right)f$	$\left(\dfrac{x-A}{d}\right)^2$	$\left(\dfrac{x-A}{d}\right)^2 f$
10以下	50	5	−3	−150	9	450
10~20	200	15	−2	−400	4	800
20~30	350	25	−1	−350	1	350
30~40	700	35	0	0	0	0
40~50	550	45	1	550	1	550
50以上	150	55	2	300	4	600
合計	2,000	—	—	−50	—	2,750

附錄一：統計學模擬試題

樣本平均數：$\bar{x} = \dfrac{\sum\left(\dfrac{x-A}{d}\right)f}{\sum f} \times d + A = \dfrac{-50}{2,000} \times 10 + 35 = 34.75($分鐘$)$

（2分）

樣本標準差：

$$S = \sqrt{\dfrac{\sum\left(\dfrac{x-A}{d}\right)^2 f}{\sum f} - \left[\dfrac{\sum\left(\dfrac{x-A}{d}\right)f}{\sum f}\right]^2} \times d = \sqrt{\dfrac{2,750}{2,000} - \left(\dfrac{-50}{2,000}\right)^2} \times 10$$

$= 11.723,4($分鐘$)$ （2分）

由於樣本容量 $n = 2,000$，可以直接用樣本標準差 S 代替總體標準差 σ。

抽樣平均誤差：$\sigma_{\bar{x}} = \dfrac{\sigma}{\sqrt{n}} = \dfrac{11.723,4}{\sqrt{2,000}} = 0.262,1$ （1分）

在置信度為95%條件下，得標準正態分佈的臨界值 $z_{\alpha/2} = 1.96$

抽樣極限誤差：$\Delta_{\bar{x}} = z_{\alpha/2}\sigma_{\bar{x}} = 1.96 \times 0.262,1 = 0.51($分鐘$)$ （1分）

全部飛機平均晚點時間的下限：$\bar{x} - \Delta_{\bar{x}} = 34.75 - 0.51 = 34.24($分鐘$)$ （1分）

全部飛機平均晚點時間的上限：$\bar{x} + \Delta_{\bar{x}} = 34.75 + 0.51 = 35.26($分鐘$)$ （1分）

結論：在95%的把握程度下，該機場全部飛機平均晚點時間的可能範圍介於 34.24～35.26 分鐘之間。 （1分）

當然，本題也可以直接計算樣本均值 $\bar{x}$ 和樣本標準差 s（不用簡捷公式，表達相對簡潔一些）：

晚點時間 （分鐘）	飛機架次 f	組中值 x	$x \cdot f$	$(x-\bar{x})^2 \cdot f$
10 以下	50	5	250	44,253
10～20	200	15	3,000	78,013
20～30	350	25	8,750	33,272
30～40	700	35	24,500	44
40～50	550	45	24,750	57,784
50 以上	150	55	8,250	61,509
合　計	2,000	—	69,500	274,875

樣本平均數：$\bar{x} = \dfrac{\sum xf}{\sum f} = \dfrac{69,500}{2,000} = 34.75$

樣本標準差：$s = \sqrt{\dfrac{\sum(x-\bar{x})^2 f}{\sum f - 1}} = \sqrt{\dfrac{274,875}{2,000-1}} = 11.726,3$

(注意：由於是大樣本，所以樣本標準差採用近似計算也可以：$s = \sqrt{\dfrac{\sum (x-\bar{x})^2 f}{\sum f}} = \sqrt{\dfrac{274,875}{2,000}} = 11.723,4$，即分母不減1)

在置信度為95%條件下，得標準正態分佈的臨界值 $z_{\alpha/2} = 1.96$，所以：

抽樣極限誤差：$\Delta_{\bar{x}} = z_{\alpha/2} \cdot \dfrac{s}{\sqrt{n}} = 1.96 \times \dfrac{11.726,3}{\sqrt{2,000}} = 0.51$

全部飛機平均晚點時間的下限：$\bar{x} - \Delta_{\bar{x}} = 34.75 - 0.51 = 34.24$（分鐘）

全部飛機平均晚點時間的上限：$\bar{x} + \Delta_{\bar{x}} = 34.75 + 0.51 = 35.26$（分鐘）

結論：在95%的把握程度下，該機場全部飛機平均晚點時間的可能範圍介於34.24~35.26分鐘之間。

4.（12分）解：列相關係數及迴歸參數計算表如下： （3分）

產量（臺）x	單位成本（萬元）y	xy	x^2	y^2
54	98	5,292	2,916	9,604
69	95	6,555	4,761	9,025
85	93	7,905	7,225	8,649
98	89	8,722	9,604	7,921
120	85	10,200	14,400	7,225
136	81	11,016	18,496	6,561
153	76	11,628	23,409	5,776
合計　715	617	61,318	80,811	54,761

代入相關係數計算公式：

$$\gamma = \dfrac{n\sum xy - \sum x \sum y}{\sqrt{n\sum x^2 - (\sum x)^2}\sqrt{n\sum y^2 - (\sum y)^2}}$$

$$= \dfrac{7 \times 61,318 - 715 \times 617}{\sqrt{(7 \times 80,811 - 715^2)(7 \times 54,761 - 617^2)}}$$

$$= \dfrac{-11,929}{\sqrt{54,452 \times 2,638}} = -0.995,3 \qquad (3分)$$

相關係數-0.995,3，表明企業產量與單位成本之間高度負相關。

假定迴歸直線方程為：$\hat{y} = a + bx$

根據迴歸參數計算公式可得：

$$b = \dfrac{n\sum xy - \sum x \sum y}{n\sum x^2 - (\sum x)^2} = \dfrac{7 \times 61,318 - 715 \times 617}{7 \times 80,811 - 715^2} = \dfrac{-11,929}{54,452} = -0.219,1$$

（2分）

附錄一：統計學模擬試題

$$a = \bar{y} - b\bar{x} = \frac{\sum y}{n} - \frac{b\sum x}{n} = \frac{617}{7} + 0.219,1 \times \frac{715}{7} = 110.52 \qquad (2分)$$

迴歸直線方程為：$\hat{y} = 110.52 - 0.219,1x$ （1分）

迴歸系數 $b = -0.219,1$ 表明，企業產量每增加 1 臺單位成本將平均下降 2,191 元。 （1分）

5. （14分）解：根據已知條件計算三種產品的總成本： （3分）

基期：$\sum p_0 q_0 = 10 \times 230 + 45 \times 380 + 32 \times 620 = 39,240$ 萬元

報告期：$\sum p_1 q_1 = 9 \times 350 + 50 \times 550 + 35 \times 760 = 57,250$ 萬元

假定：$\sum p_0 q_1 = 10 \times 350 + 45 \times 550 + 32 \times 760 = 52,570$ 萬元

（1）計算產品總成本的變動

產品總成本指數：$\bar{K}_{pq} = \dfrac{\sum p_1 q_1}{\sum p_0 q_0} = \dfrac{57,250}{39,240} = 145.90\%$ （2分）

產品總成本增加：$\sum p_1 q_1 - \sum p_0 q_0 = 57,250 - 39,240 = 18,010$ 萬元 （1分）

（2）計算產品產量變動對產品總成本的影響

產品產量總指數：$\bar{K}_q = \dfrac{\sum p_0 q_1}{\sum p_0 q_0} = \dfrac{52,570}{39,240} = 133.97\%$ （2分）

由於產品產量增加而增加的產品總成本：

$\sum p_0 q_1 - \sum p_0 q_0 = 52,570 - 39,240 = 13,330$ 萬元 （1分）

（3）計算產品單位成本變動對產品總成本的影響

產品單位成本總指數：$\bar{K}_p = \dfrac{\sum p_1 q_1}{\sum p_0 q_1} = \dfrac{57,250}{52,570} = 108.90\%$ （2分）

由於產品單位成本提高而增加的產品總成本：

$\sum p_1 q_1 - \sum p_0 q_1 = 57,250 - 52,570 = 4,680$ 萬元 （1分）

（4）指數體系及數量檢驗： （2分）

從相對數看，該企業報告期產品總成本較基期增長45.90%，是由於產品產量增長33.97%和產品單位成本提高8.90%兩個因素共同作用的結果。即：145.90% = 133.97%×108.9%。

從絕對數看，該企業報告期產品總成本較基期增加18,010萬元，是由於以下兩個因素共同作用的結果：一是產品產量增長使產品總成本增長13,330萬元，二是產品單位成本提高使得總成本增加4,680萬元。即：18,010萬元 = 13,330萬元 + 4,680萬元。

統計學實驗與實訓

課程名稱：統計學

命題教師：

適用班級：

考試　　　　　　　　年　　月　　日　　共　　頁

題號	一	二	三	四	五	六	七	八	總分	評閱（統分）教師
得分										

注意事項：

1. 滿分 100 分. 要求卷面整潔、字跡工整、無錯別字。

2. 考生必須將姓名、班級、學號完整、準確、清楚地填寫在試卷規定的地方，否則視為廢卷。

3. 考生必須在簽到單上簽到，若出現遺漏，後果自負。

4. 如有答題紙，答案請全部寫在答題紙上，否則不給分；考完請將試卷和答題卷分別一同交回，否則不給分。

模擬試題二

一、單項選擇題：以下每個小題的四個備選答案中都只有一個是正確的，請將正確答案的選項填入下表。錯選、多選和不選均不得分（每小題 1 分，共 14 分）

題號	1	2	3	4	5	6	7
選項							
題號	8	9	10	11	12	13	14
選項							

1. 以下屬於順序計量的是（　　）。

　　A. 性別　　　B. 學歷　　　C. 學號　　　D. 銷售收入

2. 抽樣平均誤差是指（　　）。

　　A. 所有可能的樣本平均數與總體平均數之間的標準差

　　B. 所有可能的樣本平均數與總體平均數之間離差平方的算術平均數

　　C. 總體各單位變量值與總體平均數之間離差平方和的平方根

　　D. 所有可能的樣本平均數與總體平均數之間的平均差

3. 某公司銷售收入連續 3 年的環比增長速度分別為 8%、9%、12%，則最後一

附錄一：統計學模擬試題

年的定基增長速度為（　　）。

　　A. 8%+9%+12%　　　　　　B. 108%×109%×112%−100%

　　C. 8%×9%×12%　　　　　　D. $\sqrt[3]{108\%\times 109\%\times 112\%}-1$

4. 以下屬於相關關係的是（　　）。

　　A. 圓的面積與半徑的關係　　B. 家庭人口數與家庭財富的關係

　　C. 身高與智商的關係　　　　D. 產品總產量與單位成本的關係

5. 某商店三種商品在報告期的銷售量分別比基期增長 23%、16%、48%，三種商品在基期的銷售額分別為 180 萬元、750 萬元和 520 萬元，則編製三種商品銷售量總指數的算式應為（　　）。

　　A. $\dfrac{23\%+16\%+48\%}{3}$　　　　B. $\dfrac{123\%+116\%+148\%}{3}$

　　C. $\dfrac{123\%\times 180+116\%\times 750+148\%\times 520}{180+750+520}$　　D. $\dfrac{180+750+520}{\dfrac{180}{123\%}+\dfrac{750}{116\%}+\dfrac{520}{148\%}}$

6. 某企業「十二五」規劃要求最後一年產量要達到 200 萬噸，各年實際產量（萬噸）見下表：

時　間	2011年	2012年	2013年		2014年				2015年			
			上半年	下半年	一季度	二季度	三季度	四季度	一季度	二季度	三季度	四季度
產量	130	135	65	75	35	45	50	55	50	60	65	75

根據上表資料確定該企業「十二五」產量規劃提前完成的時間（　　）。

　　A. 一個季度　　B. 二個季度　　C. 三個季度　　D. 一年

7. 方差分析的實質是（　　）。

　　A. 就是檢驗多個總體的均值是否相等

　　B. 研究數值型自變量對數值型因變量是否有顯著影響

　　C. 研究數值型自變量對分類型因變量是否有顯著影響

　　D. 研究分類型自變量對數值型因變量是否有顯著影響

8. 統計調查中的報告單位（　　）。

　　A. 就是負責調查資料登記並上報的單位或組織

　　B. 一定不是總體單位

　　C. 一定是總體單位

　　D. 必須是調查單位

9. 統計學上被稱為「有統計之名，無統計之實」的學派是（　　）。

　　A. 數理統計學派　　　　　　B. 「政治算術」學派

　　C. 社會統計學派　　　　　　D. 記述學派

10. 某公司 2010—2015 年淨利潤數據見下表，該數列屬於（　　）。

年　度	2010年	2011年	2012年	2013年	2014年	2015年
淨利潤（萬元）	380	460	535	618	756	769

  A. 時期數列   B. 單項式變量數列
  C. 時點數列   D. 等距數列

11. 假設檢驗中，如果顯著性水準 $\alpha = 5\%$，表示（　　）。
  A. 犯「棄真」錯誤的概率為 5%   B. 總體參數落在 H_0 的概率
  C. 犯「納偽」錯誤的概率為 5%   D. 樣本統計量落在 H_0 的概率

12. 抽樣調查中，必要抽樣數目 n（　　）。
  A. 與置信水準成反比   B. 與極限誤差成正比
  C. 與總體方差成反比   D. 與極限誤差的平方成反比

13. 從 2,000 個同學中採用「對稱起點，等距抽樣」的組織形式抽取 50 個同學作為樣本，假如在最前面 40 個同學中隨機抽取序號為 27 的同學，那麼在最後面 40 個同學中應抽取的對應序號是（　　）。
  A. 1,975   B. 1,973   C. 1,974   D. 1,972

14. 某城市擬對占全市儲蓄總額 4/5 的幾大金融機構進行調查，以瞭解全市儲蓄存款的大概情況，這種調查形式屬於（　　）。
  A. 普查   B. 典型調查   C. 抽樣調查   D. 重點調查

二、多項選擇題：以下各題分別有 2~4 個不確定的正確選項，請將各題正確答案的選項填入下表（每小題 2 分，共 10 分）

題號	1	2	3	4	5
選項					

1. 研究某地區民營高科技企業的創新能力時，獲知 M 公司 2016 年的出口創匯總額為 2,897 萬美元。則「出口創匯總額」稱為（　　）。
  A. 標志   B. 變量   C. 數量標志   D. 指標名稱

2. 方差分析中的基本假定包括（　　）。
  A. 所有總體相互獨立   B. 所有總體均值相同
  C. 所有總體都服從正態分佈   D. 所有總體方差相同

3. 受極端值影響的平均數有（　　）。
  A. 算術平均數   B. 中位數和眾數   C. 調和平均數   D. 幾何平均數

4. 組距式分組中，組中值的計算方法有（　　）。
  A. 組中值 $= \dfrac{上限 + 下限}{2}$ B. 組中值 $= 上限 - \dfrac{組距}{2}$
  C. 組中值 $= 上限 + \dfrac{組距}{2}$ D. 組中值 $= 下限 + \dfrac{組距}{2}$

附錄一：統計學模擬試題

5. 如果某校喜歡足球比賽的同學占 65%，喜歡籃球比賽的同學占 55%，既喜歡足球比賽又喜歡籃球比賽的同學占 45%。則從該校隨機抽選一位同學（　　）。

　　A. 只喜歡足球比賽的概率為 20%

　　B. 只喜歡籃球比賽的概率為 10%

　　C. 喜歡足球比賽或籃球比賽的概率為 75%

　　D. 不喜歡足球或籃球的概率為 25%

三、判斷題： 正確說法打「✓」，錯誤說法打「×」。（每小題 1 分，共 16 分）

題　號	1	2	3	4	5	6	7	8
判斷符號								
題　號	9	10	11	12	13	14	15	16
判斷符號								

1. 統計資料是指統計調查、整理以及分析過程中獲得的各種資料，它的主要特徵表現為數量性。（　　）

2. 制定中長期計劃，水準法一般適用於變動趨勢較為明確的指標；累計法一般適用於無明顯變動趨勢的指標。（　　）

3. 連續型變量只能用小數表示，不能用整數表示。（　　）

4. 對變量進行同限分組時，需遵循「上限不在內」的原則。（　　）

5. 根據迴歸直線方程，可以由自變量預測因變量，也可以由因變量預測自變量。（　　）

6. 同等條件下，不重複抽樣的誤差大於重複抽樣的誤差。（　　）

7. 計劃完成程度大於 100% 表明計劃完成好。反之，則不好。（　　）

8. 增大樣本容量可以同時降低犯「棄真」錯誤和「納偽」錯誤的機會。（　　）

9. 發展水準就是構成時間數列的每一項指標數值，它可以表現為絕對數，也可以表現為相對數和平均數。（　　）

10. 綜合指數中的同度量因素不僅具有同度量功能，同時還具有權重功能。（　　）

11. 普查和統計報表都是全面調查，但二者之間不可以相互替代。（　　）

12. 隨著研究目的不同，總體和總體單位之間可以相互轉化。（　　）

13. 一次性調查是指在時間上可以間斷的統計調查，一般用來收集時期資料。（　　）

14. 在頻數呈負偏分佈的情況下，會有 $\bar{x} \geq m_e \geq m_o$。（　　）

15. 相關係數的假設檢驗與迴歸系數 b 的顯著性檢驗是同質的。（　　）

16. 編製產品產量綜合指數，既可以選用基期單位成本作為同度量因素，也可以選用基期出廠價格作為同度量因素。   （ ）

四、簡答題：

時期指標與時點指標之間的區別表現在哪些方面？（5 分）

五、計算分析題（5 個小題，共 55 分）

1. 某中學是聞名全國「考試工廠」，每年高考上「一本線」的比率都很高。某年高考結束後，隨機抽查該校 400 位同學，結果上「一本線」的人數為 386 人。試以 95.45% 的把握程度推算全校同學上「一本線」比率的可能區間。（8 分）

2. 某企業 2016 年各季度計劃利潤以及利潤計劃完成程度見下表：

季　　別	一季度	二季度	三季度	四季度
計劃利潤（萬元）	5,000	5,200	5,500	6,000
利潤計劃完成（%）	115	121	128	125

要求：根據上表數據計算該企業 2014 年各季度平均利潤計劃完成程度。（8 分）

3. 某老師憑自己的經驗認為，大學生月平均消費支出不超過 1,000 元。為了驗證這一說法，隨機調查 2,000 名在校大學生，獲得如下數據：

月消費支出（元）	學生人數 f（人）	組中值 x					
500 以下	30						
500～700	250						
700～900	420						
900～1,100	700						
1,100～1,300	460						
1,300 以上	140						
合　　計	2,000	—					

試問在 5% 的顯著性水準下，可否接受「大學生月平均消費支出不超過 1,000 元」的說法？（13 分）

4. 某商業連鎖上市公司 2015 年商品銷售總額為 479 億元，2016 年為 616 億元。根據統計部門提供的物價指數測算，2016 年商品零售價格較 2015 年上升 5.8%。試從相對數和絕對數兩個方面計算分析該公司商品銷售量以及商品銷售價格變動對商品銷售總額的影響。（14 分）

5. 隨機調查 7 位同學的數學成績與統計學成績獲得如下數據：

附錄一：統計學模擬試題

數學成績 （分）x	統計學成績 （分）y	xy	x^2	y^2
53	50			
67	65			
72	73			
78	80			
84	82			
88	90			
94	94			
合計 536	534			

要求：（1）根據上表資料計算數學成績與統計學成績之間的相關係數，並判斷相關的程度和方向；（2）建立數學成績與統計學成績之間的迴歸直線方程，並解釋迴歸係數 b 的含義。（12 分）

模擬試題二參考答案及評分標準

一、單項選擇題（每小題1分，共14分）

題號	1	2	3	4	5	6	7
選項	B	A	B	D	C	C	D
題號	8	9	10	11	12	13	14
選項	A	B	A	A	D	C	D

二、多項選擇題（每小題2分，共10分）

題號	1	2	3	4	5
選項	ABC	ACD	ACD	ABD	ABCD

三、判斷題（每小題1分，共16分）

題號	1	2	3	4	5	6	7	8
判斷符號	✓	✓	×	✓	×	×	×	✓
題號	9	10	11	12	13	14	15	16
判斷符號	✓	✓	✓	✓	×	×	✓	✓

四、簡答題：時期指標與時點指標之間的區別表現在哪些方面？　　（5分）

答案要點：①時期指標的原始資料需要連續登記；而時點指標的原始資料不需要連續登記；②時期指標數值的大小與時間間隔長短有直接關係；時點指標數值的大小與時間間隔長短無直接關係；③時期指標數值既可以縱向相加，也可以橫向相加；時點指標數值不能縱向相加，但可以橫向相加；④時期指標數值隨時間變化只增加不減少，而時點指標數值隨時間變化既有增加也有減少。

五、計算題（55分）

1.（8分）解：樣本比例 $P = \dfrac{386}{400} = 96.5\%$，隨機調查400位同學中上「一本線」的人數為386人，表明 nP 和 $n(1-P)$ 均大於5，所以二項式分佈近似於正態分佈。　　　　　　　　　　　　　　　　　　　　　　　　　　　　　　（1分）

附錄一：統計學模擬試題

抽樣平均誤差：$\sigma_P = \sqrt{\dfrac{P(1-P)}{n}} = \sqrt{\dfrac{96.5\% \times (1-96.5\%)}{400}} = 0.918,9\%$

（2分）

在 95.45% 的把握程度下，Z 分數臨界值 $z_{\alpha/2} = 2$ （1分）

極限誤差：$\Delta_P = z_{\alpha/2}\sigma_P = 2 \times 0.918,9\% = 1.84\%$ （1分）

全校同學考上一本線比率的下限 $= P - \Delta_P = 96.5\% - 1.84\% = 94.66\%$ （1分）

全校同學考上一本線比率的上限 $= P + \Delta_P = 96.5\% + 1.84\% = 98.34\%$ （1分）

結論：以 95.45% 的把握程度下，全校同學考上一本線的比率區間可能介於 94.66% 至 98.34% 之間。 （1分）

2.（8分）解：本題中，已知「利潤計劃完成程度」指標及其基數指標「計劃利潤」，其比數指標「實際利潤」未知。但比數指標「實際利潤數」與基數指標「計劃利潤」均為時期指標，所以平均每個季度的利潤計劃完成程度為： （1分）

$$\bar{c} = \dfrac{\bar{a}}{\bar{b}} = \dfrac{\dfrac{\sum a}{n}}{\dfrac{\sum b}{n}} = \dfrac{\sum a}{\sum b} = \dfrac{\sum bc}{\sum b}$$

$$= \dfrac{5,000 \times 1.15 + 5,200 \times 1.21 + 5,500 \times 1.28 + 6,000 \times 1.25}{5,000 + 5,200 + 5,500 + 6,000} = \dfrac{26,582}{21,700}$$

$= 122.50\%$ （7分）

3.（13分）解：計算樣本平均數及樣本標準差見下表： （3分）

月消費支出（元）	學生人數 f（人）	組中值 x	$\dfrac{x-A}{d}\left(\begin{array}{l}A = 1,000 \\ d = 200\end{array}\right)$	$\left(\dfrac{x-A}{d}\right)f$	$\left(\dfrac{x-A}{d}\right)^2$	$\left(\dfrac{x-A}{d}\right)^2 f$
500 以下	30	400	−3	−90	9	270
500～700	250	600	−2	−500	4	1,000
700～900	420	800	−1	−420	1	420
900～1,100	700	1,000	0	0	0	0
1,100～1,300	460	1,200	1	460	1	460
1,300 以上	140	1,400	2	280	4	560
合　計	2,000	—	—	−270	—	2,710

樣本平均數：$\bar{x} = \dfrac{\sum\left(\dfrac{x-A}{d}\right)f}{\sum f} \times d + A = \dfrac{-270}{2,000} \times 200 + 1,000 = 973（元）$

（2分）

樣本標準差：

$$S = \sqrt{\frac{\sum\left(\frac{x-A}{d}\right)^2 f}{\sum f} - \left[\frac{\sum\left(\frac{x-A}{d}\right)f}{\sum f}\right]^2} \times d = \sqrt{\frac{2,710}{2,000} - \left(\frac{-270}{2,000}\right)^2} \times 200$$

$= 231.24(元)$ (2分)

由於樣本容量 $n = 2,000$，可以直接用樣本標準差代替總體標準差。
根據題意，提出原假設和備擇假設（想要驗證的結論作為備擇假設）：
$H_0: \mu \geq 1,000, \; H_1: \mu < 1,000$ (1分)

如果原假設 H_0 成立，則檢驗統計量：$Z = \frac{\bar{x} - \mu_0}{\sigma/\sqrt{n}} \sim N(0, 1)$

在顯著性水準 $\alpha = 5\%$ 的條件下，得此問題的拒絕域為 $Z < -z_{0.05}$，查標準正態分佈表得 $-z_{0.05} = -1.645$ (1分)

計算檢驗統計量：$Z = \frac{\bar{x} - \mu_0}{\sigma/\sqrt{n}} = \frac{973 - 1,000}{231.24/\sqrt{2,000}} = -5.22$ (3分)

由於檢驗統計量 $-5.22 < -1.645$，統計量的值落入拒絕域，所以拒絕原假設 H_0。即在 5% 的顯著性水準下，調查結果支持大學生月平均消費支出不超過 1,000 元的說法。 (1分)

當然，本題也可以直接計算樣本均值 $\bar{x}$ 和樣本標準差 s（不用簡捷公式，表達相對簡潔一些）：

月消費支出（元）	學生人數 f（人）	組中值 x	$x \cdot f$	$(x - \bar{x})^2 \cdot f$
500 以下	30	400	12,000	9,849,870
500-700	250	600	150,000	34,782,250
700-900	420	800	336,000	12,570,180
900-1,100	700	1,000	700,000	510,300
1,100-1,300	460	1,200	552,000	23,703,340
1,300 以上	140	1,400	196,000	25,526,060
合　計	2,000	—	1,946,000	106,942,000

樣本平均數：$\bar{x} = \frac{\sum xf}{\sum f} = \frac{1,946,000}{2,000} = 973$

樣本標準差：$s = \sqrt{\frac{\sum(x-\bar{x})^2 f}{\sum f - 1}} = \sqrt{\frac{106,942,000}{2,000 - 1}} = 231.295,8$

(注意：由於是大樣本，所以樣本標準差採用近似計算也可以：$s = \sqrt{\frac{\sum(x-\bar{x})^2 f}{\sum f}} = \sqrt{\frac{106,942,000}{2,000}} = 231.24$，即分母不減 1)

附錄一：統計學模擬試題

假設檢驗過程與前面一致。

4. (14分) 解：從已知條件可以獲知： (3分)

基期銷售總額：$\sum p_0 q_0 = 479$ 億元； 報告期銷售總額：$\sum p_1 q_1 = 616$ 億元

由 $\bar{K}_p = \dfrac{\sum p_1 q_1}{\sum p_0 q_1} = 105.8\%$ 推算假定銷售總額：

$$\sum p_0 q_1 = \dfrac{\sum p_1 q_1}{\bar{K}_p} = \dfrac{616}{105.8\%} = 582.23(億元)$$

(1) 計算商品銷售總額的變動

商品銷售總額總指數：$\bar{K}_{pq} = \dfrac{\sum p_1 q_1}{\sum p_0 q_0} = \dfrac{616}{479} = 128.60\%$ (2分)

商品銷售總額增加：$\sum p_1 q_1 - \sum p_0 q_0 = 616 - 479 = 137(億元)$ (1分)

(2) 計算商品銷售量變動對商品銷售總額的影響

商品銷售量總指數：$\bar{K}_q = \dfrac{\sum p_0 q_1}{\sum p_0 q_0} = \dfrac{582.23}{479} = 121.55\%$ (2分)

由於商品銷售量增加而增加的商品銷售總額：

$\sum p_0 q_1 - \sum p_0 q_0 = 582.23 - 479 = 103.23(億元)$ (1分)

(3) 計算商品銷售價格變動對商品銷售總額的影響

商品銷售價格總指數：$\bar{K}_p = \dfrac{\sum p_1 q_1}{\sum p_0 q_1} = \dfrac{616}{582.23} = 105.8\%$ (2分)

由於商品銷售價格提高而增加的商品銷售總額：

$\sum p_1 q_1 - \sum p_0 q_1 = 616 - 582.23 = 33.77(億元)$ (1分)

(4) 指數體系及數量檢驗：

從相對數看，該商業連鎖企業報告期商品銷售總額較基期增長28.6%，是由於商品銷售量增長21.55%和商品銷售價格提高5.8%兩個因素共同作用的結果。即：128.6% = 121.55%×105.8%。 (1分)

從絕對數看，該商業連鎖企業報告期商品銷售總額較基期增加137億元，是由於以下兩個因素共同作用的結果：一是商品銷售量增長使商品銷售總額增長103.23億元，二是商品銷售價格提高使商品銷售總額增加33.77億元。即：137億元 = 103.23元+33.77億元。 (1分)

5. (12分) 解：列相關係數及迴歸參數計算表如下： (3分)

數學成績（分）x	統計學成績（分）y	xy	x^2	y^2
53	58	3,074	2,809	3,364
61	65	3,965	3,721	4,225
68	73	4,964	4,624	5,329
72	80	5,760	5,184	6,400
79	82	6,478	6,241	6,724
85	90	7,650	7,225	8,100
94	94	8,836	8,836	8,836
合計 536	534	42,145	42,202	42,114

（1）帶入相關係數計算公式：

$$\gamma = \frac{n\sum xy - \sum x \sum y}{\sqrt{n\sum x^2 - (\sum x)^2}\sqrt{n\sum y^2 - (\sum y)^2}}$$

$$= \frac{7 \times 42,145 - 536 \times 534}{\sqrt{(7 \times 42,202 - 536^2)(7 \times 42,114 - 534^2)}}$$

$$= \frac{8,791}{\sqrt{8,118 \times 9,642}} = 0.993,6 \tag{3分}$$

相關係數 0.993,6，表明數學成績與統計學成績之間高度正相關。 （0.5分）

（2）假定迴歸直線方程為：$\hat{y} = a + bx$

根據迴歸參數計算公式可得：

$$b = \frac{n\sum xy - \sum x \sum y}{n\sum x^2 - (\sum x)^2} = \frac{7 \times 42,145 - 536 \times 534}{7 \times 42,202 - 536^2} = \frac{8,791}{8,118} = 1.082,9 \tag{2分}$$

$$a = \bar{y} - b\bar{x} = \frac{\sum y}{n} - \frac{b\sum x}{n} = \frac{534}{7} - 1.082,9 \times \frac{536}{7} = -6.63 \tag{2分}$$

迴歸直線方程為：$\hat{y} = -6.63 + 1.082,9x$ （1分）

迴歸系數 $b = 1.082,9$ 表明，表明數學成績每增加（1分）統計學成績平均將增加 1.082,9 分。 （0.5分）

附錄一：統計學模擬試題

課程名稱：統計學
命題教師：
適用班級：
考試　　　　　　　　　　　　　年　　月　　日　　共　　頁

題號	一	二	三	四-1	四-2	四-3	四-4	四-5	總分	評閱（統分）教師
得分										

注意事項：

1. 滿分 100 分. 要求卷面整潔、字跡工整、無錯別字。

2. 考生必須將姓名、班級、學號完整、準確、清楚地填寫在試卷規定的地方，否則視為廢卷。

3. 考生必須在簽到單上簽到，若出現遺漏，後果自負。

4. 如有答題紙，答案請全部寫在答題紙上，否則不給分；考完請將試卷和答題卷分別一同交回，否則不給分。

模擬試題三

一、單項選擇題（請將答案對應填入下表。每小題 1 分，共 30 分）

題號	1	2	3	4	5	6	7	8	9	10
答案										
題號	11	12	13	14	15	16	17	18	19	20
答案										
題號	21	22	23	24	25	26	27	28	29	30
答案										

1. 要瞭解久大集團的制鹽生產設備狀況，則總體是（　　）。
　　A. 整個久大集團　　　　　　　B. 久大集團的每一臺制鹽設備
　　C. 久大集團的所有制鹽車間　　D. 久大集團的所有制鹽設備

2. 對自貢地區產值占絕大比重的幾個大型化工企業進行調查，以瞭解該地化工生產的基本情況，這種調查屬於（　　）。
　　A. 典型調查　　B. 普查　　C. 重點調查　　D. 抽樣調查

303

3. 如果要反應3個變量之間的數量關係，最合適的統計圖形是（　　）。
　　A. 餅圖　　　　　B. 氣泡圖　　　　C. 直方圖　　　　D. 散點圖
4. 某大學在學生中進行一項民意測驗，抽取樣本的方法是在全校所有班級中隨機抽選5個班級，對抽中班級的學生全部進行調查，這種抽樣方法屬於（　　）。
　　A. 整群抽樣　　　B. 分層抽樣　　　C. 等距抽樣　　　D. 簡單隨機抽樣
5. 要減小抽樣誤差，可行的辦法是（　　）。
　　A. 控制個體差異　　　　　　　　　B. 增加樣本容量
　　C. 嚴格挑選調查單位　　　　　　　D. 提高計算精度
6. 在工資分組統計資料中，「3,000~4,000元」這一組的「向上累計頻數」為86人，表明（　　）。
　　A. 有86人工資在3,000元以上　　　B. 有86人工資在3,000元以下
　　C. 有86人工資在4,000元以上　　　D. 有86人工資在4,000元以下
7. 統計表的總標題一般應包括（　　）。
　　A. 反應對象的時間、範圍和基本內容　B. 主詞和賓詞
　　C. 橫行標題、縱欄標題和指標數值　　D. 數據來源和計量單位
8. 如果你是一個男鞋製造企業的管理者，掌握銷售地男性居民穿鞋尺碼的哪項指標對你安排生產最有用（　　）。
　　A. 算術平均數　　B. 中位數　　　　C. 標準差　　　　D. 眾數
9. 可以用眾數反應同學們使用手機品牌的集中趨勢。而如果要反應同學們使用手機品牌的分散程度，適宜的指標是（　　）。
　　A. 極差　　　　　B. 異眾比率　　　C. 平均差　　　　D. 標準差
10. 四分位差是指（　　）。
　　A. 上四分位數與中位數的差　　　　B. 中位數與下四分位數的差
　　C. 上四分位數與下四分位數的差　　D. 最大值與最小值的差
11. 方差分析主要用於（　　）。
　　A. 分析方差的變化　　　　　　　　B. 檢驗方差是否相等
　　C. 分析方差對均值的影響　　　　　D. 檢驗多總體均值是否相等
12. 在填寫統計表時，如果某格無數字或不應填寫數字，則（　　）。
　　A. 填上「無」　B. 不填，保留空位　C. 填上「…」　D. 填上「—」
13. 參數點估計的無偏性是指（　　）。
　　A. 估計量的數學期望等於被估計的總體參數值
　　B. 估計量的值等於被估計的總體參數值
　　C. 樣本平均數等於總體平均數
　　D. 樣本指標等於總體指標
14. 假設檢驗中，如果原假設為真，而根據樣本所得到的檢驗結論是否定原假設，則可認為（　　）。

A. 抽樣是不科學的　　　　　B. 檢驗結論是正確的

C. 犯了第一類錯誤　　　　　D. 犯了第二類錯誤

15. 總體分佈未知，樣本為大樣本，對總體均值進行假設檢驗，則應採用（　　）。

A. t 檢驗　　　B. F 檢驗　　　C. Z 檢驗　　　D. χ^2 檢驗

16. 下圖是 x, y 兩個變量的散點圖，它們的相關係數最可能是（　　）。

A. 0　　　B. -0.93　　　C. -1　　　D. 0.85

17. 迴歸直線與樣本數據擬合得越好，則可決系數 R^2 越接近於（　　）。

A. 1　　　B. 0　　　C. -1　　　D. 無窮大

18. 利用最小二乘法估計迴歸系數，要求（　　）。

A. $\sum_{i=1}^{n}(y_i - \hat{y}_i)$ 達到最小　　　B. $\sum_{i=1}^{n}(\hat{y}_i - \bar{y})$ 達到最小

C. $\sum_{i=1}^{n}(y_i - \hat{y}_i)^2$ 達到最小　　　D. $\sum_{i=1}^{n}(y_i - \bar{y})^2$ 達到最小

19. 某公司連續五年淨利潤都是環比增長 12%，則各年的淨利潤增長量（　　）。

A. 每年相等　　B. 一年比一年多　　C. 一年比一年少　　D. 不能確定

20. 在統計指數的編製中，平均指數是（　　）。

A. 先對比、後綜合得到

B. 以基期和報告期的平均值為同度量因素

C. 先綜合、後對比得到

D. 對拉氏指數和派氏指數進行平均得到

21. 某連續變量編製的等距數列，其末組為「800 以上」。如果其鄰近組的組中值為 750，則末組的組中值為（　　）。

A. 700　　　B. 900　　　C. 825　　　D. 850

22. 經調查發現，某地區 6 歲男孩的身高和體重的平均值分別為 116cm 和 22kg，標準差分別為 2cm、1kg，則他們身高與體重發育的差異（　　）。

A. 體重的差異更大　　　　　B. 身高的差異更大

C. 身高、體重的差異相同　　D. 在兩者之間缺乏可比性

23. 某企業上月賣出三批 A 產品：以 2.4 萬元/噸的價格賣出 50 噸，以 2.2 萬

305

元/噸的價格賣出 30 噸，以 2.1 萬元/噸的價格賣出 20 噸，則該企業上月 A 產品的平均售價為（　　）萬元/噸。

    A. 2.23   B. 2.28   C. 2.27   D. 前三者都不是

24. 某企業計劃 2013 年產值比上年增長 10%，實際增長了 16.6%，則 2013 年超額完成計劃（　　）。

    A. 6%   B. 6.6%   C. 66%   D. 106%

25. 某學校的評優制度規定，班級出勤率在 90%~95% 之間的，紀律項目得分為 80~90 分。現得知某班出勤率為 93.5%，則該班的紀律項目得分為（　　）。

    A. 90 分   B. 89 分   C. 88 分   D. 87 分

26. 某企業的利潤，2012 年比 2005 年增長了 50%，2013 年比 2005 年增長了 65%，則 2013 年比上年增長了（　　）。

    A. 15%   B. 115%   C. 10%   D. 110%

27. 某公司連續三年的投資收益率分別為 10%、9% 和 12%，則其此三年的年平均收益率是（　　）。

    A. $(10\%+9\%+12\%)/3$ B. $(\sqrt[3]{1.1 \times 1.09 \times 1.12} - 1) \times 100\%$

    C. $\sqrt[3]{10\% \times 9\% \times 12\%}$ D. $110\% \times 109\% \times 112\% - 100\%$

28. 在方差分析中，反應同一水準下樣本各觀測值之間差異的是（　　）。

    A. 組內平方和   B. 組間平方和   C. 總平方和   D. 誤差平方和

29. 下列屬於派氏指數公式的是（　　）。

    A. $\dfrac{\sum p_1 q_0}{\sum p_0 q_0}$ B. $\dfrac{\sum p_0 q_1}{\sum p_0 q_0}$ C. $\dfrac{\sum p_1 q_1}{\sum p_0 q_1}$ D. $\dfrac{\sum p_1 q_1}{\sum p_0 q_0}$

30. 設 p 為價格，q 為銷售量，則 $\sum p_0 q_1 - \sum p_0 q_0$ 綜合反應了（　　）。

    A. 價格變動的絕對額   B. 價格引起的銷售量的增減量

    C. 銷售量變動的絕對額   D. 銷售量變動而引起的銷售額增減量

二、多項選擇題（每小題 2 分，共 10 分。請對應題號將正確選項填入下表）

題號	1	2	3	4	5
選項					

1. 統計數據按計量功能不同可以分為（　　）。

    A. 定性數據   B. 順序數據   C. 分類數據   D. 間距數據

    E. 比率數據

2. 應用方差分析的前提條件是（　　）。

    A. 各總體服從正態分佈   B. 各總體均值相等

附錄一：統計學模擬試題

C. 各總體具有相同的方差　　　　D. 各總體均值為常數

E. 各總體相互獨立

3. 下列現象屬於正相關的有（　　）。

A. 個人收入越高，其消費支出也越大

B. 受教育年限越長，失業概率越低

C. 產量隨生產用固定資產價值減少而減少

D. 生產單位產品耗用工時，隨勞動生產率的提高而減少

E. 工人勞動生產率越高，則創造的產值就越多

4. 在綜合指數的編製中，同度量因素起到的作用是（　　）。

A. 比較作用　　B. 權數作用　　C. 同度量作用　　D. 平衡作用

E. 標準化作用

5. 2013 年國民經濟和社會發展統計公報中：「2012 年全年社會消費品零售總額 210,307 億元，比上年增長 14.3%，扣除價格因素，實際增長 12.1%」。則說明（　　）。

A. 零售總額指數為 114.3%

B. 零售量指數為 112.1%

C. 零售價格指數為 $\frac{114.3\%}{112.1\%} \times 100\%$

D. 零售價格上漲了（114.3% - 112.1%）

E. 零售價格上漲了 $\left(\frac{114.3}{112.1} - 1\right) \times 100\%$

三、判斷題（共 10 分。敘述正確的劃「✓」，錯誤的劃「×」）

題號	1	2	3	4	5	6	7	8	9	10
判斷符號										

1. 標志不能用數值表示，而指標都是用數值表示的。　　　　（　　）

2. 凱特勒被稱為「近代統計學之父」，他是數理統計學派的奠基人。（　　）

3. 時間數列的影響因素可以歸納為長期趨勢、季節變動、循環變動和不規則變動四種因素。　　　　　　　　　　　　　　　　　　　　（　　）

4. 可以用典型調查獲得的資料來推斷總體的數量特徵。　　　（　　）

5. 統計量是隨機變量。　　　　　　　　　　　　　　　　　（　　）

6. 點估計可以給出估計的可靠程度。　　　　　　　　　　　（　　）

7. 在假設檢驗中，犯兩類錯誤的概率滿足 $\alpha + \beta = 1$，所以減小 α，則 β 就會增大。　　　　　　　　　　　　　　　　　　　　　　　　（　　）

8. 在確定抽樣的樣本容量時，由公式計算出 $n = 63.27$，則實際應抽取 64 個單

位。 ( )

9. 在相關分析中，相關的兩個變量都視為隨機變量。 ( )

10. 能夠編製平均指數的資料，也一定可以編製綜合指數。 ( )

四、綜合應用題（每小題10分，共50分）

1.（10分）某企業第三季度（7~9月）月產值和職工人數情況如下表，求第三季度的人均月產值。

	6月	7月	8月	9月
月產值（萬元）	…	800	930	1,030
月末職工數（人）	186	192	202	226

2.（10分）某地區為了解居民家庭每天看電視的時間，在整個地區隨機抽取了36個家庭組成隨機樣本。對樣本的調查結果為：平均看電視時間為3.5小時，標準差為1.2小時。試求該地區居民家庭平均每天看電視時間的置信度95.45%的置信區間。（當$1-\alpha=95.45\%$時，$z_{\alpha/2}=2$）

3.（10分）某企業100名職工的月收入情況見下表：

月收入（元）	人數（人）
2,000以下	20
2,000~3,000	40
3,000~4,000	30
4,000以上	10
合　計	100

要求：（1）計算這100名職工的平均收入；

（2）計算這100名職工收入的標準差。

4.（10分）某企業三種商品的銷售情況統計如下：

商品	銷售量報告期比基期增長百分比（%）	銷售額（萬元） 基期	銷售額（萬元） 報告期
甲	5	200	250
乙	15	200	300
丙	10	500	638

要求：（1）根據這些商品計算銷售量總指數，並分析由於銷售量的變動對銷售額帶來多大影響？

（2）根據這些商品計算銷售價格總指數，並分析由於銷售價格的變動對銷售額帶來多大影響？

5.（10分）對M公司A產品近來10個季度的產品產量（件）與單位成本（元/件）資料做迴歸分析，使用Excel計算得到下圖所示結果：

附錄一：統計學模擬試題

	A	B	C	D	E	F	G	H
1	產量x	成本y	SUMMARY OUTPUT					
2	2000	77						
3	3050	74	回归统计					
4	4000	71	Multiple R	0.9612				
5	4000	73	R Square	0.9239				
6	4300	69	Adjusted R	0.9144				
7	5000	67	标准误差	1.4945				
8	4500	70	观测值	10				
9	3000	75						
10	5100	65	方差分析					
11	6050	60		df	SS	MS	F	Significance F
12			回归分析	1	217.03	217.03	97.17	9.45E-06
13			残差	8	17.87	2.23		
14			总计	9	234.90			
15								
16				Coefficient	标准误差	t Stat	P-value	Lower 95%Uppe
17			Intercept	87.147	1.793	48.612	3.5E-11	83.013	9
18			產量x	-0.004	0.000	-9.858	9.4E-06	-0.005	-0

要求：

（1）寫出產量影響單位成本的線性迴歸方程；

（2）判斷在 0.05 顯著性水準下，產量對單位成本的影響是否顯著；

（3）解釋迴歸系數的實際意義；

（4）當產量為 6,500 件時，預測單位成本為多少？

模擬試題三參考答案及評分標準

一、單項選擇題（每小題1分，共30分）

題號	1	2	3	4	5	6	7	8	9	10
答案	D	C	B	A	B	D	A	D	B	C
題號	11	12	13	14	15	16	17	18	19	20
答案	D	D	A	B	C	B	A	D	C	B	A
題號	21	22	23	24	25	26	27	28	29	30
答案	D	A	B	A	D	C	B	A	C	D

二、多項選擇題（每小題2分，共10分）

題號	1	2	3	4	5
選項	BCDE	ACE	ACE	BC	ABCE

三、判斷題（每小題1分，共10分）

題號	1	2	3	4	5	6	7	8	9	10
答案	×	✓	✓	×	✓	×	×	✓	✓	×

四、綜合應用題

1. (10分) 解：

第三季度月平均產值為：

$$\bar{a} = \frac{1}{n}\sum_{i=1}^{n} a_i \qquad (1分)$$

$\quad = (800+930+1,030)/3 \qquad (1分)$

$\quad = 920（萬元）。 \qquad (1分)$

第三季度平均職工人數為：

$$\bar{b} = \frac{b_1/2 + b_2 + \cdots + b_n/2}{n-1} \qquad (1分)$$

$\quad = (186/2+192+202+226/2)/3 \qquad (2分)$

$\quad = 200（人）。 \qquad (1分)$

第三季度的人均月產值為：

附錄一：統計學模擬試題

$$\bar{c} = \frac{\bar{a}}{\bar{b}} \tag{1分}$$

$$= 920/200 \tag{1分}$$

$$= 4.6（萬元/人） \tag{1分}$$

2.（10分）解：由題干可知：

$\bar{x} = 3.5$，$n = 36$，$s = 1.2$，$z_{\alpha/2} = 2$，所以 (2分)

置信區間下限：$\bar{x} - z_{\alpha/2} \cdot \frac{s}{\sqrt{n}} = 3.5 - 2 * 1.2/6 = 3.1$ (3分)

置信區間上限：$\bar{x} + z_{\alpha/2} \cdot \frac{s}{\sqrt{n}} = 3.5 + 2 * 1.2/6 = 3.9$ (3分)

所以，該地區居民家庭平均每天看電視時間的置信度95.45%的置信區間為(3.1，3.9)。 (2分)

3.（10分）解：

（1）由題干可得，月收入的組中值分別為：1,500、2,500、3,500、4,500，所以 (2分)

$$\bar{x} = \frac{\sum xf}{\sum f} \tag{1分}$$

$$= \frac{1,500 \times 20 + 2,500 \times 40 + 3,500 \times 30 + 4,500 \times 10}{20 + 40 + 30 + 10} \tag{2分}$$

$$= 280,000/100 = 2,800（元） \tag{1分}$$

$$(2) \ \sigma = \sqrt{\frac{\sum (x - \bar{x})^2 f}{\sum f}} \tag{1分}$$

$$= \sqrt{\frac{1,300^2 \times 20 + 300^2 \times 40 + 700^2 \times 30 + 1,700^2 \times 10}{20 + 40 + 30 + 10}} \tag{2分}$$

$$= 900（元） \tag{1分}$$

4.（10分）（1）銷售量總指數為：

$$\bar{k}_q = \frac{\sum p_0 q_1}{\sum p_0 q_0} = \frac{\sum p_0 q_0 \frac{q_1}{q_0}}{\sum p_0 q_0} \tag{1分}$$

$$= 990/900 \tag{2分}$$

$$= 110\% \tag{1分}$$

銷售量變動對銷售額影響的絕對額：

$$\Delta_q = \sum p_0 q_1 - \sum p_0 q_0 = 990 - 900 = 90（萬元） \tag{1分}$$

(2) $\bar{k}_p = \dfrac{\sum p_1 q_1}{\sum p_0 q_1} = \dfrac{\sum p_1 q_1}{\sum p_0 q_0 \dfrac{q_1}{q_0}}$ (1分)

$= 1,188/990$ (2分)

$= 120\%$ (1分)

銷售價格變動對銷售額影響的絕對額：

$\Delta_p = \sum p_1 q_1 - \sum p_0 q_1 = 1,188 - 990 = 198$（萬元） (1分)

5.（10分）

(1) 由題圖知：$\hat{\beta}_0 = 87.147$，$\hat{\beta}_1 = -0.004$， (1分)

所以，產量影響成本的線性迴歸方程為：$\hat{y} = 87.147 - 0.004x$。 (2分)

(2) 由於 x 系數顯著性檢驗統計量對應的 P 值 $= 9.4 \times 10^{-6}$，小於 α（$\alpha = 0.05$），

(1分)

所以在 0.05 顯著性水準下，產量對成本的影響是顯著的。 (1分)

(3) 迴歸系數的實際意義：產量增加 1 件，單位成本平均下降 0.004 元。

（2分，缺少「平均」二字，扣 1 分）

(4) 當產量為 $x_0 = 6,500$ 件時，預測單位成本為：

$\hat{y}_0 = 87.147 - 0.004 x_0$ (1分)

$= 87.147 - 0.004 * 6,500$ (1分)

$= 61.147$（元）。 (1分)

附錄一：統計學模擬試題

課程名稱：統計學
命題教師：
適用班級：
考試　　　　　　　　　年　　月　　日　　共　　頁

題號	一	二	三	四-1	四-2	四-3	四-4	四-5	總分	評閱（統分）教師
得分										

注意事項：

1. 滿分100分。要求卷面整潔、字跡工整、無錯別字。
2. 考生必須將姓名、班級、學號完整、準確、清楚地填寫在試卷規定的地方，否則視為廢卷。
3. 考生必須在簽到單上簽到，若出現遺漏，後果自負。
4. 如有答題紙，答案請全部寫在答題紙上，否則不給分；考完請將試卷和答題卷分別一同交回，否則不給分。

模擬試題四

一、單項選擇題（請將答案對應填入下表。每小題1分，共30分）

題號	1	2	3	4	5	6	7	8	9	10
答案										
題號	11	12	13	14	15	16	17	18	19	20
答案										
題號	21	22	23	24	25	26	27	28	29	30
答案										

1. 下列標志中，是品質標志的是（　　）。
　　A. 職稱　　　　　B. 存款額　　　　C. 年齡　　　　D. 月工資
2. 反應一個企業職工的學歷結構狀況，最合適的統計圖形是（　　）。
　　A. 雷達圖　　　　B. 直方圖　　　　C. 散點圖　　　　D. 餅圖
3. 要檢查企業某批次礦泉水質量，最適宜的調查組織形式是（　　）。
　　A. 普查　　　　　B. 典型調查　　　C. 重點調查　　　D. 抽樣調查

313

4. 某小組做校內調查，抽取樣本的方法是在全校的所有班級中抽選若干班級，對抽中班級的學生全部進行調查，這種抽樣方法屬於（   ）。

    A. 等距抽樣   B. 分層抽樣   C. 整群抽樣   D. 純隨機抽樣

5. 對分組標志而言，經過分組的資料表現出（   ）。

    A. 組內差異性，組間同質性   B. 組內差異性，組間相似性

    C. 組內同質性，組間相似性   D. 組內同質性，組間差異性

6. 把月消費支出依次分組為：1,000 元以下，1,000～1,200 元，1,200～1,400 元，1,400～1,600 元，1,600 元以上，某同學月消費恰為 1,000 元，則應將其統計在（   ）。

    A. 第一組   B. 第二組   C. 第三組   D. 第四組

7. 在工資分組中，2,000～3,000 元這一組的「向上累計頻數」為 60 人，表明（   ）。

    A. 有 60 人工資在 2,000 元以上   B. 有 60 人工資在 3,000 元以上

    C. 有 60 人工資在 2,000 元以下   D. 有 60 人工資在 3,000 元以下

8. 某連續變量數列，其末組為「500 以上」，又知其鄰近組的組中值為 490，則末組的組中值為（   ）。

    A. 510   B. 520   C. 500   D. 490

9. 有 20 個工人操作機器臺數資料如下：2，5，4，2，4，3，4，3，4，4，2，2，2，4，3，4，6，3，4，4。對上述資料編製變量數列，宜採用（   ）。

    A. 單項數列   B. 等距數列

    C. 異距數列   D. 單項數列或等距數列均可

10. 人均糧食產量＝糧食總產量/總人口數，該指標屬於（   ）。

    A. 結構相對指標   B. 動態相對指標

    C. 強度相對指標   D. 比較相對指標

11. 通常所說的「成數」是將對比的基數抽象為（   ）。

    A. 1   B. 10   C. 100   D. 1,000

12. 某公司上半年完成產值 100 萬元。下半年計劃比上半年增長 10%，實際下半年完成產值 132 萬元，則該公司下半年產值計劃完成程度為（   ）。

    A. 100%   B. 110%   C. 120%   D. 132%

13. 如果想反應某地區居民收入的差異程度，可以採用的指標是（   ）。

    A. 標準差   B. 平均數   C. 眾數   D. 中位數

14. 有三批同種產品，廢品數分別為 25 件、30 件、45 件，廢品率相應為 1.5%、2%、1%，則計算這三批產品的平均廢品率應使用（   ）。

    A. 簡單算術平均法   B. 幾何平均法

    C. 加權算術平均法   D. 調和平均法

15. 如果加權算術平均數的權重都相同，則它（   ）。

附錄一：統計學模擬試題

A. 等於簡單算術平均數

B. 權重都大於 1 時，大於簡單算術平均數

C. 一定大於簡單算術平均數

D. 一定小於簡單算術平均數

16. 過去三個月甲、乙兩種股票的平均股價分別為 100 元、10 元，股價的標準差分別為 15 元、3 元，則股價的波動性（　　）。

A. 兩股票相同　　　　　　　　B. 在兩股票之間缺乏可比性

C. 甲股票更大　　　　　　　　D. 乙股票更大

17. 設 X～N（65，9），$x_1, x_2, \cdots, x_{10}$ 是取自 X 的樣本，則樣本均值 $\bar{x}$ 服從的分佈是（　　）。

A. N（65，3）　　B. N（6.5，9）　　C. N（65，0.9）　　D. N（65，30）

18. 其他條件不變，根據重複抽樣所得樣本估計總體均值 μ 的置信區間，要使區間寬度縮小一半，則樣本容量應增加到原來的（　　）。

A. 1 倍　　　　B. 2 倍　　　　C. 3 倍　　　　D. 4 倍

19. 在確定樣本容量時，由公式計算出 $n = 75.22$，則實際應抽取的樣本容量為（　　）。

A. 75　　　　　B. 76　　　　　C. 75.32　　　　D. 80

20. 抽樣平均誤差等於樣本平均數（或樣本比例）的（　　）。

A. 平均差　　　B. 算術平均數　　C. 標準差　　　D. 標準差系數

21. 隨著樣本容量的增大，幾乎可以肯定點估計量的值越來越接近被估計總體參數的真實值，這種性質是估計量的（　　）。

A. 無偏性　　　B. 一致性　　　C. 有效性　　　D. 穩定性

22. 假設檢驗中，第二類錯誤指的是（　　）。

A. 否定了真實的原假設　　　　B. 否定了非真實的原假設

C. 沒有否定真實的原假設　　　D. 沒有否定非真實的原假設

23. 在大樣本時，要檢驗關於總體比例的假設 $H_0: \pi \leq 0.8$，$H_1: \pi > 0.8$，給定顯著性水準 α，則原假設的否定域為（　　）。

A. $[Z_\alpha, +\infty)$　　　　　　　　B. $(-\infty, -Z_\alpha)$

C. $(-\infty, -t_{\alpha/2}(n-1)]$　　　　D. $[t_\alpha(n-1), +\infty)$

24. 下列相關係數值，反應變量間相關程度最強的是（　　）。

A. 0.5　　　　　B. 0　　　　　C. -0.9　　　　D. 0.3

25. 下列數列中，屬於時點數列的是（　　）。

A. 某企業歷年年末在職人數　　B. 中國歷年社會商品零售總額

C. 某地區歷年癌病死亡人數　　D. 中國歷年發射的衛星數

26. 某市 2012 年居民實際收入的環比增減速度為 8%，2013 年的環比增減速度為 12%，則 2013 年居民實際收入比 2011 年增加了（　　）。

315

A. 3.7%   B. 4%   C. 20%   D. 20.96%

27. 某人連續三年的投資收益率分別為5%、6%、7%，則其此三年的平均收益率是（　　）。

　　A.（5%+6%+7%）/3　　　　　　B. $\sqrt[3]{5\% \times 6\% \times 7\%}$

　　C. $\sqrt[3]{1.05 \times 1.06 \times 1.07} - 1$　　D. 105%×106%×107% - 1

28. 編製綜合指數時，同度量因素是（　　）。

　　A. 使計量單位相同的變量　　　B. 指數所要測定其變動的變量

　　C. 固定指數化因素時期的變量　D. 起著同度量作用和權數作用的變量

29. $\Sigma p_1 q_1 - \Sigma p_0 q_1$ 表明（　　）。

　　A. 由於銷售量的變化對銷售額的影響

　　B. 由於價格的變化對銷售額的影響

　　C. 由於銷售量的變化對價格的影響

　　D. 由於價格的變化對銷售量的影響

30. 物價上漲後，同樣多的人民幣購買的商品數量減少了8%，則物價上漲幅度為（　　）。

　　A. 等於8%　　B. 小於8%　　C. 大於8%　　D. 無法判斷

二、多項選擇題（每小題2分，共10分。請對應題號將正確選項填入下表中）

題號	1	2	3	4	5
選項					

1. 普查是專門組織的（　　）。

　　A. 經常性調查　B. 一次性調查　C. 全面調查　D. 非全面調查

　　E. 重點調查

2. 某企業原材料消耗，計劃比上期下降10%，實際比上期下降14.5%，則該企業（　　）。

　　A. 計劃完成程度為95%　　　　B. 計劃完成程度為104.09%；

　　C. 超額完成計劃4.5%　　　　　D. 超額完成計劃4.09%；

　　E. 超額完成計劃5%。

3. 影響抽樣誤差的因素包括（　　）。

　　A. 樣本容量的大小　　　　　　B. 總體各單位標志值的差異程度

　　C. 樣本均值的大小　　　　　　D. 抽取樣本的方法

　　E. 抽樣調查的組織形式

4. 定基增長速度等於（　　）。

　　A. 環比增長速度的連乘積　　　B. 環比增長速度之和

附錄一：統計學模擬試題

C. 累計增長量除以基期水準　　　D. 定基發展速度減 1

E. 環比發展速度的連乘積減去 100%

5. 在迴歸分析中，SST 為總平方和，SSR 為迴歸平方和，SSE 為殘差平方和，則可決系數 R^2 為(　　)。

A. SSR/SST　　　　　　　　　B. SSE/SST

C. SSR/SSE　　　　　　　　　D. 1 − SSE/SST

E. 1 − SSR/SST

三、判斷題（共 10 分。敘述正確的劃「✓」，錯誤的劃「×」）

題號	1	2	3	4	5	6	7	8	9	10
答案										

1. 「統計」一詞的含義包括統計學、統計資料和統計工作。　　　(　　)
2. 中位數和眾數都不受極端變量值的影響。　　　(　　)
3. 可以依據典型調查取得的資料，對總體的數量特徵做出推斷。　　　(　　)
4. 抽樣誤差既可以計算，也可以控制。　　　(　　)
5. 迴歸方程為 $\hat{y}=50-4x$，表明變量 x 和 y 之間存在著正相關關係。(　　)
6. 某企業現有廠房面積 1.8 萬平方米，這是時期指標。　　　(　　)
7. 統計量是隨機變量。　　　(　　)
8. 無偏性、有效性和一致性都是點估計優劣的判別準則。　　　(　　)
9. 對於假設檢驗犯兩類錯誤的概率，在樣本容量一定時，減小 α，β 就會增大。
(　　)
10. 總體服從正態分佈，方差未知，則對總體均值的假設檢驗應該用 F 檢驗法。
(　　)

四、綜合應用題（每小題 10 分，共 50 分）

1. (10 分) 在某地區人力市場隨機抽取 100 名應聘者組成隨機樣本，調查他們的年齡狀況，結果見下表：

年齡（歲）	應聘者（人）
20 以下	20
20～30	40
30～40	30
40 以上	10
合　計	100

要求：（1）計算這100名應聘者的平均年齡；

（2）假定該樣本的樣本標準差為9歲，試以95%的置信度估計該地區應聘者年齡的置信區間。（註：$1-\alpha=95\%$時，$z_{\alpha/2}=1.96$）

2.（10分）對模製的若干塑料樣品在不同壓力和不同溫度下進行抗拉強度測試，以壓力為行因素、溫度為列因素進行有交互作用的方差分析，運用 Excel 軟件得到下面截圖所示結果：

方差分析						
差異源	SS	df	MS	F	P-value	F crit
樣本	2.056	2	1.028	1.947	0.162	3.354
列	9.056	2	4.528	8.579	0.001	3.354
交互	30.278	4	7.569	14.342	0.000	2.728
內部	14.250	27	0.528			
總計	55.639	35				

取顯著性水準 $\alpha=0.05$。要求：

（1）判斷壓力對抗拉強度是否存在顯著影響；

（2）判斷溫度對抗拉強度是否存在顯著影響；

（3）判斷壓力和溫度的交互作用對抗拉強度是否存在顯著影響。

3.（10分）某便利店顧客的購買金額可以認為服從正態分佈。現對其隨機抽取25名顧客進行購買金額調查，調查結果為：平均購買金額為8.6元，樣本標準差為1.5元。樣本資料是否支持有人提出的「該便利店顧客平均購買金額在8元以上」的觀點。（取 $\alpha=0.05$。$z_{\alpha/2}=1.96$，$t_{\frac{\alpha}{2}}(24)=2.06$，$t_\alpha(24)=1.71$）

4.（10分）某商店三種商品的價格和銷售量資料如下表：

商品名稱	計量單位	價格（元）		銷售量	
		基期	報告期	基期	報告期
A	噸	90	90	20	40
B	件	100	90	30	40
C	箱	120	150	30	20

要求：

（1）根據這三種商品編製銷售量總指數。

（2）根據這三種商品編製銷售價格總指數。

（3）分別從相對數和絕對數兩個方面分析銷售量及銷售價格變動對銷售額的影響。

5.（10分）隨機調查某村10戶家庭，得知其養殖資金投入 x（萬元）與銷售額 y（萬元）情況。現欲做線性迴歸分析，有下表所示計算結果：

附錄一：統計學模擬試題

序號	資金投入 x	銷售額 y	xy	x^2	y^2
1	2	9	18	4	81
2	3	10	30	9	100
3	5	12	60	25	144
4	5	14	70	25	196
5	6	15	90	36	225
6	8	20	160	64	400
7	9	22	198	81	484
8	10	24	240	100	576
9	10	26	260	100	676
10	12	28	336	144	784
合計	70	180	1,462	588	3,666

要求：

(1) 以 y 為因變量，x 為自變量，建立線性迴歸方程；

(2) 解釋迴歸系數的實際意義；

(3) 當養殖資金投入為 15 萬元時，預計銷售額為多少？

模擬試題四參考答案及評分標準

一、單項選擇題（每小題1分，共30分）

題號	1	2	3	4	5	6	7	8	9	10
答案	A	D	D	C	D	B	D	A	A	C
題號	11	12	13	14	15	16	17	18	19	20
答案	B	C	A	D	A	D	C	D	B	C
題號	21	22	23	24	25	26	27	28	29	30
答案	B	D	A	C	A	D	C	D	B	C

二、多項選擇題（共10分）

題號	1	2	3	4	5
選項	BC	AE	ABDE	CDE	AD

三、判斷題（共10分）

題號	1	2	3	4	5	6	7	8	9	10
答案	√	√	×	√	×	×	√	√	√	×

四、綜合應用題

1. （10分）解：

（1）由題表知，年齡分組的組中值分別為：15、25、35、45，所以 （1分）

$$\bar{x} = \frac{\sum xf}{\sum f}$$ （1分）

$$= \frac{15 \times 20 + 25 \times 40 + 35 \times 30 + 45 \times 10}{20 + 40 + 30 + 10}$$ （1分）

$= 2,800/100 = 28$（歲） （1分）

（2）由題干知：

$n = 100$，$s = 9$，$z_{\alpha/2} = 1.96$，所以 （1分）

置信區間下限：$\bar{x} - z_{\alpha/2} \cdot \dfrac{s}{\sqrt{n}} = 28 - 1.96 * 9/10 = 26.24$ （2分）

附錄一：統計學模擬試題

置信區間上限：$\bar{x} + z_{\alpha/2} \cdot \dfrac{s}{\sqrt{n}} = 28 + 1.96 * 9/10 = 29.76$ （2分）

所以，以95%的置信度估計該地區應聘者年齡的置信區間為（26.24，29.76）。
（1分）

2. 解：（1）由題圖知，對於行因素，由於 F = 1.947，對應 P 值 = 0.164 > 0.05，
（2分）

故壓力對抗拉強度不存在顯著影響； （2分）

（2）對於列因素，由於 F = 8.579，對應 P 值 = 0.001 < 0.05， （2分）

故溫度對抗拉強度存在顯著影響； （1分）

（3）對於交互作用，由於 F = 14.342，對應 P 值 = 0.000 < 0.05， （2分）

故壓力和溫度的交互作用對抗拉強度存在顯著影響。 （1分）

3. 解：（10分）提出假設 $H_0: \mu \leq 8$，$H_1: \mu > 8$。 （2分）

由於總體服從正態分佈，但總體方差未知，且為小樣本（n<30），故用 t 檢驗
（1分）

有 $t_0 = \dfrac{\bar{x} - \mu_0}{s/\sqrt{n}}$ （1分）

$= \dfrac{8.6 - 8}{1.5/\sqrt{25}} = 2$ （2分）

當 $\alpha = 0.05$ 時，$t_\alpha(24) = 1.71$，否定域為（1.71，+∞） （2分）

由於 $t_0 = 2 > 1.71$，檢驗統計量的值落入否定域，故否定原假設 H_0 （1分）

即樣本數據支持「該便利店顧客平均購買金額在8元以上」的觀點。 （1分）

4. 解：（1）銷售量總指數：

$\bar{k}_q = \dfrac{\sum p_0 q_1}{\sum p_0 q_0}$ （1分）

$= 10,000/8,400 = 119.05\%$ （2分）

（2）價格總指數：

$\bar{k}_p = \dfrac{\sum p_1 q_1}{\sum p_0 q_1}$ （1分）

$= 10,200/10,000 = 102\%$ （2分）

（3）銷售額相對變動：

$\bar{k}_{pq} = \dfrac{\sum p_1 q_1}{\sum p_0 q_0} = \dfrac{10,200}{8,400} = 121.43\%$ （0.5分）

銷售額絕對變動：$\Delta_{pq} = \sum p_1 q_1 - \sum p_0 q_0 = 10,200 - 8,400 = 1,800$（元）
（0.5分）

銷售量變動對銷售額影響的絕對額：

$$\Delta_q = \sum p_0 q_1 - \sum p_0 q_0 = 10,000-8,400 = 1,600 \text{（元）} \tag{1分}$$

銷售價格變動對銷售額影響的絕對額：

$$\Delta_p = \sum p_1 q_1 - \sum p_0 q_1 = 10,200-10,000 = 200 \text{（元）} \tag{1分}$$

從相對數看，該商店銷售額增長了 21.43%，是由於銷售量增長 19.05% 和銷售價格增長 2% 兩個因素共同作用的結果，有 121.43% = 119.05%×102%。 (0.5分)

從絕對數看，由於銷售量增長引起銷售額增加了 1,600 元，由於銷售價格增長引起銷售額增加了 200 元，兩個因素共同作用使該商店銷售增加了 1,800 元，有 1,800 元 = 1,600 元+200 元。 (0.5分)

5. 解：（1）

$$\hat{b} = \frac{n\sum xy - \sum x \sum y}{n\sum x^2 - (\sum x)^2} = \frac{10 \times 1,462 - 70 \times 180}{10 \times 588 - 70^2} = 2.06 \tag{2分}$$

$$\hat{a} = \bar{y} - \hat{b}\bar{x} = \frac{180}{10} - 2.06 \times \frac{70}{10} = 3.57. \tag{2分}$$

故所求迴歸方程為：$\hat{y} = 3.57+2.06x$。 (2分)

（2）迴歸系數 b 的意義：當資金投入增加 1 萬元時，銷售額平均增加 2.06 萬元。 （2分，缺少「平均」二字扣1分）

（3）當資金投入為 $x_0 = 15$ 萬元時，預計銷售額為：

$\hat{y}_0 = 3.57+2.06x_0$

  = 3.57+2.06×15 (1分)

  = 34.47（萬元）。 (1分)

國家圖書館出版品預行編目（CIP）資料

統計學實驗與實訓：Excel在統計學的應用 / 甘倫知 主編. -- 第一版.
-- 臺北市：財經錢線文化, 2019.05
　　面；　公分
POD版

ISBN 978-957-680-340-6(平裝)

1.統計學 2.統計套裝軟體 3.EXCEL(電腦程式)

510　　　　　　　　　　　　　　　　　　　108007223

書　　　名：統計學實驗與實訓：Excel在統計學的應用

作　　　者：甘倫知 主編

發 行 人：黃振庭

出 版 者：財經錢線文化事業有限公司

發 行 者：財經錢線文化事業有限公司

E - m a i l：sonbookservice@gmail.com

粉 絲 頁：　　　　　網　址：

地　　　址：台北市中正區重慶南路一段六十一號八樓815室
8F.-815, No.61, Sec. 1, Chongqing S. Rd., Zhongzheng Dist., Taipei City 100, Taiwan (R.O.C.)

電　　　話：(02)2370-3310　傳　真：(02) 2370-3210

總 經 銷：紅螞蟻圖書有限公司

地　　　址: 台北市內湖區舊宗路二段121巷19號

電　　　話:02-2795-3656 傳真:02-2795-4100　　網址：

印　　　刷：京峯彩色印刷有限公司（京峰數位）

　　本書版權為西南財經大學出版社所有授權崧博出版事業股份有限公司獨家發行電子書及繁體書繁體字版。若有其他相關權利及授權需求請與本公司聯繫。

定　　　價：550元

發行日期：2019 年 05 月第一版

◎ 本書以 POD 印製發行

◆ 崧博出版　◆ 崧燁文化　◆ 財經錢線

最狂
電子書閱讀活動

活動頁面

即日起至 2020/6/8，掃碼電子書享優惠價　**99/199元**